Maximilian I. von Bayern 1573 – 1651

Fürst der Zeitenwende

Maximilian I. von Bayern 1573 – 1651

Fürst der Zeitenwende

KAVALIER HEPP Ausstellung des Stadtarchivs, der Wissenschaftlichen Stadtbibliothek und des Stadtmuseums Ingolstadt

Ausstellung im Stadtmuseum Ingolstadt
7. Juli 2001 bis 7. Oktober 2001

Titelbild
Herzog Maximilian I. von Bayern
Ölbild von Ulrich Windberger
Stadtmuseum Ingolstadt

Redaktion
Edmund Hausfelder
Katalogbeiträge
Genoveva Rausch, Doris Wittmann

Herausgeber
Stadtarchiv, Wissenschaftliche Stadtbibliothek und
Stadtmuseum Ingolstadt
Auf der Schanz 45 · 85049 Ingolstadt

Gesamtherstellung
Lipp GmbH, Graphische Betriebe
Meglingerstraße 60 · 81477 München

ISBN 3-932113-34-9

Inhalt

Vorwort

Geschichte wird maßgeblich von Personen geprägt und gestaltet. Einer, für den dieser Satz ganz besonders zutrifft, war zweifellos Kurfürst Maximilian I. von Bayern. Aus Anlass seines 350. Todestages zeigt die Stadt Ingolstadt eine Ausstellung über Leben und Wirken dieses wohl bemerkenswertesten Herrschers unseres Landes, der zeitlebens auch unserer Stadt sehr verbunden war. Er konnte die Bedeutung Bayerns durch sein großes staatsmännisches Talent entscheidend steigern, das er von einer bloßen Mittelmacht zwar nicht zu einer Großmacht emporbrachte, das aber während seiner Regierungszeit eine entscheidende Rolle im europäischen Gleichgewicht zu spielen vermochte. Sein Ruf drang sogar bis in die entfernteren Regionen Europas, z. B. nach Spanien, wo er vor allem seiner geschickten und erfolgreichen Finanzpolitik wegen geradezu beneidet wurde.

Mit dem Erwerb der Kurwürde und der Oberpfalz legte Maximilian den Grundstock für einen Staat, den seine Erben für mehr als 150 Jahre weitgehend sicher und ungeschmälert durch die mitunter stürmischen Zeiten lenken konnten und für den sie schließlich im Jahr 1806 die Königswürde erlangten. Die Ausstellung versteht sich sowohl als Zeichen der geschichtlichen Aufarbeitung einer besonders interessanten Thematik, ebenso aber auch als Ausdruck des großen Respekts vor der Person und den Leistungen von »Bayerns Großem Kurfürsten« in der Stadt, in deren Neuem Schloss er am 27. September 1651 im Alter von 78 Jahren gestorben ist.

Gabriel Engert · Kulturreferent

Einführung

Am 27. September 2001 sind es genau 350 Jahre, dass Bayerns bedeutendster Herrscher, den die Geschichtsschreibung völlig zurecht »Bayerns Großen Kurfürsten« nennt, im Neuen Schloss zu Ingolstadt gestorben ist. Maximilian I. ragt unter Bayerns Landesherren in jeder Hinsicht hervor, zum einen durch seine ungewöhnlich lange Regierungszeit von mehr als einem halben Jahrhundert, zum anderen durch seine großartigen Leistungen, die er zum Wohle seines Landes erringen konnte. Durch die Erlangung der Kurwürde, ein erklärtes Ziel der bayerischen Wittelsbacher seit vielen Generationen, gelang es ihm, den Stellenwert Bayerns besonders hervorzuheben, durch den dauerhaften Gewinn der Oberpfalz wurde das heutige Altbayern geformt.

Grund genug, diesen bedeutenden Mann mit einer Ausstellung in der Stadt zu ehren, die ihn sein ganzes Leben lang begleitet hat. In Ingolstadt besuchte er als Jugendlicher die bayerische Landesuniversität, hier weilte er als Erwachsener in einer Zeit der größten Not und Bedrängnis und hier vollendete sich schließlich als Greis sein Leben, als er krank von einer Wallfahrt in das nahegelegene Bettbrunn zurückkehrte und nach wenigen Tagen starb.

Anhand mehrerer Beiträge wird Maximilians Leben unter verschiedenen Aspekten beleuchtet. Diese Beiträge sollen jedoch keine Biographie darstellen, sondern nicht zuletzt die besondere Verbundenheit des Herzogs bzw. Kurfürsten mit Ingolstadt zum Ausdruck bringen. Der interessanten Persönlichkeit dieses Herrschers kann man ohnehin nicht durch diese relativ wenigen Seiten gerecht werden. Er war sowohl hervorragender Finanzfachmann, energischer Verwaltungsreformer und weitblickender Staatsmann als auch fürsorglicher Ehemann und Familienvater. Seine echte und tiefe katholische Frömmigkeit mit ihren Licht- und Schattenseiten verlangen uns heute einerseits höchsten Respekt, andererseits aber auch Verwunderung, ja mitunter sogar schroffe Ablehnung und Unverständnis ab. Es mag nicht als Entschuldigung dienen, entspricht aber gleichwohl den Tatsachen, dass in der Regel nur solche Herrscher den Beinamen »der Große« tragen, die neben bewundernswerten und großartigen Leistungen auch dunkle Punkte in ihrer Biographie aufzuweisen haben.

Wer sich in die Details seines Lebens vertiefen möchte, der sei auf die in jeder Hinsicht herausragende Biographie von Dieter Albrecht verwiesen, an der sich auch die Autoren dieses Ausstellungskatalogs orientiert haben.

An dieser Stelle ist es mir ein ganz besonderes Bedürfnis, meinen beiden Mitstreiterinnen Genoveva Rausch und Doris Wittmann herzlich zu danken für ihren unermüdlichen Einsatz und ihr großes Engagement. Ohne Mitwirkung beider Damen wäre die Ausstellung in dieser Form nicht zustande gekommen. Ferner möchte ich allen Leihgebern für die großzügige Unterstützung durch ihre Exponate Dank sagen. Schließlich sei auch der Dank an alle Kolleginnen und Kollegen angefügt, die in technischer Hinsicht dazu beigetragen haben, dass die Ausstellung so gut gelungen ist und so perfekt den Besuchern präsentiert werden kann. Die Autoren würden sich sehr darüber freuen, wenn »Bayerns Großer Kurfürst« wenigstens für einige Monate der beinahen Vergessenheit entrissen werden könnte und ihm für die Dauer der Ausstellung wieder die Bedeutung zukäme, die ihm und seinen Leistungen gebührt.

Edmund Hausfelder

Doris Wittmann

Die Eltern Maximilians, Wilhelm V. und Renata von Lothringen

Am 29. September, Michaelstag, des Jahres 1548 kam Wilhelm V. als zweiter Sohn Albrechts V. und seiner Ehefrau Anna von Österreich in Landshut zur Welt. Sein älterer Bruder Karl war 1547 als Säugling mit drei Monaten gestorben. Wilhelm wuchs zusammen mit vier Geschwistern heran und wurde mit dem eineinhalb Jahre jüngeren Bruder Ferdinand im Geiste des Humanismus von Michael Volckhamer, Doktor beider Rechte, als Präzeptor erzogen: »mit der Zeit sovil möglich Lathein mit einander reden, da sy Irten oder incongrue (grammatikalisch falsch) redten, Alsdann guetlich underweisen...«[1] Die religiöse Erziehung basierte auf Praxis und Theorie anhand von zeitgenössischer Andachtsliteratur[2]: »andechtige gebet,...Meß mit Andacht...anfangs teutsch...hernach Lateinisch«..., heiliger Schrift, Predigten, Vesper und Heiligenlegenden. Albrecht V. hatte in einer Instruktion 1556 die Erziehung seiner beiden älteren Söhne genau geregelt, ihre Ernährung und auch die Freizeit, in der sie reiten, spazierengehen, singen, Laute schlagen, springen, fechten, umherlaufen durften. Wollten sie sich einmal außerhalb der Stadt bewegen, so mußte die Erlaubnis von Vater und Mutter eingeholt werden. Die pädagogischen Anweisungen zielten darauf ab, dass sie »der Arbeit von Jugendt auf gewonen, Alsdann, wenn sy zu Irnn Jahren und der Regierung khomen, Arbeitsam und zugebrauchen seien...«[3]

Zum Kennenlernen von Land und Leuten bereiste der junge Schüler 1561 Bayern in Begleitung des Kanzlers Simon Eck.[4] Mit 14 Jahren zog Wilhelm mit seinen Brüdern Ferdinand und Ernst als Student an die Universität Ingolstadt und residierte im Schloss. Am 28. April 1563 immatrikulierten sich die drei Brüder.[5] Der Vater erteilte wiederum bindende Ratschläge, »wie es zu Ingoldstatt ... mit Zucht und Lernung gehalten werden« (solle) [6] Dieses Dokument unterscheidet sich kaum vom ersterwähnten. Wiederum waren das Glaubensleben genauestens fixiert, ferner der Lektürekanon, die Freizeit, wobei Jagd und Ballspiel als Vergnügungen dazu kamen, der Umgang mit Standesgenossen sowie medizinische Maßnahmen bei Erkrankung. Ausdrücklich verlangte Albrecht das Fernhalten sektiererischer Kräfte in Gestalt von Personen oder in Form von Literatur. Dr. Michael Heumair fungierte nun als Praezeptor und sollte die Fächer Grammatik, Rhetorik und Dialektik intensiv fortführen. Drei Jahre später war Wilhelm bereits an den Regierungsgeschäften beteiligt, war bei Sitzungen des Hofrats anwesend und repräsentierte anstelle seines Vaters bei diversen Anlässen.[7] Innerhalb der wenigen Jahre hatten sich – zeitbedingt – viele Veränderungen ergeben, so dass die Eltern Wilhelms eine aktualisierte Instruktion herausgaben.[8] Die Zuspitzung des Konflikts um den rechten Glauben dürfte erklären, weshalb die katholische Glaubenspraxis den Söhnen Wilhelm und Ferdinand so sehr, unter Heranziehung von Zitaten antiker Philosophen und der Heiligen Schrift, ans Herz gelegt wurde. »Et ut ager quanvis fertilis sine cultura fructuosus esse non potest, sic quoque sine doctrina animus.« Und wie ein Acker, mag er auch fruchtbar sein, ohne Pflege nicht fruchtbringend sein kann, so kann auch eine Seele ohne Lehre nicht fruchtbringend sein.[9] Im übrigen war auch das Taschengeld für die Söhne in Höhe von 50 fl monatlich angesetzt[10]. »daran mögen Ire gnaden, weil sy kain aufgab haben, wol genuegig sein.« Wilhelm war also zu Gehorsam – auch das Gebot der Elternliebe spielte in dieser Weisung eine wichtige Rolle –, Sparsamkeit, Maßhalten, verantwortlichem Umgang mit der Zeit – auf die Jagd sollten Gebet- oder Geschichtsbücher mitgenommen werden – und zur Treue zur katholischen Kirche verpflichtet worden. Das Dokument lag in mehrfacher Ausfertigung vor, damit auch die beiden Söhne je ein Exemplar in Handen hielten, um es nicht zu »vergessen..., vleissig (zu) halten unnd vollziehen «[11]

Aus zahlreichen Briefen Wilhelms an die Eltern gewinnt man den Eindruck, dass er eine unbeschwerte Kindheit verleben durfte. Über eine Einladung seiner Eltern nach Starnberg zur Erholung 1558 freute er sich sehr und schmiedete begeistert Pläne. Die Aussicht auf Schwimmen, Fischen und das

Zusammensein mit den Eltern ließ ihn besondere Sorgfalt beim Unterricht versprechen. Überschwenglich dankte er es ihnen in einem lateinischen und deutschen Brief.[12] 1559 suchte ihn eine längerwierige Magenerkrankung heim.[13] Diese war jedoch schließlich überwunden, Wilhelm konnte seine Studien und seine Freizeitbeschäftigungen – am liebsten war ihm die Wildschweinjagd – ungehindert fortsetzen. Von der Ankunft in Ingolstadt berichtete er getreulich in einem Schreiben vom 30. April 1563[14]: »Dergleichen sollen E. Gn. von uns auch wißen, das wir frisch und gesundt gen Ingolstat khumen und uns alle Ding zimlich wol gefallen, von der universitet entpfangen und verehrt worden und das deponieren überstanden...« Da der Rektor keine Immatrikulationsgebühr erhob, fragte Wilhelm beim Vater an, ob er dies so hinnehmen oder ihm stattdessen ein Geschenk verehren solle.[15] Albrecht sandte einen Pokal, der dem Rektor überreicht wurde. Die Teilnahme an einer Promotionsfeier der Juristen gefiel Wilhelm gut.[16] Doch im Sommer brach er schon nach Salzburg auf und beendete so relativ früh seine Studien an der Universität Ingolstadt.[17] Mederer erwähnt in seiner Universitätsgeschichte als Ursache eine pestartige Seuche, die den Weggang der jungen Herzöge beschleunigt hatte.[18] Den Rest des Jahres 1563 verlebte Wilhelm in Dachau, wo er sich weiterhin dem Studium widmete, im darauffolgenden Jahr zog er wieder nach München.[19] 1567 ging Wilhelm dann mit seiner Mutter Anna auf Brautschau nach Frankreich, an den Hof von Nancy, der damals an der Hofkultur der Renaissance, wie sie in Paris seit König Franz I. herrschte, orientiert war. Als Braut erkor er schließlich Renata von Lothringen aus, mit der er am 22. Februar 1568 in München Hochzeit hielt.[20] Das junge Paar residierte in Landshut.

Renata[21] war am 20. April 1544 geboren als Tochter des Herzogs Franz II. von Lothringen, der bereits 1545 jung verstarb, und der Herzogin Christine, die nach dem Tod des Mannes zusammen mit dessen Bruder, Herzog Nikolaus, die Regentschaft für ihren erst zweijährigen Sohn Karl, später Herzog Karl III., ausübte. Als König Heinrich II. von Frankreich 1552 Nancy besetzte, floh Renata mit ihrer Mutter in die Niederlande und blieb dort unter dem Schutz Kaiser Karls V., der ihr Onkel war, im Exil, bis Heinrich II. 1559 gestorben war. Danach kehrten Mutter und Tochter zurück, und Karl konnte die Herrschaft antreten. In den acht Jahren am Hof von Nancy

Abb 1 *Wilhelm V. von Bayern, Vater Maximilians. Kupferstich*

kam sie in enge Berührung mit Kunst und Wissenschaften, da ihr Bruder als Mäzen in beiderlei Hinsicht galt. Diese Kenntnisse kamen ihr auch in Bayern zugute. Auf ihrem Weg nach München durchquerte sie Ingolstadt und wurde von Herzog Ferdinand empfangen.[22] Ähnlich der bayerischen Haltung in

Abb 2 *Renata von Lothringen, Mutter Maximilians. Ölgemälde*

der Religionsfrage herrschte in Lothringen ausschließlich der Katholizismus vor. Die junge Herzogin hatte früh einen Jesuiten als Beichtvater. Dominikus Mengin aus Lothringen avancierte schließlich auch zum ersten jesuitischen Beichtvater Wilhelms V.[23]

Das heitere beschwingte Leben auf der Burg Trausnitz bei Tanz und Mummenschanz, die Umgestaltung der Bausubstanz im Stil der Renaissance, die heute noch gut erkennbar ist, daneben aber genauso ernsthafte Religiosität, die bei geistlicher Einkehr den Alltag mit seinen Vergnügungen zurücktreten läßt, können jedoch nicht darüber hinwegtäuschen, dass das Leben auch Schattenseiten hatte.[24] Von den zehn Kindern, die dem Herrscherpaar geschenkt waren, starben vier noch vor Erlangung des zwölften Lebensjahres. Einige Fehlgeburten kamen hinzu, so dass sich die anfangs heitere Renata, die zusätzlich unter der häufigen Abwesenheit ihres Mannes litt, in eine bisweilen von Schwermut heimgesuchte Frau wandelte. Wilhelm V. selbst war zu sehr auf den religiös-kirchlichen Bereich fixiert, wenig juristisch gebildet, was bei dem kurzen Aufenthalt an der Universität Ingolstadt nicht verwunderlich sein kann, dass er den nüchternen Aufgaben der Verwaltung eines finanziell maroden Herrschaftsgebietes gewachsen war. 1575 führten die drückende Schuldenlast und eine schwere Erkrankung bei ihm eine Wandlung zum barocken Asketen herbei. Diese bedeutete aber noch nicht den vollkommenen Rückzug aus der Politik, im Gegenteil, sie war Antrieb zum Handeln. Gerade an den gegenreformatorischen Brennpunkten Baden, Bamberg, Würzburg, Innerösterreich und Köln war Wilhelm zugegen.

Vita activa und vita contemplativa bildeten in diesen Jahren keine Gegensätze, sondern eine Einheit. Als Vater war Wilhelm sehr auf eine gute Ausbildung seiner Kinder, vorrangig natürlich im Glaubensbereich, bedacht. Von Beratern überzeugt, sorgte er aber auch für ein breiteres Allgemeinwissen, vor allem seines Nachfolgers, als er es besaß. In zahlreichen Instruktionen für die Erziehung seiner Kinder versuchte er deren Erwachsenwerden bei gutem Wohlergehen zu begleiten und auf geordneten Bahnen zu erhalten.[25] Parallel dazu galt er als Förderer der Künste, gerade der Musik, verband ihn doch eine tiefere Freundschaft mit Orlando di Lasso[26], und der Architektur. Friedrich Sustris konnte all seine Begabungen beim Bau von St. Michael 1583-1597 und Teilen der Residenz in München entfalten. Wilhelm zog nämlich nach seinem Regierungsantritt 1579 aus der Neu-Veste, dem düsteren Wasserschloss der Herzöge in München, in die noch im Bauzustand befindlichen Räume der neuen Residenz, die licht voller und heller waren.[27]

In seine Regierungszeit fiel 1582 die Ausgabe des bayerischen Index[28], eine erweiterte Neuausgabe des Index, der beim Tridentinum zusammengestellt worden war[29]. »vera et catholica fides ad salutem et pacem fidelium sibi subditorum illaesa conservaretur.« (Der wahre und katholische Glaube sollte zum Wohl und Frieden der ihm untergebenen Gläubigen unverbrüchlich bewahrt werden.) Auf ihm finden wir auch Magister

Arsatius Seehofer[30], kein Unbekannter an der Universität Ingolstadt, und Andreas Osiander, ebenfalls ehemaliger Student der Ingolstädter Universität und verantwortlich für die Einführung der Reformation in Pfalz-Neuburg.[31] Die Einführung des Gregorianischen Kalenders im nämlichen Jahr war zunächst gescheitert, so dass Wilhelm die endgültige Umstellung und Korrektur der Zeitrechnung auf den 10. Februar des Jahres 1583, auf den statt des 11. Februar der 21. folgen sollte, festlegte und den Druck neuer Kalender nicht nur für »Herrschafften und Oberkaiten«, sondern auch »für den Baurßman« verfügte.[32]

Das Jahr 1583 verdient hier eine besondere Würdigung: mit Hilfe des päpstlichen Nuntius kam ein Konkordat für Bayern zum Abschluß[33], das Kurfürstentum Köln konnte für den Katholizismus erhalten bleiben[34] und in München begann das Großprojekt der Errichtung des Jesuitenkollegs mit der Kirche St. Michael.[35] Ähnliches vollzog sich in Ingolstadt, wo Wilhelm 1584 das Jesuitenkolleg erweitern und 1587–1589 die dazu gehörige Heilig-Kreuz-Kirche erbauen ließ.[36] Die Jesuiten verzeichneten das Ereignis[37]: »In scholas, quas Illustrißimus Guilielmus Princeps nobis exaedificavit, immigravimus, communi omnium laetitia, mense Septembri. Sex constant auditoriis amplis et elegantibus, quibus magnifica annumeranda est aula rei divinae, concionibus, orationibusque destinata.« (In die Schulen, die uns der Durchleuchtigste Fürst Wilhelm bauen ließ, sind wir zur allgemeinen Freude, im Monat September (1584) umgezogen. Sie bestehen aus sechs großen und geschmackvoll ausgestatteten Hörsälen, denen eine großartige Kapelle zuzurechnen ist, bestimmt für Predigten und Gebete.) Wilhelm wohnte mit seiner Ehefrau, seinem Bruder Ferdinand und seiner Schwester Maximiliana der ersten heilige Messe in der neuen Kapelle, dem anschließenden Festmahl und der Aufführung der Komödie Absalom bei. Ein Jahr später ist schließlich das herzogliche Konvikt für die Ausbildung des Diözesan- und Ordensklerus fertig. Wiederum wird Wilhelms Freigebigkeit gerühmt.[38] In Landshut wurde ihm ein Jahr später, 1585, der Orden des Goldenen Vlieses verliehen[39], die höchste Auszeichnung, gestiftet von den Herzögen von Burgund, in einer feierlichen liturgischen Zeremonie mit eucharistischer Prozession und anschließendem Festmahl, das folgendermaßen beschrieben wurde: »auch diß Bankhett mit vil herrlich und costlichen speisen gezierdt gewesen.«

Richtung weisend und schicksalshaft für die weitere Geschichte der Universität Ingolstadt war Wilhelms Entscheidung, die Artistenfakultät – 1585 bzw. 1588 endgültig – ganz in jesuitische Hände zu legen, nachdem seine Kommissäre den bisherigen Dialektikprofessor Wolfgang Scherel als untragbar empfunden hatten und dieser seines Postens enthoben wurde. Damit wurden die Jesuiten die prägende Kraft für das Grundstudium und besaßen nahezu das Bildungsmonopol für den Zugang zu höheren Fakultäten. Ihre ebenfalls in diesen entscheidenden Jahren im Entstehen begriffene Studienordnung, die sog. »ratio studiorum«, erlangte später Weltgeltung und gereichte der Universalität des Ordens zum Vorteil.[40]

Neben zahlreichen kleineren und größeren Weisungen für die Verwaltung mit historischer Tragweite, die bisher im Schatten der umgreifenden Neuerungen der Administration durch Maximilian gestanden hatten, wie der Errichtung des Salzhandelsmonopols zur Verhinderung des »Staats«bankrotts[41] 1587, der Grundlegung der Matrikelführung 1588 in Bayern[42] sowie der Aufgabenstellung für den Geheimen Rat[43] im nämlichen Jahr und der Forderung an die Beamten 1591, den Eid auf das Tridentinum zu leisten[44], darf auch die Gründung des weltberühmten Hofbräuhauses 1589 in München[45] zu Wilhelms wichtigsten Taten zählen.

1594 nahm das Bestreben »mit negotiis verschont« zu werden immer mehr zu[46], Maximilian wurde zur Mitregierung herangezogen, da der Krieg am Rhein nunmehr zehn Jahre dauerte und Bayern in eine tiefe Finanzkrise stürzte. Drei Jahre später zog sich Wilhelm ganz von der Regierung zurück, Maximilian übernahm die Regentschaft.[47] In einer offiziellen Abdankung bekundete Wilhelm den Rücktritt »aus beweglichen Ursachen und freyem ungezwungenem unnserm willen und wolbedachtem gemüeth, auch mit allergnedigistem Vorwissen« des Kaisers Rudolf II.[48]

Renata und Wilhelm verbrachten ihre letzten Lebensjahre in Gebet, Buße und mildtätigen Werken in der Maxburg, die mit dem Jesuitenkolleg verbunden war bzw. in Schleißheim.[49] Dort hatte Wilhelm neun Einsiedeleien im Wald errichten lassen, von denen jede mit einem Eremiten besetzt war. Bisweilen begab er sich auf Wallfahrt nach Tuntenhausen oder Altötting[50]. Täglich speisten beim Herzog zwölf arme Männer, bei der Herzogin zwölf arme Frauen. Wilhelm V. besuchte nun häufiger, als es ihm in den Regierungsjahren mögich war, die

Kranken in den Spitälern und versuchte durch Trost, Pflege und Geschenke ihr Leid zu lindern.[51] Dieses Leben schloss jedoch eine Beteiligung an verschiedenen politisch relevanten Ereignissen nicht aus: Wilhelm unterstützte Maximilian weiterhin mit seinem Rat und war in die Heiratspolitik seiner Kinder involviert.[52] Renata starb bereits am 22. Mai 1602 in München und fand als erste Wittelsbacherin ihre letzte Ruhestätte in der Jesuitenkirche St. Michael. Wilhelm dagegen war es noch vergönnt, die Erlangung der Kurwürde durch seinen Sohn Maximilian für die bayerischen Wittelsbacher 1623 zu erleben. Er starb am 7. Februar 1626 in Schleißheim und ist ebenfalls in der Jesuitenkirche St. Michael in München, seiner Stiftung, begraben.[53]

Anmerkungen

1 Helmut Dotterweich, Der junge Maximilian. Jugend und Erziehung des bayerischen Herzogs und späteren Kurfürsten Maximilian I., München 1962, S. 27; Friedrich Schmidt, Geschichte der Erziehung der Bayerischen Wittelsbacher von den frühesten Zeiten bis 1750, Berlin 1892, S. 11. Volckhamer hatte ebenfalls in Ingolstadt studiert.

2 Ebenda, S. 8.

3 Ebenda, S. 10 f.

4 Helmut Dotterweich, Der junge Maximilian. Jugend und Erziehung des bayerischen Herzogs und späteren Kurfürsten Maximilian I., München 1962, S. 28.

5 Götz von Pölnitz, Die Matrikel der Ludwig-Maximilians-Universität Ingolstadt – Landshut – München, München 1937, Sp. 839 f.

6 Helmut Dotterweich, Der junge Maximilian. Jugend und Erziehung des bayerischen Herzogs und späteren Kurfürsten Maximilian I., München 1962, S. 12-20.

7 Ebenda, S. 28.

8 Friedrich Schmidt, Geschichte der Erziehung der Bayerischen Wittelsbacher von den frühesten Zeiten bis 1750, Berlin 1892, S. 21-27.

9 Ebenda, S. 24.

10 Ebenda, S. 25.

11 Ebenda, S. 27.

12 Ebenda, S. 224.

13 Ebenda, S. 226 f.

14 Ebenda, S. 238; zur Zeremonie der Deposition vgl. Kay Reinhardt, Die Universitätsstadt Ingolstadt, in: Ingolstadt – vom Werden einer Stadt. Geschichten & Gesichter, Ingolstadt 2000, S. 81.

15 Friedrich Schmidt, Geschichte der Erziehung der Bayerischen Wittelsbacher von den frühesten Zeiten bis 1750, Berlin 1892, S. 238.

16 Ebenda, S. 239.

17 Ebenda, S. 240.

18 Johann Nepomuk Mederer, Annales Ingolstadiensis Academiae, Ingolstadt 1782, S. 274-278.

19 Friedrich Schmidt, Geschichte der Erziehung der Bayerischen Wittelsbacher von den frühesten Zeiten bis 1750, Berlin 1892, S. 241-246.

20 Helmut Dotterweich, Der junge Maximilian. Jugend und Erziehung des bayerischen Herzogs und späteren Kurfürsten Maximilian I., München 1962, S. 36.

21 Ebenda, S. 35-43.

22 Johann Nepomuk Mederer, Annales Ingolstadiensis Academiae, Ingolstadt 1782, S. 275.

23 Helmut Dotterweich, Der junge Maximilian. Jugend und Erziehung des bayerischen Herzogs und späteren Kurfürsten Maximilian I., München 1962, S. 28; Hans und Marga Rall, Die Wittelsbacher in Lebensbildern, Graz, Wien, Köln 1986, S. 125-127.

24 Benno Hubensteiner, Vom Geist des Barock. Kultur und Frömmigkeit im alten Bayern, München 1967, S. 112-114; Ludwig Schrott, Herrscher Bayerns. Vom ersten Herzog bis zum letzten König, München 1974 (3. Auflage), S. 103-110.

25 Friedrich Schmidt, Geschichte der Erziehung der Bayerischen Wittelsbacher von den frühesten Zeiten bis 1750, Berlin 1892, S. 27-90. Vgl. Beiträge von D. Wittmann zum Studium Maximilians und zu seinen Geschwistern.

26 Hans und Marga Rall, Die Wittelsbacher in Lebensbildern, Graz, Wien, Köln 1986, S. 126.

27 Wolfgang Braunfels, Die Kunst im Heiligen Römischen Reich, Bd. I, Die weltlichen Fürstentümer, München 1979, S. 180-183.

28 Albert Ebneter, Index, in: LThK (Lexikon für Theologie und Kirche) 5, Sp. 644-647, Freiburg 1960.; Herman H. Schwedt, Index, in: LThK 5, Sp. 445 f., Freiburg, Basel, Rom, Wien 1996; Wilhelm Rees, Index, in: LThK 5, Sp. 446-448, Freiburg, Basel, Rom, Wien 1996.

29 Dokumente zur Geschichte von Staat und Gesellschaft in Bayern, Abteilung I, Band 3, Teil 1, Altbayern von 1550-1651, hrsg. von der Kommission für bayerische Landesgeschichte, bearbeitet von Walter Ziegler, München 1992, S. 471-474.

30 Irmela Holtmeier, Arsacius Seehofer, in: Ingolstadt. Vom Werden einer Stadt. Geschichten & Gesichter, Ingolstadt 2000, S. 73.

31 Jutta Franke, Osiander, Andreas, in: Bosls Bayerische Biographie, Regensburg 1983, S. 565.

32 Dokumente zur Geschichte von Staat und Gesellschaft in Bayern, Abt. I, Bd. 3,1, Altbayern von 1550-1651, hrsg. von der Kommission für bayerische Landesgeschichte, bearbeitet von Walter Ziegler, München 1992, S. 474-475.

33 Ebenda, S. 490-495.

34 Vgl. Beitrag von E. Hausfelder; Günther von Lojewski, Bayerns Kampf um Köln, in: Hubert Glaser, (Hrsg.), Wittelsbach und Bayern 2,1, Um Glauben und Reich. Kurfürst Maximilian I., München, Zürich 1980, S. 40-47.

35 Dokumente zur Gdschichte von Staat und Gesellschaft in Bayern, Abt. I, Bd 3,1, Altbayern von 1550-1651, hrsg. von der Kommission für baye-

rische Landesgeschichte, bearbeitet von Walter Ziegler, München 1992, S. 501-502: Johannes Terhalle, ... ha della Grandezza de padri Gesuiti. Die Architektur der Jesuiten um 1600 und St. Michael in München, in: Reinhold Baumstark, (Hrsg.), Rom in Bayern, München 1997, S. 83-146.

36 Siegfried Hofmann, Baugeschichte des Jesuitenkollegs, in: Die Jesuiten in Ingolstadt 1549-1773, Ingolstadt 1992, S. 43-58; Ders., Ingolstädter Kirchenbauten, in: ebenda, S. 60-68.

37 Summarium de variis rebus collegii Ingolstadiensis (Kopie in der Wissenschaftlichen Stadtbibliothek Ingolstadt), S. 50 f.

38 Ebenda, S. 52.

39 BayHStA (Bayerisches Hauptstaatsarchiv), Kurbayern, Äußeres Archiv 1980 (Fürstenbücher Bd. 33), f. 13v.-14v.

40 Dokumente zur Geschichte von Staat und Gesellschaft in Bayern, Abt. I, Bd. 3,1, Altbayern von 1550-1651, hrsg. von der Kommission für bayerische Landesgeschichte, bearbeitet von Walter Ziegler, München 1992, S. 502 f.; Siegfried Hofmann, Die Berufung der Jesuiten an die Universität Ingolstadt, in: Die Jesuiten in Ingolstadt 1549-1773, Ingolstadt 1991, S. 32-41; zur ratio studiorum s. Beatrix Ettelt, Das Jesuitengymnasium in Ingolstadt, in: Die Jesuiten in Ingolstadt 1549-1773, Ingolstadt 1991, S. 105-123, vor allem S. 106 f.; Summarium de variis rebus collegii Ingolstadiensis (Kopie in der Wissenschaftlichen Stadtbibliothek Ingolstadt), S. 56 am Rande.

41 Dokumente zur Geschichte von Staat und Gesellschaft in Bayern, Abt. I, Bd. 3,1, Altbayern von 1550-1651, hrsg. von der Kommission für bayerische Landesgeschichte, bearbeitet von Walter Ziegler, München 1992, S. 507-509.

42 Ebenda, S. 512 f.

43 Ebenda, S. 514 f.

44 Ebenda, S. 587.

45 Ebenda, S. 515 f.

46 Benno Hubensteiner, Vom Geist des Barock. Kultur und Frömmigkeit im alten Bayern, München 1967, S. 114.

47 Hans und Marga Rall, Die Wittelsbacher in Lebensbildern, Graz, Wien, Köln 1986, S. 127.

48 Dokumente zur Geschichte von Staat und Gesellschaft in Bayern, Abt. I, Bd. 3,1, Altbayern von 1550-1651, hrsg. von der Kommission für bayerische Landesgeschichte, bearbeitet von Walter Ziegler, München 1992, S. 607-610.

49 Wolfgang Braunfels, Die Kunst im Heiligen Römischen Reich, Bd. I, Die weltlichen Fürstentümer, München 1979, S. 180.

50 Ludwig Schrott, Herrscher Bayerns. Vom ersten Herzog bis zum letzten König, München 1974 (3. Auflage), S. 109.

51 Bernhard Duhr, Geschichte der Jesuiten in den Ländern deutscher Zunge im XVI. Jahrhundert, Freiburg 1907, S. 710 f.

52 Benno Hubensteiner, Vom Geist des Barock. Kultur und Frömmigkeit im alten Bayern, München 1967, S. 114 f.

53 Hans und Marga Rall, Die Wittelsbacher in Lebensbildern, Graz, Wien, Köln 1986, S. 125.

Doris Wittmann

Maximilians Geschwister

Maximilian wuchs im Kreis mehrerer Geschwister auf[1], wobei die Brüder Philipp Wilhelm und Ferdinand sowie Karl, der jedoch im Kindesalter starb, ihm sehr nahe standen und lange Zeit zusammen mit ihm erzogen wurden. Das älteste Kind Renatas und Wilhelms V., **Christoph**, starb noch am Tag seiner Geburt, dem 23. Januar 1570 in Friedberg bei Augsburg, und fand seine letzte Ruhestätte in der Klosterkirche Andechs. Als nächstes kam ein Mädchen zur Welt, **Christine**, geboren am 23. September 1571. Auch sie starb mit nur neun Jahren am 27. April 1580 in München und ruht ebenfalls in Andechs. Von ihr ist ein kleines Portät vorhanden in Form eines Tapisseriebildnisses auf einer Elfenbeindose.[2] Prächtig gekleidet in der spanischen Hoftracht, aber ernst, mit einer Puppe in der rechten Hand, blickt sie dem Betrachter entgegen. Einer Äußerung ihrer Mutter nach muß sie sehr dickköpfig gewesen sein, doch erwies sich die Mutter als energischer.[3] Maximilian selbst war dann das dritte Kind, ihm folgte seine Schwester Maria Anna, die am 8. Dezember 1574 in München zur Welt kam. Schließlich schenkte Renata zwei Söhnen nacheinander das Leben, Philipp Wilhelm am 22. September 1576 und Ferdinand am 6. Oktober 1577. Eine weitere Schwester Maximilians, **Eleonore Magdalena**, geboren am 7. Oktober 1578, überlebte das Säuglingsalter nicht und starb mit nur einem halben Jahr in Landshut am 18. April 1579, wo sie bei den Zisterzienserinnen von Seligenthal beigesetzt wurde. Ein Jahr später, am 30. Mai 1580, erblickte **Karl** das Licht der Welt. Als die drei größeren Brüder in der Ausbildung waren, durfte er sie begleiten, starb aber mit sieben Jahren, am 27. Oktober 1587, in Salzburg an den Blattern. Sein Grab befindet sich in der Klosterkirche Andechs. Im Hauptstaatsarchiv ist ein Verzeichnis seiner »Hinterlassenschaft« vorhanden. Karl, der auch für den geistlichen Stand bestimmt war[4], nannte zahlreiche Silbergegenstände in Salzburg sein eigen, wie etwa Geschirr, Kerzenleuchter, einen heiligen Geist in Gestalt einer Taube und eine Tafel mit der Verklärung Christi.[5] Die letzten beiden Geschwister,

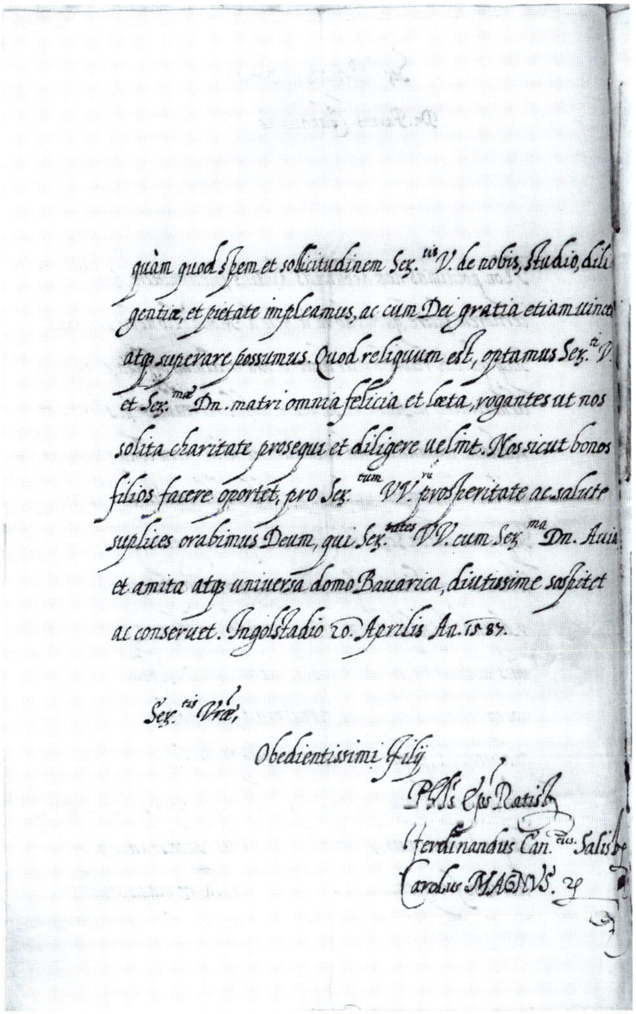
quàm quod spem et sollicitudinem Ser.tis V. de nobis, studio, diligentiæ, et pietate impleamus, ac cum Dei gratia etiam vincere atque superare possumus. Quod reliquum est, optamus Ser.ti V. et Ser.mae Dn. matri omnia felicia et læta, rogantes ut nos solita charitate prosequi et diligere uelint. Nos sicut bonos filios facere oportet, pro Ser.tum VV. prosperitate ac salute supplices orabimus Deum, qui Ser.tes VV. cum Ser.ma Dn. Auia et amita atque uniuersa domo Bauarica, diutissime sospitet ac conseruet. Ingolstadio 20. Aprilis An. 1587.

Ser.tis Vræ,

Obedientissimi Filij

Ph.s Eps Ratisb.

Ferdinandus Can.cus Salisb.

Carolus MAGNUS

Abb 3 *Lateinischer Brief der drei Brüder Maximilians, Philipp, Ferdinand und Karl, aus Ingolstadt, wo sie 1587 zum Studium weilten.*

Albrecht VI. der Leuchtenberger, geboren am 13. April 1584, und Magdalena, geboren am 4. Juli 1587, erlebte Maximilian nicht mehr so intensiv als Spielgefährten, da beide altersmäßig schon weit von ihm entfernt waren und er sich zum Zeitpunkt ihrer Geburt schon in der Obhut von Privatpräzeptoren befand, also getrennt von seinen Geschwistern.

Maria Anna (1574-1616)

Maria Anna, die ein Jahr jüngere Schwester Maximilians, ist in ihren Kinderjahren und bezüglich ihrer Erziehung in den Quellen wenig greifbar. Aus dem Jahre 1589 ist uns ein Brief an ihren Vater überliefert, in dem sie sich für kostbare Tapisseriegegenstände bedankte, gleichzeitig aber den Wunsch äußerte, den Vater persönlich einmal wieder sehen zu dürfen.[6] Ein Jahr später erhielt sie Lateinunterricht vom fürstlichen Kaplan Matthias Althaimer, ebenso 1591. Im gleichen Jahr bekam ihr ehemaliger Präzeptor, Johann Baptist Tullianus, nochmals eine Abfindung. Folglich genoß sie Privatunterricht, doch fehlen die Nachrichten über Einzelheiten.[7] Als ihr Vetter Erzherzog Ferdinand von Innerösterreich (1578-1637), der spätere Kaiser Ferdinand II., 1590 zum Studium nach Ingolstadt kam, lernte sie mit ihm ihren späteren Ehemann kennen.[8] Dieser war in seinem Werben um ihre Hand einer bösen Polemik in seinen Landen von Seiten der Protestanten ausgesetzt gewesen, da die Braut vier Jahre älter war und man ihr Krankheit bzw. Häßlichkeit andichtete. Das Ehehindernis naher Verwandtschaft, die Brautleute waren Cousin und Cousine, da Ferdinands Mutter Maria eine Schwester von Maria Annas Vater Wilhelm war, wurde durch päpstliche Dispens behoben. Am 23. April 1600 konnten die beiden in Graz heiraten und führten eine glückliche Ehe, der sieben Kinder – zwei von ihnen starben im Säuglingsalter – entstammten, u. a. Kaiser Ferdinand III. und Maria Anna, zweite Gemahlin Kurfürst Maximilians I. von Bayern, der damit Cousin und Schwiegersohn Kaiser Ferdinands II. war.[9] Kardinal Franz Dietrichstein nahm als von Papst Clemens VIII. beauftragter Legat die Trauung vor und überbrachte die Segenswünsche des Papstes. Anläßlich der Hochzeit führten die Jesuiten eine Tragödie zu König Saul und eine Komödie zu König David auf. Die Erlangung der Kaiserwürde durch ihren Ehemann konnte Maria Anna nicht mehr miterleben, da sie im Alter von knapp 42 Jahren am 8. März 1616 in Graz verstarb und dort im Mausoleum begraben ist.

Philipp Wilhelm (1576-1598)

Der jüngere Bruder Maximilians, Philipp Wilhelm, war bereits mit drei Jahren vom Regensburger Domkapitel zum Bischof von Regensburg auserkoren worden, damit für den geistlichen Stand ausersehen. Mit dieser Ernennung wollte das Domkapitel einerseits den Schutz des Hauses Wittelsbach gegen die protestantischen, reichsstädtischen Bürger erreichen, andererseits die Schuldenlast des vorherigen Bischofs David Kölderer von Burgstall[10] (1536-1579) in den Griff bekommen, da ein minderjähriger Bischof nur ein geringes jährliches Einkommen beanspruchen konnte.[11] Als vierjähriges Kind beklagte sich Philipp einmal bitter darüber, dass er nur Wasser trinken dürfe und keinen Wein. Auf den Hinweis, das sei für einen Bischof so, antwortete er aufmüpfig, dann wolle er eben kein Bischof mehr sein.[12] Das Fundament seiner Bildung erwarb er zusammen mit Maximilian am Münchener Hof, bevor er mit seinem jüngeren Bruder Ferdinand, der ebenfalls für eine geistliche Laufbahn ausersehen war, 1586 zum Studium nach Ingolstadt gesandt wurde. Die ersten Instruktionen Wilhelms V. gelten den beiden Söhnen Maximilian und Philipp, bis schließlich Ferdinand hinzukommt. Die Briefe Philipps an seine Eltern liefern ein ähnliches Bild wie schon diejenigen Maximilians. Neben strengem Unterricht, der sich den lateinischen Autoren widmete, kam auch die Freizeitgestaltung nicht zu kurz. Philipp, der 1585 bereits als Bischof von Regensburg und Domkanoniker von Köln unterzeichnete, frönte ebenso wie Maximilian der Jagd und der Fischerei in Starnberg und Dachau. Dazu kamen Wallfahrten nach Andechs. Ganz im Hinblick auf das geistliche Wirken übten die Präzeptoren Quirinus Leoninus und Johannes Barvitius auch mehrstimmige Gesänge mit ihrem Zögling. Philipp war sich früh seiner geistlichen Berufung bewußt und gebrauchte als Abschlußformel des Briefes oft die Segensworte, dass nämlich Vater, Sohn und heiliger Geist alle – ihn eingeschlossen – segnen mögen. Ferner versprach er, fleißig zu studieren, da er hoffe, »als baldt ein gelerter prediger zu werden.«[13] Stolz berichtete Philipp auch von der Teilnahme an einer Disputation bei den Jesuiten, für die er mit Preisen ausgezeichnet wurde: ein schönes Kristallglas, ein Register für das Brevier und ein Rosenkranz.[14] In den Kirchen darf Philipp schon 1585 hin und wieder predigen, doch kann er sich auch noch sehr kindlich über Nikolausgeschenke in seinem Schuh freuen.[15] Ein Jahr später zog er nach Ingolstadt zum Studium an der Universität, wo er sich zusammen mit Maximilian, der freilich erst 1587 seine Studien begann, Ferdinand und Karl immatrikulierte. Zu diesem Zeitpunkt hatte er eine weitere

Pfründe in Form eines Kanonikats in Mainz inne.[16] Für den Jahrmarkt in Ingolstadt erbat er sich Geld von seinem Vater, um das zu kaufen, was er für den Winter benötige: »ich wirt betirfen einer belzhauben und eines warmen bar henzungs (Handschuhe)...« Zunächst logierte er im Schloss, doch von dort übersiedelte er in das Lichtenauersche – heute Kaisheimer Haus – in der Harderstraße, da man dort die Schulglocke besser höre und das Schloss für Soldaten, nicht aber für Studenten geeignet sei.[17] Hier hatte er engen Kontakt mit Pater Gregor von Valencia, der schließlich Maximilians Beichtvater wurde. Interessant für den Ingolstadtaufenthalt sind einige Quellen aus dem Hauptstaatsarchiv München, die Aufschluß über die Hofhaltung geben. Ein undatiertes Verzeichnis des Hofstaats zeigt den Personalaufwand, der 1910 fl. Kosten pro Jahr verursachte:[18]

Hofmeister Anton Graf zu Montfort		600 fl.
Kammerer Hans David Funk		250 fl.
Präzeptor Quirinus Leoninus		200 fl.
Hausmeister Hanns Otth		250 fl.
Kaplan und Magister der Edelknaben, Johannes Vetter		50 fl.
8 Edelknaben		keine Besoldung
3 Kammerdiener		je 50 fl.
Aufseher der Silberkammer		50 fl.
Einkäufer		40 fl.
»Lehnrer« [19]		16 fl.
Koch		52 fl.
3 Küchenjungen	einer 10 fl., die beiden anderen nur Kleidung und anderen Bedarf	
Bedienstete der Edelknaben	Lakai 28 fl., einer nur Kleidung	
3 Kutschenknechte	einer 20 fl., der andere 10 fl., der »Gutschi Jung« nur Kleidung	
Torwart (Pförtner)		8 fl.
Einheizer		8 fl.
Abspüler		12 fl.
Wäscherin		Jahressold 144 fl.
Geflügelwartin im »Mayrhaus«		12 fl.

Daneben brachte man allerhand Silbergeschirr, Zinn und Leinwand von München nach Ingolstadt bzw. erwarb es dort neu.[20] Die Küche war gut ausgerüstet, auch für repräsentative Zwecke. Pfannen, Reibeisen, eine Messingmodel zum Küchlbacken, Gewürzladen, Essigkrug, Ölflasche, »ein Prader mit 3 Redern unndt 4 füssen«, also eine große, bewegliche Bratvorrichtung, ferner zehn Silberlöffel, acht Silberbecher, ein Silbersalzfaß, 44 Zinnteller, zwölf große Zinnbecher »ein Maß haldent«, zwei kupferne und ein Blechkessel, zwei Brotkörbe, sieben »Venedische gleser«, 14 Tischtücher, 41 Handtücher und »10 Stuckh Tapezerey von Leder unndt goldt«. Ein Großteil davon dürfte in den zwei Überlandreisetruhen verstaut gewesen sein, die das Inventar auch nennt. Drei Wasserzuber dienten zum Waschen, der Wein- (Franken- und Neckarwein) und Bierkeller hielt den Getränkevorrat bereit und in den fürstlichen Zimmern standen je drei Tafeln, die wohl den Studien dienten, Wäschekörbe, Schaffe zum Fußwaschen, Wärmepfannen – Vorläufer der Gummiwärmflasche bzw. des Heizkissens – und zum Spielen wurden 12 Messingkugeln aufbewahrt, mit denen man auf eine Tafel zielen konnte. Im Stall befanden sich sechs weiße Pferde mit Zaumzeug, zwei Kutschenpferde mit Geschirr, eines aus Leder, das andere aus Samt, sowie zwei Kutschen mit Zubehör.

Im Garten tummelten sich unter anderem weiße Pfauen, die der Forstknecht Georg Hainrich aus Landshut gebracht hatte, wie die Ausgaben des Hausmeisters Hanns Otth von Dezember 1586 bis März 1587 belegten.[21] Zum Reinigen des Hauses wurden Frauen herangezogen. Vor Weihnachten putzten zwei Frauen die Fenster, zwei andere säuberten die Zimmer, Bänke, Tische und Böden. Der Rauchfangkehrer hatte acht Kamine zu fegen und der Schreiner Wolff Bachmayr erledigte Schreinerarbeiten in der Kapelle. Bedarf für Holz als Brennmaterial, Hafer, Heu und Stroh für die Tiere war ebenfalls vorhanden. Offensichtlich hielten sich aber auch unliebsame Tiere schadlos am Vorrat, da vier Mausefallen angeschafft wurden. Der Vorliebe für Gesang diente ein Geschenk des Deggendorfer Schulmeisters Philipp Besserer, der den jungen Studenten »teutsche Carmina zum newen Jahr verehrt.« Die Jesuiten aus München schickten extra ein Nikolausgeschenk, für dessen Überbringung der Bote 55 kr. Lohn erhält. Vier Lichtmesskerzen für die Prozession ließ man weiß und blau bemalen, so dass der Hofmeister und seine drei Zöglinge sich standesgemäß – in den Landesfarben, die zugleich die Farben der Muttergottes sind – an der gottesdienstlichen Feier beteiligen konnten. Mildtätigkeit praktizierten die angehenden Geistlichen selbstverständlich auch. So spendeten sie »den abbrunnenen leuten« 4 kr., »den armen schuelern« in beiden Pfarreien, St. Moritz und zur Schönen Unserer Lieben Frau – heute Liebfrauenmünster – sowie den Sondersiechen 9 kr.

Philipp wurde 1587 zum Präfekt der marianischen Studentenkongregation in Ingolstadt gewählt. Dieses Amt durfte er mit Erlaubnis seines Vaters annehmen.[22] Bischof Martin von Schaumberg[23] (1523-1590) in Eichstätt besuchten die drei jungen geistlichen Fürsten Philipp, Ferdinand und Karl auf dessen mehrmalige Einladungen hin im nämlichen Jahr, durften in Eichstätt auch alle heiligen Stätten und Reliquien bewundern.[24] Auch im Kloster Scheyern waren die drei Studenten zu Gast und bewunderten die Reliquie mit dem Kreuzpartikel.[25] Im Herbst reisten alle drei nach Salzburg zu Erzbischof Wolf Dietrich von Raitenau[26] (1559-1617), wo Philipp ein weiteres Kanonikat und Ferdinand sein erstes erhielt. Beide bekamen Plätze im Chor des Domkapitels zugewiesen und durften am Stundengebet teilnehmen.[27] Dennoch studierten die Brüder auch dort sehr eifrig, Philipp bekundete, sich Mühe in den Wissenschaften geben zu wollen, um der katholischen Kirche zur Zierde zu gereichen.[28] 1589 kehrten beide nach Ingolstadt zurück, um Humanität und Griechisch zu lernen.[29] Verantwortungsbewußtsein ist bei ihnen früh vorhanden[30]: »Dan wir woll wissen, wie vil darran gelegen, das wier iez in der Jugent studieren und gelert mügen werden, damit wier in unserem alter der kristlichen kirchen woll kinnen vorsteen und vil irrige zum kristlichen glauben bekeren mügen. Zum andern ist das unser grest sorg, da mit wier die forcht gottes stets vor augen haben, da sie ein anfang ist aller weißheit und geschicklikeit. Zum 3. aber erkennen wier unß schunst schuldig und obligiert fier E. (Euer) F. (Fürstliche) G. (Gnaden) hail und langwierige gesundtheit zue betten; Dan es der bevelch gottes ist, wier sollen Vatter und Muetter in ehren haben...« Häufig erhielten die Eltern Gedichte und Predigtversuche der Söhne in deutscher und lateinischer Sprache, die damit ihre Fortschritte zeigen wollten.[31] Im Wintersemester 1589 bekleidete Philipp das Rektorat an der Universität Ingolstadt. Zwei Zierblätter des dritten Matrikelbandes der Universität Ingolstadt in farbiger Miniaturmalerei zeigen seine Amtsübernahme und seinen Amtsverzicht.[32] Zwischendurch reisten die Brüder nach Köln 1590 und ein Jahr später nach Mainz, 1593 nach Rom. In Ingolstadt waren sie 1594 wieder für ein Jahr ansässig.[33] Philipp hatte mittlerweile auch ein Kanonikat am Dom zu Trier inne. Als Wilhelm V., der Vater, 1596 auf seine Regierungsgeschäfte verzichtete, legte er auch die Verwaltung des Hochstifts Regensburg nieder, erlangte aber einen Altersdispens für Philipp von Papst Clemens VIII., so dass dieser die weltliche Verwaltung seines Bistums nun selbst in die Hand nehmen konnte. Im Dezember 1596 erfolgte die Kardinalsernennung, in einer feierlichen Zeremonie übergab ein päpstlicher Legat in München den Kardinalspurpur am Lichtmesstag (2. Februar) des Jahres 1597. Festprediger war der Jesuit Richard Haller (1551-1612).[34] Leider konnte der junge, begabte Kirchenfürst sein vielversprechendes Pontifikat nicht zur Gänze entfalten, da er bereits am 21. Mai 1598 an der Schwindsucht in Dachau verstarb. Im Regensburger Dom setzte sein Bruder Maximilian ihm ein Denkmal mit einem Sarkophag aus Marmor, auf dem der Prinz in Bronze betend vor einem aufragenden Gekreuzigten kniet.[35]

Ferdinand (1577-1650)

Ferdinand, am 6. Oktober 1577 in München geboren, war ebenfalls für den geistlichen Stand ausersehen und erhielt mit sieben Jahren bereits die Tonsur, das Kennzeichen für die geistliche Laufbahn.[36] Zusammen mit Philipp wurde er für die geistliche Laufbahn erzogen[37], seiner künftigen Pflicht sich bewußt, wie ein Brief aus Ingolstadt 1589 zeigt. Ferdinand berichtet von seinem Gebetsleben, seinen fleißigen Studien und verspricht[38]: »wan ich einmal zu meinem alter kom, mege vil Lutterische und kezer beckeren, sie zue der ebigen freid und selickheit bringen und E. (Eure) Fl. (Fürstliche) Gn. (Gnaden) sambt dem hern Vattern höchlich erfreien; dessen wil ich mich mit göttlicher hilff befleissen dag und nacht und nichts liebers lassen sein, als die fromckheit und geschicklickheitt...« Früh schon erlangte er eine Reihe von Domkanonikaten in Mainz, Trier, Salzburg, Würzburg, Passau, Straßburg und Köln.[39] 1591 schon zum Koadjutor der Fürstpropstei Berchtesgaden ernannt, bekleidete er von 1595 an selbst das Amt des Fürstpropsts. Damit stärkte Bayern seine Stellung gegen das benachbarte, mächtige Bistum Salzburg. Seit dem erfolgreichen Verlauf des Kölner Kriegs 1583 war der erzbischöfliche Stuhl zu Köln ebenfalls in Wittelsbacher Hand und blieb es bis

1761. Herzog Ernst von Bayern (1554-1612), Bruder Wilhelms V., war für die kirchliche Laufbahn bestimmt worden, ohne eine Berufung zu haben.[40] Persönlich fromm, lebte er aber sehr ungeistlich. Der in Köln residierende Nuntius Garzadoro bewegte Ernst dazu, seinen Neffen Ferdinand als Koadjutor anzunehmen, um die notwendige Kirchenreform im nordwestdeutschen Bereich durchzusetzen. So übernahm Ferdinand, vom Domkapitel gewählt, 1595 als Administrator die geistliche und weltliche Leitung des Erzbistums. Schwierigkeiten blieben für den in der Regierung unerfahrenen jungen Mann nicht aus. Seine Persönlichkeit ist schwer zu fassen, da er stets im Schatten seines Bruders Philipp stand. Selten schrieb er Briefe an seine Eltern, in den meisten Fällen unterzeichnete er nur unter dem Namen seines Bruders.[41] Von einem Hineinwachsen in die Verantwortung eines geistlichen Amtes kann nicht die Rede sein, bekleidete er doch – wie die Quellen erweisen weder das Rektorat wie Philipp an der Universität Ingolstadt noch eine Präfektur bei der Marianischen Kongregation. Ferdinand litt zuweilen auch unter der dominierenden Persönlichkeit seines älteren Bruders Maximilian, der ihn gerne für seine poltitischen Ziele gebrauchte, jedoch wenig herzliche Zuneigung spüren ließ.[42] Dennoch gelang es ihm, die Reformen innerhalb der Kirche mit Hilfe der Jesuiten, Kapuziner und Franziskanerrekollekten, einem strengen Reformzweig des franziskanischen Ordens, durchzuführen. Visitationen und Diözesansynoden sowie eine Umstrukturierung der Verwaltung nach bayerischem Muster mit einem Kirchenrat, später die Stärkung der Stellung der Generalvikariate trugen dazu bei, im nordwestdeutschen Raum den Boden für eine Kirche gemäß den Vorstellungen der Konzilsväter von Trient zu bereiten. Im Laufe der Jahre gewann Ferdinand weitere Pfründen dazu: die Diözesen Lüttich, Hildesheim und Münster, die Abtei Stablo-Malmedy sowie das Bistum Paderborn. Der Dreißigjährige Krieg hatte seine Gebiete schwer in Mitleidenschaft gezogen, finanzielle Krisen ausgelöst und die Schwierigkeit, vernachlässigte Gebiete zu rekatholisieren, mit sich gebracht. Ferdinand kümmerte sich um eine verbesserte Priesterausbildung, die Edition liturgischer Bücher und um die Gründung eines Priesterseminars in Köln, nachdem die Errichtung einer Hochschule nicht gelungen war. Selbst erfüllte er, obwohl unbescholten hinsichtlich seines geistlichen Lebens und von Reformeifer getrieben, nicht die Kriterien eines den Vorgaben der Beschlüsse des Konzils von Trient entsprechenden Seelsorgebischofs par excellence, da er nicht willens war, das Priestertum zu erstreben. Vermutlich war er 1609 zum Subdiakon geweiht worden und damit zur Ehelosigkeit verpflichtet, doch bemühte er sich nie – trotz Versprechungen in einigen Wahlkapitulationen – weitere Weihegrade zu erreichen. Auf der Reise zu seinen westfälischen Bistümern starb er in Arnsberg am 13. September 1650. Seine letzte Ruhestätte fand er im Kölner Dom. Die Wittelsbachische Nachfolge war mit Maximilian Heinrich[43] (1621-1688), seinem Neffen, Sproß seines Bruders Albrecht VI. des Leuchtenbergers, gesichert, der ihm seit 1642 als Koadjutor zur Seite gestanden war.

Albrecht VI. der Leuchtenberger (1584-1666)

In München kam am 13. April 1584 Maximilians jüngster Bruder, Albrecht, zur Welt. Auch er erhielt von 1591 an eine sorgfältige Ausbildung unter Dr. Georg Jobst als Präzeptor und Joachim Fugger als Hofmeister.[44] Ihm war als Nesthäkchen sicherlich manches erleichtert, was seine Brüder in härterer Gangart lernen mußten. So ließ Wilhelm Milde walten, wenn sein Jüngster keine Lust am Unterricht hatte, wie die Instruktion für den Präzeptor zeigt[45]: »... (falls) er also antreybens bedarff, solle gleichwol der präceptor inn allweg den miltern weg gehen, mit gueten wortten, loben, verhaissungen, geschenkh und dergleichen, wie imme dan solche schankhungen auf sein anmahnen von unss oder unser geliebten gemahl gegeben werden sollen.« Sobald aber dieser Weg nicht zum gewünschten Ziel führe, sollten andere Zuchtmittel angewandt werden, »damit die Jugendt in dem unrecht thuen nit erstarkhe und recht zu haben vermaine.« Das verwöhnte Kind hat dadurch einige Unarten erworben, die der Hofmeister und Präzeptor wieder aberziehen sollten: »das vil zanckhen unnd greinen sovil möglich vermeiden...« Wie schon bei den anderen Söhnen rangierte die Erziehung zu Gottesfurcht und Tugend an erster Stelle.[46] In Ingolstadt, zunächst 1593 zusammen mit Philipp und Ferdinand, besuchte er das Jesuitengymnasium[47] und mauserte sich zum fleißigen Studenten, während er vorher doch wohl ein Lausbub gewesen sein muß. Sein Vater vermerkte in einem Brief 1595 positiv[48], dass »der batschent ((Toll)patsch) aller heraus ist und der Student Sich an Sein

Abb 4 *Albrecht VI. von Bayern, »der Leuchtenberger«, Maximilians jüngster Bruder. Ölgemälde*

Statt gesetzt...« Ein Jahr später feuerte ihn sein Vater zu größerem Fleiß an, nachdem Albrecht einen Preis für eifriges Studium errungen hatte[49]: »... sei gottesfürchtig und fleißig und studier, das khracht und das mans gen München hören könnte...« Sinn für Ästhetik hatte Albrecht, gleich seinem Vater, früh besessen, aber ebensowenig wie er Geschick in der Verwaltung seiner Finanzen.[50] Deswegen mißtraute Maximilian ihm. Da dessen erste Ehe kinderlos blieb, trat Albrecht nicht in den geistlichen Stand ein, heiratete aber relativ spät, da Maximilian zunächst eine Verehelichung verhinderte. Altersmäßig stand als möglicher Erbe und Nachfolger Maximilians nach Philipps Tod immer noch Ferdinand zur Verfügung, der seine Subdiakonenweihe sehr spät empfangen hatte und sonst keine weiteren Weihen. Ein päpstlicher Dispens genügte, um ihn heiratsfähig zu machen. Wilhelm konnte als Vater, obschon er auf die Regierung verzichtet hatte, doch noch Albrecht als seinen Wunschkandidaten bei anhaltender Kinderlosigkeit Maximilians durchsetzen.[51] Als Braut führte Albrecht 1612 dann Mechthild von Leuchtenberg (1588-1634) heim, die aus der Bayern benachbarten Grafschaft Leuchtenberg stammte. Den Eheleuten wurden vier Söhne und eine Tochter geschenkt, von denen der ältere, Johann Franz Karl, als möglicher Nachfolger Maximilians, der bis dahin keine Nachkommen hatte, ausersehen war. Diesen Kindern ließ Maximilian auch eine gute Ausbildung angedeihen und unterstützte sie mit einem beträchtlichen Jahresunterhalt.[52] Die Beziehungen der beiden Brüder Maximilian und Albrecht hatten sich unterdessen wesentlich gebessert. Albrecht war zu manchen Regierungsgeschäften herangezogen worden und begleitete Maximilian häufig zu verschiedenen Anlässen. Beim Tode Johann Franz Karls 1642 war Maximilian bereits mit zwei Söhnen aus der zweiten Ehe gesegnet, hatte aber selbst ein so hohes Alter erreicht, dass er schließlich Albrecht VI. als Landesadministrator für den Fall seines Todes einsetzte. Tatsächlich ergab sich dies dann 1651-1654, als der noch minderjährige Ferdinand Maria die Herrschaft antrat. Albrecht hatte inzwischen 1646 die Landgrafschaft Leuchtenberg geerbt, sie aber 1650 im Tausch gegen die Grafschaft Haag an Maximilian abgegeben. Er überlebte seine Gemahlin 32 Jahre und ist in der Wallfahrtskirche in Altötting begraben.

Magdalena (1587-1628)

Maximilians jüngste Schwester Magdalena erblickte am 4. Juli 1587 in München das Licht der Welt. Über ihre Kindheit ist wenig bekannt. Aus einem Schreiben ihres Vaters von 1591 erfahren wir nur, welche Wünsche sie an St. Nikolaus hatte, nämlich ein Kaninchen, das sich an einer Leine führen lassen und springen sollte.[53] Zacharias Castner wurde als ihr Präzeptor in den Ausgabebüchern 1601-1606 vermerkt, ferner hatte die Prinzessin eine Hofmeisterin, eine Jungfrau, eine Leibwärterin, eine Kammerdienerin und einen Kammerdiener sowie weiteres, nicht eigens erwähntes Personal um sich.[54] Der

Abb 5 *Magdalena von Bayern, Maximilians jüngste Schwester und Ehefrau Wolfgang Wilhelms von Pfalz-Neuburg. Ölgemälde*

Lebensstil war standesgemäß: ein Schreibtisch aus poliertem Nußbaumholz wurde für sie angeschafft und zur Belustigung diente ein Papageienhaus.[55] Für die junge Frau interessierten sich gleich mehrere habsburgische Bewerber, zum einen Erzherzog Matthias, Bruder Kaiser Rudolfs II., zum anderen für kurze Zeit Kaiser Rudolf II. selbst, und schließlich Magdalenas Cousin Leopold aus Graz, der die geistliche Laufbahn eingeschlagen hatte.[56] Maximilian lehnte alle Kandidaten aus politischen Erwägungen heraus ab. Dies war umso bitterer für Magdalena, da sie zum fast gleichaltrigen Leopold Zuneigung gefaßt hatte. Unter dem Druck ihres Vaters und Bruders willigte Magdalena ein, aus Gründen des Nutzens für das Gemeinwesen und die Religion auch eine andere Verbindung einzugehen. 1613 war es dann soweit: Magdalena heiratete am 11. November in München Herzog Wolfgang Wilhelm von Pfalz-Neuburg (1578-1653), der insgeheim schon am 19. Juli desselben Jahres in München zum Katholizismus übergetreten war.[57] Der Eichstätter Bischof Johann Christoph von Westerstetten[58] (1563-1637) nahm die Trauung vor. Ein Jahr später verkündete Wolfgang Wilhelm in Düsseldorf seinen Glaubenswechsel öffentlich. Das Neuburger Erbe Jülich-Kleve konnte somit katholisch bleiben, während das Fürstentum Pfalz-Neuburg erneut einem Glaubenwechsel zum Katholizismus unterworfen wurde.[59] Die glückliche Ehe der beiden währte 15 Jahre lang, bis Magdalena am 25. September 1628 in Neuburg verstarb und dort in der Hofkirche beigesetzt wurde. Aus der Verbindung ging als einziger Sohn der 1615 geborenen Philipp Wilhelm hervor.[60]

Anmerkungen

1 Hans und Marga Rall, Die Wittelsbacher in Lebensbildern, Graz, Wien, Köln 1986, S. 128-130.
2 Hubert Glaser, (Hrsg.), Wittelsbach und Bayern, Bd. 2,2. Um Glauben und Reich. Kurfürst Maximilian I., München, Zürich 1980, S. 97; Abbildung Tafel 4, neben S. 116.
3 Helmut Dotterweich, Der junge Maximilian. Jugend und Erziehung des bayerischen Herzogs und späteren Kurfürsten Maximilian I., München 1962, S. 40 f.
4 BayHStA (Bayerisches Hauptstaatsarchiv), Landshuter Abgabe 1979, 29, unfoliiert: ein Verzeichnis des von München nach Ingolstadt gebrachten und dort neu erworbenen Silbergeschirrs, Zinns und der Leinwand der drei geistlichen Fürsten hat sich erhalten. Vermutlich stammt es von 1586/87.
5 BayHStA, Kurbayern, Äußeres Archiv 1978, Fürstenbücher, Bd. 31, f. 268r.
6 Friedrich Schmidt, Geschichte der Erziehung der Bayerischen Wittelsbacher von den frühesten Zeiten bis 1750, Berlin 1892, S. 295.
7 Ebenda, S. 138.
8 Hubert Glaser, (Hrsg.), Wittelsbach und Bayern, Bd. 2,2. Um Glauben und Reich. Kurfürst Maximilian I., München, Zürich 1980, S. 132-135.
9 Brigitte Hamann, (Hrsg.), Die Habsburger. Ein biographisches Lexikon, Wien 1988, S. 295.
10 Karl Hausberger, Kölderer von Burgstall, David, in: Erwin Gatz, (Hrsg.), Die Bischöfe des Heiligen Römischen Reichs 1448-1648, Berlin 1996, S. 375 f.
11 Karl Hausberger, Philipp Wilhelm, Herzog von Bayern, in: ebenda, S. 534 f.

12 Friedrich Schmidt, Geschichte der Erziehung der Bayerischen Wittelsbacher von den frühesten Zeiten bis 1750, Berlin 1892, S. 324.
13 Ebenda, S. 258-260: »Ego iterum pro illis quotidie orbao Deum, qui nos benedicat pater et filius et spiritus sanctus. Amen.«
14 Ebenda, S. 261.
15 Ebenda, S. 262.
16 Ebenda, S. 265.
17 Ebenda, S. 265: »Anteheri migravimus ex castro in nostram domum, unde melius audiemus pulsum ad scolas quam ex castro, quod est pro militibus factum et non pro studiosis.«
18 BayHStA, Landshuter Abgabe 1979, 30, unfoliiert.
19 Vermutlich Leh(e)ner, also Darleiher oder Besitzer eines Lehens – vgl. Hermann Fischer, Schwäbisches Wörterbuch, Bd. 4, Tübingen 1914, Sp. 1106. Vielleicht handelt es sich aber auch um den Namen eines Bediensteten. Die Funktion innerhalb des Hofstaats ist nicht ganz klar, ein Zusammenhang mit dem Einkauf von Vorräten und der Küche ist aufgrund der Reihenfolge der aufgelisteten Tätigkeiten wahrscheinlich.
20 BayHStA, Landshuter Abgabe 1979, 29, unfoliiert.
21 BayHStA, Landshuter Abgabe 1979, 1, unfoliiert.
22 Friedrich, Schmidt, Geschichte der Erziehung der Bayerischen Wittelsbacher von den frühesten Zeiten bis 1750, Berlin 1892, S. 333 und 335.
23 Alois, Schmid, Schaumberg, Martin von, in: Erwin Gatz, (Hrsg.), Die Bischöfe des Heiligen Römischen Reichs 1448-1648, Berlin 1996, S. 621 f.
24 Friedrich Schmidt, Geschichte der Erziehung der Bayerischen Wittelsbacher von den frühesten Zeiten bis 1750, Berlin 1892, S. 266.
25 Ebenda, S. 266 f.
26 Franz Ortner, Raitenau, Wolf Dietrich von, in: Erwin Gatz, (Hrsg.), Die Bischöfe des Heiligen Römischen Reichs 1448-1648, Berlin 1996, S. 561-565.
27 Friedrich Schmidt, Geschichte der Erziehung der Bayerischen Wittelsbacher von den frühesten Zeiten bis 1750, Berlin 1892, S. 267 f.
28 Ebenda, Berlin 1892, S. 272: »...ita dabo operam litteris, ut Eccleciae Catholicae ornamento esse possim...«
29 Ebenda, S. 278.
30 Ebenda, S. 279.
31 BayStaBi (Bayerische Staatsbibliothek) clm 1813; Friedrich Schmidt, Geschichte der Erziehung der Bayerischen Wittelsbacher von den frühesten Zeiten bis 1750, Berlin 1892, S. 283.
32 Götz von Pölnitz, Die Matrikel der Ludwig-Maximilians-Universität Ingolstadt-Landshut-München, Band 1, 1472-1600, München 1937, S. 1216.
33 Friedrich Schmidt, Geschichte der Erziehung der Bayerischen Wittelsbacher von den frühesten Zeiten bis 1750, Berlin 1892, S. 290 f.
34 Beatrix Schönewald, Haller, Richard, in: Laetitia Boehm, u. a., (Hrsg.), Biographisches Lexikon der Ludwig-Maximilians-Universität München, Teil I: Ingolstadt-Landshut 1472-1826, Berlin 1998, S. 167.
35 Karl Hausberger, Philipp Wilhelm, Herzog von Bayern, in: Erwin Gatz, (Hrsg.), Die Bischöfe des Heiligen Römischen Reichs 1448-1648, Berlin 1996, S. 535.
36 Erwin Gatz, Ferdinand, Herzog von Bayern, in: Erwin Gatz, (Hrsg.), Die Bischöfe des Heiligen Römischen Reichs 1648-1803, Berlin 1990, S.107-111.
37 Vgl. Ausführungen zur Erziehung Philipps.
38 Friedrich Schmidt, Geschichte der Erziehung der Bayerischen Wittelsbacher von den frühesten Zeiten bis 1750, Berlin 1892, S. 282 f.
39 Dieter Albrecht, Maximilian I. von Bayern 1573-1651, München 1998, S. 147.
40 Franz Bosbach, Ernst, Herzog von Bayern, in: Erwin Gatz, (Hrsg.), Die Bischöfe des Heiligen Römischen Reichs 1448-1648, Berlin 1996, S. 163-171.
41 Vgl. Friedrich Schmidt, Geschichte der Erziehung der Bayerischen Wittelsbacher von den frühesten Zeiten bis 1750, Berlin 1892, S. 258-294.
42 Dieter Albrecht, Maximilian I. von Bayern 1573-1651, München 1998, S. 148 f.
43 Erwin Gatz, Max Heinrich, Herzog von Bayern, in: Erwin Gatz, (Hrsg.), Die Bischöfe des Heiligen Römischen Reichs 1448-1648, Berlin 1996, S. 301 f.
44 Friedrich Schmidt, Geschichte der Erziehung der Bayerischen Wittelsbacher von den frühesten Zeiten bis 1750, Berlin 1892, S. 438 f.
45 Ebenda, S. 59 f.
46 Ebenda, S. 58-61; 58 ff.
47 Ebenda, S. LXVIII, Anm. 2.
48 Ebenda, S. 294.
49 Ebenda, S. 294.
50 Peter Schricker, Testamentarische Regelung der Sukzession durch Wilhelm V., in: Hubert Glaser, (Hrsg.), Wittelsbach und Bayern, Bd. 2,2. Um Glauben und Reich. Kurfürst Maximilian I., München, Zürich 1980, S. 139; Johannes Erichsen, Albrecht VI. von Bayern (der Leuchtenberger), in: Hubert Glaser, (Hrsg.), Wittelsbach und Bayern, Bd. 2,2. Um Glauben und Reich. Kurfürst Maximilian I., München, Zürich 1980, S. 139 f.
51 Dieter Albrecht, Maximilian I. von Bayern 1573-1651, München 1998, S. 149-152.
52 Friedrich Schmidt, Geschichte der Erziehung der Bayerischen Wittelsbacher von den frühesten Zeiten bis 1750, Berlin 1892, S. LXXVIIIf.
53 Ebenda, S. 61.
54 Ebenda, S. 439.
55 Ebenda, S. 449.
56 Dieter Albrecht, Maximilian I. von Bayern 1573-1651, München 1998, S. 155 f.
57 Quelle zur Vorbereitung der Konversion Wolfgang Wilhelms: Dokumente zur Geschichte von Staat und Gesellschaft in Bayern, Abt. I, Bd. 3,2, Altbayern von 1550-1651, hrsg. von der Kommission für bayerische Landesgeschichte, bearbeitet von Walter Ziegler, München 1992, S. 774-780; Hubert Glaser, (Hrsg.), Wittelsbach und Bayern, Bd. 2,2. Um Glauben und Reich. Kurfürst Maximilian I., München, Zürich 1980, S. 141-145.
58 Alois Schmid, Westerstetten, Johann Christoph von, in: Erwin Gatz, (Hrsg.), Die Bischöfe des Heiligen Römischen Reichs 1448-1648, Berlin 1996, S. 749 f.
59 Reinhard H. Seitz, Reformation und Gegenreformation im Fürstentum Pfalz-Neuburg, in: 475 Jahre Fürstentum Pfalz-Neuburg, München 1980, S. 43-66.
60 Zu Wolfgang Wilhelm und seinen Nachkommen ADB (Allgemeine Deutsche Biographie), Bd. 44, Berlin 1971, S. 87-116.

Doris Wittmann

Privatunterricht Maximilians und Studium in Ingolstadt
Nicht »als ein unvernünftig thier« leben[1]

Gründliche Vorbildung durch Präzeptoren »Christliche Zucht und Lernung«

Maximilian, geboren am 17. April 1573 in München, verbrachte seine Kinderjahre zusammen mit seinen Geschwistern Christine, Maria Anna, Philipp und Ferdinand – die anderen Brüder und Schwestern waren später geboren – unter der Fürsorge seiner Mutter und einiger Kindsfrauen zum Teil in Landshut, zum Teil in München[2].

Den ersten Schulunterricht des jungen Maximilian überwachte noch seine Mutter[3], unter ihrer Obhut, wohl mit einem ihrer Sekretäre als Lehrer, lernte er im Alter von fünf Jahren das ABC.

Als er sieben Jahre alt war, stellte ihm sein Vater Herzog Wilhelm V. einen Präzeptor zur Seite, der gezielt ausgewählt worden war und sich an die Instruktionen des Vaters für »Christliche Zucht und Lernung« seiner beiden ältesten Söhne Maximilian und Philipp zu halten hatte[4]. Einige Jahre lang versah Wenzeslaus Peträus[5] aus Budweis in Böhmen dieses Amt und prägte Maximilian nachhaltig. Er hatte seit 1570 in Ingolstadt studiert und den Doktorgrad in beiden Rechten erworben[6], ging dann nach Wien und hatte schließlich vor seiner Berufung als Erzieher des jungen Herzogs an den Münchner Hof bei Anton Brus von Müglitz, Erzbischof von Prag, gedient. Dort erlebte er nach den Hussitenkriegen den Aufschwung des Katholizismus, u. a. auch durch die Niederlassung der Jesuiten unter Petrus Canisius in Prag.

Somit war er in den Augen Wilhelms V. der richtige Mann für die religiöse Unterweisung seiner Söhne, die – wie die Instruktion von 1584 zeigt – ihm am wichtigsten erschien. Sie hatte sich am Usus der von den Jesuiten geleiteten Schulen zu orientieren[7]. Diese christlich-katholische Erziehung war äußerst detailliert geregelt, denn der »göttliche segen« bildete nach Meinung des Vaters die Voraussetzung dafür, dass die Kinder auf sicherer Bahn geleitet und bewahrt werden. In der

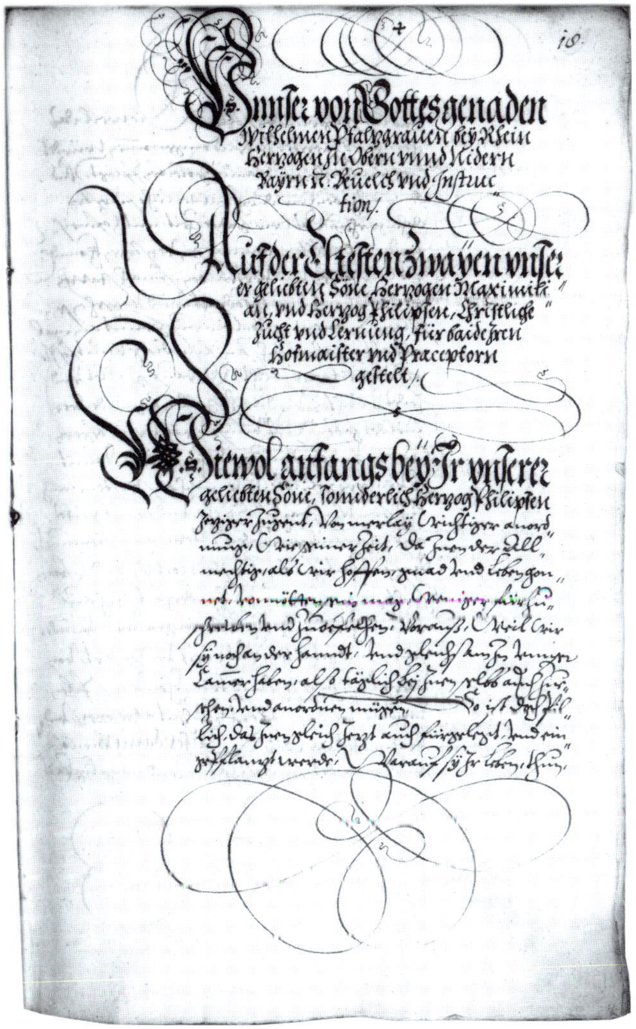
Unnser von Gottes genaden
Wilhelmen Pfalzgraven bey Rhein
Herzogen in Obern unnd Nidern
Bayrn etc. Ruckhl und Instruction.

Auf der Eltesten zwayen unnser
er geliebten Söne Herzogen Maximili
an, und Herzog Philipsen, Christliche
Zucht und Lernung, für baide Iren
Hofmaister und Praeceptorn
gestelt.

Wiewol anfangs bey Ir unnserer
geliebten Söne, sonderlich Herzog Philipsen

Abb 6 *Instruktion Wilhelms V. von Bayern für die Erziehung seiner beiden ältesten Söhne, Maximilian und Philipp, von 1584*

Einleitung werden als Tugenden, die bei den Kindern gefördert werden sollten, Gottesfurcht, Gehorsam gegenüber den Eltern, Demut, Tapferkeit, Wahrhaftigkeit und Zucht sowie ein mäßiger Lebensstil explizit erwähnt, während Stolz, unmäßiges Essen und Trinken, (Glücks)Spiel, Unzucht und Leichtfertigkeit aberzogen werden sollten[8]. Die Kinder sollten sich ihres Standes bewußt sein, aber vor allem hinsichtlich der damit verbundenen Pflichten und Vorbildfunktion[9]. Der Tag begann mit einem Gebet nach dem Anziehen und schloss mit einem Gebet knieend im Oratorium. Den Kindern gab man dem Alter angepaßte, entsprechende Gebetbüchlein[10]. Auch sollten sie, wenn sie Wünsche hatten, ein Gebet verrichten, »damit sy wissen und versteen, das sy alles und Jedes alain von Gott erpitten und gewartten müessen...«[11] Zur Kontrolle des Lernerfolgs sollten die beiden Buben Fragen zu Predigten und Tischlesungen beantworten[12]. Auf Katechismusunterricht[13] nach Canisius legte der Vater ebenso wert wie auf regelmäßige Beichte, die zur Stärkung der Tugenden beitragen sollte, so dass kein Streit unter den Geschwistern miteinander und den Dienern sowie dem Gesinde entstehen sollte[14]. Das Schwören hatte zu unterbleiben, wohingegen Achtung und Freundlichkeit gegenüber anderen, egal welchen Standes, gefordert wurde[15]. Auch die Ausübung der Sportarten wie Reiten, Laufen, Ballspiel, die zur körperlichen Ertüchtigung und Freizeitgestaltung beitrugen, war genau festgelegt. Ringen, Schwimmen, Karten- und Würfelspiel war ausgeklammert. Die Tabelle eines Tagesablaufes verdeutlicht, wie minutiös Wilhelm V alles geregelt hatte[16].

Zeit	Tätigkeit
6 oder 6.30 Uhr	Aufstehen, Waschen, Ankleiden
6.45 oder 7.15 Uhr	Gebet im Oratorium
7.00 – 8.00 Uhr	Grammatikstudium
8.00 Uhr	Morgensuppe
anschließend	heilige Messe
danach	Studium: Memorierverse
darauf	½ Stunde Freizeit
mittags	Tischgebet – Essen mit Tischlesung, zunächst deutsch, später lateinisch, Dankgebet
nach dem Mittagessen	1 Stunde Freizeit mit den Eltern oder Geschwistern oder andere Kurzweil nach Gelegenheit
2 Uhr	Studium: Unterweisung im Schreiben (eine lateinische, eine deutsche Schreibart), Abschreiben kleiner Texte, Auswendiglernen von Passagen des Katechismus
danach	Musik
vor dem Abendessen	½ oder 1 Stunde Freizeit
dann	Tischgebet, Abendessen mit Tischlesung, zunächst deutsch, später lateinisch, Dankgebet
nach dem Essen	1 Stunde Freizeit
8 Uhr	kurzes Gebet, Bettruhe

Tagesablauf des jungen Maximilian entsprechend der Instruktion seines Vaters Wilhelm V. vom Jahre 1584

Pädagogisch geschickt, war einmal pro Woche ein halber oder ganzer Rasttag eingeplant, »damit der Jugent das Studiern nit gar zu saur werde[17].« Peträus legte in einer Ordnung in lateinischer Sprache genau die Gebete, Leibesübungen, den Umgang mit den Edelknaben und die Strafen fest[18]. Diese Edelknaben[19] stammten aus adeligen Familien des In- und Auslandes, hatten die Aufgabe, den Prinzen zu dienen, durften aber auch ein hervorragendes Bildungsprogramm absolvieren, so dass sie für eine weltliche oder geistliche Karriere prädestiniert waren. Gesangsunterricht erhielten sie auf Kosten des Landesherrn, nur für den Instrumentalunterricht hatten ihre Eltern selbst das Geld aufzubringen. Die Strafen fielen sowohl für die Prinzen als auch für diese pueri nobiles gleich aus: man sammelte mit seinen Verfehlungen hinsichtlich der geistlichen und sittlichen Haltung sowie der Studien Strafpunkte. Sobald insgesamt zehn zusammenkamen, bekam der kleine Delinquent Rutenstreiche zu spüren.

Wallfahrten nach Thalkirchen 1580 per Pferd und dann zu Fuß[20], Rammersdorf, Andechs, Tuntenhausen und gar Altötting brachten Farbe in den Alltag und förderten das religiöse Empfinden und Leben[21].

Maximilian erwies sich als eifriger Schüler, so dass Ulrich von Preysing und Peträus Wilhelm V. 1580 Positives über seine Fortschritte berichten konnte[22]. Für seinen Fleiß wurde er aber auch entprechend belohnt und durfte einen Ausflug nach Menzing, wo er seiner Lieblingsbeschäftigung, dem Fischen, nachgehen durfte, machen.

In die Marianische Kongregation trat Maximilian 1584 in München ein, eignete sich durch seine Mitgliedschaft auch ein geregeltes Gebetsleben mit genauer Gewissenserforschung und Selbstdisziplin an[23]. Diese von den Jesuiten gegründeten, bald über die ganze Welt durch sie verbreiteten, stark frequentierten »Laienbewegungen« unter ihrer geistlichen Leitung, oft nach Ständen gegliedert wie in Ingolstadt (Akademiker – Bürger – Militär – Priester), waren damals in ihrer Konzeption apostolischer Aktivitäten, die von Laien getragen wurden, völlig neu. Stete Weiterbildung durch regelmäßige geistliche Zusammenkünfte in Form von Andachten, Einkehrtagen und Exerzitien mit belehrenden Predigten schufen ein entsprechendes Fundament an Glaubenspraxis und Glaubenswissen. Wie die rasch anwachsende Mitgliederzahl bewies, paßten diese Gemeinschaften genau in die Bedürfnisse der Zeit[24]. Bald übernahm

Abb 7 *Maximilian beim Gebet im 13. Lebensjahr. Kupferstich*

Maximilian die Funktion eines Generalpräfekten für alle Marianischen Kongregationen in den deutschsprachigen, katholischen Gebieten.[25]

Der Präzeptor Peträus war jedoch nicht nur der fromme Mann, als den ihn die Geschichtsschreibung des 19. Jahrhunderts oft darstellte. Er lehrte Maximilian Latein, zunächst Grammatik, dann Rhetorik[26], aber auch Böhmisch[27]. Erhalten sind die Schulhefte Maximilians aus der Zeit von 1580 bis 1585 in der Bayerischen Staatsbibliothek, in denen seine ersten, eher ungelenken Schreibübungen mit Einzelbuchstaben, dann kleine Merksätze in vier Sprachen, Deutsch, Latein, Griechisch und Böhmisch enthalten[28], ferner die Versionen vom Deutschen ins Lateinische und umgekehrt, mit roter Tinte durch Peträus korrigiert und bewertet, sowie das Officium Beatae Mariae Virginis, überliefert sind[29]. Thematisch beschränkten sich die Texte auf Theologie und Ethik. In den Heften kehrt auch Maximilians Wahlspruch immer wieder, von Mal zu Mal mit sicherer Hand geschrieben, in Verbindung mit seinem Namen und Titel[30]:

> *»Niembt z'lieb, Niembts z'layd,*
> *der Tugent z'ehrn, Ist mein beger,*
> *Gott wirdt mich gewehren.«*

1585 war Maximilian soweit, dass er eine Rede über den Wert des Studiums ausarbeiten konnte, die alle wichtigen Gliederungspunkte umfasste: exordium, propositio, confirmatio, exemplum und peroratio[31]. Auch die Metrik studierte er eifrig an Versen des Ovid und Horaz. Ciceros Officia zählten ebenso zum Lektürekanon, wenngleich Wilhelm V. zunächst heidnische Autoren nicht zulassen wollte[32]. Immer wieder betont Maximilian, dass er sich fleißig den Studien widmen wolle, vor allem im Hinblick auf den Umzug nach Ingolstadt. Besondere Freude bereitete ihm ein Pferd, das ihm sein Onkel, der Herzog von Lothringen, zusammen mit einem Brief als Geschenk übersandte[33]: »Recepi hesterna die litteras a Ser.mo D.no Avunculo Duce Lotharingiae, plenas benevolentiae et amoris simulque cum litteris equum nobilem ac generosum, quem in hoc equitationis meae tyrocinio mihi aptissimum fore iudicat.« (Am gestrigen Tag erhielt ich einen Brief von meinem gnädigsten Herrn Onkel, dem Herzog von Lothringen, voll Wohlgesonnenheit und Lieb und gleichzeitig mit dem Brief ein edles und vorzügliches Pferd, von dem er glaubt, dass es bei diesen ersten Anfängen der Reitkunst für mich sehr geeignet sein wird.) Doch fehlte nie der nötige Ernst, denn im nächsten Brief, 17 Tage später, beteuert er, dass er sich mit großer Sorgfalt darum bemühe, den Stoff, den er aufgrund der Ferien, in denen er sich unter anderem der Jagd widmete[34] versäumt hätte, schnell aufzuholen[35]: »Studiis praeterea magna diligentia incumbimus, sperantes nos brevi tempore ea recuperaturos, quae in vacationibus nuper omissa sumus...«

Als Präzeptoren werden bei Dotterweich auch der Weltgeistliche Quirinus Leoninus[36], dann Johann Barvitius[37], ein Rechtsgelehrter aus den Niederlanden, schließlich Antonius Guisanus, Jesuit aus Flandern[38] angeführt, doch entliehen sie nur jeweils Bücher für Maximilian aus der Bibliothek Wilhelms V[39]: Leoninus Ciceros Officia, Barvitius ein enzyklopädisches Werk, von Guisanus wissen wir nicht, was er exakt ausgeliehen hatte. In diesem Sinne kann man sie nur als kurzes Intermezzo, eventuell für das eine oder andere Spezialfach - wie dann später in Ingolstadt – betrachten, zumal Peträus 1585-1587 in Rechnungen[40] explizit als Präzeptor nach wie vor erwähnt ist und für dieses Amt mit 300 fl. pro Jahr entlohnt wird. 1587 erhält er nur das Gehalt für drei Quartale, dürfte also in diesem Jahr abgelöst worden sein. 1588 wird er nämlich nur noch als gelehrter Rat bezeichnet und mit 300 fl. bezahlt. Maximilians Ausbildung beschränkte sich aber nicht nur auf die Vermittlung von Wissen und Sachkenntnis, sondern bezog die schönen Künste – auf seinen Kunstsinn gehen wir in einem gesonderten Beitrag zur Kunst unter Maximilian ein – wie Musik mit ein: 1585 erhielt der Organist Wißreiter von der Frauenkirche in München erhielt 30 fl., weil er Maximilian im Orgelspiel unterwies[41].

Die bayerischen Prinzen besuchten hin und wieder, vor allem zu Sonderveranstaltungen wie Dramenaufführungen, das Jesuitengymnasium in München und wurden 1584 und 1585 als Preisträger ausgezeichnet[42]. Ein Preisgedicht auf Maximilian 1584 ist uns erhalten[43], dessen gelungenes Wortspiel mit dem Namen Maximilian bestiche – Maximus (= der Gößte, der sehr Erhabene), ein Beiname, der den römischen Feldherrn nach spektakulären Siegen verliehen wurde, und Aemilianus, angespielt wird auf den großen römischen Feldherrn Scipio:

Maxime Boiorum decus, Aemiliane, paterni
Haeres imperii, quod fero, laetus habe.
Laetus habe, tibi quod Sapientia mittit habendum,
Cuius inexhausto semper amore flagras.
Perge, ut coepisti, perget Sapientia, cornu
Mox tibi maiores divite promet opes.

In pathetischen Worten wird Maximilian aufgefordert, die Liebe zur Weisheit weiter zu pflegen, damit letztere ihm noch mehr Früchte in einem reichen Füllhorn schenke.[44] Auch ein Drama pädagogischen Inhalts mit dem Titel »Paideia sive institutio Euphronii...«, zugeschnitten auf den jungen Maximilian, endete mit einer Widmung an ihn, die ihm die Pflege der Kunst und Wissenschaften ans Herz legte[45].

Entsprechend der Ausbildung einer ordentlichen Verwaltung, die vor allem die finanziellen Miseren Albrechts V. und auch Wilhelms V. in Griff zu bekommen suchte[46], reichte eine rein religiöse und wissenschaftliche Ausbildung für einen späteren Regenten nicht aus. So verlangt ein Gutachten des Altöttinger Propstes Minutius, gebürtiger Venezianer, aus den Jahren 1586-88, dass ein zukünftiger Herrscher auch Kenntnisse in Rechtswissenschaften, Finanzverwaltung und -beschaffung, innerer Verwaltung und Militärwesen sowie Geschichte haben sollte[47]. Wilhelm V. nahm sich diese Hinweise sehr wohl zu Herzen, wie die Studien seines Sohnes Maximilian in Ingolstadt und seine wachsende Mitverantwortung in Verwaltungs- und Regierungsgeschäften beweisen.

An der Universität Ingolstadt vom Herbst 1587 bis März 1591
»Hoc anno in Octobri venit Ingolstadium Princeps Maximilianus...[48]

Am 13. Oktober 1587 traf Maximilian als Student mit ungefähr 40 Personen seines Hofhalts in Ingolstadt ein und bezog bis Herbst 1590 das Lichtenauersche Haus (heute unter dem Namen Kaisheimer Haus bekannt und Sitz von Justizbehörden neben der Franziskanerbasilika) an der Hardergasse (heute Harderstraße 6), das er 1590 verließ, um bis zu seinem endgültigen Weggang aus Ingolstadt im Neuen Schloss zu siedeln[49]. Zuständig für den Ingolstädter Haushalt war Caspar Fraißlich, der eifrig Buch über Ausgaben und Einnahmen führte. Ihm händigte das Hofzahlamt für die Monate Oktober bis Dezember 1587 2270 fl. 45 kr. 4 hl., Januar bis März 1588 1477 fl. 34 kr. 4 hl. und April bis Juni 1588 2821 fl. 45 kr. 6 hl. aus, die er für die Haushaltung Maximilians in Ingolstadt verrechnet hatte.[50] In den kalten Wintermonaten, in denen auch der Vorlesungsbetrieb länger ruhte, blieben die Ausgaben erstaunlich niedrig, im Frühjahr dagegen stiegen sie gewaltig an. 1589 und 1590 wurden die Ausgaben Maximilians mit denen seiner beiden Brüder Philipp und Ferdinand, die wieder zum Studium nach Ingolstadt zurückgekehrt waren, zusammen verrechnet: 15994 fl. 34 kr. 5 hl. im Jahr 1589, das Jahr darauf 16189 fl. 47 kr. 6 hl., wobei zwei Schreibtische für Ferdinand und Philipp dazu gezählt wurden, die in der Rechnung extra mit 46 fl. 58 kr. aufgeführt sind[51].

Ausgaben für die Hofhaltung in Ingolstadt im Monat November 1587

persönliche Ausgaben	6 fl. 1 kr.
Kellerei	334 fl. 39 kr. 1 ½ d
Marstall, Hunde und Vögel	11 fl. 11 kr. 1 ½ d
fürstliche Haushaltung	41 fl. 17 kr.
Küche	232 fl. 26 kr. 1 d
Botenlohn und Trinkgeld	2 fl. 33 kr. 2 d
Extraausgaben	21 fl. 28 kr.
Gesamtsumme	702 fl. 41 kr. 2 ½ d

Detaillierte Angaben, wofür das Geld verwendet wurde, finden wir in Fraislichs Rechnungsbüchern für die Hofhaltung Maximilians in Ingolstadt im Hauptstaatsarchiv München, die vorher im Staatsarchiv in Landshut gelagert hatten. Leider haben sich die Dokumente nur für die Jahre 1587 und 1588 erhalten, doch geben sie einen guten Überblick über den Haushalt des jungen studiosus. Die Buchführung beginnt mit dem 5. Oktober 1587, womit klar ist, dass Fraislich sich einige Tage vor der Ankunft Maximilians bereits mit den Verhältnissen vor Ort vertraut gemacht hatte und entsprechend Zeit gewann, um die Wein- und Bierkeller sowie die Küche mit Vorräten zu bestücken bzw. die Ausstattung des Hauses insofern zu ergänzen, als das aus München angelieferte Inventar unzureichend war.[52] Die »Fuerleuthe, so die Guetter von München, d(a)s sie dieselben abladen, und auf ain Orth thuen und tragen helffen« entlohnte er am 6. Oktober jedenfalls mit 12 kr., der Kutscher »Uzl«, der Maximilian nach Ingolstadt gebracht hatte, bekam den doppelten Lohn der Fuhrleute. Zunächst ging Fraislich daran, das Haus, das die Brüder Maximilians, Ferdinand und Philipp, 1586 bewohnt hatten[53], bevor sie sich auf Reisen begaben, gründlich säubern zu lassen und den Garten herzurichten, dessen Obstbäume – Weichseln aus seinem Garten sendet Maximilian einmal mit einem Briefchen an seine Mutter nach München[54] – Ende November mit Stroh ummantelt wurden

Abb 8 *Maximilians dreigliedriges Wohnhaus in Ingolstadt mit Toreinfahrt und Nebengebäude nach dem Sandtner-Modell neben der Franziskanerkirche in der Bildmitte mit dem hohen Treppengiebel und einem großen Garten.*

und so vor Frostschäden bewahrt werden sollten.[55] Maximilian ließ sich für den Garten 12 Kaiserstatuen von Friedrich Sustris, der damals am Hof Wilhelms V. in München tätig war, anfertigen und aus München anliefern, die jedoch offensichtlich nicht sehr wetterbeständig waren, da ein Steinmetz mit deren Restaurierung beauftragt war[56]: »so er etlich Märbelstaine (Marmorsteine), khugle, und saylen (Säulen) wider aufeinander gekhitt, und ausgepössert hat.«

Wir finden zwei Kaminkehrer am Werk, die drei Öfen und neun Kamine reinigten, eine Frau, die den Kuchenputz besorgte, einen Tagwerker, der im Haus tätig war und Holz anrichtete sowie einen Mann, der im Garten das Gras abmähte. Das Haus besaß einen eigenen Brunnen mit Pumpe, die Ende November ebenfalls mit Stroh gegen Aufgefrieren geschützt wurde.[57] Beim Kauf des Weines für den eigenen Keller erfuhr Fraislich die Unterstützung des Zöllners und Gegenschreibers, die ihn begleiteten, »da die wein auf dem Wasser alhie ankhommen«. Die Küche war stets mit Lebensmitteln reich bestückt: Eier, Schmalz, Honig, Butter, Milch, Käse[58], Birnen, Walnüsse, Äpfel, Feigen[59], Pfirsiche[60], Weichseln[61], Weintrauben[62], Gewürze, Kräuter, Rüben, Spinat, Fenchel[63], Kraut, »Antivien«-Salat (Endivien!), Artischoken[64], Speck, Würste, Spanferkel, Hasen, Wildschwein[65], Tauben, Gänse, Enten, Hühner, Kapaune, Schnepfen, Schnecken, Altmühlkrebse, Hechte, Bärben, Bachfische, Renken[66] sowie Konfekt[67], Schmalzgebackenes (die berühmten bayerischen »Kiachel«)[68], Lebkuchen[69] und einem Faß »eingemacht Limoni«, das aus München geschickt worden war. Von dort kamen auch die Lorbeerkräuter zum Sulzen.[70] Die Lieferanten der Waren kamen hauptsächlich aus der Stadt selbst und aus der Umgebung, etwa Gaimersheim, Pfaffenhofen, Stammham und Menning. Zur Eigenversorgung dienten das Hühnerhaus, dazu Fisch- und Krebstruhen. Doch auch Zinn- und Kupfergeschirr mußte teilweise neu angeschafft werden, ebenso Leinwand und Hanf für Tisch- und Handtücher, Besen, Holzlöffel für das Gesinde, Sägemehl, das zum Fegen verwendet wurde, Papier, Tinte, Federn und Schreibzeug. Dem Haushalt des jungen Herzogs angemessen, sandten die Eltern »Cristallene Drinckgläser« aus München, die sicherlich Repräsentationszwecke zu erfüllen hatten, wenn ausgesuchte Gäste zu bewirten waren.[71] Im Haus befanden sich auch fünf Uhren, die im Oktober 1588 von Michel Glöppel, Uhrmacher von Antwerpen, geputzt, repariert und zum Teil vergoldet wurden.[72] Neue Fenster paßte man in das fürstliche Haus, Hühnerhaus und in den Marstall ein. Als Maximilian eingetroffen war, häuften sich die »Ausgab Extra Ordinarii«, u. a. für ein großes Vogelhaus, in dem vermutlich die Beißvögel (Greifvögel) – Falken[73], Sperber[74], Habichte[75] sind eigens erwähnt, die bei Jagden zum Einsatz kamen, gehalten wurden. Auch Wachteln[76], die vermutlich auf dem Speiseplan standen, sowie ein Stieglitz[77] werden erwähnt. Kleinere Vögel wurden zum Jagdtraining für die Beißvögel, also als Beutestücke, angekauft.[78] Doch auch mildtätigen Zwecken führte Maximilian das Geld zu. So erhielten die armen Schüler beider Pfarreien, St. Moritz und Unsere Liebe Frau sowie die Siechen jeweils 6 kr.[79], zwei arme Barfüßermönche aus Kelheim gar 2 fl.[80], »zwayen Pellogrini (Pilger), so von Rom khomen« gab er 30 kr.[81] Auch das Opfergeld an bestimmten Festtagen führte Fraislich gewissenhaft auf: 1 fl. 20 kr. am Katharinentag[82], 1 fl. an Weihnachten[83], 1 fl. zum Kirchweihfest der Pfarrkirche U. L. Frau in Ingolstadt am 02.07. (Mariä Heimsuchung)[84], denselben Betrag zum Kirchweihfest der Pfarrkirche St. Moritz am 22.09.1588.[85] Zum Lichtmessfest bezahlte man für die Wachskerzen 5 fl. 44 kr. an den Regens des Jesuitenkollegs, der sie besorgt hatte.[86] Eine besondere Stiftung erfuhren die Franziskaner in Ingolstadt, die ein neues Chorfenster für ihre Kirche auf Kosten Maximilians erhielten.[87] Heute ist es leider nicht mehr erhalten, auch existieren keinerlei Anhaltspunkte zum Künstler und Entwürfe dazu.[88]

Zum persönlichen Bedarf gehörten dagegen Schuhe, darunter auch Pantoffeln[89], das Ausbessern von baumwollenen und Seidenstrümpfen[90], Zubehör für Holz- und Wurfspiele[91], Haarbürsten[92] sowie das Aussieden des silbernen Schreibzeugs.[93] Für den Winter fertigte der Kürschner Hanns Mueß Pelzhandschuhe um 1 fl. für den jungen Studenten an.[94] Kleidung wurde teils aus München geschickt, teils in Ingolstadt beschafft.[95]

Größere Küchengeräte sowie Waschschüsseln dürften noch von Maximilians Brüdern vorhanden gewesen sein. Eine Inventarliste dieser beiden jungen Herren führt sie detailliert auf.[96] Im Stall befanden sich ferner Pferde, für die Futter (Hafer) und Stroh notwendig war[97], die auch beschlagen werden mußten[98] und Kopfputz für die Fahrten mit dem Schellenschlitten erhalten hatten.[99] Eines dieser Leibpferde Maximilians hatte bei seiner Reise nach Landshut zum Winterende 1588 einen Schmied verletzt, wofür diesem 7 fl. als Schadensersatz ausgehändigt wurden.[100]

Die Immatrikulation an der Universität war freilich schon ein Jahr zuvor, im Februar 1586 erfolgt, als Maximilian mit seinen beiden jüngeren Brüdern nach Ingolstadt gekommen war, wo letztere zum Studium blieben[101]. Es bedeutete eine Ehre für die Universität, dass ihr zukünftiger Landesherr ihr Student war, ferner diente der Aufenthalt einer »Einführung ... (Maximilians) in das öffentliche Leben«[102]. Wie sehr dies auch im Bewußtsein des Rates der Stadt verankert war, zeigt ein ausführlicher Eintrag zur Ankunft der herzoglichen Brüder mit ihrem Gefolge am Abend des 5. Februar 1586 im Ratsbuch, der hier wiedergegeben werden soll:[103]

»An gestertt uff den abendtt, haben die durchleuchttigen hochgeborne Fürsten unnd Herren, Herr Maximilian, Herr Philipp, Herr Ferdinandt, alle drey Pfaltzgraven bei Rhein, Hertzoge in Obern und Nider Bayern etc. unsere genedige F(ürsten) unnd Herrn, die vor gestertt, mit den auch durch-

Abb 9 *Maximilians Wohnhaus in Ingolstadt in der Harderstraße 6, das sog. Kaisheimer Haus. Die drei Gebäudeteile wurden in ein einziges Haus umgewandelt, wobei die Dreigliedrigkeit am Grundriß und den Fenstern bis heute erkennbar ist.*

leuchttigen hochgebornen Fürsten und herrn, herrn Christoffen Gustavo, herrn Carolo und herrn Johann Carolo, auch gebrueder, Margraven zue Baden und graven zue Spanheim etc. unsere genedige herrn sendt deponirt, und von dem Erwurdigen, Edlen unnd Hochgelertten herrn Petro Steuartio der h(eiligen) schrifft Doctorn, Professorn, auch der Zeitt Rectorn etc. (wie dan von iedem jungen herren in Bayern seiner magnificentz ein schöner vergoltter becher mit luckhen verehret) absolviert worden, ainen Ersamen Rath des Innern herrn zuem nachtmal berueffen lassen, sendt erschinen herr Egidi weingarttner damals Bürgermaister, Ulrich Vischer, Hans Krafft, Steffan Stengelmair, Hans Schönkindt, Georg Krembsser unnd Ich Stattschreiber (Georg Wagner) etc. sendt in die 25 essen geben unnd iederman an der 6 fürsten tafell gesetztt. Letztlich durch mich Stattschreibern, auch danckh mit wenig worttcn, gesagt worden, unnd do Iro fl. genaden wider alher kommen, (dan ein Erbarer Rath, von diser ge(s)trigen ankunfft nichts gewist habe) so wolle man sich in underthenigkhait erzeigen, darauff antwurttet Hertzog Maximilian, sy wollen sollches Irem herrn Vatter referirn, sollen mit diser mahzeit für guet zuenemen.«

Die Ankunft der fürstlichen Studenten war also dem Rat nicht mitgeteilt worden, so dass kein Begrüßungsgeschenk vorbereitet und überreicht werden konnte. Doch Maximilian trug als Sprecher aller angereisten Gäste den Räten nichts nach.

Tatsächlich dürften die Huldigungen und Ehrerbietungen gegenüber dem künftigen Landesherrn, als er das Studium endgültig ein Jahr später aufnahm, bald das gewöhnliche Maß überschritten haben, zumal Wilhelm V. dem Hofmeister Laubenberg eine Instruktion in scharfem Tone erteilte[104], dass er nicht allen Bitten seines Zöglings nachgeben solle – »Ime Allein, wie mhan sagtt, das placebo zu singen« – , und zu viel Aufwand zu vermeiden habe – »nitt gestatten zu vil und Ibrigs preng mit Ihme zu machen.« Betrachtet man das Übermaß an Geschenken, das ihm zuteil wurde, so darf man darüber nicht verwundert sein. Freilich setzte sich dieses Phänomen auch in den folgenden Jahren fort. Die Menschen wußten um die Vorlieben Maximilians und trafen mit den Präsenten entsprechend seinen Geschmack, was sich an den Trinkgeldern ermessen ließ. So entlohnte man den Diener des Herrn Cyriakus mit 12 kr. für die Verehrung von »frischen, und Neuen aufgeschlagnen Türckhischen pluemen«, den Diener des Guidabonus mit 1 fl. für einen Hund, einen vom oberen Pfarrer geschickten Buben mit 6 kr. für Muskatellerbirnen.[105]

Die Schüler des Jesuitengymnasiums jedenfalls führten Maximilian zu Ehren das Drama Regnum humanitatis, das als Inhalt den Sieg der »humanitas« über den Barbarismus und Soloecismus hatte[106], auf. Maximilian selbst schrieb seinem Vater, dass er von den Mitgliedern der Universität ehrenvoll empfangen worden sei, einige öffentliche Vorlesungen besucht habe und – auf ausdrücklichen Wunsch seines Vaters – die ihm angetragene Rektorenwürde abgelehnt habe[107]. Diese bekleidete ja dann sein Bruder Philipp 1589. Beide sind auf dem Schmuckblatt der Ingolstädter Universitätsmatrikel erkennbar.[108]

Das besondere Augenmerk des Studenten lag auf seinen Vögeln, insbesondere denjenigen, die er bei seiner Lieblingsbeschäftigung, der Jagd, einsetzen konnte, aber auch auf seinen Hunden, die ebenfalls für die Tierhatz in den Wäldern abgerichtet waren. Sie genossen spezielle Unterkünfte in eigens konstruierten Vogelhäusern bzw. Hundehütten, die als »Capelln« bezeichnet wurden. Für die Jagd benutzte Maximilian eine »Pirsch-Gutschen« (Jagdkutsche)[109]. Den Vögeln ließ er sogar fünf blecherne Trinkgeschirre anfertigen[110], versah einen Bauern, der ihm einen entflogenen Beißvogel über den Pfalzgrafen von Neuburg, den letzterer zunächst als Besitzer vermutet hatte, zurückgeben ließ, gar mit der hohen Summe von 4 fl. Finderlohn und ließ fünf Fuhren Sand für die Fasane, die ihm aus Landshut gebracht wurden, um 15 kr. ankarren[111]. Die Hunde waren im ersten Monat seines Ingolstadtaufenthalts in einem »Hundtsstal« untergebracht[112], bevor sie wahrscheinlich einen eigenen Zwinger mit Hundehütten bekamen.[113] Neben dem Futter mußte auch Geld für vier kleine Glöckchen für die Hunde[114], eine Salbe aus Quecksilber zum Einreiben für den großen Hund[115] sowie für den Finderlohn für einen bei der Jagd verlorenen Hund, der vom Diener des Reichertshofener Pflegers zurückgebracht wurde, ausgegeben werden.[116] Um die Hunde kümmerten sich die »Hundtspueben«, die einmal auch grünen Zwirn erhielten zum Aufbessern der Netze.[117]

Das Studium wurde in erster Linie im eigenen Haus mit Hilfe des Präzeptors betrieben. Im ersten Jahr standen Rhetorik und Dialektik als Lehrfächer an[118], Pater Guisanus las Plutarch und Livius mit seinem Zögling[119]. Während der Ferien wurde ebenfalls gelernt, auch hatte der Student den Ehrgeiz, bestimmte Autoren zu festgesetzten Terminen abschließen zu können[120]. Damit das Studium in einem standesgemäßen Ambiente betrieben werden konnte, erbat sich Maximilian von seinen Eltern verschiedene Kunstgegenstände für sein Zimmer[121], beauftragte auch selbst immer wieder Künstler[122] und konnte im September 1588 ein »new zugerichts studier stübel« präsentieren.[123] Seine Brüder Philipp und Ferdinand waren von der Ausstattung im Januar 1589 sehr begeistert, wie aus einem Brief an ihre Eltern hervorgeht[124]: »Der Maximilian hat unß sein studierstibel gezaigt, welliches unß gar woll gefelt und gepuz ist mit statuen und schenen pildern...« Häufig war der Maler Hanns Mösch im Dienste Maximilians zu finden, vor allem, wenn es um das Malen des fürstlichen Wappens[125], eine Malerei für ein Blatt in ein Stammbuch[126] – eine Art Poesiealbum von Studenten mit sinnigen Sprüchen und gemalten Darstellungen, aber auch gleichzeitig ein sicheres Standesmerkmal, da man daraus ersehen konnte, mit welchen hochrangigen Persönlichkeiten ein Student Umgang pflegte, somit eine Art Zeugnis, das unter Umständen den Weg in höhere gesellschaftliche und berufliche Positionen öffnen konnte – und weitere, leider nicht näher beschriebenen Arbeiten ging.[127] Maxi-

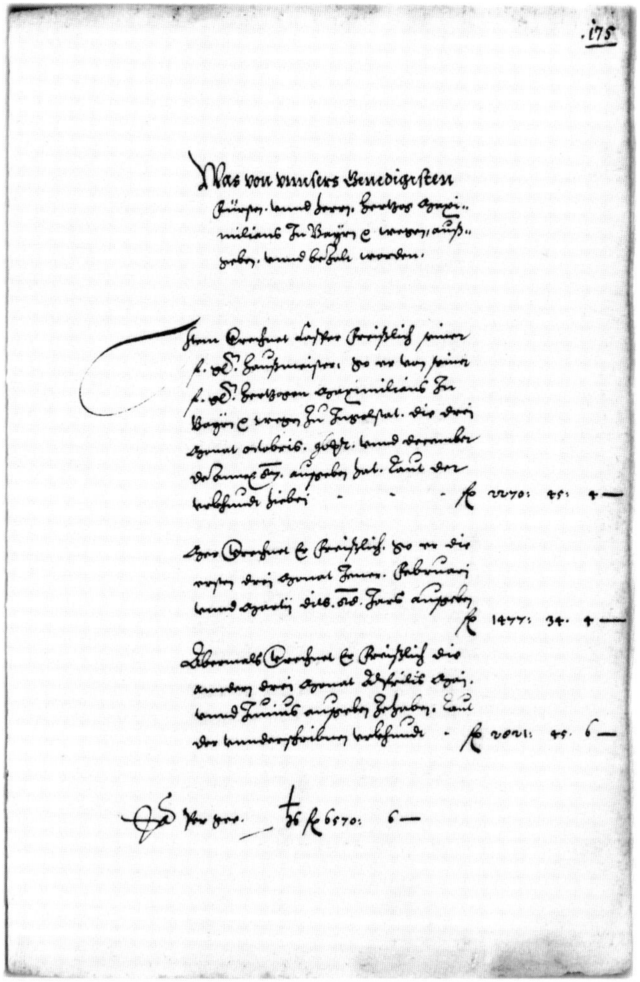

Abb 10 *Gesamtsumme der Ausgaben für Maximilian während seines Studiums in Ingolstadt für die Monate Oktober bis Dezember 1587 und Januar bis Juni 1588*

milian malte jedoch auch selbst, da der Maler Caspar Fraißinger mit 30 kr. entlohnt wurde[128] »für ain abgerissen khunst stuckh, so Ir Fl. Gn. selbst gemalt haben«. Der junge Herzog erwies sich aber auch ansonsten als Liebhaber und Mäzen der Kunst, ließ er sich doch »etlich khunststuckh« im Wert von 4 fl. 30 kr. vom Kramer Simon Grueber beschaffen[129] oder drei »in khupffer gestochen, getruckhte Lantzkhnecht pild« um

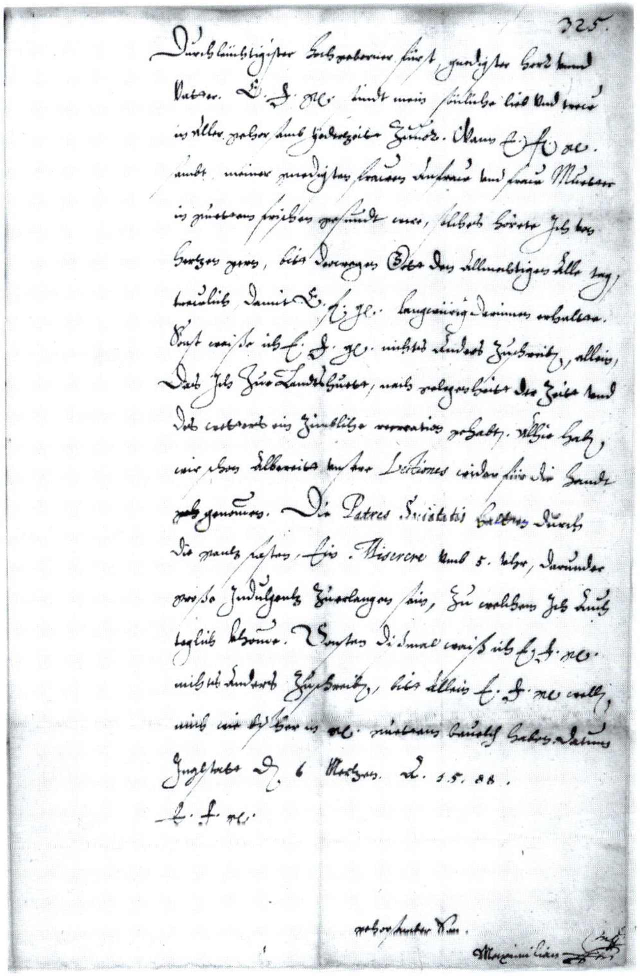

Abb 11 *Brief Maximilians aus Ingolstadt 1588 an seinen Vater Wilhelm in deutscher Sprache*

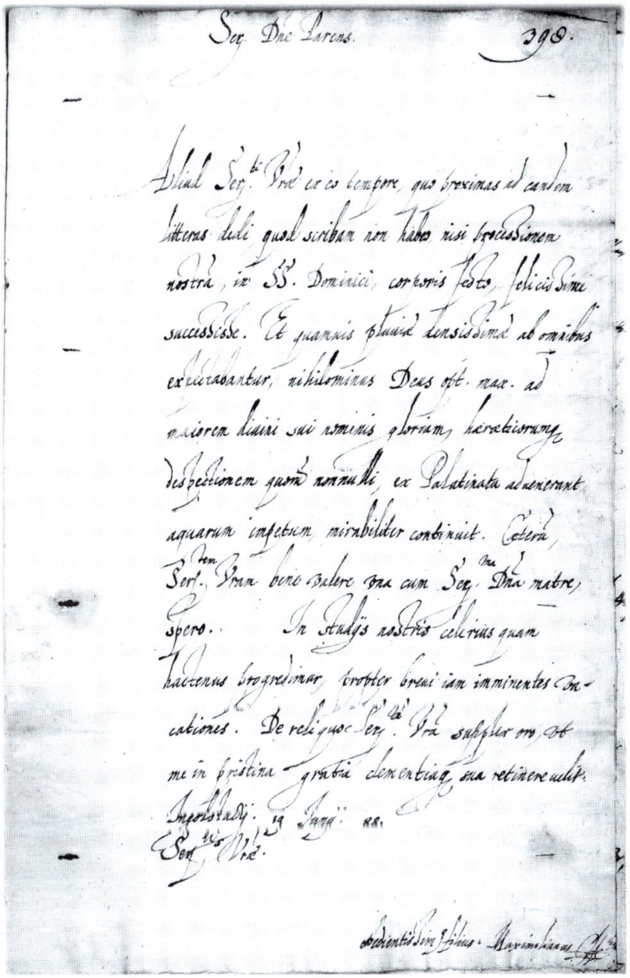

Abb 12 *Brief Maximilians aus Ingolstadt 1588 an seinen Vater Wilhelm in lateinischer Sprache*

12 kr.[130], auch zahlreiche Waren von der Dult in München gar um 30 fl.[131] Hier ist aufgrund des hohen Geldbetrages anzunehmen, dass der eine oder andere Kunstgegenstand darunter war. Auch für zwei Reiseuhren wurden Schächtelchen in Augsburg bestellt.[132] Als ihm der Diener des Johann Barvitius ein goldenes Kreuz präsentierte, bekam er ein fürstliches Trinkgeld von 1 fl. 30 kr.[133]

1588 berief Wilhelm V. einen neuen Privatlehrer: Johann Baptist Fickler[134], einen promovierten Juristen, der 1589 seine Tätigkeit kontinuierlich aufnahm, wie ein Brief des Hofmeisters Philipp von Laubenberg an Wilhelm V. belegt[135]. Ein Brief Maximilians belegt, dass er wohl 1588 schon als sein Präzeptor ernannt war, zu Beginn des Jahres 1589 aber nochmals nach Salzburg verreiste[136]. Fickler hatte sich 1551 an der Universität

Ingolstadt immatrikuliert[137], war zunächst am Hof des Erzbischofs von Salzburg tätig und vielfältig begabt, blieb bis zu seinem Lebensende schließlich in Diensten Maximilians. Laubenberg stellte ihm jedenfalls von Anfang an ein gutes Zeugnis aus: »Belangendt Doctor Fickhlern khan Ich anderst nicht sphüeren, alls dass Er E. Fl. Dl. geliebtem Sohne Meinem genedigen Herrn Herzog Maximilian anmüettig, Er zu Ihr f. Dl. auch eine underthenigste Affection tregt und sich ahn allem sonsten bezeigt, als habe Er einen guetten Eyffer dazu dienen.« Autobiographische Züge trägt ein Brief des über 70-jährigen von seiner Hand an Maximilian 1607 mit Antwortschreiben der Hofkammer, der im Hauptstaatsarchiv München aufbewahrt wird[138]. Darin beschreibt er die Aufgaben, die er im mehr als 18-jährigen Dienste innehatte und bittet um eine einmalige finanzielle Unterstützung, wie andere Präzeptoren sie schon erhalten haben. »Mit was getreuem, gleichwol schuldigem, doch unverdroßnem, müglichen vleiß« habe er »Praeceptorat unnd Information«, »Hofrathsdienst«, »etliche Jar herumb in verzaichnuß und beschreibung derselben reichen und verwunderlichen kunstcamer, auch der Alten Römischen und Griechischen und anderne vildaußent Medaglien, dan auch in auffrichtung und anordnung deren Antiquarii laboriert...« Hofkammerrat und Hofkammerpräsident antworten nüchtern, dass er bereits jährlich 641 fl. 24 kr. erhalte, sein Sohn Christof zudem als Hofrat 500 fl. verdiene, es dem Herzog aber überlassen bleiben solle, ob er eine einmalige Gnadengeldgabe in Höhe von 500 fl. oder 1000 fl. gewähren wolle, denn nicht berücksichtigt sei, »was er zu hauß in sachen so auf die kunst Camer, und ins antiquarium gehörig, laborieret, welches gleichwol khain grosse müehe, oder Kopfarbait.« Wie ein umseitiger Vermerk auf dem Schriftstück zeigt, war der Herzog gewillt, ihm 1000 fl. zu geben.

Der kunstsinnige Wilhelm V., der mit seinem Mäzenatentum allerdings leere Kassen hinterlassen hatte, wußte doch, einen fähigen, kunstbeflissenen Juristen seinem Sohn zur Seite zu stellen, der einerseits dessen juristisches Fundament für eine gute Staatsführung legte, andererseits dessen Neigung zur Kunst sehr förderte und ihn später zu einem profunden Kenner und Sammler machte[139]. Fickler selbst versprach nach Empfang der Instruktion Wilhelm V., alles daran zu setzen, aus Maximilian einen sehr guten Herrscher zu machen und dabei keine Mühe zu scheuen[140].

Er urteilte, nachdem er zunächst schon »gehorsam, Zucht und Gottesforcht bey Ime, tum etiam capacitatem ingenii« festgestellt hatte[141], auch bald sehr positiv über seinen ihm anvertrauten Schüler[142], seinen besonderen Fleiß nach Freizeitaktivitäten, mit dem er den versäumten Stoff nachholte, sowie auch seine Tugenden, vor allem die Reinheit und Gottesliebe bzw. -furcht.

»Zeugnis« des Präzeptors Fickler für seinen Schüler Maximilian vom 09.09.1589

Item die täg, qui a studiis vacationem habet, es sei mit beitzen oder hetzen, also zugepracht, das er an seinem studio tam pub. quam privatarum lectionum nit das wenigst versaumbt, sonder solche täg, so er ad animi solatium et corporis exercitationem adhibiert, mit mehrerem fleiß und embsigkeit hereingepracht; und haben ime seine recreationes den Lust zum studiren mehr gemeret als geringert; das E. F. gn. ich mit warheit bezeugen kan, und das ich über das alles kein untugent oder verborgne vitia an Ime, sonder vilmehr animum ad omnem pietatem et virtutem heroicam inclinatum gespürt. Tum etiam, quod mentem gerit castissimam et ab omni labe impudicitiae prorsus puram et immaculatam. Insuper tali gravitate praeditus, ut ne aspectu quidem levium et scurilium hominum, nedum eorum consuetudine gaudeat et verba impudica quam maxime abhorreat. Quae bona omnia ascribenda sunt amori et timori filiali, quem erga Deum et pietatem habet, unde in illum haec beneficia Dei tanquam antidota et remunerationes redundant.

Der Wechsel von der deutschen in die lateinische Sprache beginnt dort, wo die Beschreibung der Äußerlichkeiten wie Eifer im Studium und Intelligenz übergeht in eine Charakterisierung des Zöglings hinsichtlich seiner inneren Veranlagung im Hinblick auf den Einfluß anderer Personen und auf sein geistliches Leben. Die Reinheit des Geistes und ein eher ernstes Wesen verbinden sich in Maximilian mit einer engen Gottesbeziehung.

Maximilian eignete sich aber auch Griechisch und Ethik bei Pater Christoph Marianus (alias Mätschberger) SJ an[143].

Neben den Studien pflegte er höfische Vergnügungen und gesellschaftliche Kontakte. In der Freizeit widmete sich Maximilian dem Reiten, was freilich nicht immer ohne Unfall, jedoch ohne größere Verletzungen abging, wie der Hofmeister Laubenberg berichtete[144]: »E. F. Dl. geliebter Sohn ... haben ... mit ainem ross ein wenig einen fhall gethon...« Der Genuß frischen Obstes, konkret Erdbeeren und Weichseln, sowie die Hitze verursachten bei Maximilian einmal Magenbeschwerden, die jedoch bald wieder beseitigt waren, wie Fickler dem besorgten Vater mitteilen konnte[145]. Maximilians Hofmeister pflegte dann auch bei Wilhelm V. auf Mängel hinzuweisen. So stellte sich bei einem Besuch auf dem Gut des Professors Lagus im Sommer 1588 in Kösching[146] heraus, dass die vier Pferde des jungen Studenten zu alt und nicht mehr tauglich waren: »dass die vier Dummell Roß, so Hochgedachter Mein Genediger Fürst und Herr alhie hat, thayls zimblichen altt und thayls sonsten nicht gar mehr Ir fl. gl. diennen werden«. Für seine Freizeitbeschäftigung als Schütze erbat Maximilian sich von seinen Eltern den nötigen Zubehör aus dem Zeughaus in München, damit er nicht nur im Ingolstädter Schloss, sondern auch in seinem Garten schiessen konnte[147]. Die Jagdgewehre kamen auch zum Teil von München oder wurden als Geschenk überreicht, die Büchsenmacher waren stets mit deren Wartung beschäftigt, die Rechnungen enthalten auch immer wieder die Anschaffungskosten für Pulver und Blei.[148] Letzteres diente im Sommer 1588 aber auch einem Feuerwerk.[149]

Dass Maximilian die Universität ungemein aufwertete, zeigte auch die Tatsache, dass er von zahlreichen Personen, u. a. auch dem Universitätsprofessor Dr. Fachineus als Taufpate für sein Kind begehrt wurde[150]. Er selbst trat für dieses Amt nie selbst an, sondern übermittelte Geschenke und sandte einen stellvertretenden Paten ab.[151] Eingeladen vurde er vom Bischof von Eichstätt und von seinem Verwandten, dem Pfalzgrafen von Neuburg, ein prekärer Besuch wegen der Unterschiede im religiösen Bekenntnis[152]. Beide Besuche, die in kurzem zeitlichen Abstand hintereinander im Sommer 1589 erfolgten, schilderte er in Briefen an die Eltern recht detailliert. Der dreitägige Besuch in Eichstätt[153] verband geistliche Einkehr durch Teilnahme an verschiedenen Gottesdienstformen wie Vesper, Pontifikalamt, Kirchenbesuch in St. Walburg und Heilig-Kreuz, mit höfischem Prunk, d. h. feierlichem Geleit in die Stadt, Festmähler beim Bischof mit Ehrenvorrang für die Gäste und weltlichen Freuden, nämlich der Jagd. Zum Abschied erhielten Maximilian, seine Brüder und das Gesinde Geschenke vom Bischof, ersterer ein Pferd, zweitere je einen schwarzen Hund und ein Buch, letztere jeweils einen Ring. Die Tage in Neuburg[154] wurden dagegen hauptsächlich mit dem Jagen – zahlreiche Hirsche mußten ihr Leben lassen – verbracht, Pater Gregor von Valencia war als geistlicher Begleiter dabei und hielt die heilige Messe im Zimmer, um den Frieden nicht zu stören. Der Empfang war gut, der Pfalzgraf und seine beiden Söhne waren den Gästen entgegengeritten, er war nach Bekunden Maximilians »in reden und Conversation ... gar beschaidentlich« und hat »von Religionssachen nichts sich merkhen laßen...« Gesprächsthemen bildeten die Jagd und die damals aufkommenden Zeitungen.

Wallfahrten führten Maximilian ins nahe Feldkirchen[155] und Unsernherrn[156], wo dem jeweiligen Mesner ein fürstliches Trinkgeld hinterlassen wurde, ferner nach Bettbrunn[157], weitere Reisen nach Biburg, das sein Vater den Jesuiten übergeben hatte[158], verbunden mit Aufenthalten in Pförring, Neustadt und Vohburg sowie einer Jagd nach München und Landshut[159]. In den Berichten an die Eltern erscheint immer wieder das religiöse Leben, sei es ein feierliches Triduum mit Ablaß, das Fronleichnamsfest oder die Fastenzeit mit Andachten, Prozessionen, Besuch bei den heiligen Gräbern[160].

Bei all den Freiheiten sollte nicht übersehen werden, dass Maximilian den Eltern im Gehorsam verpflichtet blieb, der Vater wiederum die Aktivitäten des Sohnes streng kontrollierte und regelte[161]. Eine abgeschlagene Bitte konnte der Student durchaus verkraften, da er es in dem Wissen tat, »das solches auß gnediger Affection und zu meinem nutz geschehen...« Die Vorgaben für das Studium durch den Vater waren ihm so wichtig, dass er einmal sogar bekannte, der Präzeptor habe mit ihm neue Lektionen begonnen, um die Zeit zu nutzen, ohne das Einverständnis des Vaters abzuwarten, würde aber bei Mißfallen sofort dem Wunsch des Vaters entsprechen.

Die für den angehenden Staatsmann notwendigen Kenntnisse in den Rechtswissenschaften erwarb er sich mit Hilfe Ficklers aus den Werken Justinians, aus der Bayerischen Landesordnung, die Zivilprozeßordnung und aus den Institutionen des Andreas Perneder von 1544, die römisches Recht mit einheimischen Rechtsgebräuchen kompilierten[162]. Erhalten sind in der Bayerischen Staatsbibliothek einige Hefte mit der Handschrift Ficklers und Maximilians, die Annotationes in vier Büchern, d. h. Kommentare zum römischen Recht, also den Institutionen des Justinian enthalten[163], ferner Loci communes, d. h. Merksätze aus den Pandekten, dem Codex Justinianus und den dazu gehörenden Novellen sowie die Texte dreier juristischer Disputationen Maximilians[164]. Fickler

Abb 13 *Maximilian mit seinem Cousin Ferdinand, dem späteren Kaiser Ferdinand II. Ölgemälde*

Abb 14 *Maximilians Besuch bei Papst Clemens VIII. in Rom 1593. Ölgemälde*

berichtete Wilhelm über eine solche Disputation[165] »in materia testamentorum«, bei der Maximilian »expedite et sine ulla hesitatione« sprach und »groß gefallen mit verwunderung« von Seiten der anwesenden Jesuiten erntete. Der Vater erhielt auch die gedruckten argumenta. Die Praxis der Rechtsprechung lernte der herzogliche Student durch seine Teilnahme an Sitzungen des Ingolstädter Rats, der über Hexen zu befinden hatte[166]. Er selbst schreibt bereits fachmännisch an seine Eltern: »Wir hetten gern widerum ein suspectam personam der Zauberey wegen einziehen laßen; so hatt man doch nit auf den rechten grundt khommen khünden, yedoch haben die Rhätt guete inquisition haltten laßen, villeicht bringt mann sie noch zuwegen.«

In regelmäßigen Briefen an die Eltern[167] berichtet er vom Fortschritt in den Studien, von der Freizeitgestaltung, von der Begegnung mit anderen hochrangigen Leuten, von Predigten und der Lebensweise Geistlicher, vor allem von seinem Mentor und Beichtvater, dem Jesuiten Gregor von Valencia, durch den er sich das tägliche Rosenkranzgebet vor dem Schlafengehen aneignete[168]. Bei den Jesuiten erlebte er auch eine Profeßfeier in der Kollegkapelle 1589[169]. Das Leben in Ingolstadt verlief durchaus recht bunt. Ein Jagdausflug führte ihn im Sommer 1590 zusammen mit Ferdinand, Erzherzog von Österreich und späterer Kaiser, zu Erzherzog Ferdinand nach Tirol[170]. Ferdinand, Cousin Maximilians, war 1590 als Student nach Ingolstadt gekommen, seine Studien überwachte sein Onkel Wilhelm V.[171] Das Verhältnis zwischen Maximilian und Ferdinand war ein freundschaftliches, aber kein herzliches. Ein Rangstreit der beiden um den Vortritt in der Kirche führte zu einem regen Briefaustausch zwischen den Höfen in Graz und München mit dem Ergebnis, dass die beiden Cousins »gleichsamb Wie brueder« sein sollen.[172]

Carlo Detti unterwies den angehenden Herrscher im Kriegswesen, in der Waffenkunde und Messkunst, Freiherr von Sprinzenstein im Bereiche der Artillerie, Kenntnisse, die für ein gut verwaltetes Land unerläßlich waren[173]. Entsprechend den Unterrichtsgegenständen sandte ihm der Vater Ausrüstung aus München, so etwa Harnische und Rüstungen, die ein Plattner Maximilian anpassen sollte[174], oder man schaffte ein Lederkleid an, das unter dem Harnisch zu tragen war.[175]

In den Ingolstädter Jahren lernte Maximilian neben Französisch auch Italienisch, Sprachen, die er auf seiner Kavalierstour nach dem Studium nach Prag zu Kaiser Rudolf, Italien zum Papst und Frankreich gut anwenden konnte[176]. Die Fremdsprachen Französisch und Italienisch lehrte ihn Astor Leoncelli[177], später Oberstallmeister. Französisch dürfte Maximilian ja bereits von seiner Mutter her vertraut gewesen sein, er hatte allerdings erst in seiner Ingolstädter Zeit regulären Unterricht und übte sich mit kleinen französischen Briefen, von denen einer an seine Mutter erhalten ist[178]. Im Italienischen lernte er zunächst anhand von Texten, bis der Lehrmeister dann kleine Dialoge mit ihm pflegte, so dass er allmählich frei sprechen konnte. Erst im Alter beschäftigte er sich noch mit Spanisch[179].

Anmerkungen

1 Helmut Dotterweich, Der junge Maximilian. Jugend und Erziehung des bayerischen Herzogs und späteren Kurfürsten Maximilian I., München 1962, S. 56.

2 Ebenda, S. 44; Friedrich Schmidt, Geschichte der Erziehung der Bayerischen Wittelsbacher von den frühesten Zeiten bis 1750, Berlin 1892, S. 438: 1580 sind in den Rechnungen des Hofzahlamtes und anderen Notizen zu Rechnungen vier Kindsfrauen erwähnt.

3 Helmut Dotterweich, Der junge Maximilian. Jugend und Erziehung des bayerischen Herzogs und späteren Kurfürsten Maximilian I., München 1962, S. 81.

4 Eine erste Instruktion datiert von 1581, eine zweite von 1584. Vorläufer sind gewiß die sog. Fürstenspiegel von Erasmus von Rotterdam (Institutio principis christiani; für Kaiser Ferdinand I. gedacht) und Baldassare Castiglione (Hofmann; in deutscher Übersetzung auf Veranlassung Albrechts V. gedruckt). Sie versuchten entsprechend der Auffassung der Zeit die Verbindung von pietas und humanitas zu schaffen. Helmut Dotterweich, Der junge Maximilian. Jugend und Erziehung des bayerischen Herzogs und späteren Kurfürsten Maximilian I., München 1962, S. 50; S. 53; S. 56; S. 154 Anm. 55. Friedrich Schmidt, Geschichte der Erziehung der Bayerischen Wittelsbacher von den frühesten Zeiten bis 1750, Berlin 1892, S. 27-38 (Instruktion 1584); Original der Version von 1584: BayHStA (Bayerisches Hauptstaatsarchiv), Kurbayern, Äußeres Archiv 1978, Fürstenbücher Bd. 31, f. 18 r.-34 r.

5 Helmut Dotterweich, Der junge Maximilian. Jugend und Erziehung des bayerischen Herzogs und späteren Kurfürsten Maximilian I., München 1962, S. 45-47; Kurt Malisch, in: Bosls Bayerische Biographie, Regensburg 1983, S. 580 f. (s. v. Petraeus, Wenzel).

6 Götz von Pölnitz, (Hrsg.), Die Matrikel der Ludwig-Maximilians-Universität Ingolstadt-Landshut-München, München 1937, Sp. 955.

7 Friedrich Schmidt, Geschichte der Erziehung der Bayerischen Wittelsbacher von den frühesten Zeiten bis 1750, Berlin 1892, S. 36.

8 Ebenda, S. 28.

9 Ebenda, S. 29: »... umb hilff und sterckhung in Christlichem tugentsamen Leben, so sy nit alain wie alle andern glaubigen in Tauff angetretten, sonnder In deren sy auch Stannds und Berueffs halben vor anndern zu leben und zu arbaiten haben.«

10 Ebenda, S. 28.

11 Ebenda, S. 30.

12 Ebenda, S. 31.

13 Ebenda, S. 31.

14 Ebenda, S. 32.

15 Ebenda, S. 33: »... auch etlichen Leüten, so sy besuechen, frembden und Innlendischen, mit Zucht und gebür nach aines Jeden Standt freuntlich zusprechen.«

16 Ebenda, S. 35; S. 327 ist eine ähnliche Tagesordnung in lateinischer Sprache von Peträus 1583, die den jüngeren Prinzen gilt.

17 Ebenda, S. 36.

18 Ebenda, S. 329-332. Original im BayHStA, Kurbayern. Äußeres Archiv 1978 (Mikrofiches): Fürstenbücher Bd. 31, f. 64 r.-78 r.

19 Helmut Dotterweich, Der junge Maximilian. Jugend und Erziehung des bayerischen Herzogs und späteren Kurfürsten Maximilian I., München 1962, S. 47 – 50; Friedrich Schmidt, Geschichte der Erziehung der Bayerischen Wittelsbacher von den frühesten Zeiten bis 1750, Berlin 1892, S. 331 f.

20 Ebenda, S. 325.

21 Ebenda, S. 30.

22 Friedrich Schmidt, Geschichte der Erziehung der Bayerischen Wittelsbacher von den frühesten Zeiten bis 1750, Berlin 1892, S. 323-327.

23 BayStABi (Bayerische Staatsbibliothek) clm 556 Sodalitatis B. V. Mariae: Sanctus vel sancta: Sententia et oratio seu preces, quemadmodum haec singula quolibet mense obtigerunt, proprio marte partim ex Martyrologio excerpta, partim vero compositione privata explicata per Sereniss.m et max. spei Principem Dn. Maximilianum. Maximilian wählt sich entsprechend der Empfehlung der Marianischen Kongregationen für jeden Monat des Jahres eine Heilige oder einen Heiligen, dessen hervorstechendste Tugend er dann betrachtet. Peträus hatte in seiner Ordnung für Gebete, Leibesübungen, Edelknaben und Strafen bereits 1583 das Vorbild der Marianischen Kongregationen zugrunde gelegt: Quia vero sodalis est B. Virginis Mariae, ideo singulis mensibus peculiarem Sanctum accipit, quem mane et vesperi invocet; dicendo: Sancte etc., s. Friedrich Schmidt, Geschichte der Erziehung der Bayerischen Wittelsbacher von den frühesten Zeiten bis 1750, Berlin 1892, S. 330.

24 Romuald Bauerreis, Kirchengeschichte Bayerns, Bd. VI, Augsburg 1965, S. 334-337; Willi Lambert, Marianische Kongregationen, in: LThK (Lexikon für Theologie und Kirche), Bd. 6, Freiburg, Basel, Rom, Wien 1997, Sp. 1359 f.

25 Helmut Dotterweich, Der junge Maximimilian. Jugend und Erziehung des bayerischen Herzogs und späteren Kurfürsten Maximilian I., München 1962, S. 72.

26 Ebenda, S. 82.

27 Ebenda, S. 90.
28 BayStABi clm 1812 und clm 555 und 556.
29 BayStABi clm 554, 555, 556, 557. Kurze Inhaltszusammenfassung dieser Handschriften bei Friedrich Schmidt, Geschichte der Erziehung der Bayerischen Wittelsbacher von den frühesten Zeiten bis 1750, S. 406-407; 424.
30 BayStaBi clm 1812, f. 4 v., 5 r. und passim.
31 BayStABi clm 557, vgl. Friedrich Schmidt, Geschichte der Erziehung der Bayerischen Wittelsbacher von den frühesten Zeiten bis 1750, Berlin 1892, S. 406.
32 Helmut Dotterweich, Der junge Maximilian. Jugend und Erziehung des bayerischen Herzogs und späteren Kurfürsten Maximilian I., München 1962, S. 85; Friedrich Schmidt, Geschichte der Erziehung der Bayerischen Wittelsbacher von den frühesten Zeiten bis 1750, Berlin 1892, S. XLIX.
33 Ebenda, S. 246 f.
34 Ebenda, S. 247: »Nuper ... ad venationem profecti sumus; ea tamen non admodum feliciter successit.«
35 Ebenda, S. 247.
36 Siegfried Hofmann, Seminarien der Jesuiten, in: Die Jesuiten in Ingolstadt 1549-1773 (Ausstellungskatalog), Ingolstadt 1992, S. 101. Arno Seifert, Weltlicher Staat und Kirchenreform. Die Seminarpolitik Bayerns im 16. Jahrhundert (= Reformationsgeschichtliche Studien und Texte Heft 115), Münster 1978, S. 304 f.; Gerhard Wilczek, in: Ingolstädter Heimatblätter 1987, S. 8.
37 Arno Duch, in: NDB (Neue Deutsche Biographie), Bd. 1, Berlin 1953, s. v. Barvitius Johann Anton, S. 615 f.; Kurt Malisch, in: Bosls Bayerische Biographie, Regensburg 1983, s. v.: Barvitius, Johann, S. 43.
38 Helmut Dotterweich, Der junge Maximilian. Jugend und Erziehung des bayerischen Herzogs und späteren Kurfürsten Maximilian I., München 1962, S. 45; Herbert Gerl, Catalogus Generalis Provinciae Germaniae Superioris et Bavariae Societatis Jesu 1556-1773, München 1968, S. 153.
39 Ebenda, S. 149 Anm. 11, 12, 13.
40 Friedrich Schmidt, Geschichte der Erziehung der Bayerischen Wittelsbacher von den frühesten Zeiten bis 1750, Berlin 1892, S. 438.
41 Ebenda, S. 438.
42 Ebenda, S. L.
43 Ebenda, S. L und LI, Anm. 2.
44 Dieter Breuer, Princeps et poeta. Jacob Baldes Verhältnis zu Kurfürst Maximilian I. von Bayern, in: Hubert Glaser, (Hrsg.), Wittelsbach und Bayern. Bd. 2,1, Um Glauben und Reich. Kurfürst Maximilian I., München, Zürich 1980, S. 347.
45 Ebenda, S. LII, auch Anm. 1; Original: BayStABi clm 591.
46 Andreas Kraus, Maximilian I. Bayerns großer Kurfürst, Regensburg 1990, S. 16-20.
47 Helmut Dotterweich, Der junge Maximilian. Jugend und Erziehung des bayerischen Herzogs und späteren Kurfürsten Maximilian I., München 1962, S. 60 f. Zur Schwierigkeit einer genauen Datierung des Schriftstücks s. ebenda, S. 159 f. Anm. 56; Andreas Kraus, Maximilian I. Bayerns großer Kurfürst. Regensburg 1990, S. 26.
48 Summarium de variis rebus collegii Ingolstadiensis (Kopie in der Wissenschaftlichen Stadtbibliothek Ingolstadt), S. 54.
49 Helmut Dotterweich, Der junge Maximilian. Jugend und Erziehung des bayerischen Herzogs und späteren Kurfürsten Maximilian I., München 1962, S. 92 f.
50 BayHStA, Kurbayern, Hofzahlamt 34, f. 175 r. Das Jahr 1588 enthält nur die Rubrik für die Ausgaben Herzog Maximilians in Ingolstadt, aber keinerlei Einträge, vgl. BayHStA, Kurbayern, Hofzahlamt 35: Inhaltsverzeichnis. 1589 benötigte Maximilian insgesamt 16136 fl. 49 kr. 6 hl. vgl. BayHStA, Kurbayern, Hofzahlamt 36, f. 169 v.
51 BayHStA, Kurbayern, Hofzahlamt 35, f. 167 r. – 168 r.: für die Monate Januar und Februar 1926 fl. 8 kr. 2 hl., März bis Mai 3683 fl. 38 kr. 1 hl., Juni bis August 5640 fl. 40 kr. 5 hl., Okrtober bis Dezember 4744 fl. 7 kr. 4 hl.; BayHStA, Kurbayern, Hofzahlamt 36, f. 169 r.: es werden keine einzelnen Monate mehr aufgelistet.
52 BayHStA, Landshuter Abgabe, 1979, 3, unfoliiert. Alle folgenden Detailangaben für den Oktober 1587 stammen aus diesem Band.
53 BayHStA, Landshuter Abgabe 1979, 1, unfoliiert: am 11.12.1586 wird das Lichtenauersche Haus als Wohnhaus der beiden jungen, angehenden geistlichen Fürsten explizit erwähnt.
54 BayHStA, Kurbayern, Äußeres Archiv 1979, f. 144 r.
55 BayHStA, Landshuter Abgabe 1979, 4, unfoliiert: am 29.11.1587 werden 2 kr. für das Stroh zur Ummantelung der Obstbäume bezahlt.
56 Helmut Dotterweich, Der junge Maximilian. Jugend und Erziehung des bayerischen Herzogs und späteren Kurfürsten Maximilian I., München 1962, S. 106; BayHStA, Landshuter Abgabe 1979, 5, unfoliiert: 34 kr. für Meister Frannz Wälsch, Steinmetz, am 18.12.1588. Ob hier die Kaiserstatuen gemeint sind, ist freilich nicht ganz sicher.
57 BayHStA, Landshuter Abgabe 1979, 4, unfoliiert: 15 kr. kostete es am 29.11.1587, den Brunnen winterfest zu machen.
58 BayHStA, Landshuter Abgabe 1979, 7, unfoliiert: am 29.03.1588 gibt man dem Boten des Jesuitenrektors 30 kr. für vier »Creutz- oder Schwaigkhäß.« Zur Jesuitenschwaige s. Siegfried Hofmann, Die Jesuitenschwaige, in: Die Jesuiten in Ingolstadt 1549-1773, Ingolstadt 1992 (Ausstellungskatalog), S. 284-288.
59 BayHStA, Landshuter Abgabe 1979, 8, unfoliiert: am 08.09.1588 erhält Maximilian Feigen als Geschenk.
60 BayHStA, Landshuter Abgabe 1979, 4, unfoliiert: die Dienerin des Klosters Gnadenthal schenkt Maximilian im Auftrag der Oberin Pfirsiche und bekommt 6 kr. Trinkgeld.
61 Ebenda: die Ingolstädter Barfüßer lassen Maximilian ein Körbchen Weichseln von ihrem Einkäufer überbringen, wofür letzterer 6 kr. Tinkgeld bekommt.
62 Ebenda: der Rektor des Jesuitenkollegs läßt Maximilian am 30.09.1588 Weintrauben überbringen, der Bote erhält 15 kr. Trinkgeld.
63 Ebenda: die Jesuiten übermitteln am 30.07.1588 frischen Fenchel, für den der Bote 4 kr. Trinkgeld erhält.
64 Ebenda: 12 kr. Trinkgeld am gleichen Tag für Artischoken.
65 BayHStA, Landshuter Abgabe 1979, 4, unfoliiert: Für das Sengen eines aus Bettbrunn geschickten Wildschweins gab man am 30. November 1587 12 kr. aus.

66 BayHStA, Landshuter Abgabe 1979, 8, unfoliiert: frische, große Renken am 30.07.1588 bescheren dem Boten 30 kr. Trinkgeld.

67 Diese Kostbarkeit lieferte der Stadtapotheker Philipp Wörrner, ebenso Gewürze, die aber auch teilweise von Kramern bezogen wurden.

68 BayHStA, Landshuter Abgabe 1979, 4: die Oberin des Klosters Gnadenthal schickt »etlich gepackne Kuechlein«, wofür die Dienerin am 20.11.1587 6 kr. Trinkgeld bekommt.

69 BayHStA, Landshuter Abgabe 1979, 7, unfoliiert: Als Maximilian sich Ende Februar/Anfang März 1588 in Landshut aufgehalten hatte, sandte der Universitätsapotheker Gunther Romanus ihm 30 »guete Lebkhuechlin«, für die 1 fl. 18 kr. bezahlt wurden.

70 BayHStA, Landshuter Abgabe 1979, 4, unfoliiert: am 22.11.1587 empfängt der Bote aus München für die Überbringung der Lorbeerkräuter zum Sulzen 6 kr. Trinkgeld.

71 Ebenda: am 12.11.1587 trafen die Gläser aus München ein, wofür der Bote mit 9 kr. entlohnt wurde.

72 BayHStA, Landshuter Abgabe 1979, 9, unfoliiert: 11 fl. 56 kr. gingen am 28.10.1588 an den Uhrmacher.

73 BayHStA, Landshuter Abgabe 1979, 5, unfoliiert: die Falken erhalten Lederausstattung (Schühchen, wohl auch Kappen).

74 Ebenda: ein Sperber Maximilians beißt ein Huhn einer Bäuerin auf einem Dorf tot, wofür letztere 12 kr. Entschädigung bekam. Dafür konnte sie drei Hühner erwerben, da die fürstliche Küche für ein Huhn stets 4 kr. zahlte.

75 BayHStA, Landshuter Abgabe 1979, 8, unfoliiert: Ein Bote, der einen Habicht als Geschenk überbringt, erhält 30 kr. Trinkgeld am 30.09.1588.

76 BayHStA, Landshuter Abgabe 1979, 4, unfoliiert: im November 1587 wurde ein Vogelhäuschen für Wachteln errichtet.

77 BayHStA, Landshuter Abgabe 1979, 6, unfoliiert: am 23.01.1588 gibt Maximilian 1 kr. für einen Stieglitz als persönliche Aufwendung aus.

78 BayHStA, Landshuter Abgabe 1979, 5, unfoliiert: am 15.12.1587 kaufte man 26 kleine Vögel für die Beißvögel an.

79 BayHStA, Landshuter Abgabe 1979, 3, unfoliiert: am 16.10.1587.

80 Ebenda: am 23.10.1587.

81 BayHStA, Landshuter Abgabe 1979, 4, unfoliiert: am 11.11.1587.

82 Ebenda: am 25.11.1587.

83 BayHStA, Landshuter Abgabe 1979, 5, unfoliiert: am 25.12.1587.

84 BayHStA, Landshuter Abgabe 1979, 8, unfoliiert: am 03.07.1588.

85 Ebenda: im September 1588.

86 BayHStA, Landshuter Abgabe 1979, 6, unfoliiert: am 02.02.1588.

87 BayHStA, Landshuter Abgabe 1979, 5, unfoliiert: am 29.12.1587 zahlte man 24 fl. für das neue Kirchenfenster in der Franziskanerkirche.

88 Helmut Dotterweich, Der junge Maximilian. Jugend und Erziehung des bayerischen Herzogs und späteren Kurfürsten Maximilian I., München 1962, S. 107.

89 BayHStA, Landshuter Abgabe 1979, 5, unfoliiert: am 31.12.1587 bekommt Jacob Müller, Schuster, 5 fl. 52 kr. für Pantoffeln und Schuhe, die er für Maximilian gefertigt hatte.

90 BayHStA, Landshuter Abgabe 1979, 4, unfoliiert: Perregrina Knöpff, genannt Federmacherin, bekommt 30 kr. im November 1587 für diese Arbeiten.

91 Ebenda: am 05.11.1587 erhält der Hofdrechsler 12 kr. für Hölzer und Kugeln zu einem Spiel.

92 BayHStA, Landshuter Abgabe 1979, 8, unfoliiert: am 31.07.1588 wurden um 48 kr. »Haubtpirsten« auf der Dult in München gekauft.

93 BayHStA, Landshuter Abgabe 1979, 9, unfoliiert: am 25.10.1588 bezahlte man 8 kr. für das Aussieden des silbernen Schreibzeugs Maximilians.

94 BayHStA, Landshuter Abgabe 1979, 3, unfoliiert: am 24.10.1587 bekommt der Kürschner 1 fl.

95 BayHStA, Landshuter Abgabe 1979, 5, unfoliiert: Ende Dezember 1588 kommt Kleidung aus München.

96 BayHStA, Landshuter Abgabe 1979, 30, unfoliiert. Leider fehlt eine Datumsangabe. Vgl. auch Beitrag zu den Geschwistern Maximilians.

97 BayHStA, Landshuter Abgabe 1979, 3-9, unfoliiert: in jedem der Rechnungsbücher existiert eine eigene Rubrik für den Marstall, in der die Kosten für das Futter der Tiere aufgelistet sind!

98 BayHStA, Landshuter Abgabe 1979, 8, unfoliiert: im Juli 1588 wurden die Pferde neu beschlagen.

99 BayHStA, Landshuter Abgabe 1979, 6, unfoliiert: 3 kr. für den Kopfputz der Pferde, »als Ir Fl. Gn. auf dem Schellenschlittn gefahren...« am 25.02.1588.

100 BayHStA, Landshuter Abgabe 1979, 7, unfoliiert: 7 fl. an Schmied von Landshut für Verletzung durch ein Leibpferd Maximilians am 31.03.1588.

101 Götz von Pölnitz, Die Matrikel der Ludwig-Maximilians-Universität Ingolstadt-Landshut-München 1472-1600, Bd. 1, München 1937, Sp. 1162. Johann Nepomuk Mederer, Annales Ingolstadiensis Academiae 1572-1672, Teil 2, Ingolstadt 1782, S. 103 erwähnt 1586 bei den Einschreibungen Maximilian nicht, erst 1587, s. S. 105.

102 Dieter Albrecht, Maximilian I. von Bayern 1573-1641, München 1998, S. 103-108.

103 Stadtarchiv Ingolstadt, Ratsbuch 1586, f. 15 r./v. Stadtschreiber war damals Georg Wagner, vgl. Edmund Hausfelder, Die ersten Bürger und die Verwaltung der Stadt, in: Ingolstadt – Vom Werden einer Stadt. Geschichten und Gesichter, Ingolstadt 2000, S. 29.

104 Friedrich Schmidt, Geschichte der Erziehung der Bayerischen Wittelsbacher von den frühesten Zeiten bis 1750, Berlin 1892, S. 56 f.

105 BayHStA, Landshuter Abgabe 1979, 6, unfoliiert: am 21.02.1588 werden die türkischen Blumen überbracht, ebenda, 8, unfoliiert: am 18.07.1588 die Muskatellerbirnen, am 30.07.1588 ein Hund.

106 Carl Max Haas, Das Theater der Jesuiten in Ingolstadt, Emsdetten 1958, S. 27-29 und S. 107; Friedrich Schmidt, Geschichte der Erziehung der Bayerischen Wittelsbacher von den frühesten Zeiten bis 1750, Berlin 1892, S. LVII.

107 Ebenda, S. 247: »... me... ab Academicis honorifice admodum exceptum fuisse... novus Rector est creatus; eum honorem cum mihi unanime consensu detulissent, ut a Srt.te V.ra. comissum erat, recusavi. Lectiones etiam publicas aliquoties visitavi.«

108 Götz von Pölnitz, (Hrsg.), Die Matrikel der Ludwig-Maximilians-Universität Ingolstadt-Landshut-München, München 1937, S. 1217.

109 BayHStA, Landshuter Abgabe 1979, 5, unfoliiert: am 22.12.1587 wird die »Pirsch-Gutschen« genannt.
110 BayHStA, Landshuter Abgabe 1979, 6, unfoliiert: am 28.02.1588 werden die fünf blechernen Trinkgeschirre für die Vögel bezahlt.
111 BayHStA, Landshuter Abgabe 1979, 7, unfoliiert: Rückführung des entflohenen Beißvogels am 25.03.1588; Kauf von 5 Karren Sand für die Fasane, die aus Landshut geschickt werden, für 15 kr. am 26.03.1588.
112 BayHStA, Landshuter Abgabe 1979, 3, unfoliiert: Ausgaben für Marstall und »Hundtsstal.«
113 BayHStA, Landshuter Abgabe 1979, 8, unfoliiert: im Juli 1588 ist von den »Capelln« der Hunde die Rede.
114 BayHStA, Landshuter Abgabe 1979, 5, unfoliiert: 1 kr. für vier kleine Glöckchen für die Hunde am 26.12.1587.
115 BayHStA, Landshuter Abgabe 1979, 8, unfoliiert: 2 kr. für Quecksilber zu einer Salbe am 26.8.1588.
116 BayHStA, Landshuter Abgabe 1979, 9, unfoliiert: 30 kr. Trinkgeld für den zurückgebrachten Hund am 20.10.1588.
117 BayHStA, Landshuter Abgabe 1979, 8, unfoliiert: grüner Zwirn zum Aufbessern der Netze am 31.08.1588 an die Hundsbuben.
118 Summarium de variis rebus collegii Ingolstadiensis (Kopie in der Wissenschaftlichen Stadtbibliothek Ingolstadt), S. 54.
119 Helmut Dotterweich, Der junge Maximilian. Jugend und Erziehung des bayerischen Herzogs und späteren Kurfürsten Maximilian I., München 1962, S. 86.
120 Friedrich Schmidt, Geschichte der Erziehung der Bayerischen Wittelsbacher von den frühesten Zeiten bis 1750, Berlin 1892, S. 248: »... et licet publice non legatur, privatim tamen cum domestico praeceptore tempus non inutiliter consumam...«; a. a. O.: wir wellen unsern Historicum auff die Faßnacht absolvieren...«; ebenda, S. 249: Unsern Historicum haben wir Albereitt schon gar außgehörtt, wirdt uns hinfieran Cornelius Tacitus gelesen werden.«; a. a. O.: »Marci Tullii Ciceronis Philippicas absolvere ante sacrosanctum Dominicae passionis tempus conabimur.«
121 Ebenda, S. 250: »Dieweil Ich aber alhie mir ein Museum gern zurichten woltt, darinnen meinem Studiis desto bequemlicher Außzuwartten, und Ich darbey einer Bar gemalten Defelein dürfftig wäre...«
122 BayHStA, Landshuter Abgabe 1979, 8, unfoliiert: am 31.07.1588 entlohnte man den Maler Hanns Mösch mit 3 fl. 27 kr. für allerlei Arbeiten von April bis Juli. Ebenda: am 06.08.1588 zahlte man 3 fl. für Bilderrahmen aus Eibenholz für zwei gemalte »Taffelein«.
123 Ebenda: am 20.09.1588 zahlte man 4 fl. 10 kr. 4 d für das neue Studierstübchen.
124 Friedrich Schmidt, Geschichte der Erziehung der Bayerischen Wittelsbacher von den frühesten Zeiten bis 1750, Berlin 1892, S. 278.
125 BayHStA, Landshuter Abgabe 1979, 6, unfoliiert: 40 kr. am 31.01.1588.
126 Ebenda: am 26.02.1588 ebenfalls 40 kr.
127 BayHStA, Landshuter Abgabe 1979, 7, unfoliiert: am 31.03.1588; BayHStA München, Landshuter Abgabe 1979, 8, unfoliiert: am 31.07.1588.
128 BayHStA, Landshuter Abgabe 1979, 6, unfoliiert: am 30.01.1588.
129 BayHStA, Landshuter Abgabe 1979, 3, unfoliiert: am 27.10.1587.
130 BayHStA, Landshuter Abgabe 1979, 4, unfoliiert: am 06.11.1587.
131 BayHStA, Landshuter Abgabe 1979, 8, unfoliiert: am 31.07.1588.
132 Ebenda: am 03.07.1588.
133 Ebenda: am 30.07.1588.
134 Helmut Dotterweich, Der junge Maximilian. Jugend und Erziehung des bayerischen Herzogs und späteren Kurfürsten Maximilian I., München 1962, S. 115-124; Friedrich Merzbacher, in: NDB, Bd. 5, S. 136 (s. v. Fickler, Johann Baptist), Berlin 1961, S. 136.
135 Friedrich Schmidt, Geschichte der Erziehung der Bayerischen Wittelsbacher von den frühesten Zeiten bis 1750, Berlin 1892, S. 349.
136 Ebenda, S. 252: »Mein Preceptor, der Doktor Fikhler, verraist morgen nach Salzburg, und wann er wider khombt, so will er dann etwas weiters (wie er mir verhaißen) fürnemen.«
137 Götz von Pölnitz, (Hrsg.), Die Matrikel der Ludwig-Maximilians-Universität Ingolstadt-Landshut-München, München 1937, Sp. 679.
138 BayHStA HR I Fasz. 4 Nr. 28 Geh. Rat
139 Vgl. Beitrag von D. Wittmann zu Maximilian als Sammler und Auftraggeber für Kunst.
140 Friedrich Schmidt, Geschichte der Erziehung der Bayerischen Wittelsbacher von den frühesten Zeiten bis 1750, Berlin 1892, S. 350: »soll in allem, was zu hochgedachts Jungen Fürsten edification sive in pietate sive moribus et doctrina ersprießlich sein mag, ob got will, treulich beschehen ... und was Ich de mea industria mediante Divino auxilio verbessern kan, will ich kein fleiß sparen, welches ich auch, ob Gott wil, meo quantulocunque exemplo treulich, wie ainem ehrlichen Christlichen Mann Zuestet, laisten will.«
141 Ebenda, S. 350.
142 Ebenda, S. 353.
143 Summarium de variis rebus collegii Ingolstadiensis (Kopie in der Wissenschaftlichen Stadtbibliothek Ingolstadt), S. 55.
144 Friedrich Schmidt, Geschichte der Erziehung der Bayerischen Wittelsbacher von den frühesten Zeiten bis 1750, Berlin 1892, S. 347.
145 Ebenda, S. 351 f.: »das ... Herzog Maximilian ain grimen im leib ankomen, derhalben er sich den ganzen tag im Zimmer aufgehalten, et consultato medico Doctore Mencelio hatt sich befunden, das Er der früchten, als erdtber, weichslen und dergleichen, ettwas zuvil eingenomen, darvon Ime ain cruditas im magen enstandten, die Ime ain wenig grimmen gemacht...«
146 Ebenda, S. 347 f.
147 Ebenda, S. 348.
148 BayHStA, Landshuter Abgabe 1979, 3, unfoliiert: Ende Oktober 1587. Ebenda, 5, unfoliiert: Jagdgewehre im Dezember 1587; 1 fl. 36 kr. gehen an den Zinngießer Ulrich Pogner für Pulver und Blei am 31.12. – eventuell zum Neujahranschießen ?
149 BayHStA, Landshuter Abgabe 1979, 8, unfoliiert: 3 fl. 30 kr. forderte das Pulver und Blei für das fürstliche Feuerwerk am 16.07.1588.
150 Ebenda: am 06.08.1588 erhält Dr. Martin Friderich, der als Taufpate beim Kind des Professor Dr. Fachineus fungiert, 3 fl. 8 jr. Aufwandsentschädigung; Friedrich Schmidt, Geschichte der Erziehung der Bayerischen Wittelsbacher von den frühesten Zeiten bis 1750, Berlin 1892, S. 348.

151 BayHStA, Landshuter Abgabe 1979, 5, unfoliiert: am 26.12.1587 schickte Maximilian einen Vertreter aus seiner Hofhaltung als Taufpaten und gab ihm 1 fl. als Geschenk mit; am 31.12. stockte er die Geschenke für zwei Täuflinge, bei denen ihm das Patenamt angetragen wurde, das er aber ablehnte und wozu er einen Stellvertreter ausgesucht hatte, auf je 4 fl. auf.

152 Helmut Dotterweich, Der junge Maximilian. Jugend und Erziehung des bayerischen Herzogs und späteren Kurfürsten Maximilian I., München 1962, S. 100-102.

153 Friedrich Schmidt, Geschichte der Erziehung der Bayerischen Wittelsbacher von den frühesten Zeiten bis 1750, Berlin 1892, S. 253 f.

154 Ebenda, S. 254 f.

155 BayHStA, Landshuter Abgabe 1979, 7, unfoliiert: am 16.07.1588 erhält der Mesner von Feldkirchen 6 kr., da Maximilian dort eine heilige Messe gehört hatte.

156 BayHStA, Landshuter Abgabe 1979, 6, unfoliiert: am 13.02.1588 bekam der Mesner von Unsernherrn 30 kr. Trinkgeld, da Maximilian in St. Salvator die heilige Messe gehört hatte.

157 Helmut Dotterweich, Der junge Maximilian. Jugend und Erziehung des bayerischen Herzogs und späteren Kurfürsten Maximilian I., München 1962, S. 70; Friedrich Schmidt, Geschichte der Erziehung der Bayerischen Wittelsbacher von den frühesten Zeiten bis 1750, Berlin 1892, S. 257.

158 Helmut Dotterweich, Der junge Maximilian. Jugend und Erziehung des bayerischen Herzogs und späteren Kurfürsten Maximilian I., München 1962, S. 102.; Friedrich Schmidt, Geschichte der Erziehung der Bayerischen Wittelsbacher von den frühesten Zeiten bis 1750, Berlin 1892, S. 351; Summarium de variis rebus collegii Ingolstadiensis (Kopie in der Wissenschaftlichen Stadtbibliothek Ingolstadt), S. 60 f.

159 Helmut Dotterweich, Der junge Maximilian. Jugend und Erziehung des bayerischen Herzogs und späteren Kurfürsten Maximilian I., München 1962, S. 102; Friedrich Schmidt, Geschichte der Erziehung der Bayerischen Wittelsbacher von den frühesten Zeiten bis 1750, Berlin 1892, S. 249.: ...«allein das Ich zue Landshuett nach glegenheit der Zeitt und des wetters ein zimbliche recreation gehabt.«

160 Ebenda, S. 250 (Triduum), S. 251 (Fronleichnamsfest), S. 252 (Fastenzeit).

161 Ebenda, S. 251; 252 f.:«Vor etlichen tagen Hat mir mein Praeceptor newe Lectiones Zulesen angefangen, wiewol er noch kheinen beschaidt von meinem gn. Herrn und Vattor gehabt. Yedoch dß mir die Zeit darweil nit unnüzlich Zuebringen, hatt er etwß mit mir fürgenommen. Wann aber mein gnedigster Herr und Vater und E. fl. gn. unß etwas oder anders bevelchen, wellen wir demselben in underthenigkheit nachkhommen.«

162 Helmut Dotterweich, Der junge Maximilian. Jugend und Erziehung des bayerischen Herzogs und späteren Kurfürsten Maximilian I., München 1962, S. 114 f.; Friedrich Schmidt, Geschichte der Erziehung der Bayerischen Wittelsbacher von den frühesten Zeiten bis 1750, Berlin 1892, S. 353 f.

163 Zu den einzelnen Fachbegriffen des römischen Rechts s. Karl Luig, Pandekten, in: Handwörterbuch zur deutschen Rechtsgeschichte, Bd. 3, Berlin 1984, Sp.1417-1422: »Neben den Pandekten gehören zur justinianischen Gesetzgebung die Institutionen (als offizielles Lehrbuch), der Codex (die Sammlung der Kaisergesetzgebung, insbesondere seit der Zeit der Severer) und die Novellen (eine spätere Zusammenstellung von Justinians Konstitutionen ab 535). Das Werk trägt spätestens seit der durch D. Gothofredus besorgten Gesamtausgabe von 1583 den Titel Corpus iuris civilis...«

164 BayStaBi clm 2103; clm 9296. Helmut Dotterweich, Der junge Maximilian. Jugend und Erziehung des bayerischen Herzogs und späteren Kurfürsten Maximilian I., München 1962, S. 114 f.; Friedrich Schmidt, Geschichte der Erziehung der Bayerischen Wittelsbacher von den frühesten Zeiten bis 1750, Berlin 1892, S. 256; 354 f.

165 Ebenda, S. 355.

166 Stadtarchiv Ingolstadt, Ratsbuch 1590, f. 69 v.; 1591, f. 9 v.; Siegfried Hofmann, Ingolstadt in der Zeit des Dreißigjährigen Krieges, in: Theodor Müller, und Wilhelm Reissmüller, Ingolstadt. Die Herzogsstadt. Die Universitätsstadt. Die Festung, Bd. II, Ingolstadt 1974, S. 191

167 Friedrich Schmidt, Geschichte der Erziehung der Bayerischen Wittelsbacher von den frühesten Zeiten bis 1750, Berlin 1892, S. 246-258.

168 Helmut Dotterweich, Der junge Maximilian. Jugend und Erziehung des bayerischen Herzogs und späteren Kurfürsten Maximilian I., München 1962, S. 73.

169 Summarium de varii rebus collegii Ingolstadiensis (Kopie in der Wissenschaftlichen Stadtbibliothek Ingolstadt), S. 55.

170 Helmut Dotterweich, Der junge Maximilian. Jugend und Erziehung des bayerischen Herzogs und späteren Kurfürsten Maximilian I., München 1962, S. 173, Anm. 34.

171 Ebenda, S. 96; Andreas Kraus, Maximilian I. Bayerns großer Kurfürst, Graz, Köln, Wien 1990, S. 29.

172 Dokumente zur Geschichte von Staat und Gesellschaft in Bayern, hrsg. von der Kommission für bayerische Landesgeschichte, Abteilung I, Band 3,2. Altbayern von 1550-1651, bearbeitet von Walter Ziegler, München 1992, S. 519-521; Helmut Dotterweich, Der junge Maximilian. Jugend und Erziehung des bayerischen Herzogs und späteren Kurfürsten Maximilian I., München 1962, S. 96.

173 Friedrich Schmidt, Geschichte der Erziehung der Bayerischen Wittelsbacher von den frühesten Zeiten bis 1750, Berlin 1892,S. 255: Maximilian bedauert den schlechten Gesundheitszustand von Detti: »Hab also sorg, er were sobaldt mit mir nichts fürnemmen khünden. Hatt auch bißhero noch wenig mit mir außgericht; allein etliche principia mit meßen und dergleichen. ... Der von Sprinzenstein hatt mir etliche Secreta verhaißen, welche er mich noch vor seinem verraißen lernen wolle.«; ebenda, S. 256; ebenda, S. 353: »Weil nhun Sr. Carlo Detti alhie gewesen, hatt er Hertz. Max.an die wenigemal, so er Carl Dett schwachheit halber außkhomen künden, die underricht deren ding, quae ad usum armorum et rem bellicam spectant, mit allem fleiß und aufmerkung angenommen.« Ebenda, S. LVI.

174 BayHStA, Landshuter Abgabe 1979, 8, unfoliiert: 2 fl. 20 kr. kostete das Zurichten von Harnisch und Rüstung aus München am 05.09.1588.

175 Ebenda: 4 fl. 5 kr. investierte man in ein Lederkleid unter den Harnisch am 16.07.1588.

176 Helmut Dotterweich, Der junge Maximilian. Jugend und Erziehung des bayerischen Herzogs und späteren Kurfürsten Maximilian I., München 1962, S. 89; Andreas Kraus, Maximilian I. Bayerns großer Kurfürst, Graz, Köln, Wien 1990, S. 29; Friedrich Schmidt, Geschichte der Erziehung der Bayerischen Wittelsbacher von den frühesten Zeiten bis 1750, Berlin 1892, S. 257; S. 352.

177 Ebenda, S. LVI; S. 354.

178 Ebenda, S. 256.

179 Helmut Dotterweich, Der junge Maximilian. Jugend und Erziehung des bayerischen Herzogs und späteren Kurfürsten Maximilian I., München 1962, S. 90.

Genoveva Rausch

Lothringen und Österreich – Die beiden Ehefrauen

Elisabeth Renata

Brautschau und Heirat

Die Erlangung der Volljährigkeit im Jahre 1591, vor allem aber der Entschluß Herzog Wilhelms V. zwei Jahre später, die Regierung mit seinem ältesten Sohn in Zukunft zu teilen, ließen eine baldige Eheschließung Maximilians aus staatspolitischen Gründen als unerläßlich erscheinen. Die Auswahl an möglichen Heiratskandidatinnen war aufgrund konfessioneller Interessen relativ eingeschränkt. Nur drei katholische Dynastien konnten mit mannbaren Töchtern aufwarten, nämlich die deutschen Habsburger, die Medici in Florenz und die Lothringische Herzogsfamilie. Naheliegend und von Wilhelm auch gern gesehen, wäre die Verbindung Maximilians mit einer der Töchter Erzherzogin Marias aus der Grazer Linie der Habsburger gewesen. Der Herzog hatte hier seine Nichte Maria Christierna ins Auge gefaßt, die sich bereits als Kind wiederholt am Münchner Hof aufgehalten hatte. Entgegen den Plänen seines Vaters war Maximilian jedoch nicht bereit sich mit einer Österreicherin zu verheiraten. Als Argument diente ihm neben der nahen Verwandtschaft hauptsächlich ein körperlicher Fehler der möglichen Heiratspartie. Laut seiner Aussage waren fast alle Österreicherinnen »krump«.

Anläßlich seiner italienischen Reise konnte Maximilian Anfang April 1593 eine weitere potentielle Kandidatin in Augenschein nehmen. Bei einem Aufenthalt in Pisa lernte er Maria von Medici, die Tochter des verstorbenen Großherzogs Franz I. von Toskana, kennen. Die gleichaltrige Maria konnte jedoch keinen nachhaltigen Eindruck bei Maximilian hinterlassen. Da die Großherzogin ihm nicht die Zeit zu einem längeren Gespräch mit Maria ließ, war es dem Bayern nicht möglich sich von ihren Tugenden zu überzeugen. Auch von ihrer hochgelobten Schönheit konnte er sich, weil es ziemlich finster war, kein Bild machen, was in ihm erhebliche Zweifel an den Qualitäten der großherzoglichen Tochter hervorrief.[1]

Knapp zwei Monate nach der Brautschau in Pisa begab sich der Erbprinz nach Lothringen. Eigentlich wollte Wilhelm V. eine Versammlung der Häupter der katholischen Liga Frankreichs in Reims, bei der die Wahl eines neuen französischen Königs vorgenommen werden sollte, zum Anlaß nehmen, seinen Sohn und Erben den Großen der französischen Politik vorzustellen. Das Treffen kam allerdings nicht zustande. Obwohl damit der äußere Grund für die Reise fehlte, hielt Maximilian an dem gefaßten Plan fest und nutzte die Gelegenheit die Töchter Karls II. von Lothringen kennenzulernen. Eine Heirat zwischen einer lothringischen Prinzessin und Maximilian war schon längere Zeit im Gespräch gewesen. Besonders befürwortet wurde ein derartiges Projekt von seiner Mutter Renata, die selbst aus Lothringen stammte und eine Schwester Herzog Karls II. war.[2] Tatsächlich fand der bayerische Erbprinz bei seinem Besuch in Nancy Gefallen an der jüngsten Tochter des Herzogs, Elisabeth Renata. Konkrete Festlegungen wurden zunächst noch nicht getroffen. Erst im März 1594 begab sich der Obersthofmeister und Geheime Rat Johann Baptist Guidebon Cavalchino, der zusammen mit Herzogin Renata aus Lothringen an den Münchner Hof gekommen war, zu einer offiziellen Werbung nach Nancy. Die Verlobung wurde auf dem Regensburger Reichstag bekannt gegeben. Davor waren bereits Kaiser Rudolf II., König Philipp von Spanien sowie Papst Clemens VIII., von dem man wegen der nahen Verwandtschaft einen Dispens benötigte, unterrichtet worden. Die Heiratsverhandlungen in Lothringen, zu denen neben dem bereits genannten Guidebon noch der ehemalige Obersthofmeister Rudolf Graf von Helfenstein[3] und der Hofkanzler Dr. Johann Gailkircher delegiert waren, zogen sich bis zum Sommer 1594 hin. Gemäß dem am 14. August verfertigten Ehepakt sollte die Heirat zur Ehre Gottes, zur Wahrung und Verbreitung der bedrängten katholischen Religion und zur Vertiefung des verwandtschaftlichen Verhältnisses zwischen Lothringen und Bayern beitragen. Als Heiratsgut für die Prinzessin wurden 100 000 Goldkronen, Kleidung und Schmuck vereinbart. Für den Fall der Trennung hatte Maximilian dieses Heiratsgut mit demselben Wert zu widerlegen. Außerdem sollte der Prinzessin ein Drittel dieses Betrags als Morgengabe gereicht werden. Der Ehevertrag schrieb zudem den Verzicht Elisabeth Renatas auf alle Erbansprüche in Lothringen fest. Wohl wegen Geldmangels versuchte Herzog Wilhelm den Heiratstermin noch um ein Jahr hinauszuzögern. Während sein lothringischer Schwager ihm bezüglich seines Wunsches, die Hochzeit entgegen aller Tradition in Nancy abzuhalten, entgegenkam, war er im Fall des Termins zu keinen Zugeständnissen bereit. So machte sich Maximilian schließlich am 9. Januar 1595 auf den Weg nach Nancy, um dort am 6. Februar in großer Pracht Hochzeit zu feiern. Seine Eltern Herzog Wilhelm V. und Herzogin Renata waren nicht mit nach Lothringen gereist.

Zurückgekehrt nach Bayern, bezog das frischvermählte Paar zunächst die Burg Trausnitz in Landshut, bevor es 1596 dauerhaft nach München übersiedelte.[4]

Wesen und Persönlichkeit Elisabeth Renatas

Ein wohl kurz nach der Hochzeit angefertigtes Staatsporträt vermittelt einen Eindruck von Elisabeths Erscheinungsbild. Es zeigt eine grazile, elegante, in französischem Stil gekleidete Frau. Über ihr Wesen und ihre Persönlichkeit sind wir hauptsächlich durch zwei Jesuiten – Pater Johannes Vervaux[5], er fungierte seit 1631 als ihr Beichtvater, und den Hofprediger Jeremias Drexel[6] – informiert. Übereinstimmend charakterisieren sie Elisabeth Renata als fromm, bescheiden ja geradezu asketisch. Sie heben zudem ihr Engagement für Arme und Sterbende hervor.[7]

Besonders in jungen Jahren muß sie Heiterkeit und Liebenswürdigkeit ausgestrahlt haben.[8] So betont der Kunstagent Philipp Hainhofer in einem Reisebericht aus dem Jahre 1612, dass sie es verstanden habe Maximilian von seinen melancholischen Stimmungen und Gedanken immer wieder abzulenken und aufzuheitern.[9] Überhaupt scheint die Ehe mit dem um ein Jahr älteren Maximilian sehr harmonisch verlaufen zu sein. Vervaux entsprechend waren sie ein Herz und eine Seele, suchten das gemeinsame Gespräch oder wechselten im Trennungsfalle zahlreiche Briefe. Politischen Einfluß hat Maximilian seiner klugen und tüchtigen Gemahlin allerdings nicht eingeräumt.[10]

Abb 15 *Elisabeth Renata von Lothringen (gestorben 1635), Maximilians erste Gemahlin. Ölgemälde, um 1635 nach einer früheren Vorlage*

Als verbindendes Element zwischen den Ehepartnern muß vielmehr die Frömmigkeit angesehen werden, in der Elisabeth ihrem Gemahl in nichts nachstand, wie viele Gebetsübungen, wöchentliche Beichte oder Gespräche mit dem Beichtvater beweisen. Zu dieser Frömmigkeit hielt sie auch ihren Hofstaat an.[11]

Der persönliche Hofstaat Elisabeths setzte sich aus adeligen Frauen und Fräuleins zusammen. Mit dem zugehörigen Dienstpersonal bildeten sie das sogenannte »Frauenzimmer«, also den Teil in der Münchner Residenz, den die Frauen bewohnten. An der Spitze des Hofstaats stand die Obersthofmeisterin. Sie übte das Aufsichtsrecht über das gesamte weibliche Personal aus. Daneben war sie ständige Begleiterin und Gesellschafterin der Kurfürstin. An zweiter Stelle der Rangfolge kam die Hofmeisterin, der die Aufsicht über die adeligen Fräulein oblag. Gemäß einer Instruktion Elisabeths von 1614 hatte sie für deren Zucht und ordentlichen Wandel zu sorgen, dazu zählte unter anderem auch die Überwachung des Gottesdienstbesuches. Die Hoffräulein, die sowohl dem alten als dem neuen Adel oder auch dem städtischen Patriziat entstammten, wurden zum Tafeldienst verwendet und waren neben der Obersthofmeisterin und der Hofmeisterin der Kurfürstin beim zeremoniellen An- und Auskleiden behilflich. Für die Pflege kranker Mitglieder des Frauenzimmers wurde 1625 von Elisabeth extra eine Krankenwärterin und eine Krankenköchin eingestellt. Für das Jahr 1621 wird die Zahl der Personen im Frauenzimmer mit 19 Frauen und Fräulein angegeben, deren Besoldungskosten sich auf 1806 Gulden beliefen.[12] Wenn man den Worten Vervaux's Glauben schenken darf, war Elisabeth zu ihren Untergebenen nie unfreundlich oder heftig, so dass diese ihre Anweisungen und Obliegenheiten stets freudig verrichteten.[13]

Mit fortschreitendem Alter scheinen Schwermut und Resignation von ihrem Wesen Besitz ergriffen zu haben, wie einige Porträts erahnen lassen.[14] Die Ursache dafür ist mit Sicherheit in ihrer Kinderlosigkeit und damit dem Bewußtsein, der Dynastie nicht den erhofften Thronfolger und Erben geschenkt zu haben, zu suchen. Weder Badekuren noch mehrere Exorzismen, die im Auftrag Maximilians an ihr vorgenommen wurden, hatten Erfolg gezeigt.[15]

Tod Elisabeth Renatas

Am 4. Januar 1635, nach fast 40jähriger Ehe verstarb Elisabeth Renata in Gegenwart Maximilians und ihrer Schwester im Kloster Ranshofen bei Braunau, wohin der Kurfürst mit seiner Gemahlin infolge der Pestgefahr Ende Oktober 1634 geflohen war. Bereits 1605 waren an der schwächlich konstituierten Kurfürstin Indizien festgestellt worden, die auf ein nicht allzu langes Leben hindeuteten. In ihren letzten beiden Lebensjahren war Elisabeth schließlich ans Bett gefesselt. Die Ursache dafür dürfte eine Nierenkrankheit gewesen sein. Das Leiden seiner geliebten Frau scheint Maximilian zutiefst bewegt zu haben. Ein Brief, den Maximilian zwei Tage vor ihrem Tod an seinen Bruder in Köln geschrieben hat, gewährt einen seltenen Einblick in die Gefühlswelt des Kurfürsten. Er bezeichnet seine Gemahlin darin als seinen »einzigen zeitlichen trost«[16] und berichtet, dass diese seit einigen Tagen höchste Schmerzen erleide und mit dem Tod ringe. Nachdem die Ärzte nunmehr alle Hoffnung aufgegeben hätten, sei mit dem Hinscheiden stündlich zu rechnen. Mit diesen Worten legt Maximilian ein deutliches Zeugnis für die innige Liebe zu seiner Frau ab.

Noch an ihrem Sterbetag verhängte der Kurfürst allgemeine Landestrauer. Die Todesnachricht wurde nicht nur an nahestehende Fürstlichkeiten versandt, sondern gelangte, versehen mit der Bitte um Gebetsgedenken auch an die bayerischen Klöster. In München sollten an den privilegierten Altären der Kirchen und Klöster Seelenmessen gelesen werden. Für diesen Zweck wurden 1 000 Gulden bereitgestellt. Ebenfalls 1 000 Gulden sollten Werken der Barmherzigkeit zugute kommen. Auch die Klöster des Oberlandes hatten Meßstipendien für die Kurfürstin zu verrichten, weil die Münchner Altäre bereits mit zahlreichen Totenmessen für Pestopfer belegt waren. Neben den rund 3 100 Messen, die bis Mitte März für das Seelenheil Elisabeths in München gefeiert wurden, bestellte man noch 10 000 Messen bei den römischen Jesuiten, welche in Rom und Loreto gehalten werden sollten. Maximilian selbst soll Vervaux zufolge im Kloster Ranshofen täglich an sechs oder mehr aufeinanderfolgenden Messen teilgenommen haben, um trotz eisiger Kälte für seine verstorbene Frau zu beten.[17]

Bestattet wurde die verstorbene Kurfürstin in der Krypta der Jesuitenkirche St. Michael in München in einem schlichten Zinnsarg an der Seite von Maximilians Eltern. Ihr Herz ruht in einer Silberkapsel eingelassen im Boden der Gnadenkapelle zu Altötting.

Die Hinterlassenschaft Elisabeth Renatas, wie etwa Kleinodien, Silbergeschirr oder geistliche Literatur, bekamen größtenteils die Verwandten in Lothringen. Einen Teil ihrer zahlreichen Juwelen behielt Maximilian gegen Bezahlung zurück.[18] Überdies befahl er in einer Geheimen Hofkammerinstruktion von 1638 die Rückzahlung des Heiratsgutes an die lothringische Verwandtschaft hinauszuschieben. Er begründete diese Anweisung damit, dass diese die Mitgift, nicht wie verabredet 1612, sondern erst 1625 völlig abbezahlt hätten.[19]

Maria Anna

Gründe für die schnelle Wiederverheiratung

Nur wenige Monate nach dem Tod Elisabeth Renatas ließ Maximilian Vorkehrungen für eine neue Eheschließung treffen. Zuvor hatte er gegenüber seinem Bruder in Köln Andeutungen gemacht, die auf eine beabsichtigte Abdankung des mittlerweile 62jährigen Kurfürsten hindeuteten. Aufgrund des Zuspruchs sowohl geistlicher als auch weltlicher Personen habe er jedoch seine Meinung geändert und trage sich sogar mit dem Gedanken sich erneut zu verheiraten, zumal Spanien und der Kaiserhof an einer engeren Verflechtung der Häuser Habsburg und Wittelsbach interessiert wären. Für eine erneute Verehelichung Maximilians sprachen aber nicht vorrangig politische Überlegungen. Das Hauptmotiv für diesen Schritt war zweifelsohne die Hoffnung doch noch zu dem ersehnten Erbprinzen zu gelangen. Trotz seines hohen Alters wurden dem Kurfürsten noch Chancen auf Nachkommenschaft eingeräumt, vor allem da seine Konstitution als kräftiger und gesünder eingeschätzt wurde als noch vor fünf Jahren.

Die Wahl Maximilians fiel auf seine 25jährige Nichte Maria Anna, die aus der Verbindung seiner gleichnamigen Schwester mit Kaiser Ferdinand II. stammte.[20] Ungeachtet der denkbar engen Verwandtschaft beauftragte der Bayer eine Werbungsgesandtschaft, die aus den besten seiner Räte zusammengesetzt war, Mitte Mai Sondierungsgespräche in Wien vorzunehmen und in der Folge um die Hand der ältesten Kaisertochter anzuhalten. Dabei ließ er verlauten, dass er eigentlich beabsichtigt habe, seinen Witwerstand beizubehalten. Nach Beratungen mit seinen Geheimen Räten sei er aber zu dem Entschluß gekommen, zum Wohl des Hauses Bayern, eine engere Verknüpfung mit dem Haus Habsburg einzugehen. Er verwies in diesem Zusammenhang gleichzeitig auf frühere Verbindungen und wie segensreich sich diese für die beiden Dynastien entwickelt hätten. Außerdem betonte er deren positive Auswirkungen auf die katholische Religion. Bei den daraufhin geführten Heiratsverhandlungen dienten dann auch die 1546 anläßlich der Hochzeit Albrechts V. mit Erzherzogin Anna von Österreich bzw. die 1598 für die Heirat von Maximilians Schwester mit Ferdinand II. getroffenen Absprachen als Grundlage.[21] In dem am 17. Juli 1635 ausgefertigten Heiratsvertrag zwischen Kaiser Ferdinand II. und Kurfürst Maximilian I. von

Abb 16 *Maria Anna von Österreich, Maximilians zweite Gemahlin. Ölgemälde, um 1635/36*

Bayern wurde das Heiratsgut der Erzherzogin mit 100 000 Gulden festgeschrieben. Dieser Betrag sollte innerhalb der Jahresfrist und längstens binnen zweier Jahre bezahlt werden. Ergänzend erhielt Maria Anna Kleidung, Kleinodien, Schmuck und Silber. Maximilian verpflichtete sich die Mitgift mit ebenfalls 100 000 Gulden zu widerlegen, darüber hinaus sollte die Braut eine Morgengabe von 50 000 Gulden empfangen. Als Sicherheit wurden der zukünftigen Gemahlin neben dem Schloss und der Stadt Wasserburg die Landgerichte und Märkte Kraiburg und Neumarkt eingeräumt. Im Todesfalle Maximilians sollten ihr die genannten Orte als Witwensitz dienen. Bei einem vorzeitigen Tod Maria Annas wurden die Festlegungen vom Vorhandensein möglicher Kinder abhängig gemacht. Als Zugeständnis an den bayerischen Kurfürsten befahl der Kaiser, entgegen dem sonst üblichen Gebrauch, keinen vollständigen, sondern nur einen bedingten Erbverzicht auszuarbeiten, d. h. für den Fall des Aussterbens der männlichen Linie Ferdinands wurde der Braut ein Miterbenrecht zugestanden.[22] Mit dem Hinweis auf das habsburgische Hausrecht wurde dieses jedoch erheblich eingeschränkt, so dass de facto Maximilians Nachkommen ebensowenig Hoffnungen auf eine habsburgische Erbfolge besaßen wie ihre Vorfahren.

Nachdem Maximilian zusammen mit seinem Bruder Albrecht und großem Gefolge auf dem Wasserweg nach Wien gereist war, fand am 17. Juli die Trauung in der Wiener Augustinerkirche statt. Zelebrant war der Bischof von Olmütz Kardinal Franz von Dietrichstein.[23] Zehn Tage später verließ das Paar Wien um durch das Land ob der Enns nach Bayern aufzubrechen. Über Ried, wo den Frischvermählten als Geschenk der bayerischen Landstände eine Silbertruhe mit Eßgeschirr überreicht wurde, gelangten sie nach Altötting. In der dortigen Gnadenkapelle empfingen der Kurfürst und seine Frau die Eucharistie. Gleichsam als Zeichen ihrer Verehrung für die Gottesmutter stiftete Maximilian einen Rosenkranz, während Maria Anna ihr Brautkleid zur Anfertigung von Paramenten zurückließ. Via Wasserburg gelangte das kurfürstliche Paar schließlich nach München, wo sie Schüler des Jesuitengymnasiums mit der Aufführung des von Andreas Brunner verfaßten Schauspiels »Nabuchodonosor« begrüßten.

Man darf annehmen, dass die Verheiratung Maximilians mit der Habsburgerin nicht zuletzt wegen des hohen Altersunterschiedes auf Kritik gestoßen ist. Vor allem aber wurde sie als ein politischer Akt angesehen. Gerade zu der Zeit, als Frankreich offiziell in den Krieg eingetreten war und damit dem Kaiser und dem Reich den Kampf erklärt hatte, ging der bayerische Kurfürst eine enge Beziehung mit dem Kaiserhaus ein. Die Hochzeit wurde somit als deutliches Zeichen der Abkehr des Wittelsbachers von Frankreich und erneute Hinwendung zu Habsburg interpretiert. Allerdings hat die Verbindung zu keiner Verbesserung der politischen Beziehungen zwischen München und Wien beigetragen.

Das Hauptziel dieser zweiten Ehe Maximilians, die Sicherung des Fortbestands der Dynastie, erfüllte sich – entgegen manch zweifelnder Stimmen – bereits 15 Monate nach der Heirat. Am 31. Oktober 1636 wurde der ersehnte Erbe, Ferdinand Maria, geboren. Zwei Jahre später kam der zweite Sohn des Kurfürstenpaares, Maximilian Philipp, zur Welt.[24]

Wesen und Persönlichkeit Maria Annas

Ein Gemälde Joachim von Sandrarts zeigt uns Maria Anna als dunkelhaarige, grazile Frau. Sie ist bekleidet mit aufwendig gearbeiteten, reich verzierten Gewändern. Dazu trägt sie wertvollen Schmuck aus Perlen und anderen Edelsteinen. Schon sieben Jahre vor der Hochzeit mit Maximilian hatte der Wiener Nuntius Carafa die große Schönheit der Erzherzogin gerühmt. Zudem schrieb er ihr eine geordnete Lebensführung, Urteilskraft, Klugheit und Gemessenheit zu. Von ihm erfahren wir auch, dass die zukünftige Kurfürstin über hervorragende Italienischkenntnisse verfügte.[25] Im Allgemeinen wird die Kaisertochter stets als kluge, umsichtige, tatkräftige und strenge Frau charakterisiert, die eine gute Erziehung erfahren hat. Darüber hinaus sei sie eine sparsame, in Fragen der Wirtschaft erfahrene Frau gewesen, was durchaus im Sinne ihres auf äußerste Sparsamkeit bedachten Mannes Maximilian gewesen sein muß.[26]

Umso erstaunlicher ist es deshalb, dass unter Maria Anna die Ausgaben an Gehältern für das Frauenzimmer sprunghaft anstiegen, zumal diese Steigerung mitten in die Zeit des Dreißigjährigen Krieges fiel und die Gehälter der übrigen Beamten vergleichsweise kaum eine Veränderung erfuhren. Betrugen die Besoldungskosten für das Frauenzimmer 1636 nicht ganz 6 100 Gulden, mußten zwei Jahre später über 8 100 Gulden bezahlt werden. Zu erklären ist diese Entwicklung zum einen durch die Erweiterung des Hofstaates der Kurfürstin. Bedingt durch die Geburt der beiden Prinzen wurde der übliche Hofstaat durch jeweils eine Amme, Oberkinderfrau, Kinderfrau, Helferin und Dienerin ergänzt. Daneben kam für die Prinzen eine eigene Hofmeisterin ins Frauenzimmer. Insgesamt stieg dort die Zahl der Personen im Zeitraum von 1636 bis 1638 von 40 Frauen und Fräulein auf 53 an. Zum anderen hat der enorme Anstieg der Gehälter einiger Angehöriger des Frauenzimmers zu der genannten »Explosion« der Besoldungskosten beigetragen. Beispielhaft sei das Gehalt der Obersthofmeisterin angesprochen, das sich von zunächst 200 Gulden auf 600 Gulden im Jahre 1636 verdreifachte. Ein Hoffräulein, welches unter Elisabeth Renata 72 Gulden verdiente, bekam nun 400 Gulden und stand damit auf der selben Besoldungsstufe wie ein Hofrat. Margit Ksoll führt die Besoldungserhöhung der weiblichen Bediensteten auf erhöhte Ansprüche, welche die neue Kurfürstin an das Erscheinungsbild ihrer Frauen und Fräulein des Hofstaates stellte, zurück, wobei der Gedanke, dass landesherrliche Repräsentation auch landesherrliche Macht bedeutete, eine wichtige Rolle gespielt haben dürfte.[27]

Ihr Interesse an den Künsten bewies Maria Anna durch die Förderung der italienischen Oper in München sowie durch die Unterstützung verschiedener Maler. Auf ihre Veranlassung hin ging 1662 auch der letzte Teil der von Johann Vervaux verfaßten »Annales Boicae Gentis« in Druck.[28]

Inwieweit die Ehe Maximilians mit Maria Anna ähnlich harmonisch verlaufen ist, wie die mit seiner ersten Gemahlin, ist schwer zu beurteilen. Von Hainhofer ist zumindest überliefert, wie sorgfältig sich der Kurfürst um seine schwangere Ehefrau bemüht und diese anläßlich einer Wallfahrt nach Andechs, wo die beiden um eine glückliche Geburt des Kindes beten wollten, umhegt hat.[29]

Politische Interessen der Kurfürstin

Im Gegensatz zu Maximilians erster Ehefrau, Elisabeth Renata, war Maria Anna an politischen Dingen sehr interessiert und über die Vorgänge gut unterrichtet. So pflegte sie mit ihrem Bruder Kaiser Ferdinand III. eine Korrespondenz in politischen Fragen. Dabei war die Kurfürstin keineswegs habsburghörig, sondern vertrat durchaus den bayerischen Standpunkt, wobei sie die politischen Möglichkeiten Bayerns realistisch einzuschätzen vermochte. Des weiteren unterhielt sie einen regen Meinungsaustausch mit hohen Beamten des Münchner Hofes und nahm an den Sitzungen des Geheimen Rates teil.[30]

Besonders deutlich trat ihr politisches Interesse im Herbst 1640 während der Vorbereitungsphase für Maximilians großes Testament von 1641 zutage, als über die Kompetenzen des Administrators für den Erbprinzen verhandelt wurde. Während sie akzeptieren mußte, dass gemäß der Goldenen Bulle Reichs- und Kursachen nur von einem männlichen Administrator ausgefertigt werden konnten, beanspruchte sie für sich als Kurfürstin-Witwe zumindest in den Landesangelegenheiten ein Mitunterzeichnungsrecht. Maximilian war grundsätzlich bereit auf diese Forderung einzugehen, wollte jedoch erst noch ein Gutachten seines Vizekanzlers Bartholomäus Richel abwarten, ehe die endgültigen Festlegungen getroffen werden sollten. Daraufhin wandte sich Maria Anna ohne Wissen ihres Mannes und unter Verwendung eines Decknamens selbst an Richel, um diesen zu ihren Gunsten zu beeinflussen. In ihrem Schreiben an den Vizekanzler verwies sie darauf, dass es den Anschein haben müßte, ihr Mann hätte ihr kein Vertrauen entgegengebracht oder sie hätte zuwenig Verstand, wenn Dekrete an die Beamtenschaft oder Kammerbefehle nur mit der Unterschrift des Administrators versehen würden. Außerdem betonte sie »wäre der Administrator herr und ich diener«.[31] Maria Annas Unternehmen war von Erfolg gekrönt.[32] Maximilian setzte in seinem Testament von 1641 seinen Bruder Albrecht als Vormund und Administrator ein, der für die Reichs- und Kursachen verantwortlich sein und diese allein ausfertigen sollte. Gleichzeitig machte er diesen aber vom Konsens der Kurfürstin-Witwe und der Administrationsräte in diesen Angelegenheiten abhängig. In allen anderen Belangen sollte Maria Anna als Mitvormund und Mitunterzeichnerin fungieren.[33] Ohne ihre Zustimmung in innerbayerischen Sachen konnte nicht regiert werden. Es ist anzunehmen, dass Maximilian durch diese Bestimmungen nicht nur seiner Gemahlin entgegenkommen wollte. In einem gewissen Maße dürften sie auch zur Kontrolle seines Bruders Albrecht aufgenommen worden sein, gegen den der Kurfürst mancherlei Bedenken hegte.[34] Mit dem Testament-Kodizill von 1650[35] wurde als weitere Absicherung dem Administrator und der Kurfürstin-Witwe ein sogenannter Vormundschafts- und Administrationsrat zur Seite gestellt. Bereits 1641 war von Administrationsräten die Rede gewesen, ohne dass diese genauer definiert worden wären. Jetzt wurde diese Einrichtung institutionalisiert und mit den engsten Mitarbeitern Maximilians besetzt. Administrator, Kurfürstin-Witwe und Administrationsrat hatten einvernehmlich zu handeln.[36] Wenige Monate vor seinem Tod wandte sich Maximilian mit seiner »Notwenige(n) treuherzige(n) Information«[37] an seine Gemahlin und den Kurerben. Diese besteht zu einem Großteil aus finanzpolitischen Ratschlägen. Offensichtlich beabsichtigte der greise Kurfürst damit Maria Anna und seinen Sohn auf eine bestimmte Finanzpolitik festzulegen.[38]

Nach Maximilians Tod im September 1651 übernahm Maria Anna zusammen mit Herzog Albrecht tatsächlich die Vormundschaft für ihren ältesten Sohn. Die verwitwete Kurfürstin hat in dieser Zeit den Gang der bayerischen Politik nachhaltig geprägt. Vermutlich hatte sie bereits in den letzten Lebensjahren Maximilians dessen Entscheidungen in beachtlichem Ausmaß beeinflußt.[39] Aufgrund ihres stark ausgeprägten Herrschergefühls vermied sie es den Sohn zu Regierungsgeschäften heranzuziehen[40], was ihr nicht zuletzt den Vorwurf eintrug geradezu »regiersüchtig« zu sein.[41] Mit Erreichung der Volljährigkeit 1654 ging die Regierung auf Ferdinand Maria über. Seine Mutter blieb dennoch weiterhin seine Ratgeberin.

Fast auf den Tag genau 14 Jahre nach Maximilian verstarb Maria Anna am 25. September 1665 im Alter von 55 Jahren in München.[42]

Anmerkungen

1 Dieter Albrecht, Maximilian I. von Bayern 1573-1651, München-Wien 1998, S.118 f.
2 Helmut Dotterweich, Der junge Maximilian. Biographie eines bayerischen Prinzen. Jugend und Erziehung des bayerischen Herzogs und späteren Kurfürsten Maximilian I. von 1573 bis 1593, München[2] 1980, S. 131
3 Dieter Albrecht bezeichnet ihn fälschlicherweise als Freiherrn. Vgl. dazu: Reinhard Heydenreuter, Der landesherrliche Hofrat unter Herzog und Kurfürst Maximilian I. von Bayern (1598-1651) (Schriftenreihe zur bayerischen Landesgeschichte 72), München 1981, S. 31 oder Maximilian Lanzinner, Fürst, Räte und Landstände. Die Entstehung der Zentralbehörden in Bayern 1511-1598 (Veröffentlichungen des Max-Planck-Instituts für Geschichte 61), Göttingen 1980, S. 359.
4 Albrecht, Maximilian I. von Bayern, S. 128-130.
5 Johann Adlzreiter (Johann Vervaux SJ), Boicae Gentis Annalium Pars III: Idea boni principatus ex vita, rebus gestis et virtutibus Maximiliani, utriusque Bavariae et Palatinatus Superioris ducis, S. R. I. archidapiferi et electoris, comitis Palatini Rheni, Leuchtenbergiae landgravii etc., München 1662, 343-348.
6 Tugendspiegel oder Kleinodschatz, welchen der welt nach ihrem ableiben hinderlassen die Durchläuchtigste Churfürstin und Hertzogin in Ober- und Nidern Bayrn etc. Elisabeth Hochseligster gedechtnus, weilandt des Durchleuchtigisten Churfürstens Maximiliani Hertzogen in Obern- und Nidern Bayrn etc. gewesten gmahel, von Hieremia Drexel der Societet Jesu Priester teutsch beschriben, München 1636.
7 Albrecht, Maximilian I. von Bayern, S. 130.
8 Andreas Kraus, Maximilian I., Bayerns großer Kurfürst, Graz Wien-Köln 1990, S. 333.
9 Albrecht, Maximilian I. von Bayern, S. 131.
10 Kraus, Maximilian I., Bayerns großer Kurfürst, S. 333.
11 Albrecht, Maximilian I. von Bayern, S. 131.
12 Margit Ksoll, Der Hofstaat der Kurfürstin von Bayern zur Zeit Maximilians I., in: Zeitschrift für bayerische Landesgeschichte 52 (1989), S.60-68.
13 Kraus, Maximilian I., Bayerns großer Kurfürst, S. 333.
14 Ebenda.
15 Albrecht, Maximilian I. von Bayern, S. 131.
16 Zitiert nach: Albrecht, Maximilian I. von Bayern, S. 898.
17 Alois Schmid, Kurfürst Maximilian I. von Bayern (1598-1651), in: Georg Schwaiger (Hg.), Christenleben im Wandel der Zeit I, München 1987, S. 130.
18 Albrecht, Maximilian I. von Bayern, S. 898 f.
19 Ebenda, S.129 und S. 355.
20 In den anderen Fürstenhäusern, die in Frage kamen, waren keine Kandidatinnen vorhanden, die altersmäßig zu Maximilian gepaßt hätten. Darüber hinaus sprach für die Habsburgerin ihr kräftiger Gesundheitszustand. Kraus, Maximilian I., Bayerns großer Kurfürst, S. 335.
21 Albrecht, Maximilian I. von Bayern, S.934 f.
22 Heiratsvertrag für die zweite Ehe Maximilians I., in: Dokumente zur Geschichte von Staat und Gesellschaft in Bayern Bd. I, 3, bearb. v. Walter Ziegler, München 1993, Nr. 310, S. 1091-1095.
23 Die Titulatur als Erzbischof bei Dieter Albrecht ist falsch. Vgl. dazu: Erwin Gatz, Die Bischöfe des Heiligen Römischen Reiches 1448 bis 1648, Berlin 1996, S. 129-133.
24 Albrecht, Maximilian I. von Bayern, S. 935-937.
25 Ebenda, S. 935.
26 Karl Möckl, Maria Anna, in: Brigitte Hamann (Hg.), Die Habsburger. Ein biographisches Lexikon, Wien[3] 1988, S. 296.
27 Ksoll, Der Hofstaat der Kurfürstin von Bayern zur Zeit Maximilians I., S.60-68.
28 Möckl, Maria Anna, S. 296.
29 Albrecht, Maximilian I. von Bayern, S. 937.
30 Albrecht, Maximilian I. von Bayern, S. 937 und Möckl, Maria Anna, S. 296.
31 Zitiert nach: Albrecht, Maximilian I. von Bayern, S. 938.
32 Albrecht, Maximilian I. von Bayern, S. 937 f.
33 Politisches Testament Kurfürst Maximilians I. (1597/1623-1651), in: Politische Testamente und andere Quellen zum Fürstenethos der frühen Neuzeit (Freiherr vom Stein-Gedächtnisausgabe XVIII), hg. v. Heinz Duchhardt, Darmstadt 1987, S. 136-161.
34 Albrecht, Maximilian I. von Bayern, S. 354.
35 Das Testaments-Kodizill, in: Dokumente zur Geschichte von Staat und Gesellschaft in Bayern Bd. I, 3, Nr. 356, S. 1269-1282.
36 Albrecht, Maximilian I. von Bayern S. 357.
37 Die Notwendige treuherzige Information, in: Dokumente zur Geschichte von Staat und Gesellschaft in Bayern Bd. I, 3, Nr. 358, S.1288-1295.
38 Albrecht, Maximilian I. von Bayern, S. 359 f.
39 Ebenda, S. 354 und 938.
40 Möckl, Maria Anna, S. 296.
41 Auszug aus einem Bericht des bayerischen Reichstagsabgesandten, Hofrats Dr. Öxle, an Graf Kurz, d. d. Regensburg, 9. Dez. 1653, in: Friedrich Schmidt, Geschichte der Erziehung der Bayerischen Wittelsbacher von den frühesten Zeiten bis 1750. Urkunden nebst geschichtlichen Überblick und Register (Monumenta Germaniae Paedagogica XIV), Berlin 1892, S. 376, Nr. 21.
42 Möckl, Maria Anna, S. 295 f.

Familiäre Verbindungen mit Lothringen und Österreich

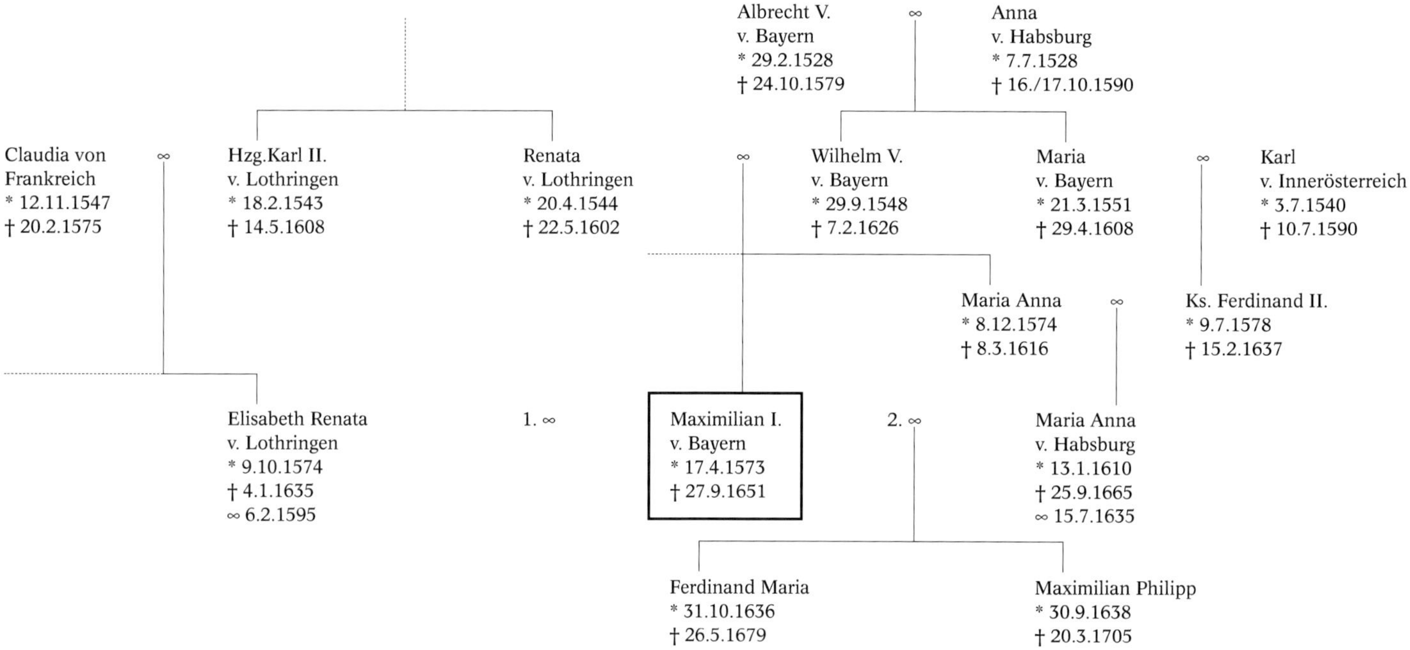

Genoveva Rausch

Maximilians Söhne

Nachdem die erste Ehe Maximilians mit Elisabeth Renata von Lothringen zu beider Leidwesen kinderlos geblieben war, erfüllte sich für den alternden Kurfürsten 1636 doch noch die Hoffnung auf einen eigenen Nachkommen. Seine zweite Ehefrau, die erst 26 Jahre alte Maria Anna, gebar ihm am 31. Oktober den lang ersehnten Kurerben. Das Kind wurde auf die Namen Ferdinand Maria Franz Ignatz Wolfgang getauft.[1] Der erste Name stand für den kaiserlichen Großvater Ferdinand II., der zugleich die Rolle des Taufpaten übernahm. Mit dem Beinamen Maria wurde der Prinz dem besonderen Schutz der Gottesmutter unterstellt.[2] Zudem erhielt er Ignatius von Loyola, den Gründer des Jesuitenordens, dem das Kind schon früh als Zögling übergeben werden sollte, als Schutzpatron. Mittels einer von Andreas Brunner verfaßten Geschichte des bayerischen Regentenhauses[3] sowie einer von Jakob Balde geschriebenen Ode, in welcher Ferdinand Maria der Fürsorge der Gottesmutter anempfohlen wurde, hatten die Jesuiten die Geburt des Kurerben feierlich begrüßt. Ende September 1638 kam der zweite Sohn des Kurfürstenpaares, Maximilian Philipp Hieronymus zur Welt, wodurch der Fortbestand der Dynastie endgültig als gesichert gelten konnte. Wie schon Ferdinand Maria wurde auch dieses Kind der Obhut der Societas Jesu übergeben. Anläßlich einer Erkrankung empfahl es Balde dem Schutz der Gnadenmutter von Tuntenhausen.[4]

Kinderzeit im Frauenzimmer

Die ersten Lebensjahre verbrachten die beiden Prinzen in der Obhut des Frauenzimmers. Neben einer Kinderfrau, einer Helferin und einer Dienerin waren hier hauptsächlich die Oberstkinderfrau sowie eine eigens für die Prinzen aufgenommene Hofmeisterin für die Pflege und die Früherziehung der Kinder verantwortlich. Für die Pflege der Kinder war die Oberstkinderfrau zuständig. Sie hatte für einen geregelten Tagesablauf zu

Abb 17 *Kurfürst Maximilian I. von Bayern mit seinem ältesten Sohn und Nachfolger Ferdinand Maria. Ölgemälde, nach 1646*

sorgen und verbrachte deshalb den ganzen Tag bei ihnen. Ihr oblag außerdem die Einhaltung der Ordnung sowie die Verantwortung für die Tafel im Kinderzimmer. Die Prinzen wurden von ihr persönlich gewaschen und gebadet, darüber hinaus hatte sie darauf zu achten, dass bei der sonstigen Kinderpflege nichts versäumt wurde. Ihrer Aufsicht waren auch die übrigen Frauen des Kinderzimmers unterstellt. Den verantwortungsvollen Posten der Oberkinderfrau bekleidete in den Jahren 1636 bis 1637 und nach einer Unterbrechung noch einmal 1640 Anna Maria Welser. Dazwischen und von 1641 bis 1646 hatte ihn Barbara Ligsalz inne.

Für Erziehung, Gesundheitszustand sowie äußeres Erscheinungsbild der Prinzen zeichnete die Hofmeisterin verantwortlich. Sie stand mit der Oberstkinderfrau in ständiger Absprache. Zu ihren Aufgaben gehörte es, den Prinzen die am Hofe üblichen Verhaltensmaßregeln beizubringen und diese mit den kirchlichen und religiösen Pflichten vertraut zu machen. Ferner sollte ihnen durch die Hofmeisterin Tugenden wie Wahrhaftigkeit, Gerechtigkeit, Tapferkeit, Milde, Sanftmut oder Hilfsbereitschaft vor Augen geführt werden. Demgegenüber sollten ihnen Müßiggang, Verschwendung, Stolz oder Eigensinn als schlechte und nicht erstrebenswerte Eigenschaften eingeschärft werden. Die Stelle der Hofmeisterin war von ihrer Schaffung 1638 bis zur Auflösung im Jahr 1649 mit Anna Maria von Geisberg besetzt.[5]

Für die Besoldung des speziell für die Prinzen eingestellten Personals wurden jährlich 912 Gulden aufgebracht. Davon waren 500 Gulden für die Hofmeisterin bestimmt. Die Oberstkinderfrau bezog ein Gehalt von 200 Gulden, die Kinderfrau die Hälfte. 50 Gulden wurde für die Helferin, 32 Gulden für die Dienerin veranschlagt. Außerdem erhielt die Dienerin der Hofmeisterin 30 Gulden.[6]

Ausbildung der beiden Prinzen

Mit dem Erreichen des zehnten Lebensjahres 1646 wurde für Ferdinand Maria ein eigener Hofstaat eingerichtet. Zum Hofmeister ernannte Maximilian seinen Geheimen Rat und Kämmerer Johann Adolph Wolff, genannt Metternich.[7] In der Funktion zweier Kammerherren wurden laut eines Verzeichnisses der zum Hofstaat des Prinzen gehörenden Personen Graf Bonaventura Fugger und ein Herr von Leibelfing genannt. Die Position des Präzeptors übernahm der promovierte Jurist Matthias Marquard. Ferner gehörten dem Hofstaat drei Kammerdiener an, von denen »der erst die guardarobba, der ander die Giovellen, gelt und dßs Silbergschir, der dritte dßs leinwatgewand ze verwaren« hatte, an. Vervollständigt wurde der Hofstaat schließlich durch zwei Lakaien.

Die Aufgaben der einzelnen Bediensteten wurden durch Instruktionen festgelegt. Diese für den Hofmeister, Präzeptor und das Kammdrpersonal erarbeiteten Anweisungen datieren jeweils vom 1. Dezember 1646. Ausstellungsort ist Wasserburg, wohin der Kurfürst mit seiner Familie vor der Invasion der französischen und schwedischen Truppen geflohen war. Die darin enthaltenen Vorschriften folgen in weiten Teilen bereits bestehenden Instruktionen[8], wie sie etwa Albrecht V. oder Wilhelm V. für die Erziehung ihrer Söhne aufgestellt haben. Zum Teil treten neue Zusätze und Bestimmungen hinzu. Man kann davon ausgehen, dass sich mit der Zeit ein Katalog von Erziehungsregeln entwickelt hat, der für den speziellen Fall lediglich modifiziert werden mußte.[9]

Bei seinem Dienstantritt bekam der neu angenommene Hofmeister die insgesamt 64 Punkte umfassende Instruktion, in der sein spezieller Aufgabenbereich festgelegt wurde, ausgehändigt. Damit wurden sämtliche Bedienstete, einschließlich des Präzeptors, seiner Aufsicht unterstellt. Besonderen Wert legte Maximilian in seiner Anweisung auf die Pflege des religiösen und sittlichen Lebenswandels des Prinzen. Das Festhalten am altüberlieferten katholischen Glauben sowie die Verehrung der Gottesmutter erfahren eine intensive Betonung. Der Umgang mit nicht geeigneten Personen wird ebenso verboten wie das Lesen unnützer Schriften. Einen hohen Stellenwert in Ferdinand Marias Bildungsprogramm nimmt der Unterricht der lateinischen Sprache ein. Außerdem sollen »historicis und politicis stetig exerciert« werden. Des weiteren hatte der Kurprinz Unterricht in Kosmographie, Geometrie, Mathematik und Arithmetik zu erhalten. Für den Sprachunterricht in Französisch, Italienisch und Spanisch sollte ein eigener Sprachmeister angeschafft werden, ergänzend wurden alle sprachkundigen Bediensteten dazu aufgefordert durch Konversation den Fortschritt in den genannten Sprachen zu fördern. Dem Erbprinzen sollten zudem handwerkliche Fähigkeiten zumindest in dem Maße beigebracht werden, dass er später vernünftig darüber urteilen könne. Zu diesen »mechanica« zählten Architektur, Malerei, Juwelenkunde, Goldschmiede- und Stukkaturarbeiten. In seiner »Freizeit« durfte sich der Prinz mit Fechten, Reiten, Tanzen, Ballspielen, Jagen, Schießen, Vogelfang, Fischen oder mit dem Schachspiel vergnügen.

Der Tagesablauf Ferdinand Marias wird in der Instruktion ziemlich genau festgelegt. Um sechs Uhr morgens sollte der Tag mit dem Aufsegnen beginnen. Nach dem Waschen und Ankleiden wurde eine Viertelstunde für das vom Beichtvater formierte Morgengebet anberaumt. Das Frühstück war für 6.45 Uhr festgesetzt. Danach folgte der Besuch der Heiligen Messe, an deren Anschluß das Studium begann. Ab neun Uhr stand für eine halbe Stunde abwechselnd Fechten oder Tanzen auf dem Programm. Die Zeit zwischen zehn und zwölf Uhr sollte den Eltern gewidmet sein. Die nächste Stunde konnte der Rekreation dienen, weshalb in dieser Zeit nur Tätigkeiten ausgeführt werden durften, die keine allzu große Leibesertüchtigung erforderten. Von 13.30 bis 15 Uhr wurde Studium angesetzt. In den folgenden zwei Stunden bis 17 Uhr stand Sprachunterricht oder Einweisung in »mechanicis« auf dem Stundenplan. Für die Zeit vor dem Abendessen war noch einmal eine Rekreation vorgesehen, bei der unter anderem das tägliche Rosenkranzgebet verrichtet werden sollte. Die Zeit vom Abendessen bis etwa 19 oder 20 Uhr sollte noch einmal in Gesellschaft des Kurfürsten und seiner Gemahlin verbracht werden. Bevor gegen 21 Uhr der Tag mit dem Nachtgebet und dem Niedersegnen endete, sollte der Kurprinz zunächst die Ereignisse und das Gelernte des Tages noch einmal überdenken und den Tag mit einer Danksagung und Gewissenserforschung beschließen.

Letztlich sind in der Ordnung für den Hofmeister auch Bestimmungen bezüglich der Kleider und des sonstigen Eigentums des Prinzen getroffen.

Grundsätzlich hatte der Hofmeister in wichtigen Dingen nur mit Wissen und Befehl Maximilians bzw. seiner Gemahlin zu handeln.[10] Zudem forderte der Kurfürst Relationen über die Fortschritte und das Betragen seines Sohnes.[11] Die Behauptung des Ferdinand-Biographen Lipowsky, Maximilian habe sich aufgrund seiner vielfältigen Regierungsgeschäfte, vor allem während der Kriegszeiten, nicht ausreichend um die Erziehung seines Erben kümmern können, dürfte angesichts dieser Instruktion widerlegt sein. Zumal Vervaux berichtet, dass Ferdinand Maria bereits in seinen Knabenjahren Unterricht in wissenschaftlichen Dingen und in ritterlichen Übungen erhalten habe, wobei er die persönliche Sorgfalt des Vaters in diesem Zusammenhang hervor streicht.[12]

Im Gegensatz zu der von Wilhelm V. aufgestellten Instruktion verzichtete Maximilian bei seinen Anordnungen auf ein System der Züchtigung. Dafür dehnte er die Verpflichtung zur Beichte, die bei Wilhelm nur fünf Mal im Jahr zu großen Festen vorgeschrieben war, auf sämtliche Marienfeiertage aus.[13]

Die Instruktion für den Präzeptor ist wesentlich kürzer gehalten. Seine Anweisungen sind in 15 Punkten zusammengefaßt. Sein Handlungsspielraum war eng an den Hofmeister gebunden. Ihm war er unterstellt und hatte deshalb auch ständig mit diesem zu kommunizieren bzw. regelmäßig Berichte einzuliefern. Bei Abwesenheit des Hofmeisters fungierte der Präzeptor gewissermaßen als dessen Stellvertreter. Seine Hauptaufgabe lag in der Durchführung des Studiums. Dieses sollte er nach den zeitlichen und fachlichen Vorgaben vornehmen. Änderungen konnten von ihm diesbezüglich nicht selbstständig eingeführt werden, sondern mußten dem Hofmeister angezeigt werden, der wiederum dem Kurfürsten darüber zu referieren hatte.[14]

Lipowsky zufolge wurde Ferdinand Maria in Philosophie durch den Jesuiten Bernhard Neuhauser unterrichtet. Als Lehrer in Mathematik und Physik nennt er mit Albert Curtz einen weiteren Jesuiten. In deutscher Rechtsgeschichte sollen der spätere Minister Maximilian Graf von Kurtz sowie der geheime Archivar und Revisionsrat Johann Adlzreiter von Tettenweis seine Lehrer gewesen sein. Außerdem soll er von Georg Christoph von Haßlang in nicht genauer definierten Fächern Unterricht erhalten haben. Für Kriegskunde waren Graf von Hunoltstein und Oberst von Pucher zuständig. Laut den Hofzahlamtsrechnungen erteilte zudem der Ingenieur Christoph Heydemann Anleitungen im Fortifikationswesen.[15]

Maximilian hat seinem Kurprinzen eine ausgezeichnete Ausbildung angedeihen lassen. Allerdings wurde Ferdinand Maria, der nur eine durchschnittliche Begabung aufweisen konnte, durch die Fülle der zu bewältigenden Fächer offensichtlich überfordert.[16] So klagte Vervaux in einem Schreiben an den Kurfürsten infolge einer vorgenommenen kleinen Prüfung über die mangelnde geistige Ausbildung des Prinzen. Ein beigelegtes Schreiben Ferdinand Marias beweist darüber hinaus seine zu diesem Zeitpunkt noch mangelhaften Lateinkenntnisse. Vielleicht läßt sich anhand dieses Defizits auch die kleine Episode erklären, die sich kurz vor dem Tod Maximilians in Ingolstadt zugetragen hat. Im September 1651 war der greise Kurfürst zusammen mit seiner Gemahlin und seinen beiden Söhnen in die Donaustadt gereist, um noch einmal seine Studienerinnerungen Revue passieren zu lassen. Anläßlich dieses Besuchs berichten die Annalen der Universität, begrüßte der Rektor den Kurprinzen in lateinischer Sprache. Diese habe der Prinz nur mit wenigen Worten erwidert, während er die ausführliche Beantwortung seinem Präzeptor Marquard überließ.[17]

Mit dem Tod Maximilians wurde die Ausbildung Ferdinand Marias unterbrochen[18] oder zumindest stark eingeschränkt, da er den Studien aufgrund anderweitiger Aufgaben nicht mehr mit dem bisherigen Fleiß nachkommen konnte. Schon zu Lebzeiten seines Vaters hatte Ferdinand Maria, um in die Regierungsgeschäfte eingeführt zu werden, an Sitzungen des Hofrates und der Hofkammer teilnehmen müssen. Nun, in den

Abb 18 *Kurfürst Ferdinand Maria von Bayern (1651-1679). Kupferstich*

Zeiten der Vormundschaftsregierung, war seine Anwesenheit bei den Sitzungen des geheimen Administrationsrates gefordert. Zudem hatte er fleißig Audienzen zu erteilen.[19]

Für ein Studium oder die bei der Prinzenerziehung sonst übliche Kavaliers- und Bildungsreise hatte der nunmehrige Kurfürst keine Zeit mehr.[20]

Der zweite Sohn, Maximilian Philipp, wurde den selben Erziehern unterstellt wie der Kurerbe, das heißt er wurde ebenfalls dem Hofmeister Metternich und dem Präzeptor Matthias Marquard anvertraut. Religionslehre erteilte Pater Vervaux.[21] Mit dem Tod Maximilians und dem damit verbundenen Aufstieg Ferdinand Marias zum Kurfürsten, hielt man es jedoch für nötig die beiden Brüder zu trennen. Maximilian Philipp erhielt daraufhin den bisherigen Pfleger von Waldmünchen, Karl von Marimont, als neuen Hofmeister. Dessen Instruktion ist abgesehen von den notwendigen Veränderungen identisch mit der Hofmeisterinstruktion von 1646, das heißt die Erziehung Maximilian Philipps erfolgte nach den gleichen Maximen und Grundsätzen wie die seines Bruders. Als Präzeptor wurde ihm der Hofkaplan Konrad Herold zugeteilt.[22]

Im Gegensatz zu seinem Bruder scheint Maximilian Philipp ein äußerst begabter Schüler gewesen zu sein. Schon 1649 lobte der Vater die Fortschritte des damals Elfjährigen in den schönen und nützlichen Wissenschaften. Er muß zu diesem Zeitpunkt zudem bereits sehr gute Kenntnisse in Latein und den anderen Sprachen aufgewiesen haben. Auf Wunsch Kurfürst Maximilians sollte sein zweitgeborener Sohn zum Offizier ausgebildet werden, allerdings unternahm dessen neuer Hofmeister Karl v. Marimont keine Schritte in diese Richtung, weshalb er von der Kurfürstin-Witwe durch den Grafen Bonaventura Fugger ersetzt wurde. 1657 endete offensichtlich seine Ausbildung mit einer Prüfung in den Rechtswissenschaften, nachdem er im Jahr zuvor Examen in Latein, Redekunst und Geschichte bestanden hatte.[23]

Durch ausgedehnte Reisen nach Italien, Frankreich und den Niederlanden hatte er die Möglichkeit seinen Wissenshorizont zu erweitern. Einen längeren Aufenthalt an einer Universität hat auch er nicht absolviert. Maximilian Philipp war offenbar sehr interessiert an guten Büchern. Wie aus der Vorrede eines kleinen Büchleins[24] hervorgeht, hat er vor allem der Lektüre des Schriftstellers Tacitus eine gewisse Vorliebe entgegengebracht.[25] 1673 charakterisiert Chapuzeau den Prinzen darüber hinaus als einen sehr tugendsamen und gelehrten Mann, mit einer guten Beurteilungsgabe. Weiters betont er dessen gute Qualitäten für das Kriegshandwerk, wobei er durchaus mit seinem Vater zu vergleichen ist.[26]

Verheiratung Ferdinand Marias

Bedingt durch einen Hinweis Kardinal Mazarins auf die Töchter des verstorbenen Herzogs Viktor Amadeus I. von Savoyen, begann man in München bereits 1647 für den 11 Jahre alten

Kurprinzen Ferdinand Maria Heiratspläne zu schmieden. Mazarin verfolgte mit einem bayerisch-savoyischen Heiratsprojekt das weitläufige Ziel, Bayern auch nach dem Tode Kurfürst Maximilians in irgendeiner Weise an Frankreich zu binden, um so mehr, da die Mutter der potentiellen Heiratskandidatinnen, Herzogin-Regentin Christine, eine Schwester des französischen Königs Ludwig XIII. war und selbst eine Politik der Annäherung an Frankreich betrieb. Erst nach längeren Verhandlungen, Maximilian hatte die zunächst für Ferdinand Maria vorgesehene älteste Tochter wegen mangelnder Schönheit abgelehnt, einigten sich der Kurfürst und Christine auf deren jüngere Tochter Henriette Adelaide. Ursprünglich war dieses schöne, sehr aufgeweckte und mit dem bayerischen Kurerben gleichaltrige Mädchen für den damals erst neunjährigen König Ludwig XIV. von Frankreich bestimmt gewesen.

Am 14. Mai 1650 schlossen Maximilian und die Herzogin-Witwe von Savoyen einen Vorvertrag ab. In der Folge schickte der Kurfurst seinen Obersthofmeister Max Kurz von Senftenau nach Turin, um dort die Heiratsverträge ausarbeiten zu lassen. Mit diesen verknüpfte er die Forderungen, dass die Braut vor ihrer Übersiedelung nach Bayern die deutsche Sprache zu erlernen habe, ebenso sollte das Gefolge, das diese von Savoyen mit an den Münchner Hof zu nehmen beabsichtigte, nicht zu umfangreich sein. Nach der Durchsetzung dieser Bedingungen konnte noch im Dezember in Turin eine Prokuravermählung stattfinden, welche bei der Rückkehr des Obersthofmeisters in München mit einem großen Freudenfest und sowohl geistlicher als auch weltlicher Veranstaltungen gefeiert wurde.

Während die Motive Maximilians für diese Hochzeit nur sehr schwer nachzuvollziehen sind, gegenüber dem Kaiser hatte er die Wahl einer auswärtigen Prinzessin lediglich damit begründet, dass es innerhalb des Reiches keine geeignete Partie gegeben habe, lagen von Seiten Savoyens konkrete politische Beweggründe vor. Seit 1647 waren aufgrund italienischer Querelen die Beziehungen Savoyens zu Frankreich merklich abgekühlt. In Turin setzte man nun Hoffnungen auf eine Vermittlung Maximilians zwischen Savoyen und Spanien, mit dem man sich gegenwärtig im Kriegszustand befand. Der Bayer riet der Herzogin zu einer Abkehr von Frankreich. Seine parallel dazu in Wien verfolgten Ausgleichsbemühungen blieben dagegen erfolglos.

Angesichts seines angeschlagenen Gesundheitszustandes drängte Maximilian auf eine baldige Hochzeit. Diese sollte er jedoch nicht mehr erleben. Nach Ablauf einer angemessenen Trauerfrist begab sich der Obersthofmeister Kurz erneut nach Turin, um die Braut nach München zu begleiten, wo schließlich am 25. Juni 1652 die Trauung des noch nicht ganz 16 Jahre zählenden neuen Kurfürsten stattfand.[27]

Testamentarische Verfügungen Maximilians

Abschließend sei noch ein kurzer Blick auf die testamentarischen Verfügungen Maximilians geworfen. Eine der bekanntesten Verfügungen sind zweifelsohne Maximilians »Monita paterna«[28] aus dem Jahre 1639, als deren Verfasser heute zu Recht Pater Vervaux gilt, die aber auf Veranlassung des Kurfürsten entstanden sein sollen. Mit diesem Werk wendet sich Maximilian an seinen erst drei Jahre alten Sohn und Erben, dem er damit gleichsam einen Leitfaden für eine glückliche Regierung an die Hand geben wollte. Der Einleitung der »Monita paterna« zufolge will er Ferdinand Maria Ratschläge geben, wie dieser sich Gott, sich selbst und seinen Untertanen gegenüber zu verhalten habe. Tatsächlich zielen diese väterlichen Ermahnungen aber weniger auf Ferdinand Maria ab, vielmehr sind sie als eine Selbstdarstellung Maximilians einzustufen. Der Kurfürst zeigt damit auf, wie er selbst nach 40-jähriger Regierungszeit gesehen werden will und zeichnet dabei das traditionelle Bild des christlichen Fürsten in sehr allgemeiner und sehr typisierender Form nach.[29]

Inhaltlich wesentlich bedeutender ist dagegen das große Testament Maximilians, das vom 1. Februar 1641[30] datiert. Erste Vorarbeiten zu diesem Testament scheinen bereits 1637, also ein Jahr nach der Geburt des Kurerben, angelaufen zu sein. Unmittelbarer Anlaß für die Ausarbeitung dürfte dann allerdings eine schwere Erkrankung des Kurfürsten 1640 gewesen sein. Der Text setzt sich aus insgesamt fünf größeren Komplexen zusammen, von denen sich der erste mit Bestimmungen zu Primogenitur, Kurwürde und der Pfalzen auseinandersetzt. Im zweiten Teil erfolgt die Bestätigung der Hausverträge und von Donationen zugunsten der Kurfürstin Maria Anna. Der dritte Punkt beinhaltet die Einsetzung Ferdinand Marias als Universalerben sowie Ratschläge für eine gute Regierung. Da der Erbprinz noch minderjährig ist, werden im vierten Abschnitt Regelungen für die Vormundschaftsregierung getroffen.[31] Der letzte Teil dient allein der Bestätigung des Testaments durch Zeugen.[32]

1650 erhält dieses Testament aufgrund der veränderten Umstände nach dem Krieg eine Ergänzung in Form eines Testamentkodizills vom 5. Juni.[33] Darin erweitert Maximilian unter anderem seine bezüglich der Vormundschaft und Administration getroffenen Bestimmungen. Die bisher nur am Rande erwähnten Administrationsräte werden nun mit ihrer Funktion genau definiert und in einem sogenannten Vormundschaft- und Administrationsrat institutionell zusammengefaßt. Als personelle Besetzung dieses Gremiums benennt der Kurfürst seine bedeutendsten und engsten Mitarbeiter, nämlich den Obersthofmeister Graf Maximilian Kurz von Senftenau, Vizekanzler Johann Adlzreiter, Hofmarschall Georg Christoph von Haslang, Hofkammerpräsident Johann Mändl und den Hofmeister Ferdinand Marias Johann Adolph Wolff, genannt Metternich.[34] Zudem trifft er Vorkehrungen für die Versorgung seines zweiten Sohnes Maximilian Philipp. Der Kurfürst legt fest, dass dieser bis zu einer möglichen Verehelichung bei seinem Bruder am Hof verbleiben kann. Er soll sich in dieser Zeit mit den Regierungsgeschäften vertraut machen, um seinem Bruder gegebenenfalls assistieren zu können. Dafür hat er einen seinem fürstlichen Stand entsprechenden Unterhalt (Essen, Trinken, Diener, Pferde) zu bekommen. Ab seinem 20. Lebensjahr stehen ihm zusätzlich 7000 Gulden für Kleidung und zur freien Disposition zu. Weitere Festlegungen betreffen eine mögliche Heirat Maximilian Philipps, die nicht vor dem 25. Lebensjahr und nur nach Ratschlag der Kurfürstin und seines Bruders vollzogen werden sollte.[35] Nach dem Tod Maximilians soll seinem Zweitgeborenen zudem die eben erst von Herzog Albrecht gekaufte Landgrafschaft Leuchtenberg[36] zufallen.[37]

Dieses Testamentkodizill ist die erste von insgesamt vier testamentarischen Verfügungen, die Maximilian während seines letzten Lebensjahres 1650/51 in rascher Folge niedergeschrieben hat. Es folgten noch sein treuherziges väterliches Lehrstück[38], das vom Hofkammerpräsidenten Mändl entworfen, in weiten Passagen ein etwas plakatives Bild des idealen Fürsten aufzeigt, der sich für Religion, Wohlstand, Sicherheit und Recht im Land einsetzt. Die an seine Gemahlin und den Kurerben gerichtete treuherzige Information[39] besteht zum größten Teil aus Ratschlägen zur Finanzpolitik und den Landständen. Letzteres hat auch die an Ferdinand Maria allein adressierte Geheime Instruktion[40] zum Thema.

Aus allen Testamenten Maximilians tritt das Bestreben des Kurfürsten, seinem Nachfolger den von ihm erworbenen Besitzstand und Rechte ungeschmälert übergeben zu können, klar hervor. Gleichzeitig verdeutlichen sie die Sorgen, die den Greis, der das Ende seines Lebens nahen fühlte, wohl hauptsächlich angesichts der Minderjährigkeit des Erben geplagt haben müssen. Ein deutliches Zeichen dafür ist die Häufung der letztgenannten Verfügungen.[41]

Anmerkungen

1 Bosls bayerische Biographie. 8000 Persönlichkeiten aus 15 Jahrhunderten, hg. von Karl Bosl, Regensburg 1983, S. 198.
2 Dieter Albrecht, Maximilian I. von Bayern 1573-1651, München-Wien 1998, S. 937.
3 Der Titel lautet: Excubiae tutelares Serenissimi Principis Ferdinandi Mariae Francisci Ignatii Wolfgangi, Utriusque Bavariae D. Com. Pal. Rheni, Cunis appositae dicataeque.
4 Friedrich Schmidt, Geschichte der Erziehung der Bayerischen Wittelsbacher von den frühesten Zeiten bis 1750. Urkunden nebst geschichtlichem Überblick und Register (Monumenta Germaniae Paedagogica XIV), Berlin 1892, S. LXXXI-LXXXII.
5 Margit Ksoll, Der Hofstaat der Kurfürstin von Bayern zur Zeit Maximilians I., in: Zeitschrift für bayerische Landesgeschichte 52 (1989), S. 66.
6 Ebenda, S. 68.
7 M. Rottmanner, Die Instruction des Kurfürsten Maximilian I. für den Hofmeister Ferdinand Maria's vom Jahre 1646, in: Sitzungsberichte der philosophisch-philologischen und historischen Classe der k. b. Akademie der Wissenschaften zu München, Jg. 1878, 2. Band, S. 226.
8 Schmidt, Geschichte der Erziehung der Bayerischen Wittelsbacher, S. LXXXIII.
9 Rottmanner, Die Instruction des Kurfürsten Maximilian I., S. 227 f.
10 Schmidt, Geschichte der Erziehung der Bayerischen Wittelsbacher, S. 154-176, Nr. 23 und S. LXXXIII f.
11 Rottmanner, Die Instruction des Kurfürsten Maximilian I., S.231,
12 Ebenda, S. 225 f.
13 Ebenda, S. 230.
14 Ebenda, S. 179-183, Nr. 24.
15 Ebenda, S. LXXXIV f.
16 Peter Claus Hartmann, Bayerns Weg in die Gegenwart. Vom Stammesherzogtum zum Freistaat heute, Regensburg 1989, S. 240.
17 Schmidt, Geschichte der Erziehung der Bayerischen Wittelsbacher, S. LXXXV und S. LXXXVII.

18 Hartmann, Bayerns Weg in die Gegenwart, S. 240.
19 Schmidt, Geschichte der Erziehung der Bayerischen Wittelsbacher, S. LXXXV und S. LXXXVIII.
20 Hartmann, Bayerns Weg in die Gegenwart, S. 240.
21 Hans und Marga Rall, Die Wittelsbacher in Lebensbildern, Graz-Wien-Köln 1986, S. 136.
22 Schmidt, Geschichte der Erziehung der Bayerischen Wittelsbacher, S. 184 f., Nr. 26 sowie S. LXXXIV und S. LXXXVIII.
23 Rall, Die Wittelsbacher in Lebensbildern, S. 136.
24 Der Titel des von Maximilian Philipp selbst verfaßten Büchleins lautet: Gedanken über etliche Sententz Cornelii Taciti.
25 Schmidt, Geschichte der Erziehung der Bayerischen Wittelsbacher, S.LXXXVI und S. LXXXVIII.
26 Chapuzeau charakterisiert Maximilian Philipp folgendermassen: »Un prince de belle taille, tres-vertueux et sçavant. Il aime l'étude et les gens de lettres et juge tres-solidement de toutes choses. Il reüssit admirablement dans tous les exercices du corps et aime la chasse qui l'occupe, tandis qu'il n'a pas l'occasion de faire la guerre, pour laquelle il a toutes les grandes qualitez de l'electeur Maximilian son pere, qui a si long-tems conduit des armées avec tant de gloire et de succez«. Ebenda, S. LXXXVI, Anmerkung 1.
27 Albrecht, Maximilian I. von Bayern, S. 1100-1102.
28 »Vätterliche Ermahnung« (Monita paterna) Kurfürst Maximilians I. (1597/1623 bis 1651), in: Politische Testamente und andere Quellen zum Fürstenethos der frühen Neuzeit hg. v. Heinz Duchhardt, Darmstadt 1987, S. 119-135.
29 Albrecht, Maximilian I. von Bayern, S. 346-350.
30 Politisches Testament Kurfürst Maximilians I. (1597/1623-1651), in: Politische Testamente und andere Quellen zum Fürstenethos der frühen Neuzeit, hg. v. Heinz Duchhardt, Darmstadt 1987, S. 136-161.
31 Vgl. dazu auch den Beitrag »Frauen« in diesem Katalog.
32 Albrecht, Maximilian I. von Bayern, S. 351 f.
33 Gedruckt in: Dokumente zur Geschichte von Staat und Gesellschaft in Bayern Bd. I, 3, Nr. 356, S. 1269-1282.
34 Albrecht, Maximilian I. von Bayern, S. 355-357.
35 Tatsächlich heiratete Maximilian Philipp erst 1668, also im Alter von 30 Jahren, Mauritia Febronia de Latour d'Auvergne. Rall, Die Wittelsbacher in Lebensbildern, S. 136.
36 Nach einer ausgedehnten Reise im Jahre 1663 hat Maximilian Philipp die Verwaltung der ziemlich heruntergekommenen Landgrafschaft übernommen und konnte dort schrittweise wieder Ordnung und Wohlstand herstellen. Rall, Die Wittelsbacher in Lebensbildern, S. 137.
37 Das Testaments-Kodizill, in: Dokumente zur Geschichte von Staat und Gesellschaft in Bayern Bd. I, 3, Nr. 356, S. 1273 f.
38 Die Treuherzigen väterlichen Lehrstücke, in: Dokumente zur Geschichte von Staat und Gesellschaft in Bayern Bd. I, 3, bearb. v. Walter Ziegler, München 1993, Nr. 357, S. 1282-1288
39 Die Notwendige treuherzige Information, in: Dokumente zur Geschichte von Staat und Gesellschaft in Bayern Bd. I, 3, bearb. v. Walter Ziegler, München 1993, Nr. 358, S. 1288-1295.
40 Die eigenhändige geheime Instruktion, in: Dokumente zur Geschichte von Staat und Gesellschaft in Bayern Bd. I, 3, bearb. v. Walter Ziegler, München 1993, Nr. 359, S. 1295-1297.
41 Albrecht, Maximilian I. von Bayern, S. 358-361 und S.1103.

Doris Wittmann

Maximilian als Sammler und Auftraggeber für Kunst
»Weil ein ding, wan es ein jeder hat, nit mer selzam«[1]

»Uberal umb die gesümbs herumb ist schwartzer gläntzender Marmelstain...«

Die Residenz in München

Das Kunstgeschehen in Bayern konzentrierte sich unter den Herzögen Albrecht V., Wilhelm V., und Maximilian, ab 1623 Kurfürst, nahezu ausschließlich auf die vom Hof begünstigten Bauten und deren Ausstattung.[2] Das Bürgertum in München beteiligte sich kaum an der Kunst mit Ausnahme des Alten Peters, dessen Turm und Chor in der ersten Hälfte des 17. Jahrhunderts enstanden waren.[3] Die Residenz hatte Erweiterungen und Umgestaltungen unter allen drei erwähnten Herrschern erfahren, doch gilt Maximilian als der eigentliche Vollender des Gesamtensembles, das sich – im Gegensatz zu Wien – mit sehr langen, sehr ruhigen und sehr breit gelagerten Fronten in die Breite, nicht in die Höhe erstreckt.[4] Unter seiner Ägide war München die größte Residenz des Reiches geworden und beherbergt heute noch mit dem Antiquarium das »älteste Museum im Römischen Reich..., das ... in der ursprünglichen Form und in Teilen der ursprünglichen Ausstattung erhalten ist.«[5] Damit ist schon angedeutet, dass auch die Kunstsammlungen Maximilians und seiner beiden Vorgänger von großer Bedeutung waren und – soweit noch vorhanden – sind. Einen schweren Verlust mußte Maximilian hinnehmen, als München sich 1632 dem Schwedenkönig Gustav Adolf kampflos übergab, dieser sein Quartier in der Residenz aufschlug und die Kunstkammer plünderte.[6] Dabei ging er rücksichtslos vor, denn der Übergabevertrag hatte den Schutz des Privateigentums garantiert. Ein zeitgenössischer Bericht des Residenzpersonals an Maximilian gibt die Lage wider: »was nit abwekh gebracht werden khinden, verrissen, erworffen, und erschlagen worden.« Barbarische Zerstörungswut sollte den Gegner treffen. Der bayerische Kurfürst hatte sich mit einem Teil der Kunstschätze nach Berchtesgaden retten können.[7]

Albrecht V. hatte der kleinen engen Stadtresidenz, deren Kern die sog. Neu-Veste bildete, die sich wiederum um einen Pfalzhof herum gebildet hatte[8], das ehemalige Ballhaus, den Bildersaal im neuen Lusthaus des Rosengartens, die Gemäldestuben und Kunstkammern im Obergeschoß der alten Stallungen hinzugefügt, die sich, umgebaut, als Münzhof erhalten haben. Der größte Profanraum des Reiches entstand mit dem Antiquarium, das die umfangreichen Antikensammlungen bergen sollte. Entscheidenden Einfluß auf den Bau dieses Prachtsaals und der Kunstkammer im fürstlichen Marstall übte der Hofkammerpräsident und Kunstmäzen, Hans Jakob Fugger aus, mit dem der Herzog eng befreundet war.[9] Für die Erweiterung der Residenz mußten natürlich die umliegenden Bewohner Opfer bringen. So steht das Antiquarium auf dem ehemaligen Gelände der Franziskaner, die Ausdehnung der Residenz nach Westen und Süden, also stadtwärts, erforderte den Abbruch vieler Häuser und umfangreiche Schanzarbeiten, zu denen neben den Münchener Bürgern die Bewohner des ganzen Landes aufgeboten werden mußten, häufig mehr Frauen als Männer, ferner Strafgefangene, zum Teil in Ketten. Nach Norden hin schloss sich dann nämlich der Hofgarten an. Wilhelm V. ließ über dem Antiquarium für sich und seine Gattin Renata einen Wohntrakt errichten, einen Grottenhof, den Schwarzen Saalbau und den Witwenstock. Auch die Gärten weitete man aus bzw. legte sie neu an.[10] Als Hauptbauwerk jedoch galt für die wilhelminische Regierungszeit das Jesuitenkolleg und die dazu gehörige Kirche St. Michael in München, als deren Schöpfer Friedrich Sustris gilt, im übrigen »der erste kirchliche Großbau beider Konfessionen nach der Reformation.«[11] Die wertvollsten Geschäftsgrundstücke mit 34 Bürgerhäusern an der Hauptstraße Münchens hatte der Herzog für sein großes Projekt angekauft und damit einmal mehr die Kassen geleert. Dem Bau der Maxburg gegenüber dem Jesuitenkolleg, in die er sich nach der Regierungsübergabe an seinen Sohn Maximilian zurückgezogen hatte, war die Zerstörung

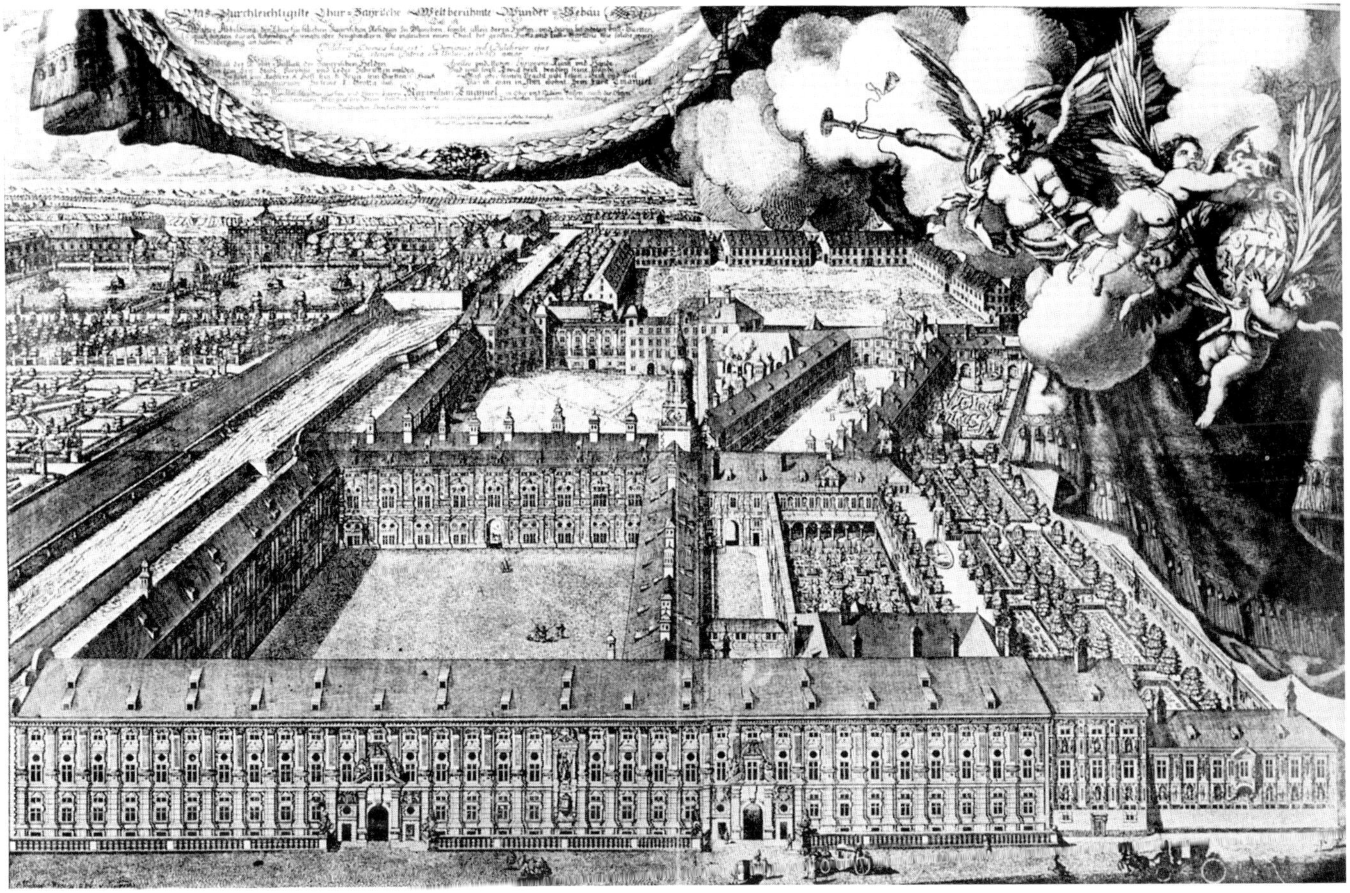

Abb 19 *Die Residenz in München. Kupferstich*

von 22 Bürgerhäusern vorangegangen.[12] Man kann daran die Größe der Eingriffe in die bisherige Stadtentwicklung ermessen.

Maximilian vergrößerte die Residenz dann um mehr als das Zweifache. Er benutzte sie als Demonstration seiner politischen Erfolge. Im ersten Bauabschnitt ließ er den achteckigen Brunnenhof gleichsam als repräsentativen Saal im Freien gestalten, in der zweiten Phase den Kaiserbau mit fünf Binnenhöfen und drei Gärten errichten. Zur Neu-Veste schuf ein zweigeschossiger Gang die Verbindung. Im Osten der Residenz überbaute man den alten Hofgarten mit Wirtschaftsgebäuden. Im Innern schuf Maximilian zahlreiche, reich ausgestattete Appartements für illustre Gäste, gar für den Kaiser, ferner die Hofkapelle und die sog. Reiche Kapelle, die für die kostbarsten Reliquien einen passenden Rahmen bilden sollte. Mit dem Kaisersaal war ein mehrgeschossiger Festraum geschaffen worden, ein Novum im Schlossbau in Deutschland.[13]

»... die Collegia zu Buckhausen, Mündlhaim unnd Altenötting fundirt und dotirt, auch zu den zwayen zu Lanndtshuet unnd Straubingen aufgerichten Collegiis Unnsern LanndtsFürstlichen Consens und befürderung erthailt...«[14]

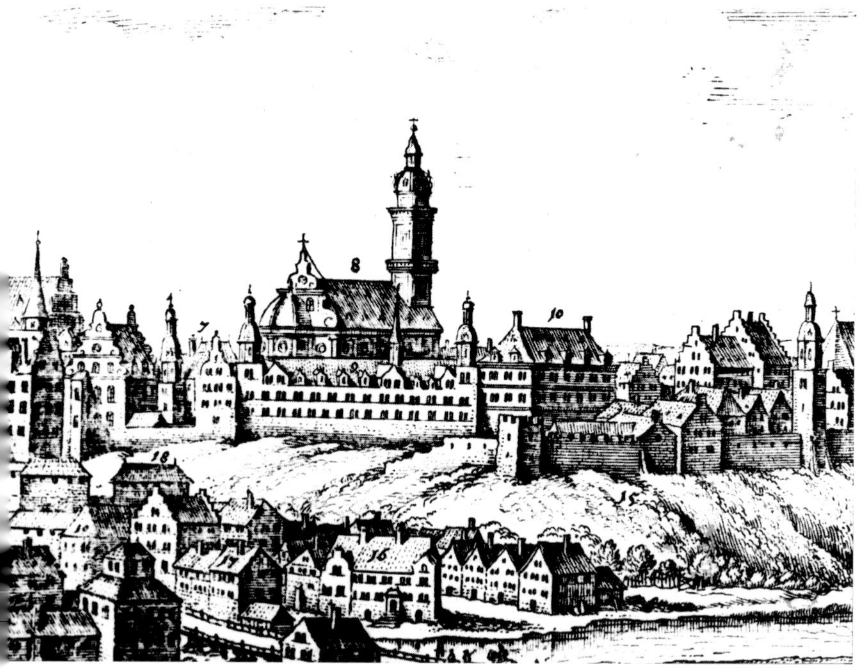

Abb 20 *Jesuitenkirche und -kolleg in Neuburg an der Donau nach einem Kupferstich von Matthäus Merian und Johann Schatz 1644*

Die Sakralbauten

Maximilian war die Förderung der Jesuiten schon von seinem Vater Wilhelm V. an das Herz gelegt worden und er sah durchaus ihre seelsorgerlichen Erfolge, so dass die von ihm für Sakralbauten investierten Finanzen bzw. sein Einfluß bei Neugründungen von Klöstern respektive Kollegien und Niederlassungen hauptsächlich den Jesuiten zugute kamen. Selbstverständlich durften auch andere Orden von seiner Unterstützung profitieren, etwa das Kloster Gnadenthal oder das Franziskanerkloster in Ingolstadt von seiner Freigebigkeit, aber nie in solchem Maße wie die Gesellschaft Jesu, die zu dieser Zeit ein ungeheures Wachstum erleben durfte.[15]

Mindelheim

Die Stadt Mindelheim war schon des öfteren seit 1598 von Landsberg und München aus seelsorgerlich von den Jesuiten betreut worden, doch gelang eine dauerhafte Niederlassung erst zu dem Zeitpunkt, zu dem das Gebiet erblich an Kurfürst Maximilian gefallen war, der auch die Unkosten für das Projekt trug.[16] 1618 nahmen die Jesuiten im zerfallenen, längst verlassenen Augustinerkloster, das notdürftig für den Eigenbedarf hergerichtet wurde, ihre Arbeit auf. Die heilige Messe gefeiert und gepredigt wurde in der Pfarrkirche, bis die frühere Augustinerkirche, die der Muttergottes geweiht war, 1624 – 1626 neu hergerichtet wurde unter Einbeziehung des alten Chores. Als Architekt fungierte Bruder Johannes Holl. Das Gotteshaus veränderte sein Aussehen nochmals aufgrund eines Umbaus im Jahr 1721, bei dem das Kirchenschiff erhöht wurde. Der Bau des Kollegs begann 1630, konnte aber wegen des Schwedeneinfalls 1632 nicht vollendet werden. Erst nach Maximilians Tod wagte man einen neuen Vorstoß im Jahre 1659.

Altötting

Bereits 1591 kamen die ersten Jesuiten zur Seelsorge in der Weihnachtszeit nach Altötting und wirkten dort segensreich auch in der Pilgerpastoral, so dass Wilhelm V. eine dauerhafte Niederlassung erreichen wollte.[17] Zwei Jahre später begann er mit dem Bau eines Hauses samt der Kirche, heute St. Magdalena, damals eher noch Kapelle, der 1596 fertig gestellt war. Unter Maximilians Regierungszeit fiel die die Bestätigung der Fundation und die Ausstellung eines ewigen Stiftsbriefes 1606 sowie die Erweiterung des Gotteshauses um zwei Kapellen im Jahr 1629. Neben der Betreuung der Wallfahrer oblag den Jesuiten auch die Seelsorge in der Umgebung mit regelmäßigen Katechesen. Maximilian selbst war 1642 und 1644 als Pilger in Altötting gewesen.

Amberg

Nachdem Friedrich V. von der Pfalz die Schlacht am Weißen Berg verloren hatte, war Maximilian die Oberpfalz vom Kaiser zur Verwaltung übertragen worden, bis er sie 1628 als Entschädigung für die von ihm aufgewendeten Kriegskosten endgültig als Besitz erhielt. Schon von 1621 an wirkten Jesuiten in der Stadt Amberg, die bis dahin calvinistisch gewesen war.[18] Bald betrieben sie eine Schule, die rasch starken Zulauf fand, mehrere Ortswechsel hinter sich brachte und von den Kriegsnöten schwer betroffen war, sich aber ebenso schnell wieder erholte. Die Gebäude, also die Kirche St. Georg, Wohnung, Gymnasium und Seminar wurden entsprechend der Entwicklung der Schülerzahlen umgebaut bzw. neu gebaut. Wegen unzureichender finanzieller Einkünfte litten die Jesuiten dort in den ersten Jahrzehnten Not, doch der Umstand der fruchtbaren Entwicklung des Kollegs brachte auch hier Abhilfe. Am Kollegbau beschäftigt finden wir Ende des 17. Jahrhunderts den berühmten Georg Dientzenhofer.[19]

Burghausen

Im Sommer 1627 waren zwei Jesuiten aus Altötting zur Predigt nach Burghausen gekommen und konnten nach Abschluß ihres Auftrags aufgrund des Ausbruchs der Pest nicht mehr nach Hause zurückkehren.[20] So wirkten sie segensreich in Kirche, Schule und Spital und veranlassten dadurch die Bürger von Burghausen, den Kurfürsten um Fürsprache beim Jesuitenprovinzial zu bitten, dass in Burghausen ein Kolleg errichtete würde. Maximilian stellte 1629 einen Fundationsbrief aus. Ein Jahr später nahm die Schule ihren Betrieb auf und verzeichnete gutes Wachstum. Doch zunächst ging man 1630 an die Errichtung der Kirche, die zügig voranschritt, so dass sie ein Jahr später schon eingeweiht wurde. Die Entwürfe stammen vom kurfürstlichen Hofmaurermeister Isaak Pader. Maximilian selbst stellte 40000 fl. für den Bau von Kirche, Gymnasium und Kolleg zur Verfügung. Letzteres wurde zwar 1643 in Angriff genommen, aber nur teilweise ausgeführt. Endgültig kam das Kolleg erst 1681/82 zur Vollendung. Die Kirche, die dem heiligen Joseph geweiht ist, war 1863 bei einem Brand schwer beschädigt, doch danach mit Ausnahme des Gewölbes des Langhauses wieder aufgebaut worden.

Kaufbeuren

Im gemischt konfessionellen Kaufbeuren[21] sollte, nachdem die Machtstellung des Kaisers 1627 wieder gestärkt war, den durch einen protestantischen Rat der Stadt bedrängten Katholiken Abhilfe durch eine Mission der Jesuiten gebracht werden. Kurfürst Maximilian erreichte dafür die Einwilligung des Rates. Bischof Heinrich von Knoringen zielte auf die Errichtung eines Kollegs ab und beschaffte den Jesuiten die notwendigen Mittel dafür. Neben der Seelsorge in der Frauenkirche versahen die Jesuiten auch den Schuldienst. Eine jähe und länger währende Unterbrechung der Wirksamkeit des Ordens brachte der Schwedeneinfall und die mehrmalige Plünderung der Stadt 1632. Erst zehn Jahre später konnte mit der Schule von neuem begonnen werden, nur die Seelsorger harrten trotz großer Not aus. Die Mehrheit der Bevölkerung hatte sich in diesen Jahren wieder dem Protestantismus zugewandt und der Westfälische Friede verfügte die Ausweisung der Jesuiten, die erst nach fünf Klageschriften der Katholiken Kaufbeurens an den Reichshofrat aufgehoben wurde, so dass die Jesuiten 1651 zurückkehren konnten.

Landsberg

Das Noviziat der Jesuiten in Landsberg[22] entstand bereits im Jahr 1578 als fromme Stiftung des Grafen Schweikhard von Helfenstein und seiner Gattin Maria. Damit wurde die Ausbildung der Novizen der Gesellschaft Jesu von München nach Landsberg verlagert und die wirtschaftliche Situation für die bisher ungenügend dotierte Ausbildung und Verpflegung des Ordensnachwuchses wesentlich verbessert. Bald hatte sich die Hauskapelle als zu klein erwiesen. Der Auftrag für einen Neubau erging an Johann Holl, Vater des berühmten Elias Holl, aus Augsburg. 1580 bis 1584 entstand so die Heilig-Kreuz-Kirche in Landsberg. Anbauten und Veränderungen erfolgten in den folgenden Jahrzehnten, so etwa der Anbau von Kapellen unter Kurfürst Maximilian I. und einer weiteren Empore für die Musiker.

Landshut

In Landshut wirkten die Jesuiten schon zu Begin ihrer Tätigkeit in Bayern immer wieder sporadisch. Herzog Albrecht und auch die Bürger der Stadt äußerten den Wunsch nach dauerhafter Niederlassung, zahlreiche Legate waren längst bereitgestellt. 1629 war es schließlich soweit, dass die Jesuiten ihren Einzug halten konnten und eine Schule eröffneten, die bald ausgebaut werden konnte.[23] Ein Wechsel der Klassenräume war wegen der steigenden Schülerzahlen oft nötig. Die Kriegsereignisse und die anschließend grassierende pestartige Seuche brachten die hoffnungsvollen Anfänge ins Stocken, die Kirche St. Ignatius, deren Grundstein 1631 gelegt worden war, konnte nur in Etappen gebaut werden, da das Gelände mit seinen unterirdischen Wasserläufen Schwierigkeiten bereitete. 1637-41 erfolgte dann die endgültige Fertigstellung. Als Architekt für Kirche und Kolleg begegnete zunächst Johann Rambin, Maurermeister aus Italien, der aber bald von Bruder Johannes Holl, der schon von Mindelheim her bekannt war, abgelöst wurde.

Eine erneute Besetzung und Brandschatzung der Stadt durch gegnerische Truppen unter Wrangel 1648 stürzte das Kolleg noch einmal in eine Krise, die ganze Stadt und Umgebung in Hungersnot.

Neuburg

1613 hielten die Jesuiten in Neuburg Einzug[24] – vorangegangen war die Hochzeit des Pfalzgrafen Wolfgang-Wilhelm mit der katholischen Schwester Maximilians I., Magdalena, -, und konnten von der Hofkirche, die ursprünglich für die Protestanten erbaut worden war, Besitz ergreifen. Pfalzgraf Wolfgang-Wilhelm, der sich 1614 endlich offiziell zum Katholizismus bekennen konnte, übergab diese Kirche dem Beichtvater und dem Prediger seiner Ehefrau, Pater Anton Welser und Pater Jakob Reihing, beide Jesuiten. Die Lateinschule wurde nun von den Jesuiten geleitet, erlebte nach anfänglichen Schwierigkeiten wegen der Abwerbung von Schülern durch die zuvor unterrichtenden Lehrer protestantischen Bekenntnisses einen rasanten Aufschwung, aufgrund dessen die Niederlassung schon 1617 zu einem Kolleg erhoben wurde. 1618 wurde der Grundstein für den Kollegbau gelegt.

Unter Mitwirkung der Jesuiten wurde der Bau der Hofkirche bis zum Jahre 1624 vollendet, nämlich der Aus- und Umbau des Turmes vorgenommen und die wunderbaren Stuckornamente angebracht. Die feierliche Einweihung erfolgte schon im Jahr 1618. Den Hochaltar zierte ein Bild des Jüngsten Gerichts, das von Rubens gemalt worden war und heute in der Alten Pinakothek in München zu bewundern ist. Hart waren die Jahre der Belagerung durch die Schweden und auch danach vor allem in wirtschaftlicher Hinsicht.

Straubing

Seit Petrus Canisius 1558 in Straubing gewirkt hatte, versuchten die Bürger und die umliegenden Klöster, vor allem Ober- und Niederaltaich, die Errichtung eines Gymnasiums zu erreichen.[25] So wandten sie sich 1629 an Kurfürst Maximilian mit einer Bittschrift zur Gründung eines Kollegs. Letzterer sprach sich dafür aus, wollte aber ausreichenden Unterhalt garantiert wissen. Die Verhandlungen zogen sich noch zwei Jahre hin, bis endgültig Hand an das Werk gelegt werden konnte. 1631 eröffneten die Jesuiten dann ihre Schule. Als Gotteshaus wurde den Jesuiten die gotische Liebfrauenkirche übertragen, die 1680 baulich verändert und dem Geschmack der Zeit angepaßt, d. h. barockisiert wurde. Wegen der Besetzung des Gymnasiums durch die Schweden erfuhr der Unterricht eine dreijährige Zwangspause von 1633-1636, die Pest raffte fast alle Jesuiten dahin. Danach stieg die Schülerzahl rasch an, so dass ein Neubau notwendig wurde. Nach Ankauf einiger Nachbargrundstücke begann man 1647 bis 1650 das Kolleg mit Spendenmitteln aus der Bevölkerung zu errichten. Auch ein Theatergebäude kam hinzu.

»da mit das werck sein usum hab und nit gar umb sonsten da stee, und doch daneben ein rechten guten bestand habe und in seiner ersten sauberkait erhalten werden möge...«[26]

Neben diesen Sakralbauten, mit denen Maximilian mehr oder weniger direkt, durch Bereitstellung von Fachkräften oder Finanzmitteln bzw. Einverständnis zur Gründung in Verbindung zu bringen ist, existieren weitere Kunstwerke, die auf ihn als Initiator zurückgehen. Am bekanntesten sind die Mariensäule und das Grabmal für Ludwig den Bayern in der Liebfrauenkirche in München. Sie zählen zu den vielen Bronzewerken Maximilians, von denen einige nur erwähnt werden können, andere, nämlich 29 von 30 lebensgroßen Bronzestatuen antiker Imperatoren, zugunsten des Gusses der Bavaria eingeschmolzen worden sind.[27]

Die Madonna der Mariensäule hatte 1606 bis 1638 in der Liebfrauenkirche ihren Platz, ehe Maximilian sie am Jahrestag der Schlacht am Weißen Berg, aus der er als Sieger hervorgegangen war, 1638 auf dem Marienplatz aufstellen ließ. Sie wird dem Niederländer Hubert Gerhard als Schöpfer zugeschrieben.[28] Als die Schweden 1632 Bayern besetzten, hatte Maximilian ein »gottgefälliges Werk« gelobt, falls die Städte München und Landshut verschont blieben. Konkretisiert wurde es mit der Errichtung der Mariensäule, die zwar am 7. November 1638 vom Freisinger Fürstbischof Veit Adam von Gepeckh feierlich geweiht wurde, wie auch in einer Federzeichnung überliefert ist, aber erst 1641 vollendet wurde, als die Heldenputti, die auf dem Postament stehen, von Bernhard Ernst gegossen waren und eine Marmorballustrade angefertigt war. Angeblich stammte die Inschrift am Sockel der Säule, ein Distichon, von Maximilian selbst:

Abb 21 *Die Mariensäule in München. Holzschnitt*

Rem, Regem, Regimen, Regionem, Religionem
Conserva Bavariis, Virgo Maria, tuis!

Übersetzt in einfachen, altbayerischen Worten:[29]
»Jungfrau Maria, erhalte deinen Bayern
das Sach und den Herrn, die Ordnung, das Land und
den Glauben.«

Ein besonderes, persönliches Anliegen war Maximilian die Rehabilitierung des im Kirchenbann verstorbenen Vorfahren Kaiser Ludwig des Bayern, für das er gewaltige Anstrengungen im literarischen Bereich unternahm[30], aber auch ein Signal setzte durch die Errichtung eines monumentalen Grabdenkmals in der Liebfrauenkirche in München.[31] Nachdem der Plan eines großartigen Grabmals für Wilhelm V. und Renata gescheitert war[32], bediente sich Maximilian kurzerhand der schon gefertigten Teile für das Ludwigsgrab. Auf die gotische Rotmarmorplatte, die bis dahin die Grablege markierte, ließ der Kurfürst ein Gehäuse aus durchbrochenem schwarzen Marmor stellen, auf dessen Deckel die kaiserlichen Insignien Szepter, Reichsapfel und Krone weithin zu sehen sind. An den Ecken knien vier Ritter mit Standarten als Wächter, die vermutlich, erhärtet durch die aufgestickten Wappen, die Abkunft der Wittelsbacher von Karl dem Großen symbolisieren. An den beiden Längsseiten stehen in kunstvoller Ziselierung die Standbilder Albrechts V. und Wilhelms IV.

Weitere bekannte, heute noch existente Bronzen finden wir an der Westfassade der Residenz mit der Patrona Bavariae von Hans Krumper, dem Merkur des Grottenhofs von Adrian de Vries, dem Neptun des Kabinettgartens von Georg Petel, der Perseusgruppe von Hubert Gebhard und dem Wittelsbacher Brunnen im Brunnenhof, ein Gemeinschaftswerk von Gerhard und Krumper.[33]

Doch schätzte Maximilian sowohl die Malerei als auch die Teppichwirkerei ebenso wie Goldschmiedearbeiten und Pretiosen. Im Vergleich zu anderen Zeitgenossen seines Standes, für die Pferde, Falkenjagd, Ausübung eines vornehmen Kunsthandwerks – bei Maximilian Malerei und Elfenbeindrechselei – und der Besitz von Kleinodien selbstverständlich war, hatte Maximilian jedoch eine Vorliebe zu Wandteppichen und altdeutschen Gemälden[34] und galt als der größte Dürer-Sammler.[35] Dabei konnte er äußerst kritisch sein und sich persönlich um jedes Detail annehmen.[36] Gefiel die Ausführung eines Auftrages nicht, so bestand der leidenschaftliche Kunstsammler auf Veränderungen, die heute noch beispielsweise an der Orpheus-Miniatur im Herzkabinett der Münchener Residenz nachweisbar sind.[37] Übermalungen oder Vergrößerungen von Formaten waren gang und gäbe.[38] Botanische und zoologische Einzelheiten nahm er entsprechend dem Naturalismus seiner Zeit extrem wichtig.[39] Er verlangte Perfektion, größte Sorgfalt beim Transport von Kunstwerken, einen guten Erhaltungszustand und dauerhafte Qualität sowie günstige Preise, um die er stets feilschte.[40]

Der Briefwechsel mit dem Kunstagenten Philipp Hainhofer aus Augsburg zeugt vom anspruchsvollen und wählerischen Habitus des Kunstmäzens.[41] Hainhofer selbst war den Umgang mit schwierigen Herrscherpersönlichkeiten allerdings gewöhnt und konnte mit den Eigenheiten seiner Auftraggeber gut umgehen. Er schätzte die Kunstfülle am Münchener Hof durchaus, wie aus seiner exakten Beschreibung der Räumlichkeiten der Residenz, deren Intérieur und Gartenanlagen hervorgeht. Von ihm erfahren wir auch, unter welchem Aufwand der Kurfürst und seine Gattin zum Essen schritten: »Zur tafel im inneren hof blasen 12. trometter und 2. heerpauggen. Imm Zimmer auf 2. seiten von der tafel stehen etliche Trabanten, zue underst vor der tafel 3. vom Adel die auf gnad warten, biss man Sie zu Trucksessen macht. Jedliche Fürstliche Persohn hat Ihrn besondern mundschenckhen, gehet alles gar still zue. Die Edlen knaben, so speiss auftragen, gehen inn geschürtzten Hosen blaw und weiss, blaw Ermel und schwartz Sametine röckhlin mit fliegenden Ermeln...«[42] Auch die Kapellen mit ihrem Reliquienreichtum, Mobiliar und Ausschmückung, die Gärten und verschiedene Säle schilderte Hainhofer in seinem Reisebericht des Jahres 1611 lebhaft und anschaulich, häufig mit Bemerkungen zur Herkunft bzw. zum Schöpfer der Kunstwerke. »Inn disem Rondel« – beim Weiher, in dem schöne Fische schwammen – »ist ain 8 Ecketer tisch mit allerley schönen Edelstainen Zug- und blumen weiss in ain schwartzen marmelstain eingelegt, als wanns gemahlt weren, zu Florentz gemacht.[43]

Der Münchener Hof war also durchaus im Kunstgeschehen einer so vom Krieg gebeutelten Zeit in Europa führend. Namhafte Künstler wie Friedrich Sustris, Hubert Gerhard, Hans Krumper, Peter Candid, Christoph Angermair, Georg Petel und Adrian de Vries brachten die neuen Kunstrichtungen der Renaissance und des Manierismus nach München, arbeiteten im Auftrag des Herzogs und späteren Kurfürsten[44] und kamen seinem Bestreben nach Dauerhaftigkeit und Beständigkeit der Kunstwerke insofern nach, als man sie heute – nach all den Kriegswirren, die nach dem Tode Maximilians bis in unsere Zeit über das Land hereingebrochen waren – noch bewundern kann. Beim Klang der Waffen mußten damals die Musen nicht unbedingt schweigen!

Anmerkungen

1 Brigitte Volk-Knüttel, Maximilian I. von Bayern als Sammler und Auftraggeber. Seine Korrespondenz mit Philipp Hainhofer 1611-1615, in: Hubert Glaser (Hrsg.), Quellen und Studien zur Kunstpolitik der Wittelsbacher vom 16. bis zum 18. Jahrhundert, München 1980, S. 109.
2 Wolfgang Braunfels, Die Kunst im Heiligen Römischen Reich, Band I, Die weltlichen Fürstentümer, München 1979, S. 174.
3 Ebenda, S. 166 und S. 177.
4 Ebenda, S. 170; S. 183.
5 Ebenda, S. 178; S. 183.
6 Peter Diemer, Schwedenbeute, in: Wittelsbach und Bayern. Um Glauben und Reich. Kurfürst Maximilian I., München, Zürich 1980, S. 423 f.
7 Wolfgang Braunfels, Die Kunst im Heiligen Römischen Reich, Band I, Die weltlichen Fürstentümer, München 1979, S. 176.
8 Ebenda, S. 174.
9 Ebenda, S. 177 f.
10 Ebenda, S. 180.
11 Ebenda, S. 181-187.
12 Ebenda, S. 176; S. 180.
13 Ebenda, S. 183.
14 Dokumente zur Geschichte von Staat und Gesellschaft in Bayern, Abt. I, Band 3,2. Altbayern von 1550-1651, hrsg. von der Kommission für bayerische Landesgeschichte, bearbeitet von Walter Ziegler, München 1992, S. 1141.
15 Vgl. Wolfgang Walter Scheibel, Die Architektur der Ordenskollegien der Gesellschaft Jesu unter Kurfürst Maximilian I., o. O., 1999 (Dissertation).
16 Joseph Braun, Die Kirchenbauten der deutschen Jesuiten. Ein Beitrag zur Kultur- und Kunstgeschichte des 17. und 18. Jahrhunderts, Band 2, Freiburg 1910, S. 263-268; Bernhard Duhr, Geschichte der Jesuiten in den Ländern deutscher Zunge in der ersten Hälfte des XVII. Jahrhunderts, Band 2,1, Freiburg 1913, S. 244 f.; Ludwig Koch, Jesuiten-Lexikon. Die Gesellschaft Jesu einst und jetzt, Paderborn 1934, Sp. 1201 f.; Geschichte des ehemaligen Mindelheimer Jesuitenkollegs, Sonderdruck aus: Archiv für die Geschichte des Hochstifts Augsburg 6, 1921.
17 Joseph Braun, Die Kirchenbauten der deutschen Jesuiten. Ein Beitrag zur Kultur- und Kunstgeschichte des 17. und 18. Jahrhunderts, Band 2, Freiburg 1910, S. 249 f.; Bernhard Duhr, Geschichte der Jesuiten in den Ländern deutscher Zunge in der ersten Hälfte des XVII. Jahrhunderts, Band 2,1, Freiburg 1913, S. 208-210.
18 Heribert Batzl, Geschichte des Erasmus-Gymnasiums Amberg. Eine Festschrift zum 350-jährigen Jubiläum, Amberg 1976; Bernhard Duhr, Geschichte der Jesuiten in den Ländern deutscher Zunge in der ersten Hälfte des XVII. Jahrhunderts, Band 2,1, Freiburg 1913, S. 242-244; Ludwig Koch, Jesuiten-Lexikon. Die Gesellschaft Jesu einst und jetzt, Paderborn 1934, Sp. 55.
19 Joseph Braun, Die Kirchenbauten der deutschen Jesuiten. Ein Beitrag zur Kultur- und Kunstgeschichte des 17. und 18. Jahrhunderts, Band 2, Freiburg 1910, S. 304.
20 Ebenda, S. 156-162; Bernhard Duhr, Geschichte der Jesuiten in den Ländern deutscher Zunge in der ersten Hälfte des XVII. Jahrhunderts,

Band 2,1, Freiburg 1913, S. 250-253; Dietmar Grypa und Wolfgang Gutfleisch, (Hrsg.), Das Kurfürst-Maximilian-Gymnasium zu Burghausen. Vom Kolleg der Societas Jesu zur Königlich-Bayerischen Studienanstalt, Würzburg 1997; Ludwig Koch, Jesuiten-Lexikon. Die Gesellschaft Jesu einst und jetzt, Paderborn 1934, Sp. 279.

21 Bernhard Duhr, Geschichte der Jesuiten in den Ländern deutscher Zunge in der ersten Hälfte des XVII. Jahrhunderts, Band 2,1, Freiburg 1913, S. 248 ff.; Peter Schmauch, Das Jesuitengymnasium in Kaufbeuren, in: Kaufbeurer Geschichtsblätter, Bd. 12, Nr. 6-8, 1991.

22 Joseph Braun, Die Kirchenbauten der deutschen Jesuiten. Ein Beitrag zur Kultur- und Kunstgeschichte des 17. und 18. Jahrhunderts, Band 2, Freiburg 1910, S. 21-23; Bernhard Duhr, Geschichte der Jesuiten in den Ländern deutscher Zunge im XVI. Jahrhunderts, Freiburg 1907, S. 530-535 und 615-617.

23 Alfons Beckenbauer und Christian Müller, Festschrift zur 325-Jahrfeier des Humanistischen Gymnasiums Landshut, Landshut 1954; Joseph Braun, Die Kirchenbauten der deutschen Jesuiten. Ein Beitrag zur Kultur- und Kunstgeschichte des 17. und 18. Jahrhunderts, Band 2, Freiburg 1910, S. 95-105; Bernhard Duhr, Geschichte der Jesuiten in den Ländern deutscher Zunge in der ersten Hälfte des XVII. Jahrhunderts, Band 2,1, Freiburg 1913, S. 253-255; Ludwig Koch, Jesuiten Lexikon. Die Gesellschaft Jesu einst und jetzt, Paderborn 1934, Sp. 1073; Karl Wolf, Das Landshuter Gymnasium, in: Verhandlungen des Historischen Vereins für Niederbayern 62, 1929.

24 Joseph Braun, Die Kirchenbauten der deutschen Jesuiten. Ein Beitrag zur Kultur- und Kunstgeschichte des 17. und 18. Jahrhunderts, Band 2, Freiburg 1910, S. 180 ff.; Bernhard Duhr, Geschichte der Jesuiten in den Ländern deutscher Zunge in der ersten Hälfte des XVII. Jahrhunderts, Band 2,1, Freiburg 1913, S. 239-241.

25 Joseph Braun, Die Kirchenbauten der deutschen Jesuiten. Ein Beitrag zur Kultur- und Kunstgeschichte des 17. und 18. Jahrhunderts, Band 2, Freiburg 1910, S. 243-249; Bernhard Duhr, Geschichte der Jesuiten in den Ländern deutscher Zunge in der ersten Hälfte des XVII. Jahrhunderts, Band 2,1, Freiburg 1913, S. 255-257; Alfons Huber, Historia Collegii Straubingani, in: Straubinger Hefte. Beilage zum Jahresbericht des Johann Turmair-Gymnasiums, Nr. 27, 1977 (Übertragung der Litterae Annuae 1631-1690); Josef Keim, Liebfrauenkirche und Jesuitenkolleg in Straubing um 1650, in: Jahresbericht des Historischen Vereins für Straubing und Umgebung 68, 1968; Ludwig Koch, Jesuiten-Lexikon. Die Gesellschaft Jesu einst und jetzt, Paderborn 1934, Sp. 1707 f.

26 Brigitte Volk-Knüttel, Maximilian I. von Bayern als Sammler und Auftraggeber. Seine Korrespondenz mit Philipp Hainhofer 1611-1615, in: Hubert Glaser, (Hrsg.), Quellen und Studien zur Kunstpolitik der Wittelsbacher vom 16. bis zum 18. Jahrhundert, München 1980, S. 108.

27 Wolfgang Braunfels, Die Kunst im Heiligen Römischen Reich, Band I, Die weltlichen Fürstentümer, München 1979, S. 184-187.

28 Ebenda, S. 184: die Madonna war angeblich 1618-1638 in der Liebfrauenkirche platziert – die Datierung ist anders bei Dorothea Diemer, Hans Krumper, in: Hubert Glaser, (Hrsg.), Wittelsbach und Bayern, Bd. 2,1. Um Glauben und Reich. Kurfürst Maximilian I., München, Zürich, 1980, S. 282.

29 Benno Hubensteiner, Vom Geist des Barock. Kultur und Frömmigkeit im alten Bayern, München 1967, S. 118.

30 Alois Schmid, Geschichtsschreibung am Hofe Kurfürst Maximilians I. von Bayern, in: Hubert Glaser, (Hrsg.), Wittelsbach und Bayern, Bd. 2,1. Um Glauben und Reich. Kurfürst Maximilian I., München, Zürich, 1980, S. 330-340.

31 Wolfgang Braunfels, Die Kunst im Heiligen Römischen Reich, Band I, Die weltlichen Fürstentümer, München 1979, S. 186; Dorothea Diemer, Hans Krumper, in: Hubert Glaser, (Hrsg.), Wittelsbach und Bayern, Bd. 2,1. Um Glauben und Reich. Kurfürst Maximilian I., München, Zürich, 1980, S. 285 f.

32 Dorothea Diemer, Quellen und Untersuchungen zum Stiftergrab Herzog Wilhelms V. von Bayern und der Renata von Lothringen in der Münchner Michaelskirche, in: Hubert Glaser, (Hrsg.), Quellen und Studien zur Kunstpolitik der Wittelsbacher vom 16. bis zum 18. Jahrhundert, München, Zürich, 1980, S. 7-82.

33 Wolfgang Braunfels, Die Kunst im Heiligen Römischen Reich, Band I, Die weltlichen Fürstentümer, München 1979, S. 185 f.

34 Brigitte Volk-Knüttel, Maximilian I. von Bayern als Sammler und Auftraggeber. Seine Korrespondenz mit Philipp Hainhofer 1611-1615, in: Hubert Glaser, (Hrsg.), Quellen und Studien zur Kunstpolitik der Wittelsbacher vom 16. bis zum 18. Jahrhundert, München 1980, S. 83 f.

35 Wolfgang Braunfels, Die Kunst im Heiligen Römischen Reich, Band I, Die weltlichen Fürstentümer, München 1979, S. 183.

36 Brigitte Volk-Knüttel, Maximilian I. von Bayern als Sammler und Auftraggeber. Seine Korrespondenz mit Philipp Hainhofer 1611-1615, in: Hubert Glaser, (Hrsg.), Quellen und Studien zur Kunstpolitik der Wittelsbacher vom 16. bis zum 18. Jahrhundert, München 1980, S. 91.

37 Ebenda, S. 91 f.

38 Ebenda, S. 95.

39 Ebenda, S. 92.

40 Ebenda, S. 98.

41 Ebenda, S. 99-128 (Korrespondenz).

42 Christoph Häutle, Die Reisen des Augsburgers Philipp Hainhofer nach Eichstädt, München und Regensburg in den Jahren 1611, 1612 und 1613, in: Zeitschrift des Historischen Vereins für Schwaben und Neuburg 8, Augsburg 1881, S. 65 f.

43 Ebenda, S. 76.

44 Wolfgang Braunfels, Die Kunst im Heiligen Römischen Reich, Band I, Die weltlichen Fürstentümer, München 1979, S. 206.

Doris Wittmann

Das jesuitisch geprägte Umfeld Maximilians

Unter Herzog Albrecht V. fasste die Gesellschaft Jesu allmählich Fuß in Bayern und genoß nach einigen Anfechtungen und Mißerfolgen zunächst besonders an der Universität Ingolstadt und bei der dortigen Kolleggründung seit Wilhelm V. das Wohlwollen des bayerischen Herzogshauses.[1] Die Jesuiten versahen Dienste als Lehrer, Hofbeichtväter und Wissenschaftler. Darüber hinaus gewannen sie zunehmend Einfluß auf das Bildungswesen allgemein und die Erneuerung des Glaubenslebens auch in der breiten Masse des Volkes.[2] Zahlreiche Kollegiengründungen und kleinere Niederlassungen geben Zeugnis davon.[3] Maximilian war entgegen landläufigen Forschungsmeinungen gerade des vom Kulturkampf geprägten 19. Jahrhunderts kein Jesuitenzögling im strengen Sinne, da die Grundlagen seiner religiösen Einstellung von Laien gelegt wurden.[4] Er kam erst in dem Moment näher mit der Gesellschaft Jesu in Kontakt, als er in München in die Marianische Kongregation eintrat, hin und wieder Theateraufführungen am Jesuitengymnasium beiwohnte, schließlich in Ingolstadt Ethik hörte sowie häufiger Gast im Kolleg war bzw. auf seinen Pilgerfahrten jesuitische Begleiter bei sich hatte. Prägend für ihn war sicherlich die Begegnung mit dem Jesuitengeneral Claudius Aquaviva bei seiner Reise nach Rom. [5] Selbst an der Regierung, bediente er sich natürlich eines Beichtvaters aus den Reihen der Jesuiten und zog letztere mehr und mehr als Berater auch in politisch-konfessionellen Fragen, die in seiner Zeit die Hauptrolle spielten, heran. Heikle weltliche Geschäfte und Missionen vertraute Maximilian meist Jesuiten an. Freilich sollten sie auch an der bayerischen Geschichtsschreibung mitwirken, die bisweilen ideologische Zwecke zu erfüllen hatte. Dabei gerieten sie in das Spannungsfeld zwischen Herrscherinteressen und Gehorsam gegenüber den Ordensoberen, die eine Zensur der Werke verlangten, bevor die Druckerlaubnis gegeben werden konnte.[6]

Erzieherische Funktionen am Hofe und beim Studium in Ingolstadt

Noch ehe Mitglieder der Gesellschaft Jesu in Maximilians Gesichtsfeld traten, hatte sein Vater Wilhelm in den Instruktionen ein beredtes Zeugnis seiner Wertschätzung des Bildungswesens des Ordens gegeben, indem er darauf verwies, dass die besten Katechismen und Lateingrammatiken von Jesuiten geschrieben seien.[7] Ferner läßt der geistliche Tagesablauf des jungen Herzogs auf eine, wenn auch indirekte, Beeinflussung durch die Jesuiten schließen, da sie eine Erneuerung des religiösen Lebens allgemein gebracht hatten. Freilich handelte es sich nicht um neue Gebets- und Andachtsformen, sondern nur um eine Wiederbelebung christlichen Geistes gemäß den Vorgaben des Konzils von Trient, die sich zudem im häufigen Empfang der Sakramente der Versöhnung und Eucharistie sowie deren Verehrung, in vermehrtem Hören von Predigten und in (Marien-)Wallfahrten manifestierte.[8] Vertiefend wirkte sicherlich die Mitgliedschaft in der Marianischen Kongregation 1584, da ein kleines Gebetsheftchen Maximilians[9] auch die Frömmigkeitsübungen dieser geistlichen Bewegung beinhaltet. Für jeden Monat hatte sich der Kongregationist die Betrachtung des Lebens und einer bestimmten Tugend eines Heiligen vorgenommen.[10] Neben dem eher trockenen Katechismusunterricht aus den Büchern des heiligen Petrus Canisius[11], mit dem viel Auswendiglernen verbunden war, gab es die anschauliche Form in Gestalt des Jesuitentheaters in München und auch in Ingolstadt. *Pater Anton Guise alias Guisanus*, geboren um 1537 in Oudenarde/Belgien, 1558 in Rom in die Gesellschaft Jesu eingetreten, las kurzzeitig als Lehrer Maximilians Plutarch und Livius mit seinem Schüler, bevor Fickler als Präzeptor berufen wurde.[12] Als Maximilian zum Studium in Ingolstadt weilte, unterwies ihn jeden Sonntag der Jesuit *Pater Richard Haller* (1551-1612) eine Stunde lang im Katechismus.[13] Haller stammte aus Nürnberg und war 1569 in die

Gesellschaft Jesu eingetreten. Im Anschluß an den Lehrauftrag für Philosophie in Ingolstadt wirkte er einige Jahre in Dillingen, bevor er als Regens des Ingolstädter Jesuitenkollegs zurückkehrte und sich unermüdlich für einen stärkeren Einfluß der Jesuiten auf die Artistenfakultät an der Ingolstädter Universität einsetzte. Später ging er nach Graz und arbeitete intensiv an der Rekatholisierung Innerösterreichs. Bekannt sind seine zahlreichen Schriften mit Anleitung zur vollkommenen Reue und Liebe Gottes. Die letzten Lebensjahre verbrachte er im Dienst als Beichtvater der spanischen Königin Margareta in Madrid. Der junge Student Maximilian vervollkommnete seine Griechischkenntnisse bei *Pater Christoph Mettsberger oder Mätschberger* alias Marianus (1561-1607) und setzte sich bei demselben mit der Ethik auseinander.[14] Marianus, Sohn eines Augsburger Predigers, konvertierte zum Katholizismus, trat schließlich 1578 in die Gesellschaft Jesu ein, begegnete 1588-1594 als Professor der Universität und Prediger der Pfarrkirche St. Moritz in Ingolstadt, leitete sodann als Rektor das Münchener Jesuitenkolleg. 1597 verließ er den Orden, nahm eine Stelle als Weltpriester in der Diözese Bamberg an, bevor er sich als Professor für Moraltheologie und Stiftskanoniker am Neumünster nach Würzburg begab, wo er vermutlich verstarb.

Als geistlicher Begleiter und Beichtvater war Maximilian *Fregor von Valencia* (1541-1603) beigegeben, dessen Wissen und Beredsamkeit ihn nachhaltig prägten.[15] In Medina del Campo in Spanien geboren, trat er 1565 in den Jesuitenorden ein, kam 1573 nach Deutschland und hatte 1575-1592 die Professur der Theologie in Ingolstadt inne. Hier wurden auch seine bedeutendsten theologischen Schriften gedruckt wurden, so 1585 die Analysis fidei catholicae, in der erstmals die Unfehlbarkeit des Papstes, wie sie dogmatisch beim Ersten Vatikanischen Konzil festgelegt wurde, erwähnt war, und die vier Bände der Commentarii theologici 1591/7, 1603, 1611, ein erstes jesuitisches Kompendium systematischer Theologie. Überzeugend in der Argumentation und brillant in der Redekunst, gewann er in Rom den Gnadenstreit gegen die Dominikaner, der wegen des Werkes De concordia des spanischen Jesuiten Ludwig Molina[16] (1536-1600) entstanden war. Valencia plädierte für die Treue seines Mitbruders zur Lehre des heiligen Augustinus. Im Laufe dieses sich lange hinziehenden Konflikts starb er in Neapel.

Abb 22 *Der Jesuit Gregor von Valencia, geistlicher Begleiter und Beichtvater Maximilians in Ingolstadt. Kupferstich*

Unvergeßlich blieb für Maximilian sicherlich auch die Begegnung mit dem 5. Ordensgeneral der Gesellschaft Jesu, *Pater Claudius Aquaviva* (1543-1615), in Rom.[17] Maximilian hatte nach Abschluß seiner Studien eine Kavalierstour in verschiedene Länder unternommen und besuchte dabei das höchste geistliche Oberhaupt, den Papst in Rom. Aus diesem Anlaß traf er auch mit Aquaviva im Kolleg zusammen. Letzterer galt als Organisationsgenie des Ordens, ist sein Verdienst doch die Vollendung der Ordensverfassung, vornehmlich durch die Vereinheitlichung des Bildungs- und Schuldwesens in der sog. ratio studiorum und die Abfassung eines Leitfadens zu den Exerzitien. Maximilian gibt seiner Bewunderung für ihn in schwärmerischen Briefen an seinen Vater Ausdruck.[18]

Seelsorgerliche und politische Aufgaben am Hofe

Die zahlreichen Weisungen der Generalkapitel der Gesellschaft Jesu zur Ausübung der Funktion als Hofbeichtvater zeigen, dass zunächst dieses Amt von Seiten des Ordens nicht als erstrebenswert erachtet, dann aber aufgrund der gesellschaftlichen und politischen Verhältnisse gezwungermaßen angenommen wurde. Dem regulären Ordensleben waren dadurch viele Ausnahmen auferlegt worden und die Gefahr der Verweltlichung für das einfache geistliche Leben des einzelnen – je nach persönlicher Veranlagung – drohte.[19] Nachdem Maximilian als Mitregent eingesetzt worden war, avancierte *Pater Johannes Buslidius* (1554-1623) aus Bouleide in Luxemburg[20] zu seinem Hofbeichtvater, den er auch als Ratgeber in Gewissensfragen schätzte. Buslidius war es, der nach Rom gesandt wurde, um die Konversion Pfalzgraf Wolfgang Wilhelms von Neuburg zum Katholizismus und seine Hochzeit mit der Schwester Maximilians, Magdalena, in die Wege zu leiten, ein Auftrag, den er erfolgreich ausführte.

Als Gutachter in prekären Fragen, die Politik und Gewissen gleichermaßen betrafen, zog Maximilian des öfteren auch *Pater Jakob Keller* (1568-1631), seit 1607 Rektor am Münchener Jesuitenkolleg, bei.[21] Keller war in Säckingen geboren, 1589 in die Gesellschaft Jesu eingetreten und galt als schriftstellerisches und in Geschäften gewandtes Talent. In den Jahren 1600 bis 1606 lehrte er als Professor für Philosophie und schließlich Theologie an der Universität Ingolstadt. Mit einem Werk zu Kaiser Ludwig dem Bayern, das 1618 unter dem Pseudonym des Kanzlers Herwart von Hohenburg erschien und die Annales Ecclesiastici des Dominikaners Abraham Bzovius quellenkritisch exakt widerlegte, kam er den Bestrebungen Maximilians nach einer Rehabilitierung seines im Kirchenbann verstorbenen Vorfahren nach.

Die Nachfolge Buslidius' als Beichtvater des Kurfürsten trat 1623 *Pater Adam Contzen* (1571-1635) an.[22] Er stammte aus Monschau in der Eifel, trat 1595 nach dem Besuch des Gymnasiums und der Universität in Köln bei den Jesuiten ein und lehrte 1606-1610 Philosophie in Würzburg sowie 1610-1623 Exegese in Mainz. Maximilian wurde auf ihn nach seiner Herausgabe der zehn Bücher Poltiticorum staatsrechtlichen Inhalts, oft als Anti-Macchiavelli bezeichnet, aufmerksam und begehrte ihn schließlich in einer Zeit, die Beratung in staatsrechtlichen Fragen mehr als notwendig hatte, – der Dreißigjährige Krieg hatte 1618 begonnen, Maximilian die Kurwürde erreicht, aber noch nicht ausreichend gefestigt – als Hofbeichtvater. In dieser Eigenschaft geriet Contzen, der scharf argumentieren konnte, in Gegensatz zum Hofbeichtvater des Kaisers in Wien, Pater Wilhelm Lamormaini (1570-1648)[23], da er die Interessen des bayerischen Kurfürsten, letzterer die des Kaisers vertrat, die in diesen Jahren häufig nicht konform waren. Contzen mußte sich immer wieder rechtfertigen wegen angeblicher politischer Betätigung und dachte 1629 daran, seinen Dienst am Münchner Hof zu quittieren. Doch auf Bitten des Ordensgenerals Vitelleschi harrte er bis zu seinem Tod 1635 auf diesem Posten aus.

Pater Johannes Vervaux (1586-1661) übernahm nun auf Drängen des Kurfürsten das Amt des Hofbeichtvaters.[24] In Xivry-le-Franc in Lothringen geboren, schloss er sich, bereits als Priester, 1618 der Gesellschaft Jesu an. Einige Jahre verbrachte er als Professor für Philosophie und Moraltheologie in Trier, führte die Grafschaft Saarwerden zum katholischen Glauben zurück und fungierte seit 1631 als Beichtvater der Gemahlin Maximilians, Elisabeth, bis zu deren Tode 1635. Da im gleichen Jahr Maximilians bisheriger Beichtvater, Contzen, gestorben war, berief ersterer Vervaux zu dessen Nachfolger. Sein Einfluß auf Maximilian war sehr groß, die Autorschaft Vervaux' bei den Monita paterna des Jahres 1639, die Maximilian für seinen Nachfolger Ferdinand Maria hatte verfassen lassen, ist erwiesen. Mehrmals war er in schwierigen diplomatischen Missionen unterwegs, so etwa bei Verhandlungen mit Frankreich über einen Waffenstillstand und einen Sonderfrieden in den Jahren 1639-1647. Seine kompromißlose Einstellung zu den Bedingungen des Westfälischen Friedens sowie die Teilnahme an Sitzungen des geheimen Rates – der Ordensgeneral Carrafa war Maximilians Wunsch nach Sitz und Stimme für Vervaux im geheimen Rat nie nachgekommen – bescherten ihm schärfste Gegnerschaft auch in den Reihen der eigenen Mitbrüder. Eine wichtige zeitgenössische Quelle zu Kurfürst Maximilian I. ist Vervaux zu verdanken: er ist der Verfasser der Annales Boicae gentis, einer dreibändigen Geschichte Bayerns bis zum Tode Maximilians, den Vervaux, selbst Augenzeuge, detailliert schildert.

Historiographische Tätigkeiten der Jesuiten am Hofe

Schwer zu trennen von den politischen Geschäften der Jesuiten, in die sie – bedingt durch die Zeitumstände – gerieten, sind ihre wissenschaftlichen Aktivitäten vornehmlich in der Historiographie[25] und Panegyrik (Herrscherlob), denen in vielen Fällen eine ideologische Absicht Maximilians zugrunde lag. Aventins Annales ducum Boiariae und seine Bayerische Chronik waren in das Verzeichnis der verbotenen Bücher aufgenommen worden, so dass Wilhelm V. das Projekt der Abfassung einer Landeschronik von neuem aufgreifen mußte. Der Exjesuit Michael Arrodenius war über Vorarbeiten nicht hinausgelangt, deshalb erhielt Markus Welser, als Philologe und Historiker von bester Reputation, 1595 den Auftrag, das Werk auszuführen. Maximilian setzte das Ansinnen seines Vaters fort und stellte ihm nach anfänglichem zügigem Fortschritt – 1602 waren bereits fünf Bücher bis zur Absetzung des Agilolfingerherzogs Tassilo III. herausgegeben – den Münchner Jesuiten *Matthäus Rader* (1561-1634) als Helfer zur Verfügung.[26] Letzterer war in Innichen in Südtirol geboren, wurde 1581 Mitglied der Gesellschaft Jesu und lehrte mehr als zwei Jahrzehnte als Professor für Humanität und Rhetorik an verschiedenen Kollegien, hauptsächlich in München.[27] Die Masse seines Schrifttums waren philologische Themen, nämlich der Edition lateinischer und griechischer Handschriften, und der Hagiographie (Abfassung von Lebensbeschreibungen der Heiligen), hier ist die Bavaria sancta und die Bavaria pia zu nennen, gewidmet. Rasch legte Rader eine dreibändige Fortsetzung der bayerischen Geschichte Welsers vor, die Maximilian gefiel, jedoch nicht den Ordensoberen, da der vom kirchlichen Bannstrahl getroffene Kaiser Ludwig der Bayer in dem Werk zu sehr verteidigt wurde. Das Werk ging also nicht in Druck. Der bayerische Herzog wandte sich nun an *Pater Andreas Brunner* (1589-1650), einen Schüler Raders.[28] Dieser war in Hall in Tirol geboren, 1605 in das Noviziat der Gesellschaft Jesu in Landsberg eingetreten, verlebte mehr als zehn Jahre am Kolleg in Ingolstadt, wo er – selbst noch im Philosophie- und Theologiestudium – Grammatik und Humanität lehrte und von der Begegnung mit dem heiligmäßigen Pater Jakob Rem[29], dem großen Verehrer des Gnadenbildes der Dreimal Wunderbaren Mutter, das sich heute im Liebfrauenmünster befindet, geprägt wurde. Nach kurzen Aufenthalten in Dillingen und Freiburg im Breisgau kam er nach München. In drei Bänden erschienen in den Jahren 1626 bis 1637 die Annales virtutis et fortunae Boiorum, die sich zeitlich bis zum Regierungsantritt Kaiser Ludwigs des Bayern erstreckten. Brunner hatte dabei mit den schwierigsten äußeren Umständen zu kämpfen, war er doch 1632-35 als Geisel der Schweden aus München entführt und in Augsburg in Haft gehalten worden. Wiederum war mit ihm ein Jesuit an der Ordenszensur mit einer historisch-kritischen Darstellung der Person Ludwigs des Bayern, die zu apologetisch war, gescheitert. Brunner wirkte von 1637 bis zu seinem Tode segensreich in Innsbruck.

Maximilian wandte sich nun einem Laien zu, Nikolaus Burgundius (1586-1649), Jurist an der Universität Ingolstadt[30], der mit seinem Band über Ludwig den Bayern den Kurfürsten nicht zufriedenstellte und bald entlassen wurde. Erneut startete der Kurfürst Versuche mit verschiedenen Mitgliedern der Gesellschaft Jesu. Zunächst fungierte *Pater Johannes Bissel* (1601-1682) als Hofhistoriograph 1639/40, kümmerte sich aber wenig um die Landeschronik.[31] Aus Ried in Schwaben kommend, entschloss er sich 1621 zum Eintritt in den Jesuitenorden, lehrte von 1630 an Rhetorik und Poesie am Ingolstädter Jesuitengymnasium, seit 1635 Ethik an der Universität. Sein Interesse galt in erster Linie zeitgeschichtlichen Themen, weniger dem Projekt der Landeschronik, weswegen er auch bald von dieser Aufgabe entbunden wurde. Es folgten lange Jahre als Prediger und Professor für Kontroverstheologie in Dillingen, schließlich als Prediger in Amberg, wo er dann auch verstarb.

Zwei Jahre versah *Pater Jakob Balde* (1604-1668) dann die Tätigkeit eines Hofhistoriographen[32], trug aber nicht zum Vorankommen bei der Erstellung der Landeschronik bei. Der in Ensisheim im Elsaß geborene Balde genoß seine Erziehung an den Jesuitenkollegien Ensisheim und Molsheim, schloss das Studium der Philosophie in Ingolstadt ab und begann mit den Rechtswissenschaften. 1624 brach er diese Studien ab und trat

Abb 23 *Der Jesuit Jakob Balde, erfolgreicher Literat. Lithographie*

in die Gesellschaft Jesu ein. Vier Jahre als Lehrer für Grammatik und Rhetorik in München und Innsbruck schlossen sich an, bevor er 1630 das Theologiestudium in Ingolstadt aufnahm. Nach kurzen Intermezzi in München und der erfolgreichen Bekleidung der Professur für Rhetorik in Ingolstadt, die seinen Ruhm als Dichter u. a. mit der Aufführung des biblischen Dramas Jephtias begründete, kehrte er als Prinzenerzieher der Kinder Albrechts VI. des Leuchtenbergers und kurfürstlicher Hofprediger nach München zurück, bis er nach kurzen Zwischenstationen in Landshut und Amberg sich endgültig in Neuburg niederließ und dort als Hofprediger, schließlich Beichtvater des Pfalzgrafen Philipp Wilhelm fungierte. Das Genie des Dichters war einem so streng wissenschaftlichen und Akribie abverlangendem Werk wie der bayerischen Landeschronik abhold. Die Unstimmigkeiten, die aus diesem Grund zwischen Balde und Maximilian entstanden waren, hielten ersteren jedoch nicht davon ab, 1641 eine Ode auf Maximilian abzufassen.[33] Den Vorstellungen Maximilians zum Inhalt der bayerischen Landeschronik konnte letztlich erst Pater Johann Vervaux entsprechen. Doch erlebten weder der Auftraggeber noch der Verfasser die Drucklegung des Werkes. Dies gelang erst der Kurfürstinwitwe Maria Anna nach zähen Verhandlungen mit der Kurie und dem Generalat der Jesuiten.

Weitere für Wissenschaft und Kunst bedeutende Jesuiten im Zeitalter Maximilians

Im Zusammenhang mit der Historiographie ist auch *Heinrich Canisius'* (um 1548-1610) Schaffen zu sehen.[34] Der Neffe des Petrus Canisius war in Nijmegen geboren, hatte in Löwen und Perugia studiert, gehörte der Marianischen Kongregation, aber vermutlich nicht der Gesellschaft Jesu an und wirkte zwanzig Jahre als Professor für kanonisches Recht an der Universität Ingolstadt. Dort versah er auch mehrmals das Amt des Rektors und Vizerektors. Sein bedeutendstes Werk zur mittelalterlichen Geschichte, die Lectiones antiquae, dienten als Quellengrundlage für die bayerische Landeschronik. Ein beachtenswertes kirchenrechtliches Buch war mit seiner Summa iuris canonici enstanden. Begraben ist Heinrich Canisius im Liebfrauenmünster in Ingolstadt.[35]

In dieser Reihe von historisch-kritischen Arbeiten ist auch das Werk *Pater Jakob Gretsers* (1562-1625) von Wichtigkeit.[36] Gretser, wenn auch ohne direkte Beziehung zum Hof, befruchtete die Arbeit an geschichtlichen Editionen immer wieder durch gelehrte Diskussionen, hatte auch selbst geschichtliche Quellen ediert. Geboren in Markdorf bei Überlingen, trat er 1578 in die Gesellschaft Jesu ein und lehrte in München und Fribourg, von 1586 bis zu seinem Lebensende in Ingolstadt Philosophie, scholastische Theologie und Moraltheologie. Von seinem unermüdlichen Arbeitseifer zeugt die immense Zahl seiner Werke, die – vor allem, was seine griechische Grammatik und sein Griechischwörterbuch betrifft – jahrhundertelang Standardcharakter besaßen und häufig neu aufgelegt wurden. Zu den verschiedenen geschichtlichen Arbeiten kam ein großes Werk der Kreuzestheologie. Gedruckt wurde fast alles in Ingolstadt. Überzeugend und erfolgreich betätigte sich Gretser aber auch als Dramaturg. Die Aufführungen des »Regnum humanitatis«, die Maximilian ja in Ingolstadt erleben konnte, und des »Udo« waren viel beachtet und oft wiederholt worden.

Ein noch größeres kreatives Talent auf der Jesuitenbühne[37] war *Pater Jakob Bidermann* (1578-1639), der – in Ehingen geboren – in Ingolstadt studierte und schließlich in Augsburg und München Humanität, in Dillingen Philosophie und Theologie lehrte.[38] Die letzten Lebensjahre verbrachte er in Rom als Bücherzensor. Von ihm stammt eine Biographie des Ordensgründers Ignatius von Loyola in lateinischer Sprache, die noch zu Lebzeiten Bidermanns sechs Auflagen erfuhr. Die Verbindung von Tragik und Humor kennzeichnet seine Dramen, von denen »Cenodoxus, der Doktor von Paris« zu den bekanntesten zählt.

Der Frömmigkeitsliteratur hatte sich *Pater Jeremias Drexel* (1581-1639) verschrieben.[39] In Augsburg als Sohn protestantischer Eltern aufgewachsen, aber schon früh zum Katholizismus konvertiert, schloss er sich 1598 der Gesellschaft Jesu an und verlebte seine Studienjahre in Ingolstadt. Nach der Priesterweihe 1610 übte er die Lehrtätigkeit an den Kollegien in München und Augsburg aus, bis er 1615 als Hofprediger nach München gerufen wurde. Seinen erbaulichen Schriften zu christologischen Themen oder seine Betrachtungen zur Ewigkeit legte er seine Predigten zugrunde. Sie fanden – in zahlreiche Sprachen übersetzt – weite Verbreitung.

Als großer Theologe und Verteidiger des katholischen Glaubens wirkte *Pater Adam Tanner* (1572-1632) aus Innsbruck, der 1590 in den Jesuitenorden eingetreten war.[40] Nach Studienjahren in Ingolstadt, in denen er Schüler Jakob Gretsers und Gregors von Valencia war, unterrichtete er am Ingolstädter Jesuitengymnasium Hebräisch, am Münchener Jesuitenkolleg Kontrovers- und Moraltheologie. 1603 kehrte er als Theologieprofessor nach Ingolstadt zurück und blieb dort bis zur Vertreibung durch die Schweden mit kurzen Unterbrechungen infolge auswärtiger Aufgaben. Der Tod ereilte ihn auf einer Reise nach Innsbruck in Unken bei Salzburg. Seine Schriften dogmatischen und kontroverstheologischen Inhalts suchten ihresgleichen in seiner Zeit. Dämpfend konnte er auch auf die grassierenden Hexenprozesse einwirken, indem er für den Schutz unrechtmäßig Beschuldigter eintrat und durch Folter erpresste Geständnisse ablehnte.

In ähnlicher Weise dehnte *Pater Paul Laymann* (1575-1635) die rein juristischen Argumentationen bei der strafrechtlichen Verfolgung von Hexen auf theologische Abwägungen aus.[41] Gebürtig aus Arzl bei Innsbruck, hatte er in Ingolstadt die Rechtswissenschaften studiert, bevor er 1594 Jesuit wurde. Nach einigen Jahren als Philosophieprofessor, unterrichtete er 1609-1625 Moraltheologie am Jesuitenkolleg in München und hatte seit 1625 als erster den Lehrstuhl für Kirchenrecht an der Universität Dillingen inne. Von dort mußte er 1632 vor den Schweden fliehen und starb drei Jahre später an den Folgen der Pest in Konstanz. Seine Theologia moralis wurde noch ein Jahrhundert nach seinem Tod als Lehrbuch benutzt, sein Kirchenrecht Ius canonicum seu Commentaria in libros decretales kam erst lange nach seinem Tod heraus.

Zwei weitere Zeitgenossen Maximilians, deren Wirksamkeit sich freilich erst nach seinem Tod weit in die nächsten Jahrhunderte hinein richtig entfalten konnte, sollen hier noch Erwähnung finden. Maximilian war von seinem Glauben tief durchdrungen, in seinen Frömmigkeitspraktiken von den Jesuiten mit geprägt worden, die freilich auch von seiner Religionspolitik wieder Impulse empfingen, wie etwa zum einen *Pater Wilhelm Gumppenberg* (1609-1675), ein Münchner.[42] Seit 1625 Mitglied der Gesellschaft Jesu, verbrachte er wenige Jahre als Professor für Philosphie in Landsberg, dann für Ethik in Ingolstadt, bevor er seine Laufbahn als Prediger und Volksmissionar begann, die ihn nach Regensburg, Fribourg, Freiburg im Breisgau, Trient, Augsburg, Dillingen, Innsbruck und München führte. Seinen Lebensabend beschloss er in Innsbruck. Seine Sammlung marianischer Gnadenbilder ist in seinem bekanntesten Werk mit zahlreichen Auflagen, dem Atlas marianus, Erstdruck in zwei Bänden 1657 in Ingolstadt, dokumentiert. Darin sind viele bayerische Gnadenstätten erhalten, und der Autor konnte mit Recht auf das »maximilianeische München mit den unzähligen Marienbildern an den Häusern und den brennenden Ampeln davor« verweisen.[43]

Bartholomäus Holzhauser (1613-1658) zum anderen, geboren in Laugna bei Augsburg als Sohn eines armen Schusters, war Schüler der Jesuiten in Augsburg, Neuburg und Ingolstadt und 1639 zum Weltpriester geweiht worden.[44] Das entscheidende religiöse Rüstzeug für die Reform des Weltklerus, die er als seine Berufung verspürte, empfing er durch die Mitgliedschaft in der Marianischen Kongregation. Die Jesuiten, vor allem Pater Georg Lyprand[45] (1588-1665) und der bereits erwähnte Pater Johannes Vervaux, Maximilians Beichtvater, halfen ihm bei der Verwirklichung seines Ziels. Maximilian suchte persönlich bei Papst Innozenz X. um die Anerkennung der neuen Gemeinschaft nach. Holzhauser selbst erlebte die päpstliche Bestätigung seines Bartholomäerinsituts zwar nicht mehr, da sie erst 1680 erfolgt war, trug aber mit seiner Gründung, die wiederum als Pflanzstätte zahlreicher Erziehungs- und Unterrichtsanstalten für Weltkleriker in ganz Europa diente, zur Heranbildung einer tüchtigen Priesterschaft bei. Ein Ende der ursprünglichen Form des Instituts bereitete die Französische Revolution, doch eine Wiederbelebung als Priestergemeinschaft in der Intention Holzhausers im 19. Jahrhundert unter dem Namen Unio apostolica existiert noch heute, nun auch für Laien offen.

Anmerkungen

1 Bernhard Duhr, Geschichte der Jesuiten in den Ländern deutscher Zunge im XVI. Jahrhundert, Freiburg 1907; Hubert Glaser, Nadie sin fructo. Die bayerischen Herzöge und die Jesuiten im 16. Jahrhundert, in: Reinhold Baumstark, (Hrsg.), Rom in Bayern, München 1997, S. 55-82.

2 Andrea Schwarz, Das Schulwesen der Jesuiten, in: Die Jesuiten in Bayern 1549-1773, Weißenhorn 1991, S. 123-125; Christoph Bachmann und Andrea Schwarz, Die Seelsorge der Jesuiten, in: ebenda, S. 83-85.

3 Christoph Bachmann, Die Niederlassungen der Jesuiten in Bayern, in: ebenda, S. 47.

4 Romuald Bauerreis, Kirchengeschichte Bayerns, Bd. VII, St. Ottilien 1977, S. 105 f.

5 Vgl. Beitrag zum Studium Maximilians von D. Wittmann.

6 Bernhard Duhr, Geschichte der Jesuiten in den Ländern deutscher Zunge in der ersten Hälfte des XVII. Jahrhunderts, Bd. 2,2, Freiburg 1913, S. 205-299; Alois Schmid, Geschichtsschreibung am Hofe Kurfürst Maximilians I. von Bayern, in: Hubert Glaser, (Hrsg.), Wittelsbach und Bayern, Bd. 2,1. Um Glauben und Reich. Kurfürst Maximilian I., München, Zürich 1980, S. 330-340.

7 Friedrich Schmidt, Geschichte der Erziehung der bayerischen Wittelsbacher von den frühesten Zeiten bis 1750, Berlin 1892, S. 36: Derohalben was sy in Lateinischer und Teutscher sprachen von Pett auch Evangeli Püechlen, Catechismis und dergleichen prauchen sollen, mit denen hat sy der Präceptor nach gewonheit der Societet Jhesu schulen zerichten, bey denen, weil sy mererlai Classes und allerhannd Ingenia zuversorgen haben, Kan für diß ortt auch allwegen rat gefunden werden; Alain mag der Präceptor, wie auch vorgemelt, auf ein tegliche ringe grammaticam gedenckhen oder dißfals selbs etwas fürschreiben, weil deren nit wenig, die sich mit der Societet grammaticam ganz und gar nit vergleichen khönden, als die schwer, Lanng und verdrüeslich, darzu vil Zeit, Biß sy recht ergriffen und eingenommen, bedürfftig sein, da doch ein solche lenge dergleichen Studium sonnst nit erfordern solle.« Soweit die Instruktion Wilhelms V. von 1584.

8 Romuald Bauerreis, Kirchengeschichte Bayerns, Bd. VII, St. Ottilien 1977, S. 106.

9 BayStaBi (Bayerische Staatsbibliothek), clm 556.

10 Helmut Dotterweich, Der junge Maximilian. Jugend und Erziehung des bayerischen Herzogs und späteren Kurfürsten Maximilian I., München 1962, S. 72.

11 Julius Oswald, SJ und Peter Rummel, (Hrsg.), Petrus Canisius. Reformer der Kirche. Festschrift zum 400. Todestag, Augsburg 1996.

12 Helmut Dotterweich, Der junge Maximilian. Jugend und Erziehung des bayerischen Herzogs und späteren Kurfürsten Maximilian I., München 1962, S. 86; von Giusanus ist leider kein Sterbedatum bekannt; Herbert Gerl, Catalogus Generalis Provinicae Germaniae Superioris et Bavariae Societatis Jesu 1556-1773, München 1968, S. 153.

13 Helmut Dotterweich, Der junge Maximilian. Jugend und Erziehung des bayerischen Herzogs und späteren Kurfürsten Maximilian I., München 1962, S. 69; Bernhard Duhr, Geschichte der Jesuiten in den Ländern deutscher Zunge in der ersten Hälfte des XVII. Jahrhunderts, Bd. 2,2, Freiburg 1913, S. 46-48; Friedrich Schmidt, Geschichte der Erziehung der Bayerischen Wittelsbacher von den frühesten Zeiten bis 1750, Berlin 1892, S. LVI; Beatrix Schönewald, Haller, Richard, in: Laetitia Boehm u. a., (Hrsg.), Biographisches Lexikon der Ludwig-Maximilian-Universität München, Teil I: Ingolstadt-Landshut 1472-1826, Berlin 1998, S. 167.

14 Helmut Dotterweich, Der junge Maximilian. Jugend und Erziehung des bayerischen Herzogs und späteren Kurfürsten Maximilian I., München 1962, S. 110. Summarium de variis rebus collegii Ingolstadiensis (Kopie in der Wissenschaftlichen Stadtbibliothek Ingolstadt), S. 55; Bernhard Duhr, Geschichte der Jesuiten in den Ländern deutscher Zunge in der ersten Hälfte des XVII. Jahrhunderts, Bd. 2, 2, Freiburg 1913, S. 569 f.; Ulrich Neumann, Marianus, Christoph, in: Laetitia Boehm u. a., (Hrsg.), Biographisches Lexikon der Ludwig-Maximilian-Universität München, Teil I: Ingolstadt-Landshut 1472-1826, Berlin 1998, S. 268.

15 Ludwig Koch, Jesuiten-Lexikon. Die Gesellschaft Jesu einst und jetzt, Paderborn 1934, Sp. 1790-1792; Martin Mulsow, Valencia, Gregor, in: Laetitia Boehm u. a., (Hrsg.), Biographisches Lexikon der Ludwig-Maximilian-Universität München, Teil I: Ingolstadt-Landshut 1472-1826, Berlin 1998, S. 449 f.; Friedrich Schmidt, Geschichte der Erziehung der Bayerischen Wittelsbacher von den frühesten Zeiten bis 1750, Berlin 1892, S. LVI.

16 Ludwig Koch, Jesuiten-Lexikon. Die Gesellschaft Jesu einst und jetzt, Paderborn 1934, Sp. 1221-1223.

17 Ebenda, Sp. 81-83.

18 Helmut Dotterweich, Der junge Maximilian. Jugend und Erziehung des bayerischen Herzogs und späteren Kurfürsten Maximilian I., München 1962, S. 130.

19 Bernhard Duhr, Geschichte der Jesuiten in den Ländern deutscher Zunge in der ersten Hälfte des XVII. Jahrhunderts, Bd. 2,2, Freiburg 1913, S. 205-210.

20 Bernhard Duhr, Geschichte der Jesuiten in den Ländern deutscher Zunge in der ersten Hälfte des XVII. Jahrhunderts, Freiburg 1913, S. 245-250.

21 Ludwig Koch, Jesuiten-Lexikon. Die Gesellschaft Jesu einst und jetzt, Paderborn 1934, Sp. 971 f.; Martin Mulsow, Keller, Jakob, in: Laetitia Boehm u. a., (Hrsg.), Biographisches Lexikon der Ludwig-Maximilian-

Universität München, Teil I: Ingolstadt-Landshut 1472-1826, Berlin 1998, S. 210 f.

22 Bernhard Duhr, Geschichte der Jesuiten in den Ländern deutscher Zunge in der ersten Hälfte des XVII. Jahrhunderts, Bd. 2,2, Freiburg 1913, S. 250 ff.; Ludwig Koch, Jesuiten-Lexikon. Die Gesellschaft Jesu einst und jetzt, Paderborn 1934, Sp. 356 f.

23 Ebenda, S. 691-723.

24 Ebenda, S. 256-263; Ludwig Koch, Jesuiten-Lexikon. Die Gesellschaft Jesu einst und jetzt, Paderborn 1934, Sp. 1815-1817.

25 Rita Haub, Ob Bajern Könige gehabt ?, in: Sammelblatt des Historischen Vereins Ingolstadt 108, Ingolstadt 1999, S. 73-93.

26 Alois Schmid, Geschichtsschreibung am Hofe Kurfürst Maximilians I. von Bayern, in: Hubert Glaser, (Hrsg.), Wittelsbach und Bayern, Bd. 2,1. Um Glauben und Reich. Kurfürst Maximilian I., München, Zürich 1980, S. 330-340.

27 Bernhard Duhr, Geschichte der Jesuiten in den Ländern deutscher Zunge in der ersten Hälfte des XVII. Jahrhunderts, Bd. 2,2, Freiburg 1913, S. 417-423; Ludwig Koch, Jesuiten-Lexikon. Die Gesellschaft Jesu einst und jetzt, Paderborn 1934, Sp. 1490 f.

28 Bernhard Duhr, Geschichte der Jesuiten in den Ländern deutscher Zun ge in der ersten Hälfte des XVII. Jahrhunderts, Bd. 2,2, Freiburg 1913, S. 723-745; Ludwig Koch, Jesuiten-Lexikon. Die Gesellschaft Jesu einst und jetzt, Paderborn 1934, Sp. 271.

29 Anton Höss, Pater Jakob Rem, München 1952.

30 Karl Engleitner, Burgundius, Nicolaus, in: Laetitia Boehm u. a., (Hrsg.), Biographisches Lexikon der Ludwig-Maximilian-Universität München, Teil I: Ingolstadt-Landshut 1472-1826, Berlin 1998, S. 57.

31 Ludwig Koch, Jesuiten-Lexikon. Die Gesellschaft Jesu einst und jetzt, Paderborn 1934, Sp. 216 f.; Karl Engleitner, Bissel, Jakob, in: Laetitia Boehm u. a., (Hrsg.), Biographisches Lexikon der Ludwig-Maximilian-Universität München, Teil I: Ingolstadt-Landshut 1472-1826, Berlin 1998, S. 46.

32 Bernhard Duhr, Geschichte der Jesuiten in den Ländern deutscher Zunge in der ersten Hälfte des XVII. Jahrhunderts, Bd. 2,2, Freiburg 1913, S. 450-458; Benno Hubensteiner, Vom Geist des Barock. Kultur und Frömmigkeit im alten Bayern, München 1967, S. 159-172, Ludwig Koch, Jesuiten-Lexikon. Die Gesellschaft Jesu einst und jetzt, Paderborn 1934, Sp. 148 f.; Manfred Weitlauff, Balde, Jakob, in: Laetitia Boehm u. a., (Hrsg.), Biographisches Lexikon der Ludwig-Maximilian-Universität München, Teil I: Ingolstadt-Landshut 1472-1826, Berlin 1998, S. 29 f.

33 Dieter Breuer, Princeps et poeta. Jacob Baldes Verhältnis zu Kurfürst Maximilian I. von Bayern, in: Hubert Glaser, (Hrsg.), Wittelsbach und Bayern, Bd. 2,1. Um Glauben und Reich. Kurfürst Maximilian I., München, Zürich 1980, S. 341-352.

34 Engelbert M. Buxbaum, Canisius, Heinrich, in: Laetitia Boehm u. a., (Hrsg.), Biographisches Lexikon der Ludwig-Maximilian-Universität München, Teil I: Ingolstadt-Landshut 1472-1826, Berlin 1998, S. 59 f.; Ludwig Koch, Jesuiten-Lexikon. Die Gesellschaft Jesu einst und jetzt, Paderborn 1934, Sp. 293 f.; Alois Schmid, Geschichtsschreibung am Hofe Kurfürst Maximilians I. von Bayern, in: Hubert Glaser, (Hrsg.), Wittelsbach und Bayern, Bd. 2,1. Um Glauben und Reich. Kurfürst Maximilian I., München, Zürich 1980, S. 335.

35 Johann Baptist Götz, Die Grabsteine der Ingolstädter Frauenkirche (1428-1829), Ingolstadt 1925, S. 38.

36 Bernhard Duhr, Geschichte der Jesuiten in den Ländern deutscher Zunge in der ersten Hälfte des XVII. Jahrhunderts, Bd. 2,2, Freiburg 1913, S. 391-396; Ludwig Koch, Jesuiten-Lexikon. Die Gesellschaft Jesu einst und jetzt, Paderborn 1934, Sp. 732-734.; Alois Schmid, Gretser, Jakob, in: Laetitia Boehm u. a., (Hrsg.), Biographisches Lexikon der Ludwig-Maximilian-Universität München, Teil I: Ingolstadt-Landshut 1472-1826, Berlin 1998, S. 156 f.

37 Speziell zu Ingolstadt: Carl Max Haas, Das Theater der Jesuiten in Ingolstadt, Emsdetten 1958; Ruth Konstanciak, Das Jesuitentheater in Ingolstadt, in: Die Jesuiten in Ingolstadt 1549-1773, Ingolstadt 1991, S. 246-260.

38 Bernhard Duhr, Geschichte der Jesuhten in den Ländern deutscher Zunge in der ersten Hälfte des XVII. Jahrhunderts, Bd. 2,1, Freiburg 1913, S. 693-703; Ludwig Koch, Jesuiten-Lexikon. Die Gesellschaft Jesu einst und jetzt, Paderborn 1934, Sp. 209.

39 Bernhard Duhr, Geschichte der Jesuiten in den Ländern deutscher Zunge in der ersten Hälfte des XVII. Jahrhunderts, Bd. 2,2, Freiburg 1913, S. 444-448; Ludwig Koch, Jesuiten-Lexikon. Die Gesellschaft Jesu einst und jetzt, Paderborn 1934, Sp. 455 f.

40 Bernhard Duhr, Geschichte der Jesuiten in den Ländern deutscher Zunge in der ersten Hälfte des XVII. Jahrhunderts, Bd. 2,2, Freiburg 1913, S. 380-386; Ludwig Koch, Jesuiten-Lexikon. Die Gesellschaft Jesu einst und jetzt, Paderborn 1934, Sp. 1726 f.; Martin Mulsow, Tanner, Adam, in: Laetitia Boehm u. a., (Hrsg.), Biographisches: Lexikon der Ludwig-Maximilian-Universität München, Teil I: Ingolstadt-Landshut 1472-1826, Berlin 1998, S. 427 f.

41 Ludwig Koch, Jesuiten-Lexikon. Die Gesellschaft Jesu einst und jetzt, Paderborn 1934, Sp. 1083-1085; Martin Mulsow, Laymann, Paul, in: Laetitia Boehm u. a., (Hrsg.), Biographisches Lexikon der Ludwig-Maximilian-Universität München, Teil I: Ingolstadt-Landshut 1472-1826, Berlin 1998, S. 234 f.

42 Siegfried Hofmann, Gumppenberg, Wilhelm, in: Laetitia Boehm u. a., (Hrsg.), Biographisches: Lexikon der Ludwig-Maximilian-Universität München, Teil I: Ingolstadt-Landshut 1472-1826, Berlin 1998, S. 161 f.; Ludwig Koch, Jesuiten-Lexikon. Die Gesellschaft Jesu einst und jetzt, Paderborn 1934, Sp. 741 f.

43 Benno Hubensteiner, Vom Geist des Barock. Kultur und Frömmigkeit im alten Bayern, München 1967, S. 118.

44 Bernhard Duhr, Geschichte der Jesuiten in den Ländern deutscher Zunge in der ersten Hälfte des XVII. Jahrhunderts, Bd. 2,1, Freiburg 1913, S. 605 f.; Benno Hubensteiner, Vom Geist des Barock. Kultur und Frömmigkeit im alten Bayern, München 1967, S. 173-187; Ludwig Koch, Jesuiten-Lexikon. Die Gesellschaft Jesu einst und jetzt, Paderborn 1934, Sp. 826 f.

45 Cajetan Cosmann, Lyprand, Georg, in: Laetitia Boehm u. a., (Hrsg.), Biographisches: Lexikon der Ludwig-Maximilian-Universität München, Teil I: Ingolstadt-Landshut 1472-1826, Berlin 1998, S. 256.

Doris Wittmann

Die letzten Lebenstage, Tod und Bestattung Maximilians »... alle stundt, ia augenblickhlich zu dem Todt berait unnd gefasst ...«[1]

Optimo Principi lubuit ante vitae exitum visere Ingolstadium...[2]

Eine eindringliche Schilderung der letzten Tage und Stunden im Leben des bayerischen Kurfürsten Maximilian I. verdanken wir seinem Biographen Johannes Vervaux, Jesuit, dessen Annales Boicae Gentis[3] erst 1662/63 unter dem Pseudonym Johann Adlzreiter, Kanzler Maximilians I., erscheinen konnten, da der Jesuitenorden die drei Bände nicht unzensiert hatte hinnehmen wollen.

Mehrmals war Maximilian schon an der Schwelle des Todes – wie die zahlreichen letztwilligen Verfügungen zeigen – angelangt, doch konnte er sich immer wieder aufraffen.

Testamente im engeren Sinne, d. h. solche mit rechtsverbindlichem Inhalt, und auch politische Testamente, die gute Ratschläge für den Nachfolger und einen reichen Erfahrungsschatz bezüglich der Regierungstätigkeit enthalten, hatte Maximilian zahlreiche verfasst, von denen einige zugunsten aktuellerer wieder kassiert worden waren.[4] Zu letzteren könnte man im weitesten Sinne sogar die Instruktionen rechnen. Solange er ohne Nachkommen war, immerhin bis 1636, versuchte er die Frage der Nachfolge zu lösen. So ist auch zu erklären, weshalb Maximilian auf die Erziehung der Kinder seines jüngeren Bruders Albrecht ein besonderes Augenmerk richtete.[5] Zudem lag ihm nach der Sanierung der Finanzen Bayerns auch deren Erhalt am Herzen, so dass 1612 bereits ein Testamentskodizill, ein kleines Bändchen, über den Staatsschatz verfertigt wurde.[6] Für den dreijährigen Erben Ferdinand Maria verfasste Maximilian die Monita paterna im Jahre 1639.[7] Sie zählen zur Gattung der politischen Testamente und entstammen der Feder von Pater Johannes Vervaux, dem kurfürstlichen Beichtvater.[8] Zwei verschiedene Versionen, eine in lateinischer, eine in deutscher Sprache, vermutlich von Maximilian selbst nebst Ergänzungen an manchen Stellen, sind überliefert.[9] Sie bilden eine Art Fürstenspiegel für den Erben, dem die religiösen, moralischen und politischen Verantwortlichkeiten eines Herrschers aufgezeigt werden, basierend auf den Lebensweisheiten seines Vaters.[10] Freilich schmälern die häufigen Zitate antiker Schriften, u. a. Xenophons, Ciceros und Tacitus' und der Bibel, beispielsweise Hiob und Lukas ihren Quellenwert beträchtlich, zumal sie den Text stark verallgemeinern.[11] Ferdinand Maria möge bedenken, dass Gott über allem stehe und alles sehe, dass er deshalb auch die Sakramente als fruchtbare Hilfsmittel regelmäßig empfangen, die Eltern achten und ehren solle, sich selbst maßvoll im Hinblick auf Nahrung, Kleidung und Emotionen verhalten, pflichtbewußt gegenüber den Untertanen handeln solle, wobei er sich vor Bestechlichkeit, Verschwendung und dem »schmaichlen der Hoff-Kazen« hüten, Krieg nach Möglichkeit vermeiden solle.

Der profundeste Maximilian-Kenner Dieter Albrecht[12] hält die Reihe der Testamente des Kurfürsten vom Jahre 1641 bis kurz vor seinem Tod für wesentlich aussagekräftiger für dessen »spezifische Anschauungen und Ziele.« Anlaß für die Abfassung des rechtsverbindlichen Testaments vom 1. Februar 1641, das wiederum ein bereits seit 1635 existierendes, leider nicht überliefertes Testament außer Kraft setzte, waren eine schwere Fischvergiftung des Kurfürsten im Jahre 1640 gewesen, die ihn hart an den Abgrund des Todes gebracht hatte, und veränderte Zeitläufte, so etwa die politische Situation, die Geburt der beiden Söhne, die eine Regelung dynastischer Fragen erforderte, und das hohe Alter des Herrschers.[13] Die Räte Richel und Mändl hatten ihm bei den Formulierungen helfend zur Seite gestanden.

Aus dem politischen Testament Maximilians 1641

Nachdem Wir durch sonderbare genad Gottes nunmehr ein zimbliches alter erraicht unnd darneben offtermahln zu gemüeth gefasst unnd betracht die unbestendig- und Zergengkhlichkheit deß Menschlichen lebens unnd wesens, deßwegen ein jeder Mensch, deme der Todt zwar gewis unnd von Gott aufgesetzt, aber die stundt gantz ungewiß und verborgen ist, dem Evangelischen spruch unnd Rhat nach alle stundt, ia augenblickhlich zu dem Todt berait unnd gefasst sein solle, Wür auch dannenhero über die von dem Reichen seegen Gottes Unns verlichene Zeitliche Haab und güetter gern Zu rechter Zeit notwendige Disposition Unnd Verordnung, wie es mit denselben nach Unnserm Zeitlichen Hintritt solle gehalten werden, aufrichten wolten, damit Wir nit etwann von dem ungewissen unnd wie ein dieb in der Nacht einschleichendten Todt Unfürsehens ubereilt unnd hernach der Zeitlichen Güetter halben Zwischen Unnsren Erben unnd nachkhomen stritt und Irrungen erweckht, auch dz ienige, was Wir derentwegen Zuverordnen fir rathsamb unnd nothwendig befundten, Zuthuen Unndterlassen werde: Alß haben Wir Unns mit Vorgehenter reiffer und wolerwogner vorbetrachtung entschlossen,dem Allmechtigen Gott zu lob und ehrn, Unnserm Hochloblichen Hauß, Landt und unnd Leuthen Zu mehrerm wolstanddt, frid und ainigkheit unnd aufnammen ein ordenliches Tesstament unnd Letzten Willen Zuverfassen unnd aufzurichten, thuen das auch hiemit in Zeit, da Wir noch bei gesundtem leib, gantzem Verstandt unnd dessen in allen Rechten wolbefuegt sein, in aller bester formb, wie es von Rechts unnd gewohnheit wegen unnd vor allen Gerichten am Krefftigisten unnd bestendigisten sein khan unnd mag, wie Underschidlich hernach volgt...

...

Ob dann auch in Aufrichtung dises Unssers Tesstaments ainiger abgang oder mangl der zuegehörigen Solemniteten unnd Zierlichkheiten erscheinen wurde, So wollen Wir doch, dz es nichts destoweniger crafft unnd wirckhung hab als ein Codicil oder als ein FideiComiss oder als ein Vätterliche Disposition inter liberos, Donatio mortis causa oder ein ieder anderer Letzter Will allergestalt, als weren alle notwendige Sollenniteten unnd Zierlichkheiten hierinen gebraucht worden. Doch behalten Wir Unns bevor, wie ohne dz menigclich Vergont unnd erlaubt ist, disen Unnsern Letzten Willen nach Unnser glegenheit unnd gefallen zuverendern, zuvermehren oder zumündern wie auch Codicil, FideiComiss unnd Legata zumachen unnd aufzurichten oder etwas auf die hernach gelaßne lähre bletter zuschreiben oder Zetl unnd Verzaichnus von Unnsern aignen Handten geschriben oder Unndterschriben disem Unnserm Testsment beizulegen oder sonsten zuhindterlassen, welches alles eben die Crafft unnd wirckhung haben solle, als were es in disem Unnserm Tesstament Von wortt zu wortt geschriben und einverleibt.

Zu krefftigem Unnd bestendigen Urkhundt dessen allen Haben Wir disen Unnsern Letzten Willen mit Unnserm aignen Handten Unndterschriben Unnd Unns entschlossen, denselben mit Gottes Hilf unnd beistandt unnd Unndter dem Schutz der ubergebenedeytesten Junckhfraw unnd Muetter Gottes Sollenniteten zu völligem standt zurichten unnd außzuferttigen. Geschechen den Ersten Monatstag Februarii, Als man zelt nach Christi heiligister geburth Aintausent Sechshundert Ain Unnd Vierzig Jare.

Das alles, was in disem liebell mit einer andern hand geschriben, ist Unser aigentlicher wolbedechtlicher lester Will und Testament. Maximilian mpr.« ...

Das Dokument, eine »Mischung aus rechtsverbindlichem Testament, Politischem Testament und Fürstenspiegel«, bestand aus Bestimmungen zur Erbfolge und zum Besitz, zur Versorgung der Kurfürstinwitwe, zur Einsetzung Ferdinand Marias als Universalerbe, zur Vormundschaft über ihn und zur Administration des Landes bis zu dessen Mündigkeit, schließlich zur Bekräftigung der Gültigkeit des Schriftstücks.[14] Neu festgelegt wurde ein Mitentscheidungsrecht der Kurfürstin Maria Anna in innerbayerischen Angelegenheiten, womit die Befugnisse des Administrators eingeschränkt wurden.[15] Als oberster Vormund in Reichsangelegenheiten sollte Kaiser Ferdinand III. fungieren, als Administrator Maximilians Bruder Albrecht. Für dessen Ablebensfall waren die nächsten Blutsverwandten im Mannesstamm ausersehen.[16] Dem ältesten Sohn und designierten Nachfolger empfahl Maximilian, für das Wohl der Untertanen und sein eigenes, nicht nur die katholische Religion zu achten, sondern auch »auf schleiniger gleichmeßiger Administrirung der Justiti unnd erhaltung guetter Policey (zu) bestehn...«[17]

Mit dem Friedensschluß von Osnabrück und Münster, der den Endpunkt für den Dreißigjährigen Krieg markierte und einen neuen status quo in der Reichs- und Religionspoltik über einen längeren Zeitraum hinweg schuf, waren erneut Ergänzungen zum Testament von 1641 vonnöten, die Maximilian in einem Kodizill vom 5. Juni 1650 vornahm. Er analysierte akribisch die Veränderungen, die der Friedensvertrag in seinen neu erworbenen Gebieten mit sich gebracht hatte, beispielsweise Abtretung von Gebieten und finanzielle Entschädigung dafür wie im Falle der Herrschaft Heidenheim, die dem Herzog von Württemberg restituiert wurde, wofür der Kurfürst eine entsprechende Geldsumme angewiesen bekam. Das Geld sollte zur Abtragung der Kriegsschulden dienen. Mit Befriedigung widmete er einen großen Abschnitt der endgültigen Regelung des

Verbleibs der Kurwürde beim bayerischen Hause aufgrund des Einverständnisses der am Krieg beteiligten Mächte.[18] Für den »Pupillen unnd CurErben« erachtete er es von Vorteil, einen Vormundschafts- und Administrationsrat ins Leben zu rufen, der nur gemeinsam mit der Kurfürstin und dem Administrator handeln konnte, einen eigenen Eid zu leisten hatte und hinsichtlich der Kammer sowie Verwaltung der Pflegen Spezialanweisungen erhielt.[19] Die Bildungsmisere, die stets im Gefolge von Kriegen zu suchen ist, wollte der Kurfürst mit der Errichtung weltlicher und geistlicher Seminarien behoben wissen.[20]

Nachdem es Maximilian vergönnt war, das Heranwachsen seines Sohnes zu einem reiferen Jüngling noch zu erleben, ließ er seinen Hofkammerpräsidenten Mändl, der gleichzeitig Mitglied des Administrationsrates war, eine Konkretisierung der Monita paterna von 1639 mit der Erweiterung um eine Passage über die Landstände abfassen: die »Treuherzigen väterlichen Lehrstücke« vom Jahre 1650, die zeitlich eng an das Testamentskodizill angelehnt worden sein dürften.[21] In diesem Dokument finden wir das häufig zitierte Bild vom Fürsten als einer Kerze, die sich selbst verzehrt, indem sie anderen leuchtet.[22] Doch sind auch erste Tendenzen zu einem frühabsolutistischen Staat hin erkennbar, da der Kurfürst seine Erfahrungen mit den Landständen einbringt und den Erben ermahnt, sie »in die schranckhen der billichkheit, gebürenden respects und gehorsambs (zu) erhalten, keine neue Privilegien zu gewähren, die alten aber nicht grundlos zu reduzieren.[23]

Vom 13. März des Jahres 1651 datiert die »Notwendige treuherzige Information«, die sich an die Kurfürstin und den Erben wandte, hauptsächlich das Finanzwesen thematisierte und Maximilian Regierungsgrundsätze deutlich zeigte. Als Verfasser dürfte wiederum Hofkammerpräsident Mändl in Frage kommen.[24] Der Kurfürst legte seiner Frau und seinem Sohn eine häufige Kontrolle der Räte und Beamten an das Herz, ebenso die Notwendigkeit der regelmäßigen Berichterstattung und Ratschläge von jenen. Beide sollten bestrebt sein, die Einkünfte zu vermehren und die Ausgaben zu verringern: »d(a)z Camerwesen und wolhausen vornemblich auf disen zwo haubtseulen, augendo censuum et parcendo sumptibus, bestehet.«[25]

Eine letzte eigenhändige geheime Instruktion des greisen Kurfürsten richtete sich gleichfalls im März 1651 an seinen Nachfolger.[26] Sie gibt einen Rückblick auf die bitteren Jahre 1612, in denen die Stände mehr Einkommen forderten als ihnen zustand, 1634, als die Stände eine Extraabgabe zur Befreiung des Landes von den Schweden und ihren Verbündeten verweigerten und Maximilian zur Einführung des »Neuen aufschlag(s)« veranlaßt wurde, ähnliches nochmals 1639 erleben mußte. Aus diesen Erfahrungen heraus resümiert er, der Landesherr könne, sobald er »die Sach verstehet, wohl regieret und Sich seines ambts unnd gewalts zugebrauchen weis« stets auf die Bereitschaft der Landstände zur Hilfe in Nöten zählen, sobald die Landstände aber »sich in billigen und nothwendigen Sachen nit weisen lassen, so hat der Landesfürst Sich Seines Rechts und gewalts wie gemelt zugebrauchen.«

Nun im fortgeschrittenen Alter von 78 Jahren reiste er mit seiner Ehefrau und seinen beiden Söhnen Ferdinand Maria und Maximilian Philipp am 15. September des Jahres 1651 von Schleißheim über Scheyern, Pfaffenhofen, Pörnbach nach Ingolstadt[27]. Es bleibt Spekulation, darüber zu befinden, was ihn zu diesem Besuch in seiner Universitätsstadt, die dem

Abb 24 *Das Neue Schloß in Ingolstadt nach dem Sandtnermodell, Sterbeort Maximilians*

Ansturm der Feinde im Dreißigjährigen Krieg standgehalten hatte und im Glauben treu geblieben war, veranlasste. War es allein das Bedürfnis der Verehrung der Reliquien, die seine Vorfahren der Pfarrkirche U. L. Frau in Ingolstadt gestiftet hatten, und der Wallfahrt nach Bettbrunn oder spürte er den nahen Tod und wollte nochmals einen Lebensrückblick an dem Ort halten, der als Zentrum der Gegenreformation zu gelten hatte? Vermutlich kam beides zusammen.

Der Senat der Universität empfing am 17. September den hohen Gast, der mit entblößtem Haupt den Professoren die rechte Hand zum Kuß reichte, am Stadttor.[28] Der Rat der Stadt hatte am 15.09. beschlossen, »Ihrer Kurfr. Drchl. auf dero alherokhunft, sambt dero f. Gmahl und 2 Jungen Prinzen 2 faß wein und ain fuetter habern zupraesentirn. warzue h. Zöpfl und h. Kinicher deputiert worden.[29] Georg Zöpfl war damals Amtsbürgermeister[30] und Ambrosius Kinicher fungierte als innerer Rat, zusätzlich als Oberbaumeister.[31]

Maximilians Wunsch gemäß besichtigte man nochmals die Kampfplätze bis hin nach Reichertshofen, an denen sich die Auseinandersetzung mit den schwedischen Truppen unter Gustav Adolf abgespielt hatte. Dabei vergaß der Greis nicht, Gott Dank zu sagen für die Befreiung der Stadt und des ganzen Vaterlandes.[32] Am 19. September nahmen die Söhne Maximilians an einer Depositio an der Universität teil.[33] In der Pfarrkirche U. L. Frau in Ingolstadt – heute Liebfrauenmünster – ließ die kurfürstliche Familie sich die Reliquien zeigen, die vor allem Herzog Ludwig der Bärtige dieser Kirche vermacht hatte, insbesondere die sog. Gnad, ein Bildnis der Jungfrau Maria in kunstvoller Goldschmiedearbeit mit kostbaren Edelsteinen, das aus Frankreich stammte. Seine Devotion und innige Verehrung dieser heiligen Zeichen beeindruckte nach Aussage seines Biographen Vervaux alle Umstehenden.[34]

Trotz windig nasskaltem Wetter brach die kurfürstliche Familie am nächsten Tag zur Pilgerfahrt in das Salvatorheiligtum Bettbrunn auf, das Maximilian schon seit seiner Jugendzeit vertraut war.[35]

»... ein seligs sterbstündl ...«[36]

Nach Ingolstadt zurückgekehrt, erkrankte Maximilian zunächst an Erkältung, später an heftigem Brechdurchfall, der ihn stark schwächte.[37] Den Besuch der Kirche des Jesuitenkollegs konnte er noch – sitzend – durchführen, doch die Teilnahme am Gottesdienst und an der Besichtigung der Pfarrkirche St. Moritz mußte abgesagt werden. Der Kurfürst konnte das Bett im Neuen Schloss nicht mehr verlassen[38]: »lecto iam affixus, in quem diarrhaea ipsum coniecerat ... vehemens ...« Zwei Ärzte und zwei Apotheker aus Ingolstadt wurden konsultiert, wie die im Hauptstaatsarchiv München erhaltenen Rechnungen zeigen[39]:

Johann Düeler[40], Stadtphysikus, und Dr. Wolf Sigismund Brem[41] erhielten beide je 16 Reichstaler Arzthonorar, der Stadtapotheker Christoph Moser 27 fl. 12 kr., der Universitätsapotheker Wolff Heinrich Strain 51 fl. 48 kr. Von beiden letzteren hat sich die Liste der angewandten Arzneimittel erhalten. Nun begannen für alle Beteiligten Tage bangen Wartens und Ringens mit dem Tode. Kurfürstin Maria Anna versandte einen noch erhaltenen Brief aus Ingolstadt mit der Bitte um das Gebet für ihren Mann am 24. September an den geheimen Rat, Kammerer und Statthalter von Amberg, Maximilian Willibald Graf zu Wolfsegg, weil menschliche Hilfe und Medikamente allein nicht ausreichten für »schwere leibsindisposition und zuestandt«, welche ihren Ehemann getroffen hatten[42]. Geistlich gut versorgt, also nach Empfang der Sakramente der Versöhnung, Eucharistie und Krankensalbung, verharrte der Kranke in Erwartung des Todes »quietus et interritus ..., ut quasi rem vix ad se pertinentem meditaretur« (ruhig und furchtlos, so als ob er den Tod als eine zu ihm gehörende Sache betrachtete).[43] Der Sterbende betete wiederholt aus Psalm 13 den Vers 4 und 5: »Erleuchte meine Augen, damit ich nicht entschlafe und sterbe, damit mein Feind nicht sagen kann: Ich habe ihn überwältigt.«[44] Unter fortwährendem Gebet von Geistlichen und anwesenden Laien verstarb Maximilian schließlich am 27. September um halb vier Uhr morgens. Die Augen schloss ihm Maximilian Graf Kurz von Senftenau.[45] Daraufhin brach die Kurfürstinwitwe ohnmächtig zusammen. Nachdem sie wieder zur Besinnung gekommen war, weinte sie, gleich den beiden Söhnen, unablässig. Als erstes kümmerte sie sich um das Seelenheil ihres Mannes und bat alle in Ingolstadt anwesenden Geistlichen und Ordensleute um Messopfer und Gebet für den Verstorbenen.[46]

In Ingolstadt, München und Altötting begannen die Vorbereitungen für das Begräbnis des Kurfürsten. Im Münsterpfarr-

Abb 25 *Memoriale des Kurfürsten Maximilian I., das seine Eingeweide birgt, im Liebfrauenmünster zu Ingolstadt*

archiv findet sich die Urkunde[47], ausgestellt von der Kurfürstinwitwe, in der die Bestattungsorte festgelegt waren: in Altötting sollte das Herz die letzte Ruhestätte finden, bei der Muttergottes, der sich Maximilian in einem mit seinem eigenen Blut verfassten Brief[48] geweiht hatte, in Ingolstadt die Eingeweide in der Pfarrkirche Unserer Lieben Frau, in München in der Kirche St. Michael, die zum Jesuitenkolleg gehört, der Leichnam.[49] Letzteres hatte der Kurfürst selbst gewünscht, nämlich in der Gruft unterhalb des Chors bei seinem Vater, seiner Mutter und der ersten Ehefrau unter dem Schutz der heiligen Michael und Ignatius.[50]

Transskription der Urkunde Bu 220 von 1651 zum Tode des Kurfürsten Maximilian I. von Bayern, ausgestellt von seiner Witwe Maria Anna, heute im Münsterpfarrarchiv Ingolstadt, Text lateinisch, mit Siegel der Kurfürstin in Blechkapsel an schwarzer Kordel

Nos Dei Gratia Maria Anna Utriusque Baviariae et Superioris Palatinatus Ducissa, Comitissa Palatina Rheni, Electrix, Leichtenbergiae Landgravia, Nata Princeps Hungariae et Bohemiae, Archiducissa Austriae, Ducissa Burgundiae, Comitissa Tyrolis etc. Praesentes litteras inspecturis vel audituris salutem. Quoniam divino Numini, in cuius ditione omnia sunt posita, et cuius voluntati nemo resistere potest, adorando licet, et irrefragabili suae immensae sapientiae, nobis tamen luctuosissimo Decreto visum est, Serenissimum Principem ac Dominum Dominum Maximilianum Utriusque Bavariae et Superioris Palatinatus, Ducem Rheni Comitem Palatinum, Sac. Rom. Imp. Archidapiferum et Electorem, Leichtenbergiae Landgravium etc. honoratissimum iuxta ac amabilissimum Dominum ac Maritum nostrum, in arce Munitionis Ingolstadiensis, Vigesima Septima Die Mensis Septembris, Anni Millesimi Sexcentesimi quinquagesimi primi ex aerumnosa hac vita ad longe felicissimam (ita nobis persuadent spectatissimae ipsius Virtutes) evocare, Nos pro flagrantissimo nostro in ipsum amore et qua par est reverentia, debito tanti Prinicpis honori atque perpetuae memoriae consulere volentes, et ne ulla ipsius portio glorioso et ad Posteros memorabili monumento careret, cum eius Corpus (uti ipse testamento caverat) templo Sancti Michaelis Monachii Societatis Jesu, Cor vero Beatissimae Virginis Oetinganae Sacello ex nostra dispositione essent transscribenda, ad intestinorum ipsius sepulturam per insigne templum Parochiale eiusdem Sanctissimae Deiparae Virginis Ingolstadii delegimus, atque in eo haec ipsa Intestina dicta iam Die, qua licuit Pompa atque celebritate, affixa desuper in aream laminam incisa Epigraphe terrae mandanda curavimus. Quamobrem, ne eiusce rei ullo unquam tempore intercidat memoria, hasce manus nostrae Subscriptione signatas nostroque Sigillo munitas in praedictae Parochialis Ecclesiae tabularium referendas et asservandas dedimus, et Viceversa a Reverendo et nobis Dilecto Wilhelmo Bennz SS. Theologiae Doctore et in Universitate Ingolstadiensi ordinario Professore, ad Beatam Virginem Parocho rei prout acta est, Testes litteras accepimus. Datae Ingolstadii Die Vigesima septima Mensis Septembris Anno supra memorato Millesimo Sexcentesimo quinquagesimo primo.
Maria Anna

Hieronymus Störz I. U. L.

Nos Dei Gratia MARIA ANNA Vtriusq. Bauariae et Superioris
Palatinatus Ducissa Comitissa Palatina Rheni Electrix Leuchtenbergiae Landgrauia Nata Princeps Hungariae et Bohemiae
Archiducissa Austriae Ducissa Burgundiae, Comitissa Tyrolis &c. Praesentes litteras inspecturis vel audituris salutem.
Quoniam diuino Numini in cuius ditione omnia sunt posita, et cuius voluntati nemo resistere potest, adorando licet & irrefragabili
sua immensa sapientia, nobis tamen luctuosissimo Decreto uisum est, Serenissimum Principem ac Dominum Dominum Maximili-
anum Vtriusq. Bauariae et Superioris Palatinatus Ducem Rheni Comitem Palatinum Sac. Rom. Imp. Archidapiferum et Electo-
rem Leuchtenbergiae Landgrauium &c. honoratissimum iuxta ac amabilissimum Dominum ac Maritum nostrum in arce Munitionis
Ingolstadiensis Vigesima Septima Die Mensis Septembris Anni Millesimi Sexcentesimi quinquagesimi primi ex aerumnosa hac
vita ad longe felicissimam Vita nobis persuadent spectatissimae ipsius Virtutes, euocare, Nos pro flagrantissimo nostro in ipsum amore et
qua par est reuerentia, obitu tanti Principis honori atq. perpetuae memoriae consulere volentes, et ne vlla ipsius portio glorioso et ad
Posteros memorabili monumento careret, cum eius Corpus (Vti ipse testamento cauerat) templo S. Michaelis Monachij Societatis
Jesu, Cor vero Beatissimae Virginis Oetinganae Sacello ex nostra dispositione essent transferenda, ad intestinorum ipsius sepultu-
ram per insigne templum Parochiale eiusdem Sanctissimae Deiparae Virginis Ingolstadij delegimus, atq. in eo haec ipsa intestina dicta
iam Die qua decuit Pompa atq. celebritate, affixa desuper in aream laminam incisa Epigraphe terrae mandanda curauimus.
Quamobrem ne eiusce rei vllo unquam tempore intercidat memoria, hasce manus nostrae Subscriptione signatas nostroq. sigillo
munitas in praedictae Parochialis Ecclesiae tabularium referendas et asseruandas dedimus, et vicissim a Reuerendo et nobis
dilecto Wilhelmo Bennz SS. Theologiae Doctore, et in Vniuersitate Ingolstadiensi ordinario Professore ac Beatam Virginem Parocho
rei prout acta est testes litteras accepimus. Datae Ingolstadij Die Vigesima septima Mensis Septembris Anno supra memorato
Millesimo Sexcentesimo quinquagesimo primo.
Maria Anna

Abb 26 *Urkunde der Kurfürstinwitwe Maria Anna von 1651 mit Festlegung der Bestattungsorte für Maximilian*

Interessant ist das Ergebnis der Sektion des kurfürstlichen Leichnams am Tag nach seinem Tod durch seinen Leibarzt Thomas Thirmair[51] – hier dürfte es sich mit Ausnahme des Herzens um die Eingeweide handeln, die heute im Memoriale des Kurfürsten im Liebfrauenmünster Ingolstadt geborgen sind: »in pulmonibus nullum vitium ..., cor ... grande ..., hepar ... admodum laudabile« (kein Makel an den Lungen, ein großes Herz, eine sehr lobenswerte Leber«). Einzig die Galle quoll über von schwarzer Flüssigkeit und war gefüllt mit 24 verschieden großen Steinen.

Da die Testamentseröffnung immer erst nach dem Begräbnis erfolgte, griff zunächst das Memorial, das Maximilian bereits 1642 verfasst hatte[52]: »Was nach meinem Tod sogleich und ohne Verzögerung einzuhalten ist ...« Klerus und Ordensleute sollten sofort benachrichtigt, ein Jahr lang täglich drei heilige Messen in der Laurentiuskapelle des Alten Hofes, auch in anderen Kirchen und an privilegierten Altären gelesen werden. Ein Eilbote wurde wunschgemäß nach Rom zu Papst Innozenz X. gesandt, damit die von Maximilian bereits 1639 gestifteten 10.000 heiligen Messen gehalten wurden. In den Annales Vervaux' ist förmlich die Schnelligkeit zu spüren, mit der man diesem Auftrag nachkam[53]: »Vix (Maximilianus) animam efflarat, cum expeditus cursor, per equos celeres, continuato noctes et dies itinere, Romam missus est, qui Innocentio X. summo Pontifici tristem nuntium de Maximiliani morte perferret, simul decem Missarum millia curaret. Pro erarum celebratione maturanda, ante annos duodecim, Maximiliani iussu, Romae deposita sacerdotibus Deo litaturis stipendia fuerant.« Der Bote hatte also Tag und Nacht ohne Unterbrechung auf schnellen Pferden seine Sendung zu erfüllen. Maximilian hatte sich ausdrücklich ausbedungen, dass für sein Begräbnis kein großer Kostenaufwand verursacht werde, statt dessen das Geld an Arme in den fünf Rentämtern verteilt werde[54]. Schon in seiner Regierungszeit hatten zahlreiche Menschen und Institutionen seine Zuwendung in Form von finanzieller Unterstützung erfahren. Zu den vielen Empfängern von Wohltaten in Form von Geld zählten im übrigen auch die Schwestern des Klosters Gnadenthal, die pro Jahr 290 fl. erhielten.[55] Die Trauerfeier sollte schlicht sein ohne castrum doloris, d. h. »reich geschmücktem Aufbau aus vergänglichen Materialien über der Aufbahrung des Verstorbenen auf einem Katafalk«[56], Inschriften oder Emblemata. Die Prediger waren angehalten, nichts zum Lob des Verstorbenen zu sagen, statt dessen alle in seinem Namen um Verzeihung zu bitten, wenn er falsch gehandelt hatte, und sie zum Gebet für ihn zu bewegen. Nach sechs oder sieben Tagen wünschte er seine Beisetzung. Von seinen Nachfolgern sollten seine frommen Stiftungen beibehalten werden, die Verteilung der 50.000 Gulden an die Armen sollte von seiner Witwe, den geheimen Räten und dem Hofkammerpräsidenten koordiniert werden.

Doch vorläufig war die Bestattung der Eingeweide in der Pfarrkirche U. L. Frau in Ingolstadt, die Fassung und Überbringung des Herzens nach Altötting und die Überführung des Leichnams nach München zu organisieren. Ein Bündel von Rechnungen im Hauptstaatsarchiv München gibt Zeugnis von der Emsigkeit in den Tagen vom 27. bis 29. September. Am Sterbeort Ingolstadt waren neben dem Klerus und den Ordensleuten, Ärzten und Apothekern zahlreiche Handwerker tätig, um den Leichenzug auszustatten. Das Salzamt Ingolstadt listete die Kosten für den »laidigen Todtfahl« im einzelnen auf[57], in den meisten Fällen existieren noch die Rechnungen der Handwerker bzw. Quittungen für den Empfang des Arbeitslohns. Der Goldschmied Matthias Leicht erhielt für 15 Lot Silber zur Einfassung des Herzens 57 fl.[58], der Tuchhändler Franz Baar insgesamt 697 fl. 27 kr. für Seidenstrümpfe, Torgauer Tuch, Lodentuch und allerlei englische Tuche[59], Balthasar Dietrich 170 fl. für den Zinnsarg, wobei 2 fl. an den Schlosser gingen, der Ringe am Sarg, die wohl der Befestigung für den Transport dienten, angebracht hatte[60]. Weiße, gelbe und rote Wachskerzen sowie Windlichter bezog man von Johann Ulrich Stänglmayr, äußerer Rat und Lebzelter, der dafür 119 fl. bekam[61]. Das Bahrtuch, bestehend aus schwarzem Samt, weißem Atlas, schwarzer Leinwand und schwarzer Seide, ferner einige andere Stoffe kamen vom Kramer Hanns Schwendter, der seine Rechnung mit dem Satz »Laus Deo semper« überschrieben hatte, und mit 277 fl. 9 kr. entlohnt wurde.[62] Das Schneiderhandwerk Ingolstadts mit zwölf Meistern einschließlich Gesellen und Lehrlingen sah sich sogar drei Tage zur Akkordarbeit genötigt und begehrte deswegen ein Trinkgeld in Höhe von 1 fl. 30 kr., das prompt auch bewilligt wurde: »Weillen dan gedachte 12 Maister, den 29. dito wegen überheiffter und Eyl fertiger zu rechter Zeit mit angezogen Clag Klaidern mit der arbeit nit zu recht khomen khönnen, alß hat ider Maister seine habente Geselln und Jungen zu arbeiten mit genommen...« Den Kerzenmeistern des Handwerks, Georg Prenner und Hans Stoll zahlte man am 30. September schließlich 25 fl. 30 kr.[63] Auch Moritzpfarrer Johann Oswald von Zimmern stellte eine Rechnung für die Funeralausgaben anläßlich des Todes von Kurfürst Maximilian aus[64]. Das Läuten aller Glocken bei St. Moritz belief sich auf 1 fl. 36 kr., das Geläut bei St. Sebastian auf 36 kr. Aus dem Dokument geht ferner hervor, dass am 28. und 29. September sieben heilige Messen im Schloss von den Geistlichen der Moritzpfarrei zelebriert wurden. Insgesamt erhielt die Moritzpfarrei 80 fl. 45 kr. 3 hl., die Pfarrei zur Schönen Unserer Lieben Frau 32 fl. 34 kr[65]. Pfarrer Wilhelm Ludwig Benz und die Geistlichkeit dort wurden für ihre Dienste beim kurfürstlichen Begräbnis und bei der Prozession zum Donautor hinaus entlohnt, u. a. erhielt der Schulmeister 40 kr., der Bub, der das Kreuz vorantrug, 8 kr., der Totengräber 2 fl. 12 kr., der Maurermeister »für die stain aufzuheben« 1 fl. 30 kr.[66] Die Eingeweide Maximilians waren nämlich am Abend des 27. September 1651 – andere Quellen nennen den 28. September[67] – zunächst – für zwei Jahre – in der Wittelsbachergruft in der Pfarrkirche U. L. Frau in Ingolstadt beigesetzt worden, bevor die Kurfürstin sie im sog. Memoriale bergen ließ, das sich heute zwischen Barbara- und Leonhardskapelle in der genannten Kirche befindet[68]. Die beiden Söhne des Verstorbenen, der akademische Senat und der Rat der Stadt begleiteten Maximilian auf diesem letzten Weg.[69]

Tags darauf brach die Trauergesellschaft mit dem Leichnam des Kurfürsten um 4 Uhr nachmittags unter großer Anteilnahme der Bevölkerung nach München auf.[70] Ordensleute, Geistliche, die Söhne des Kurfürsten, Höflinge, Doktoren der Universität, der Stadtrat und viele Bürger gaben das Geleit bis zur Donaubrücke.[71] Der Sarg befand sich auf einer sechsspännigen Kutsche und war von einem Leichentuch mit weißen Kreuz bedeckt, ein Priester auf einem Pferd führte mit einem Kreuz, das auf einer langen Lanze befestigt war, den Leichenzug an. Auf dem Weg erklangen überall dumpf die Totenglocken. Der Hofstaat wurde in Geisenfeld verköstigt und verpflegt, schnell errichtete man eine Mundküche »aufm Plaz« mit einem aufgemauerten Herd.[72] Eine »Ghart Khuchen (Garküche) zu Ilmendorf erhielt 8 fl. 31 kr. für die Verpflegung.[73] Die Betten zur Beherbergung der Gäste nahm man aus den größeren umliegenden Orten Vohburg und Neustadt zu leihen.[74] Offensichtlich nahm der Hofstaat hier einen anderen Weg als der Leichenzug, zumal der Chronist Vervaux erwähnt, die Kurfürstin und die Söhne seien erst am 1. Oktober eingetroffen.[75] Mederer bestätigt dies in seinen Annalen der Universität, indem er den Aufbruch des Leichenzugs am 29. September, die Abreise der Kurfürstin und der beiden Söhne am 30. September erwähnt.[76] Dem widerspricht allerdings ein aus München vom 30. September datierter Brief der Kurfürstinwitwe.[77] Vielleicht unterschieden sich nur die Reiseroute und die Übernachtungsorte. Bei der Ankunft des kurfürstlichen Leichnams säumten Mönche aus Scheyern, Rat und Bürger von Pfaffenhofen den Weg, zum Teil mit brennenden Wachsfackeln, als der Zug um Mitternacht Pfaffenhofen erreichte. Die Szene mag dem Chronisten gespenstisch erschienen sein, da seinem Bekunden nach so viele Menschen mit Fackeln erschienen waren, dass alle Dörfer trotz dunkelster Nacht hell leuchteten[78]: »... tanto numero, ut toti vici, per quos erat procedendum, inter adultae noctis densas tenebras clarescerent.« Der Leichnam wurde in der Pfarrkirche Pfaffenhofens aufgebahrt, wobei die Totenwache gehalten wurde und die Geistlichkeit ohne Unterlaß betete. Gleich bei Tagesanbruch setzte man den Weg fort und erreichte am Abend des 30. September München. Die Bevölkerung dort hatte sich bereits um die Residenz gedrängt, um Abschied vom Landesherrn zu nehmen, doch gestattete man ihr erst am nächsten Tag für einige Stunden diese Zeremonie. Maximilian war in der St. Georgskapelle der Residenz aufgebahrt, das Gesicht mit der adlerartigen Nase[79], die ihm sein Leibarzt bescheinigt hatte, frei, ansonsten im kurfürstlichen Gewand mit den Insignien. Am selben Tag gab man ein gedrucktes Mandat zum Tod des Landesherrn mit Anordnung der »Staatstrauer« und des Gebets heraus.[80] Die Kurfürstin schrieb am 1. Oktober von München aus wiederum an den geheimem Rat, Kammerer und Statthalter von Amberg, Maximilian Willibald Graf zu Wolfsegg, dem sie bereits die schwere Erkrankung mitgeteilt hatte, und gab »mit sonderbarem betriebtem Gemüeth ... nach etlich tegiger in hechster gedult unnd Sanfftmueth außgestandtner khrankheit« den Tod ihres Gatten bekannt.[81] Der »betaurliche(r) unnd schmerzhaffte(r) Totfahl unnd grosse(r) verlust« sollte öffentlich von den Kanzeln verkündet werden, ferner waren die Vigilien und Seelämter wie gewöhnlich abzuhalten, weltliche Vergnügungen wie Pfeifen, Trommeln, Saitenspiel und Tänze bei Strafe verboten.

Am Abend des 3. Oktober übertrug man den Leichnam in Begleitung eines kleinen Personenkreises, vornehmlich Angehörigen des Hofes und Priester, an den endgültigen Ort seiner letzten Ruhe, in die Jesuitenkirche St. Michael, wo er in Anwesenheit aller Mitglieder des Jesuitenkollegs in der Fürstengruft unter dem Chor der Kirche in den nördlich angebauten Nischen beigesetzt wurde.[82] Vier Tage später erschienen die Witwe, die beiden Söhne, der als Administrator und Vormund des jungen Kurfürsten Ferdinand Maria bestellte Albrecht VI. der Leuchtenberger[83], Bruder des Verstorbenen, und andere Verwandte sowie der gesamte Hof und Stadtrat zum Requiem für Maximilian in der St. Michaelskirche, wobei Veit Adam, Bischof von Freising, in Anwesenheit von Ulrich, Abt von Tegernsee, Martin, Abt von Fürstenfeld(bruck), Korbinian, Abt von Scheyern, diese drei Angehörige des Benediktinerordens, Athanasius, Erzdiakon und Propst von Gars, Antherus, Propst von Polling und Johann, Propst von Bernried, jene drei Angehörige des Ordens der Augustinerchorherren, anwesend waren.[84] Für die dreitägigen Exequien (Bestattungsfeierlichkeiten) erbaten die Musiker bei der Kollegiatskirche St. Michael in München, sieben an der Zahl, zwei Tenöre, zwei Bassisten, zwei Diskantisten und ein Altist, eine finanzielle Entschädigung, da sie »mit psallieren beygewohnt« und externe Musiker ebenfalls eine Entlohnung erhalten hatten[85]. Daraus geht hervor, dass die musikalische Umrahmung bei Heranziehung externer Musiker, die natürlich durch die lange Dauer der Begräbniszeremonien unumgänglich wurde, doch sehr aufwendig war. Der Liebfrauenkirche in München fielen 250 fl. für das kurfürstliche Besingnis zu, der Hoffuttermeister Augustin Pahl bekam für die »Curfrl. ... Erttbestättigung« 103 fl. 33 kr.[86] Am 17. Oktober fand in der Pfarrkirche St. Moritz in Ingolstadt ein weiteres Seelenamt, das mit der Vigil am Tag zuvor eingeleitet wurde, statt, zu dem alle Ingolstädter eingeladen waren, wie ein Verkündzettel im Stadtarchiv Ingolstadt preisgibt.[87]

Verkündzettel zum Tod Maximilians I. vom 14.10.1651 aus dem Stadtarchiv Ingolstadt

»Demnach der Allmechtige Gott seinem unveränderlichen willen nach den durchleichtigisten Fürsten und Herren, Herrn Maximilian in Ober- und Nideren Bayern, auch der Oberen Pfalz Herzogen, Pfalzgraven bey Rhein, des H. Römischen Reichs Erztrukhsessen und Curfürsten, Landgrafen zu Leichtenberg, unlengsten, nach etlichtägiger, in hechster geduld und Sanftmuett ausgestandner Krankheit aus disem zeitlichen und mühesamen, hoffenlich zu dem ewigen und seeligen leben abgefordert, und diser laidige und schmerzhafte fahl und grosser verlust dem gesambten Römischen Reich, sonderlich aber der Catholischen Kirchen, und zugleich allen gehorsamen underthanen bilich zum hechsten zubetauren und zubekhlagen ist. Als wirdet auf gn.isten (gnädigsten) Bevelch des Hochwirdigen Fürsten und Herrn, Herrn Marquarden Bischoven zu Aichstett, Unsers gn.isten Herrn Ordinarii, Hechstermelt Ihre Curfl. Drchl. (kurfürstliche Durchlaucht) Hochseligister gedechtnus, auf nechstkhunftigen freytag in S. Morizen Pfarrkhirchen alhie, morgens umb 8 Uhr mit einem Seelambt, Abents aber zuvor umb 3 Uhr mit gewohnlicher Vigil, solenniter besungen werden. Welichen Gottsdiensten meniglichen, aus schuldigkheit gegen ihren abgeleibten gn.isten Herrn und Landtsfürsten, der sovil lange Jar fir Land und Leuth sonderlich die Catholische Religion so ersprüssliche, threu vätterliche sorg, iderzeit bis in sein hechstes alter, ungespahrtes fleiß ubertragen, fleissig beyzewohnen, und den Allmächtigen Gott, fir mehrhehsternant Seiner Curfr. Drchl., und aller Christglaubigen Seelen Hayl, andechtiglich zebitten, hiemit wissen wirdet.«

Die Universität gedachte des verstorbenen Kurfürsten am 5. Dezember in einer Funeralfeier im Liebfrauenmünster in Ingolstadt in Anwesenheit aller Professoren. Man begann bereits mit der Vigil und schloss den Trauerakt mit einer Rede des Ethikprofessors Philipp Hettinger auf Maximilian vor dem Senat der Universität.[88]

Auch 1652 waren noch Kosten für den Todesfall Maximilians zu begleichen, so etwa für die Musikanten bei den Jesuiten, die 6 fl. für die Trauerfeierlichkeiten erhielten, für Balthasar Ableithner, Bildhauer, »von Possierung zwayer Epitaphien von wachs« 100 fl.[89] Das castrum doloris, das Maximilian ursprünglich nicht gewünscht hatte[90], das die Angehörigen aber doch, wenngleich in einfacher Ausführung hatten errichten lassen, verschlang 280 fl. für Marx Schinagl, Kistler (= Schreiner), 145 fl. für Caspar »am orth«, Maler, 56 fl. für Hanns Georg Weybert, Schlosser, 39 fl. für Georg Weber, Spengler, 23 fl. für Jacob Portenschlager, Glaser und 22 fl. für Catharina Schusman »umb darbey verbraucht Paumöhl.« Dazu hatten die Jesuiten noch eine »gemahlte affiction« beigesteuert, die ihnen mit 77 fl. 54 kr. vergolten wurde. Die stolze Summe von 12000 fl. kassierte der Hofkaplan Wilhelm Ochinger für Seelmessen, die er vom September 1651 bis 14. November 1652 an verschiedenen Orten und Altären zelebriert hatte.[91]

Inzwischen war auch das in Silber gefaßte Herz Maximilians nach Altötting gebracht und am 4. Oktober 1651 in den Fußboden der Gnadenkapelle eingelassen worden[92]. 23 Priester wohnten der Zeremonie bei – wie aus einer Rechnung hervorgeht.[93] Das Hofzahlamt vermerkte 1651 »wegen zu Alten Ötting begrabnen Curfrl. Herzens« ... 40 fl. 36 kr. »Uncossten«[94], ferner ein Jahr später für Hans Ernst, »Goldbewahr ... zu ainem Grabstain nach Alten Ötting gemachte Grabschrifft« 21 fl. 24 kr., »mer Ime von einem Epitaphio von methal dahin nach Ötting zuverschneiden« 36 fl.[95] Bernhard Ernst, Glockengießer, kassierte 251 fl. im Jahre 1653 für »zway gegossene Epitaphia nach Ingolstatt und Ötting zu den Churfrl. Begrebnussen«.[96] In der Kirchenrechnung der oberen Pfarre Ingolstadt (heute Liebfrauenmünster) vom Jahre 1653 findet sich ein Eintrag, dessen Zuordnung freilich ungeklärt bleiben muß: »Jacob Kurzen Schreiner wegen underschidlichen arbeit, sonderlich zwayer neben dero frl. Begrebnus gemachter formirter Truchen inhalt Scheins uber 2 fl. abbruch bezalt 30 fl.« Da nur von der fürstlichen, nicht aber kurfürstlichen Grabstätte die Rede ist, muß man offen lassen, ob es sich um die Gruft unter dem Chorraum des Hochaltars oder um Maximilians Grabmonument im Chorraum des Hochaltars, das ja erst 1653 dort errichtet wurde, handelt. Leider fehlt eine genauere Datumsangabe in der Kirchenrechnung, so dass man einen zeitlichen Bezug zur Bergung aus der Gruft und Bestattung im Chorraum des Hochaltars herstellen könnte. Ansonsten finden sich in den Kirchenrechnungen oder anderen Dokumenten des Münsterpfarrarchivs Ingolstadt keinerlei Hinweise auf den Besuch Maximilians in der Kirche, eine Spende für das Bild der »Gnad« – in den Kirchenrechnungen der oberen Pfarre gibt es eine eigene Rubrik dafür, doch ist die kurfürstliche Familie 1651 nicht erwähnt – , oder seinen Tod.[97]

»...aeternum vivat Maximilianus«

Nun begann das Trauerjahr, in dem unzählige Seelmessen gelesen und Gebete gesprochen wurden. Auch die Franziskaner in Ingolstadt, denen Maximilian in seiner Studienzeit ein neues – heute nicht mehr erhaltenes – Kirchenfenster spendiert hatte[98], zelebrierten 100 heilige Messen für ihren Wohltäter, für die der Provinzial Ambrosius Kirchmair mit Sitz in München am 25. Januar 1652 dann 66 fl. 40 kr. in Rechnung stellte.[99] Quittungen für die Bezahlung von Seelmessen stammen auch von den Augustinern, jedoch sind die Ingolstädter Vertreter dieses Ordens explizit nirgends erwähnt.[100] Bei der Verteilung der Almosen über das ganze Land, die Maximilian testamentarisch verfügt hatte, erwiesen sich seine Verwaltungsreformen als sehr nützlich.[101] Er wollte »in dero lanndten verhandtene, bedürfftige armen: insonderheit aber Pressthaffte unnd durch das vorganngene Khriegs wesen verdärbte leith« bedenken. Neben dem Richter und Gerichtsschreiber hatte auch der Pfarrer vor Ort darauf zu achten, wer spendenwürdig sei. Städte, Märkte und das Land waren in gleicher Weise mit Spenden zu versorgen. Neben den Behinderten und Kriegsgeschädigten sollten auch Hausarme, Spitäler, Siechenhäuser und arme Ordensleute Zuwendungen erhalten. Als Rekompensation hatten die Beschenkten Gebete für den verstorbenen Landesherrn zu verrichten. Der jeweils vor Ort zuständige Richter war gehalten, nach der Vergabe der Almosen ein Verzeichnis der Empfänger an die Hofkammer einzusenden.[102] Ein Beispiel dafür ist aus der Grafschaft Cham erhalten.[103] Die Listen sind genau gegliedert nach Orten, so war in »Ränwalting« ein gewisser »Hanns Arnspihler« von Altötting ansässig, der 30 kr. erhielt, »so er gannz khrump, unnd auf den khnien an 2 khruckhen hin- und wider khommen mueß«.[104] Auch der Stadt Ingolstadt gestand der Verstorbene 500 fl. Almosen zu, die Zahlung sollte zusammen mit den 1868 fl. 12 kr. 2 hl. für die Unkosten beim Tod Maximilians an das Salzamt Ingolstadt durch das Brauamt Kelheim erfolgen. Letzteres wandte sich in einem Brief an die Kurfürstinwitwe und beklagte, dass »die Cassa alhie ausgeläret«, noch offene Rechnungen vorlägen und zusätzlich Weizenkauf nötig sei, so dass das kurfürstliche Salzamt Stadtamhof um 3000 fl. Darlehen angegangen werden mußte.[105]

Ein Jahr nach dem Tod Maximilians setzte die Kurfürstinwitwe den Plan zur Errichtung des sog. Memoriales für ihren verstorbenen Ehemann in der Pfarrkirche Unserer Lieben Frau in Ingolstadt in die Tat um. Hans Ernst empfing zunächst als Abschlagszahlung »von Schneidung einer Schrifft zu einem grossen methalenen Engl nach Ingolstatt, zue Curfrl. Begrebnus geherig« 12 fl., »dann per Ressto« 33 fl.[106] Im März 1653 war dann das bescheidene Grabdenkmal fertig[107]: auf einem Piedestal aus rotem Marmor mit dem kurfürstlichen Wappen aus Bronze[108] an der Vorderseite lehnt ein bronzener, geflügelter Putto – halb sitzend – mit einem Spruchband in beiden Händen, das er dem Betrachter hinhält und ihn gleichsam zum Lesen auffordert – auf den Symbolen von Tod und Häresie: Totenkopf und Schlange[109]. Die Inschrift ist lateinisch und lautet: HAC LAMINA MAXIMILIANI I: UTR. BAV. ET SUP. PAL. DUCIS S. R. I. ARCHIDAP. ET ELECT. COM. PALAT. RHENI. LEUCHTENBERG. LANDGRAV. INGOLSTADII XXCII SEPTEMB. A. MDCLI PIISSIME DEFUNCTI VISCERA TEGUNTUR, QUAE DECUIT IN AEDE MATRIS DEI TUMULARI, PENES QUAM SUNT VISCERA MISERICORDIAE. IPSE MAIORUM IURE, SUIS MERITIS ET IUSTO FATORUM ORDINE, ELECTORATUM POSTLIM(IN)IO REDUXIT IN SUAM DOMUM. Übersetzt bedeutet dies[110]: »Diese Platte deckt die Eingeweide Maximilians I., Herzogs von Ober- und Niederbayern wie auch der Oberpfalz, Erztruchseß des Heiligen Römischen Reiches, und Kurfürsten, Pfalzgrafen bei Rhein, Landgrafen von Leuchtenberg, in Ingolstadt am 27. September 1651 in größter Frömmigkeit gestorben, welche geziemend im Hause der Gottesmutter ruhen, bei der die innersten Zeugnisse der Barmherzigkeit sind. Er selbst hat durch das Recht seiner Vorfahren, durch seine Verdienste und durch die gerechte Ordnung der Geschicke die Kurwürde wieder in sein Haus gebracht.« Dorothea Diemer sieht im Begriffspaar viscera misericordiae eine Anspielung auf folgende Stelle im Kolosserbrief: »Ihr seid von Gott geliebt, seid seine auserwählten Heiligen. Darum bekleidet euch mit aufrichtigem Erbarmen, mit Güte, Demut, Milde, Geduld!« Damit soll in Form einer Allegorie die Wahl einer der Gottesmutter geweihten Kirche als Eingeweidegrab gedeutet werden.[111] Das Grabmonument war ursprünglich in der Mitte des Chors der Pfarrkirche Unserer Lieben Frau in Ingolstadt hinter dem Kreuzaltar und direkt vor dem unbearbeiteten roten Marmorblock, der als Grabstein für Herzog Ludwig den Bärtigen gedacht war, angebracht wie eine Zeichnung aus der Sammlung von Wiedergaben Wittelsbachischer Grabdenkmäler des Hofbibliothekars Andreas Felix Oefele aus dem 18. Jahrhundert beweist. Bei den umfassenden Restaurierungsarbeiten in der Pfarrkirche 1848/51 versenkte man den Marmorblock in den Boden und versetzte das Memoriale Maximilians in das südliche Seitenschiff an den heutigen Platz. Wer den Putto des Memoriales entworfen hat, ist nicht sicher geklärt. Vieles deutet auf einen gewissen Joachim Krumb hin, der bei Petel und Murmann in Augsburg nachweislich gearbeitet hatte. Gegossen hat den Putto dagegen Bernhard Ernst in München.[112]

Die Inschrift auf dem Erzsarkophag in St. Michael in München spricht einen Lobpreis auf die Taten Maximilians aus.[113] Inhaltlich gibt der Text zur Hälfte die familiären Verhältnisse wieder: Vater, Geburtsdatum und -ort, Ehefrauen, Nachkommen, Sterbeort und -datum, zur Hälfte die politischen Erfolge: Krieg und Friedensschluß, Kurfürstenwürde, Gebietserweiterung, Verheiratung des designierten Nachfolgers, Klugheit, Ruhm und Frömmigkeit. Den Abschluß bildet der Wunsch, Maximilian möge ewig leben.

Die Inschrift beim Herzen Maximilians in Altötting dagegen gestaltete sich einfacher, aber auch dem heiligen Ort angemessener. Eine Aufzählung der Taten des Kurfürsten fehlt, nur sein Name mit den Titeln, dem Sterbeort und -datum werden erwähnt, ferner sein Herz, das erfüllt war »von einstigen außerordentlichen Wagestücken und der Liebe zur Gottesmutter«, der er sich ganz verschrieben hatte und das nach dem Tod ihr gehören sollte.[114] Das Epitaph zeigt neben dem kurfürstlichen Wappen verschiedene Todessymbole, im Hintergrund aber durchaus auch Waffen und Kriegstrophäen, die den in der Inschrift angedeuteten Wagemut des Verstorbenen untermalen.[115] Nahezu alle Fürsten Europas waren vom Tode Maximilians erschüttert, den Vervaux als »fidei Romanae columna« (= Säule des römischen Glaubens, d. h. der römisch-katholischen Kirche) apostrophierte.[116]

Zum Abschluß des Trauerjahres fand ein Gedenkgottesdienst am 12. November 1652 in der Kirche St. Michael in München statt, mit größerem Glanz als die Funeralzeremonien selbst, wie Vervaux befriedigt vermerkte. Die Kurfürstin hatte ihr Einverständnis dazu gegeben, da Maximilian nicht im Testament festgelegt hatte, wie die Jahrtage zu begehen seien.[117] Sie ließ ein großartiges Mausoleum im mittleren Chor der Kirche errichten, beleuchtet von unzähligen Fackeln, die Wände, der Fußboden des Chors und die Altäre waren mit schwarzen Draperien umhüllt, an den Seiten der Kirche waren elegante Epigramme angebracht.[118] Sie zeichneten ein positives Bild der Eigenschaften Maximilians, der in barocker Überzeichnung als der größte gefeiert wurde. Dem frommen Maximilian standen als Verteidiger des Glaubens und Erbe der himmlischen Güter die Allegorien von Glaube und Hoffnung zur Seite, dem tapferen Maximilian als Bezwinger der Leidenschaften und Säule des Kaisertums die Mäßigung und Tapferkeit, dem weisen Maximilian als Salomon der Epoche und christlichem Held die Klugheit und Religion, dem gerechten Maximilian als Vater des Vaterlandes und Wahrer der Gerechtigkeit die Nächstenliebe und Gerechtigkeit. Einen letzten Nachhall der Funeralzeremonien fand ein Eintrag über die Auszahlung von 12 fl. an den Maler »Casparn am orth« in den Hofzahlamtsrechnungen des Jahres 1653 für »an dem Castro Doloris verrichte arbeit«.[119]

Schlicht wie Maximilian sich sein Begräbnis vorgestellt hatte, lautet auch sein Sterbeeintrag in den Sterbematrikeln der Pfarrei St. Moritz in Ingolstadt – der Sterbeort, das Neue Schloss, gehört in den Pfarrsprengel von St. Moritz – vom 27. September 1651[120]:

»Maximilianus Serenissimus utriusque Bavariae et Palatinatus Superioris dux et archidapifer.«

(Maximilian Durchleuchtigster Herzog und Erztruchseß beider Bayern, d. h. Ober- und Niederbayern, und der Oberpfalz). Der Kurfürstentitel »elector« fehlt! Unter vielen anderen Toten ist Maximilian aufgelistet ohne zusätzliche Anmerkungen, da im Tode doch alle gleich sind, ohne Rücksicht auf den Stand.

Anmerkungen

1 Dokumente zur Geschichte von Staat und Gesellschaft in Bayern, Abt. I, Bd. 3,2, Altbayern 1550-1651, hrsg. von der Kommission für Bayerische Landesgeschichte, bearbeitet von Walter Ziegler, München 1992, S. 1133: Maximilians politisches Testament 1641.

2 Johann Adlzreiter (Johann Vervaux SJ), Boicae Gentis Annalium Pars III: Idea boni principatus ex vita, rebus gestis et virtutibus Maximiliani, utriusque Bavariae et Palatinatus Superioris ducis, S.R.I. archidapiferi et electoris, comitis Palatini Rheni, Leuchtenbergiae landgravii etc., München 1662, S. 588. Im folgenden Text zitiert als Adlzreiter-Vervaux.

3 Alois Schmid, Geschichtsschreibung am Hofe Kurfürst Maximilians I. von Bayern, in: Hubert Glaser, (Hrsg.), Wittelsbach und Bayern, Bd. 2, 1, Um Glauben und Reich. Kurfürst Maximilian I., München, Zürich 1980, S. 332.

4 Dieter Albrecht, Maximilian I. von Bayern, München 1998, S. 341-363.

5 Friedrich Schmidt, Geschichte der Erziehung der Bayerischen Wittelsbacher von den frühesten Zeiten bis 1750, Berlin 1892, S. LXXVIf.

6 Dokumente zur Geschichte von Staat und Gesellschaft in Bayern, Abt. I, Bd. 3,2, Altbayern 1550-1651, hrsg. von der Kommission für bayerische Landesgeschichte, bearbeitet von Walter Ziegler, München 1992, S. 770-774.

7 Friedrich Schmidt, Geschichte der Erziehung der Bayerischen Wittelsbacher von den frühesten Zeiten bis 1750, Berlin 1892, S. 105-141 (Versionen in lateinischer und deutscher Sprache).

8 Dokumente zur Geschichte von Staat und Gesellschaft in Bayern, Abt. I, Bd. 3,2: Altbayern von 1550 – 1651, hrsg. von der Kommission für bayerische Landesgeschichte, bearbeitet von Walter Ziegler, München 1992, S. 1116-1126.

9 Friedrich Schmidt, Geschichte der Erziehung der Bayerischen Wittelsbacher von den frühesten Zeiten bis 1750, Berlin 1892, S. 102 f.

10 Ebenda, S. LXXXII.

11 Dieter Albrecht, Maximilian I. von Bayern 1573-1651, München 1998, S. 350.

12 Ebenda, S. 351.

13 Ebenda, S. 349, auch Anm. 38; S. 1109; Dokumente zur Geschichte von Staat und Gesellschaft in Bayern, Abt. I, Bd. 3, Teil 2, Altbayern 1550-1651, hrsg. von der Kommission für Bayerische Landesgeschichte, bearbeitet von Walter Ziegler, München 1992, S. 1159: »Alldie weilln aber seythero Ursachen Vorgefallen, derentwegen Ich bewogen worden, dasselbe Testament widerumb zu cassiern, auffzuheben und ein anderes auff zu richten, Alß thue Ich gemeltes Testament hiemit widerumb cassiern, annuliern und auffheben ...«; Dieter Albrecht, Maximilian I. von Bayern 1573-1651, München 1998, S. 351.

14 Ebenda, S. 352; Dokumente zur Geschichte von Staat und Gesellschaft in Bayern, , Abt. I, Bd. 3,2: Altbayern von 1550 – 1651, hrsg. von der Kommission für bayerische Landesgeschichte, bearbeitet von Walter Ziegler, München 1992, S. 1132-1164.

15 Dieter Albrecht, Maximilian I. von Bayern 1573-1651, München 1998, S. 357.

16 Ebenda, S. 354.

17 Dokumente zur Geschichte von Staat und Gesellschaft in Bayern, Abt. I, Bd. 3,2, Altbayern 1550-1651, hrsg. von der Kommission für Bayerische Landesgeschichte, bearbeitet von Walter Ziegler, München 1992, S. 1139.

18 Ebenda, S. 1270.

19 Ebenda, S. 1271-1273.

20 Ebenda, S. 1282.

21 Ebenda, S. 1282-1288.

22 Friedrich Schmidt, Geschichte der Erziehung der Bayerischen Wittelsbacher von den frühesten Zeiten bis 1750, Berlin 1892, S.143.

23 Dieter Albrecht, Maximilian I. von Bayern 1573-1651, München 1998, S. 358 f.

24 Dokumente zur Geschichte von Staat und Gesellschaft in Bayern, Abt. I, Bd. 3,2, Altbayern 1550-1651, hrsg. von der Kommission für Bayerische Landesgeschichte, bearbeitet von Walter Ziegler, München 1992, S. 1288-1293.

25 Ebenda, S. 1289, Dieter Albrecht, Maximilian I. von Bayern 1573-1651, München 1998, S. 359-361.

26 Dokumente zur Geschichte von Staat und Gesellschaft in Bayern, Abt. I, Bd. 3,2, Altbayern 1550-1651, hrsg. von der Kommission für Bayerische Landesgeschichte, bearbeitet von Walter Ziegler, München 1992, S. 1295-1297.

27 Johann Adlzreiter (Johann Vervaux, SJ), Boicae Gentis Annalium Pars III: Idea boni principatus ex vita, rebus gestis et virtutibus Maximiliani, utriusque Bavariae et Palatinatus Superioris ducis, S.R.I. archidapiferi et electoris, comitis Palatini Rheni, Leuchtenbergiae landgravii etc., München 1662, S. 589.

28 Johann Nepomuk Mederer, Annales Academiae Ingolstadiensis 1572-1671, Ingolstadt 1782, S. 325.

29 Stadtarchiv Ingolstadt, Ratsbuch 1644-57, S. 217.

30 Ebenda, S. 207.

31 Ebenda, S. 221.

32 Johann Adlzreiter (Johann Vervaux, SJ), Boicae Gentis Annalium Pars III: Idea boni principatus ex vita, rebus gestis et virtutibus Maximiliani, utriusque Bavariae et Palatinatus Superioris ducis, S.R.I. archidapiferi et electoris, comitis Palatini Rheni, Leuchtenbergiae landgravii etc., München 1662, S. 589: »Revisit etiam castrorum obsidionalium vestigia locumque, in quo Rex tormenti maioris ictu ex equo deiectus, grande vitae periculum adierat... Simul egit gratias Deo civitatis et patriae liberatori.«

33 Johann Nepomuk Mederer, Annales Academiae Ingolstadiensis, Ingolstadt 1782, S. 326.

34 Johann Adlzreiter (Johann Vervaux, SJ), Boicae Gentis Annalium Pars III: Idea boni principatus ex vita, rebus gestis et virtutibus Maximiliani, utriusque Bavariae et Palatinatus Superioris ducis, S.R.I. archidapiferi et electoris, comitis Palatini Rheni, Leuchtenbergiae landgravii etc., München 1662, S. 589. Die Gnad wurde in der Säkularisation zerstört, eine Nachbildung aus Holz existiert in der Schatzkammer des Liebfrauenmünsters in Ingolstadt, vgl. Hans Meyer, Die Schatzkammer des Liebfrauenmünsters zur Schönen Unserer Lieben Frau in Ingolstadt, Ingolstadt 1985, S. 9 f.

35 Johann Adlzreiter (Johann Vervaux, SJ), Boicae Gentis Annalium Pars III: Idea boni principatus ex vita, rebus gestis et virtutibus Maximiliani, utriusque Bavariae et Palatinatus Superioris ducis, S.R.I. archidapiferi et electoris, comitis Palatini Rheni, Leuchtenbergiae landgravii etc., München 1662, S. 589.

36 Dokumente zur Geschichte von Staat und Gesellschaft in Bayern, Abt. I, Bd. 3,2, Altbayern 1550-1651, hrsg. von der Kommission für Bayerische Landesgeschichte, bearbeitet von Walter Ziegler, München 1992, S. 1134.

37 Johann Adlzreiter (Johann Vervaux, SJ), Boicae Gentis Annalium Pars III: Idea boni principatus ex vita, rebus gestis et virtutibus Maximiliani, utriusque Bavariae et Palatinatus Superioris ducis, S.R.I. archidapiferi et electoris, comitis Palatini Rheni, Leuchtenbergiae landgravii etc., München 1662, S. 590.

38 Summarium de variis rebus collegii Ingolstadiensis (Kopie in der Wissenschaftlichen Stadtbibliothek Ingolstadt), S. 388 f.; Johann Adlzreiter (Johann Vervaux, SJ), Boicae Gentis Ann`lium Pars III: Idea boni principatus ex vita, rebus gestis et virtutibus Maximiliani, utriusque Bavariae et Palatinatus Superioris ducis, S.R.I. archidapiferi et electoris, comitis Palatini Rheni, Leuchtenbergiae landgravii etc., München 1662, S. 590.

39 BayHStA FüS 568, f. 253 v., 254 r.; 270 r.; 271 r.; 272 r.; 274 r.

40 Rainer A. Müller, Düler, Johannes, in: Laetitia Boehm u. a., (Hrsg.), Biographisches Lexikon der Ludwig-Maximilians-Universität München, Teil I: Ingolstadt-Landshut 1472-1826, Berlin 1998, S. 88.

41 Rainer A. Müller, Brem, Wolfgang Sigmund, in: ebenda, S. 50 f.

42 BayHStA FüS 568, f. 184 r.

43 Johann Adlzreiter (Johann Vervaux, SJ), Boicae Gentis Annalium Pars III: Idea boni principatus ex vita, rebus gestis et virtutibus Maximiliani, utriusque Bavariae et Palatinatus Superioris ducis, S.R.I. archidapiferi et electoris, comitis Palatini Rheni, Leuchtenbergiae landgravii etc., München 1662, S. 590 f.

44 Ebenda, S. 591; Die Bibel. Einheitsübersetzung, Freiburg, Basel, Wien 1991, S. 620.

45 Johann Adlzreiter (Johann Vervaux, SJ), Boicae Gentis Annalium Pars III: Idea boni principatus ex vita, rebus gestis et virtutibus Maximiliani, utriusque Bavariae et Palatinatus Superioris ducis, S.R.I. archidapiferi et electoris, comitis Palatini Rheni, Leuchtenbergiae landgravii etc., München 1662, S. 592.

46 Ebenda, S. 593.

47 Münsterpfarrarchiv Ingolstadt Bu220/F2; Transskription von Doris Wittmann; Versuch einer deutschen Übersetzung bei: Franz Koislmeier, Urkunde der Kurfürstin-Witwe Maria Anna über die Beisetzung der Eingeweide ihres Gemahls in der Liebfrauenkirche zu Ingolstadt, in: Ingolstädter Heimatblätter 9/1951, S. 36.

48 Der Text des Briefes lautete: »In mancipium tuum me tibi dedico consacroque Virgo Maria hoc teste cruore atque chyrographo, Maximilianus peccatorum corypheus.« In Übersetzung: Dir gebe ich mich ganz zu eigen, Dir weihe ich mich, o Jungfrau Maria, wie ich es mit meiner Blutunterschrift bezeuge: Maximilianus, der Oberste der Sünder. Vgl. Benno Hubensteiner, Vom Geist des Barock. Kultur und Frömmigkeit im alten Bayern, München 1967, S. 117. Dieser Weihebrief von 1645 war doppelt versiegelt, insgeheim in den Silbertabernakel der Altöttinger Gnadenkapelle eingefügt und wurde erst 1652 vom Stiftsdekan Gabriel Küpfferle aufgefunden. Johann Adlzreiter (Johann Vervaux, SJ), Boicae Gentis Annalium Pars III: Idea boni principatus ex vita, rebus gestis et virtutibus Maximiliani, utriusque Bavariae et Palatinatus Superioris ducis, S.R.I. archidapiferi et electoris, comitis Palatini Rheni, Leuchtenbergiae landgravii etc., München 1662, S. 609.

49 Dieter Albrecht, Maximilian I. von Bayern 1573 – 1671, München 1998, S. 1105 f.

50 Johann Adlzreiter (Johann Vervaux, SJ), Boicae Gentis Annalium Pars III: Idea boni principatus ex vita, rebus gestis et virtutibus Maximiliani, utriusque Bavariae et Palatinatus Superioris ducis, S.R.I. archidapiferi et electoris, comitis Palatini Rheni, Leuchtenbergiae landgravii etc., München 1662, S. 601: »Rogabantur Patres Societatis Jesu, ut in crypta, quae est infra chorum ipsorum, apud Dominum meum Patrem et meam Dominam Matrem, prioremque meam coniugem sub Patrocinio S. Michaelis et S. Ignatii mihi quietis sedem concedant.«

51 Ebenda, S. 593.

52 Ebenda, S. 601.

53 Ebenda, S. 593.

54 Ebenda, S. 601: »Verum meus saccus vermium non erit diu extra humum retinendus, neque adhibendum multum magnificentiae aut ceremoniae in eo terrae mandando, sed sumptus istiusmodi erogandi erunt in pauperes. Sepelietur absque pompa, ut summum is ritu servabitur, qui in funere mei nepotis Joannis Franicisci Caroli piae memoriae fuit observatus ... si cui scandalo aut offensioni, qut si iis, prout decuit, non praefui: petant etiam ab illis, ut pro me apud Deum intercedant ...«

55 Ebenda, S. 623.

56 Dorothea Diemer, Hans Krumper, in: Hubert Glaser, (Hrsg.), Wittelsbach und Bayern, Bd. 2,1, Um Glauben und Reich. Kurfürst Maximilian I., München, Zürich 1980, S. 286.

57 BayHStA FüS 568, f. 253 r. – 255 r.

58 Ebenda, f. 266 r.

59 Ebenda, f. 258 r.

60 Ebenda, 568, f. 256 r.

61 Ebenda, f. 261 r.; N. B.: Die roten Wachskerzen nennt nur die Kostenrechnung des Salzamtes!

62 Ebenda, f. 263 r. – 265 v.

63 Ebenda, f. 267 r.

64 Ebenda, f. 269 r.

65 Ebenda, f. 253 v.

66 Ebenda, f. 268 r.

67 Adlzreiter-Vervaux schweigt sich über das Datum der Bestattung der Eingeweide in Ingolstadt aus; Johann Nepomuk Mederer, Annales Academiae Ingolstadiensis 1572-1671, Ingolstadt 1782, S. 326 nennt den 27.09., aus dem Summarium de variis rebus, S. 389 geht nicht eindeutig hervor, ob es der 27. oder 28.09. war. Es heißt, die Jesuiten waren bald nach dem Verscheiden des Kurfürsten ins Neue Schloss gerufen worden, wo sie Totenwache bei Gebeten verrichteten, nachts und tags. Man kann sich nun fragen, ob man die frühen Morgenstunden, in denen Maximilian verstorben war, noch zur Nacht rechnete. Da im kirchlichen Bereich um diese Zeit die Matutin üblich war, könnte man eher dafür plädieren, dass es sich um den Tag, also den 27.09. gehandelt hat, mit den nächtlichen Gebeten diejenigen der Nacht vom 27. auf den 28.09. gemeint waren. Andererseits führt die Quelle die Bestattung an eben jenem schicksalhaften Tag an, das würde doch für den Todestag selbst als Bestattungstag sprechen. Albrecht wählt den 28.09. als Tag der Bestattung und stützt sich auf ein Tagebuch des Maximilian Kurz von Senftenau, dessen Datierungen allerdings seiner Auffassung nach nicht alle uneingeschränkt übernommen werden können; vgl. Dieter Albrecht, Maximilian I. von Bayern 1573-1651, München 1998, S. 1104, Anm. 60; S. 1105; aus der Rechnung des oberen Pfarrers geht jedoch eindeutig hervor, dass die Bestattung der Eingeweide am Abend des 27.09. stattgefunden hatte, BayHStA FüS 568, f. 268 r., s. auch Siegfried Hofmann, Ingolstadt in der Zeit des Dreißigjährigen Krieges, in: Theodor Müller und Wilhelm Reissmüller, (Hrsg.), Ingolstadt. Die Herzogsstadt. Die Universitätsstadt. Die Festung, Ingolstadt 1974, S. 211.

68 Dieter Albrecht, Maximilian I. von Bayern 1573 – 1651, München 1998, S. 1106; Siegfried Hofmann und Johannes Meyer, (Hrsg.), Das Münster zur Schönen Unserer Lieben Frau in Ingolstadt, Ingolstadt 1997 (4. Auflage), S. 36.

69 Johann Nepomuk Mederer, Annales Academiae Ingolstadiensis 1572-1671, Ingolstadt 1782, S. 326.

70 Johann Adlzreiter (Johann Vervaux, SJ), Boicae Gentis Annalium Pars III: Idea boni principatus ex vita, rebus gestis et virtutibus Maximiliani, utriusque Bavariae et Palatinatus Superioris ducis, S.R.I. archidapiferi et electoris, comitis Palatini Rheni, Leuchtenbergiae landgravii etc., München 1662, S. 594.

71 Das Ratsbuch 1644-57 im Stadtarchiv Ingolstadt schweigt sich über den Tod Maximilians aus. Kein Eintrag ist zu finden.

72 BayHStA FüS 568, f. 413 r. – 415 v.: Der Zimmerermeister erhielt für den Aufbau der Mundküche 1 fl. 34 kr., der Maurer für das Aufmauern des Herdes 22 kr.

73 Ebenda, f. 254 r.

74 Ebenda, f. 413 r. – 415 v.

75 Johann Adlzreiter (Johann Vervaux, SJ), Boicae Gentis Annalium Pars III: Idea boni principatus ex vita, rebus gestis et virtutibus Maximiliani, utriusque Bavariae et Palatinatus Superioris ducis, S.R.I. archidapiferi et electoris, comitis Palatini Rheni, Leuchtenbergiae landgravii etc., München 1662, S. 594.

76 Johann Nepomuk Mederer, Annales Academiae Ingolstadiensis 1572-1671, Ingolstadt 1782, S. 327.

77 BayHStA FüS 568, f. 185 r. – 185 v.

78 Johann Adlzreiter (Johann Vervaux, SJ), Boicae Gentis Annalium Pars III: Idea boni principatus ex vita, rebus gestis et virtutibus Maximiliani, utriusque Bavariae et Palatinatus Superioris ducis, S.R.I. archidapiferi et electoris, comitis Palatini Rheni, Leuchtenbergiae landgravii etc., München 1662, S. 594.

79 Ebenda, S. 594: »... nasus longus modice aquilinus.«

80 BayHStA FüS 568, f. 264 r. – 365 r.

81 Ebenda, f. 185 r. – 185 v.

82 Johann Adlzreiter (Johann Vervaux, SJ), Boicae Gentis Annalium Pars III: Idea boni principatus ex vita, rebus gestis et virtutibus Maximiliani, utriusque Bavariae et Palatinatus Superioris ducis, S.R.I. archidapiferi et electoris, comitis Palatini Rheni, Leuchtenbergiae landgravii etc., München 1662, S. 594; Anton Schulz, St. Michael/München, München 1930 (Kirchenführer), S. 11.

83 BayHStA FüS 568, f. 44 r.-60v.

84 Johann Adlzreiter (Johann Vervaux, SJ), Boicae Gentis Annalium Pars III: Idea boni principatus ex vita, rebus gestis et virtutibus Maximiliani, utriusque Bavariae et Palatinatus Superioris ducis, S.R.I. archidapiferi et electoris, comitis Palatini Rheni, Leuchtenbergiae landgravii etc., München 1662, S. 595

85 BayHStA FüS 568, f. 145 r. und v.

86 BayHStA, Kurbayern, Hofzahlamt 100, f. 401 r.; ein Futtermeister war normalerweise für die Futtervorräte der Tiere des Marstalls verantwortlich.

87 Stadtarchiv Ingolstadt A V 25, unfoliiert: Verkündzettel vom 14.10.1651.

88 Karl Faußner und Robert Larsson-Folger, Hettinger, Philipp, in: Laetitia Boehm u. a., (Hrsg.), Biographisches Lexikon der Ludwig-Maximilian-Universität München, Teil I: Ingolstadt-Landshut 1472-1826, Berlin

1998, S. 183; der Titel der später gedruckten Leichenrede lautete: Panegyricus funebris seren. Maximiliano S. R. Imp. archidapifero et electori utriusque Bavariae et Palatinatus superioris duci, Ingolstadt 1652; Johann Nepomuk Mederer, Annales Academiae Ingolstadiensis 1572-1671, Ingolstadt 1782, S. 327.

89 BayHStA, Kurbayern, Hofzahlamt 101, f. 408 r.

90 Johann Adlzreiter (Johann Vervaux, SJ), Boicae Gentis Annalium Pars III: Idea boni principatus ex vita, rebus gestis et virtutibus Maximiliani, utriusque Bavariae et Palatinatus Superioris ducis, S.R.I. archidapiferi et electoris, comitis Palatini Rheni, Leuchtenbergiae landgravii etc., München 1662, S. 601.

91 BayHStA, Kurbayern, Äußeres Archiv 101, f. 408 v. und 409 r.

92 Dieter Albrecht, Maximilian I. von Bayern 1573 – 1651, München 1998, S. 1106. Josef Klemens Stadler, Altötting. Heilige Kapelle, München, Zürich 1957 (2. Auflage), S. 10: »Unter den Bodenplatten der inneren Hl. K(apelle) wurden bestattet die Herzen des glühendsten Marienverehrers, Kurfürst Maximilian I., ...«

93 BayHStA FüS 568, f. 288 r. – 289 v.

94 BayHStA, Kurbayern, Hofzahlamt 100, f. 401 v.

95 BayHStA, Kurbayern, Hofzahlamt 101, f. 408 r.

96 BayHStA, Kurbayern, Hofzahlamt 102, f. 508 v.

97 Münsterpfarrarchiv Ingolstadt B2, Kirchenrechnungen 1651, 1652, 1653, f. 32 v.

98 Helmut Dotterweich, Der junge Maximilian. Jugend und Erziehung des bayerischen Herzogs und späteren Kurfürsten Maximilian I., München 1962, S. 107.

99 BayHStA FüS 568, f. 523 r.

100 Ebenda, f. 425 r.-522v.

101 Vgl. Beitrag von Genoveva Rausch zur Verwaltung; Reinhard Heydenreuter, Die Behördenreform Maximilians I., in: Hubert Glaser, (Hrsg.), Wittelsbach und Bayern, Bd. 2, 1, Um Glauben und Reich. Kurfürst Maximilian I., München, Zürich 1980, S. 237-251.

102 BayHStA FüS 568, f. 2r. und v.

103 Ebenda, f. 61 r.-137v.

104 Ebenda, f. 68 r.

105 Ebenda, f. 370 r. und v.

106 BayHStA, Kurbayern, Hofzahlamt 101, f. 408 v.

107 Dorothea Diemer, Funeraldenkmal Maximilians in der Ingolstädter Liebfrauenkirche, in: Hubert Glaser, (Hrsg.), Wittelsbach und Bayern, Bd. 2, 1, Um Glauben und Reich. Kurfürst Maximilian I., München, Zürich 1980, Nr. 937, S. 575 f.; Dorothea Diemer, Das Eingeweidegrab Maximilians in Ingolstadt, in: ebenda, Nr. 938, S. 576 f.

108 Klemens Stadler, Das Wappen Maximilians I., in: Ingolstädter Heimatblätter 1952, Nr. 2, S. 7.

109 Theodor Müller, Die Wittelsbachische Grablege, in: Theodor Müller und Wilhelm Reissmüller, (Hrsg.), Ingolstadt. Die Herzogsstadt. Die Universitätsstadt. Die Festung, Ingolstadt 1974, S. 368: Die Schlange ist nach Müller wie beim Heldenputto der Mariensäule in München als Sinnbild der Häresie zu deuten, die der Kurfürst im Dreißigjährigen Krieg aus seinem Land hatte verbannen können.

110 Ebenda, S. 368.

111 Kol 3,12 s. Die Bibel. Einheitsübersetzung, Stuttgart 1980, S.1329; Dorothea Diemer, Funeraldenkmal Maximilians in der Ingolstädter Lidbfrauenkirche, in: Hubert Glaser, (Hrsg.), Wittelsbach und Bayern, Bd. 2, 1, Um Glauben und Reich. Kurfürst Maximilian I., München, Zürich 1980, Nr. 937, S. 575; dies., Das Eingeweidegrab Maximilians in Ingolstadt, in: ebenda, S. 576 f.; Joseph Gerstner, Die Stadtpfarrkirche zur Schönen Unserer Lieben Frau zu Ingolstadt, Ingolstadt 1840, S. 52.

112 BayHStA, Kurbayern, Hofzahlamt 102, f. 508 v.; Theodor Müller, Die Wittelsbachische Grablege, in: Theodor Müller, und Wilhelm Reissmüller, (Hrsg.), Ingolstadt. Die Herzogsstadt. Die Universitätsstadt. Die Festung, Ingolstadt 1974, S. 368 f.

113 Johann Adlzreiter (Johann Vervaux, SJ), Boicae Gentis Annalium Pars III: Idea boni principatus ex vita, rebus gestis et virtutibus Maximiliani, utriusque Bavariae et Palatinatus Superioris ducis, S.R.I. archidapiferi et electoris, comitis Palatini Rheni, Leuchtenbergiae landgravii etc., München 1662, S. 596.

114 Ebenda, S. 597.

115 Dorothea Diemer, Das Eingeweidegrab Maximilians in Ingolstadt, in: Hubert Glaser, (Hrsg.), Wittelsbach und Bayern, Bd. 2, 1, Um Glauben und Reich. Kurfürst Maximilian I., München, Zürich 1980, Nr. 939, S. 577 f.

116 Johann Adlzreiter (Johann Vervaux, SJ), Boicae Gentis Annalium Pars III: Idea boni principatus ex vita, rebus gestis et virtutibus Maximiliani, utriusque Bavariae et Palatinatus Superioris ducis, S.R.I. archidapiferi et electoris, comitis Palatini Rheni, Leuchtenbergiae landgravii etc., München 1662, S. 598.

117 Ebenda, S. 598: »... maiore splendore, quam iusta funebria, quae Maximilianus ad certas modestiae leges testamento restrinxerat. Cum de annua celebritate nihil statuisset, Serenissima Regens vidua indulsit suae in Serenissimum Maritum pietati et venerationi.«

118 Ebenda, S. 599 f.

119 BayHStA, Kurbayern, Hofzahlamt 102, f. 512 r.

120 Pfarrarchiv St. Moritz in Ingolstadt: Sterbematrikel 1640-1697, S. 98.

Edmund Hausfelder

Eine Wittelsbacher Sekundogenitur am Niederrhein

Die Besetzung vakanter Bischofsstühle mit nachgeborenen Wittelsbacher Prinzen hatte es nicht erst seit 1583 gegeben, als Herzog Ernst von Bayern zum Kurfürst-Erzbischof von Köln gewählt wurde und damit eine Ära einleitete, die fast 180 Jahre währen sollte.

Die Reihe der Bischöfe aus der bayerischen Linie der Wittelsbacher hatte bereits 1517 Herzog Ernst, der jüngste Bruder Wilhelms IV., eröffnet, als er nach dem Tod des Wiguläus Fröschl Bischof von Passau wurde. Ernst, der keinerlei geistliche Neigungen verspürte, sondern vielmehr zusammen mit seinen Brüdern Wilhelm und Ludwig (X.) über Bayern regieren wollte, war von diesen in seine Rolle förmlich genötigt worden. Als er weiterhin auf einer Mitregierung bestand, erreichten es seine Brüder in mühsamen und langwierigen Verhandlungen mit dem Wiener Hof, dass Ernst nach dem Tod des Kardinals Matthäus Lang von Wellenburg 1540 auf den Salzburger Erzbischofsstuhl erhoben wurde. Allerdings musste er gleichzeitig die Passauer Bischofswürde abgeben. Nachdem Ernst aber auf seiner Ablehnung der priesterlichen Weihen beharrte und sich damit den Bestimmungen des Konzils von Trient nicht beugte, blieb ihm schließlich keine andere Wahl, als 1554 seine erzbischöfliche Würde wieder niederzulegen. Daraufhin zog er sich in seine schlesische Herrschaft Glatz zurück, wo er am 7. Dezember 1560 starb.[1]

1566 war es erneut ein Ernst, der den Bischofsstuhl von Freising bestieg. Dort konnte Bischof Moritz von Sandizell veranlasst werden, zugunsten des erst zwölfjährigen Sohnes Herzog Albrechts V. zu resignieren.[2] Ernst sollte in den folgenden Jahren eine ganze Reihe deutscher Bistümer und Abteien in seiner Hand vereinigen. Die ersten Versuche, das große und einflussreiche geistliche Kurfürstentum Köln zu gewinnen, scheiterten. Dort musste, nachdem er sowohl vom Kaiser als auch vom Papst bedrängt wurde, Erzbischof Friedrich von Wied 1567 zurücktreten. Ernst konnte sich allerdings nicht gegen seine beiden Konkurrenten, Kardinal Otto Truchseß von Waldburg, den Bischof von Augsburg und Kandidaten des Papstes, und Salentin von Isenburg, einen Kölner Domherrn, durchsetzen. Da das Domkapitel auf einen Mann aus den eigenen Reihen beharrte, ging Isenburg schließlich als Sieger hervor. Doch wie zuvor schon Friedrich von Wied war auch der neue Erzbischof nicht bereit, sich zum Priester weihen zu lassen, konnte sich jedoch immer wieder mit Rom arrangieren. Erst 1576 entschloss sich Salentin von Isenburg, auf seine Würden zu resignieren und zu heiraten. Er versuchte, auf dem Umweg über eine Koadjutorie, Ernst von Bayern seine Nachfolge zu ebnen. Doch das Domkapitel ließ sich auf diesen Schachzug nicht ein und lehnte Salentins Vorhaben strikt ab. Erneut standen Ernst damit zwei Gegenkandidaten gegenüber, Johann von Manderscheid, der Bischof von Straßburg, und Gebhard Truchseß von Waldburg, ein Neffe des 1567 leer ausgegangenen Anwärters. Im Dezember 1577 wurde letzterer mit knapper Mehrheit zum neuen Erzbischof von Köln gewählt und sowohl vom Papst als auch vom Kaiser bestätigt.[3]

1573 wurde Ernst jedoch Bischof von Hildesheim. Dieses Bistum war in einer blutigen Fehde zu Beginn des 16. Jahrhunderts auf einen Bruchteil seines ursprünglichen Umfangs zusammengeschmolzen, finanziell zerrüttet und von begehrlichen protestantischen Nachbarn umgeben. An dessen Gewinn war man bayerischerseits nicht interessiert gewesen, die Initiative dazu war vielmehr von Hildesheim selbst ausgegangen. Nur äußerst widerstrebend hatte man deshalb in München dem dringenden Hilferuf des Bistums nachgegeben.[4]

Zu Beginn des Jahres 1581 gelangte Ernst auch in den Besitz des großen Bistums Lüttich und wenige Tage später der stets in Personalunion miteinander verbundenen gefürsteten Reichsabteien Stablo und Malmedy.[5]

Zwischenzeitlich war es in Bayern gelungen, auch Philipp Wilhelm, einen Sohn Herzog Wilhelms V., auf den Bischofsstuhl von Regensburg zu erheben. Dieser zählte bei seinem Amtsantritt 1579 gerade erst drei Jahre. Wichtig für Bayern war, dass sich nun beide innerhalb des eigenen Territoriums gelegenen Fürstbistümer in der Hand wittelsbachischer Prinzen befanden. Am 18. Dezember 1596 erhob Papst Klemens VIII. Philipp Wilhelm in den Kardinalsrang. Die Insignien wurden ihm durch einen päpstlichen Legaten am 2. Februar 1597 in München überreicht. Doch bereits in seinem 22. Lebensjahr starb er am 18. Mai 1598 im Schloss zu Dachau an der Schwindsucht.[6]

1583 schließlich hatten auch die Bemühungen um Köln den ersehnten Erfolg. Dort war Erzbischof Gebhard im Jahr zuvor protestantisch geworden und hatte wenig später seine Geliebte, Gräfin Agnes von Mansfeld, geheiratet. Als er die Aufforderung erhielt, unverzüglich in den Schoß der katholischen Kirche zurückzukehren, zog er sich aus Köln in das sichere Westfalen zurück. Seitens der katholischen Partei wurde der Landsberger Bund mobilisiert. Der Kaiser, die Könige von Frankreich und Spanien, die Medici, die Erzbischöfe von Mainz und Trier sowie die Herzöge von Bayern und Jülich-Kleve-Berg wurden um Hilfe gebeten. In und um Köln hatten beide Parteien Truppen zusammengezogen. In Bonn kam es zu einem ersten Aufeinandertreffen, bei dem die spanischen Truppen gegen die Kölner Besatzung eine empfindliche Niederlage erlebten. Unter dem Druck Brandenburgs und Sachsens, die mit einem bewaffneten Einschreiten drohten, zogen sich die Spanier vorübergehend wieder völlig aus dem Kölner Gebiet zurück. Da beide Kurstaaten hierauf nicht mehr eingriffen, die Spanier aber unvermutet zurückkehrten, wendete sich das Blatt rasch. Die Spanier überrannten – mit Ausnahme Bonns und Godesbergs – das gesamte Kölner Oberstift und den größten Teil des Unterstifts. Damit besaß Erzbischof Gebhard keine Reserven mehr und musste kapitulieren. Überdies entsetzte der Papst am 22. März 1583 Gebhard von Truchseß seiner geistlichen Würden. Damit war auch der Weg für die Wahl eines Nachfolgers frei. Am 23. Mai 1583 wurde Ernst von Bayern einstimmig zum neuen Kurfürst-Erzbischof von Köln gewählt. Im Oktober löste Pfalzgraf Johann Kasimir, ein reformierter Pfälzer Wittelsbacher, der zusammen mit Graf Johann von Nassau zu den wichtigsten Verbündeten Erzbischof Gebhards zählte, sein Heer auf, noch ehe größere Auseinandersetzungen mit den Truppen der Bayern, Kölner und Spanier, die Ferdinand von Bayern, ein Bruder des neuen Erzbischofs, befehligte, entstanden waren. Dieser katholischen Streitmacht gelang es in verhältnismäßig kurzer Zeit, Ernsts Herrschaft zu festigen, wenn auch vereinzelte kleinere Gefechte und wiederholte Reibereien noch lange Zeit andauern sollten.[7]

Abb 27 *Kurfürst-Erzbischof Ernst von Köln (1583-1612), Maximilians Onkel. Ölgemälde*

1584 gelang es schließlich, Ernst auch noch auf den Bischofsstuhl von Münster zu erheben.[8] Nun vereinigte er fünf Bistümer und eine Doppel-Reichsabtei in seiner Hand. In Köln war damit eine wittelsbachische Sekundogenitur entstanden, die 178 Jahre Bestand hatte, insgesamt mit fünf bayerischen Prinzen besetzt werden konnte und erst mit dem Tod Kurfürst Klemens Augusts 1761 endete.

1591 wurde Ferdinand von Bayern, ein Bruder Maximilians I. und Bischof Philipp Wilhelms von Regensburg, zum

Abb 28 *Kurfürst-Erzbischof Ferdinand von Köln (1612-1650), Maximilians Bruder. Kupferstich*

Koadjutor in der salzreichen Fürstpropstei Berchtesgaden gewählt. 1595 konnte er dem verstorbenen Fürstpropst ungehindert nachfolgen. 1596 wurde er als kaum 19jähriger auch in Köln zum Koadjutor seines Onkels Ernst gewählt und mit der Leitung des Erzbistums betraut. Ernst war ständig abwesend – meist hielt er sich in Lüttich auf – und hatte die Regierung willkürlichen Räten und einem ständigen päpstlichen Nuntius überlassen. Als wiederholte Übergriffe der noch immer im Land stationierten spanischen und bayerischen Besatzungstruppen die Landstände und das Domkapitel gegen ihren Landesherrn rebellieren ließ, war dies für Rom ein willkommener Anlass, im Verein mit Herzog Wilhelm V. diesen unbequemen Erzbischof loszuwerden. Der Papst befahl Ernst, in der Person seines Neffen Ferdinand einen Koadjutor mit dem Recht der Nachfolge anzunehmen, was auch geschah. Nach und nach gelang es, Ferdinand in allen Ländern seines Onkels Koadjutorien zu verschaffen, 1599 in Stablo und Malmedy, 1602 in Lüttich und 1611 in Hildesheim und Münster. 1612 erlangte er sogar noch die Stelle eines Koadjutors in Paderborn. Nur in Freising kam es zu keiner Koadjutorwahl mehr und nach Ernsts Tod wählte man dort mit Stephan von Seiboldsdorf einen Mann aus dem eigenen Domkapitel zum Bischof. Als Kurfürst-Erzbischof Ernst von Bayern am 17. Februar 1612 auf Schloss Arnsberg im Sauerland starb, konnte ihm Ferdinand mit besagter Ausnahme in allen seinen Ländern nachfolgen. 1618 schließlich kam er nach dem Tod Bischof Dietrichs von Fürstenberg auch in Paderborn an die Regierung.[9]

Doch nicht in allen Bistümern gelangte man ans Ziel. Als es am 14. November 1597 in Passau darum ging, einen Koadjutor für den greisen Bischof Urban von Trenbach zu bestimmen, trat Ferdinand von Bayern auch hier als Kandidat auf. Ihm stand der erst zwölfjährige habsburgische Erzherzog Leopold gegenüber. Der Kaiser, der gerne einen Vertreter seines eigenen Hauses auf dem Passauer Bischofsstuhl sehen wollte – reichte doch dieses Bistum bis weit in die habsburgischen Erblande hinein – wusste den umstrittenen Wahlausgang zu nutzen. Nach heftigen Auseinandersetzungen zwischen beiden Parteien konnte er Papst Klemens VIII., der ansonsten den Wittelsbachern sehr gewogen war, unter Druck setzen und veranlassen, sich für den Habsburger als Wahlsieger zu entscheiden. Maximilian unterstellte damals verärgert, dass hierbei wohl das Geld den Ausschlag gegeben habe. Leopold von Österreich wurde Koadjutor und im Jahr darauf Bischof von Passau und konnte die Reihe von drei Erzherzögen auf diesem Bischofsstuhl eröffnen.[10]

Im Verlauf des Dreißigjährigen Krieges gelang es den Wittelsbachern, noch eine Reihe weiterer geistlicher Territorien hinzuzugewinnen. Franz Wilhelm von Wartenberg, am 1. März 1593 als ältester Sohn aus der unebenbürtigen Verbindung Herzog Ferdinands, eines Bruders Wilhelms V., mit der bayerischen Beamtentochter Maria Pettenbeck hervorgegangen, wurde 1621 Obersthofmeister und leitender Minister seines Vetters, des Kurfürst-Erzbischofs Ferdinand von Köln.

Am 19. September 1625 starb Kardinal Eitel Friedrich Graf von Hohenzollern-Sigmaringen, der Bischof von Osnabrück.

Erst zwei Jahre zuvor war es dem dortigen Domkapitel gelungen, wieder einen Katholiken auf den Bischofsstuhl zu erheben. Das Hochstift war seit 1574 ausschließlich von evangelischen Bischöfen regiert und fast an den Rand des Untergangs gedrängt worden. Nun schienen allerdings die mühsam in Gang gekommenen Rekatholisierungsbemühungen mit einem Schlag zunichte gemacht. Da postulierte das Domkapitel am 27. Oktober 1625 gegen den Widerstand des Kaisers und des Königs von Dänemark, die beide gerne Angehörige ihrer Häuser als aussichtsreiche Kandidaten gesehen hätten, mit Franz Wilhelm von Wartenberg erneut einen Katholiken zum Bischof von Osnabrück. Wegen einiger Formfehler verzögerte sich dessen päpstliche Bestätigung allerdings bis zum 27. Januar 1627. Während dieser Zeit war Osnabrück von dänischen Truppen besetzt, die eine Koadjutorie für ihren Prinzen Friedrich erzwingen wollten. Nur mühsam konnte Tilly mit den Truppen der Liga den Feind wieder aus dem Land verdrängen. Mit großer Entschlusskraft, teilweise aber auch mit rücksichtsloser Härte, trieb der neue Bischof die begonnene Rekatholisierung Osnabrücks weiter voran.

1629 gelangte Franz Wilhelm auch auf den Bischofsstuhl von Minden und im Jahr darauf von Verden. Am 23. November 1633 wurde er als Bistumsadministrator von Hildesheim eingesetzt. Bereits am 24. Juli dieses Jahres hatte er jedoch Osnabrück vor den herannahenden Schweden verlassen, um der drohenden Unterwerfung zu entgehen. Am 9. November 1641 wurde er unter massivem Druck Bayerns zum Koadjutor des Regensburger Bischofs Albrecht von Törring gewählt. Am 4. Mai 1645 übertrug ihm Papst Innozenz X. die Würde eines Apostolischen Vikars für das Erzbistum Bremen und gleichzeitig die Sorge für die nordischen Missionen. Im Westfälischen Frieden musste er den Verlust seiner Bistümer Minden und Verden hinnehmen, konnte aber durch seine kompromisslose Haltung, die selbst im katholischen Lager manchmal auf Ablehnung stieß, wenigstens Osnabrück behalten. Im April 1649 folgte er in Regensburg als Bischof nach. Am 5. April 1660 wurde er von Papst Alexander VII. zum Kardinal erhoben, am 1. Dezember 1661 starb er in Regensburg.[11]

Ferdinand von Köln hatte seinem Neffen Maximilian Heinrich, dem älteren Sohn seines jüngsten Bruders Albrecht, rechtzeitig die Nachfolge zu sichern versucht. So konnte dieser bereits 1630 in der Fürstpropstei Berchtesgaden, 1633 in Hildesheim, 1642 in Köln und 1649 in Lüttich zum Koadjutor gewählt werden. Nach Ferdinands plötzlichem Tod in Arnsberg am 13. September 1650 folgte Maximilian Heinrich ihm überall dort sowie in der Doppelabtei Stablo und Malmedy nach. Münster und Paderborn hingegen gingen dem Haus Wittelsbach für einige Zeit verloren.[12]

Abb 29
Kardinal Franz Wilhelm von Wartenberg, Bischof von Osnabrück und Regensburg. Ölgemälde

Auch für Maximilian Heinrichs Bruder Albrecht Sigmund war es 1642 zu einer Koadjutorwahl gekommen. Veit Adam von Gebeck, der Fürstbischof von Freising, hatte ihn mit dem Recht der Nachfolge angenommen. 1652 trat mit dem Tod Gebecks diese Regelung in Kraft. 1668 konnte Albrecht Sigmund auch den Bischofsstuhl von Regensburg besteigen, nachdem er zwei Jahre zuvor mit diesem Schritt gescheitert war. Damals war nach dem Tod des Fürstbischofs Adam Lorenz von Törring der Salzburger Erzbischof Guidobald von Thun zu seinem Nachfolger bestimmt worden. Nun aber hatte Albrecht Sigmund mit bayerischer Unterstützung Erfolg.[13] Während Regensburg bis 1763 von Wittelsbacher Bischöfen regiert werden konnte, kam es in Freising schon 1694 zu einer Unterbrechung, die 33 Jahre dauerte. Von 1727 bis 1763 saß dann erneut ein bayerischer Prinz auf diesem Bischofsstuhl.

Anmerkungen

1 Manfred Weitlauff, Die Reichskirchenpolitik des Hauses Bayern im Zeichen gegenreformatorischen Engagements und österreichisch-bayerischen Gegensatzes, in: Wittelsbach und Bayern II/1. Um Glauben und Reich. Kurfürst Maximilian I., hg. v. Hubert Glaser, München-Zürich 1980, S. 51; Erwin Gatz, Die Bischöfe des Heiligen Römischen Reiches 1448 bis 1648, Berlin 1996, S. 160-163.
2 Weitlauff, S. 53.
3 Günther von Lojewski, Bayerns Kampf um Köln, in: Wittelsbach und Bayern II/1. Um Glauben und Reich. Kurfürst Maximilian I., hg. v. Hubert Glaser, München-Zürich 1980, S. 41 f.
4 Weitlauff, S. 55.
5 Lojewski, S. 42; Weitlauff, S. 55.
6 Weitlauff, S. 58; Gatz, S. 534 f.
7 Lojewski, S. 43 f.; Weitlauff, S. 56.
8 Lojewski, S. 44; Weitlauff, S. 56.
9 Weitlauff, S. 57-59; Erwin Gatz, Die Bischöfe des Heiligen Römischen Reiches 1648 bis 1803, Berlin 1990, S. 107-110.
10 Weitlauff, S. 58 f.
11 Weitlauff, S. 60 f.; Gatz, Bischöfe 1448 bis 1648, S. 149 f.; Ders., Bischöfe 1648 bis 1803, S. 558-561.
12 Weitlauff, S. 61; Gatz, Bischöfe 1648 bis 1803, S. 301 f.
13 Gatz, Bischöfe 1648 bis 1803, S. 6.

Edmund Hausfelder

Das Regensburger Kolloquium

Abb 30 *Das Regensburger Religionsgespräch von 1601. Kolorierter Kupferstich*

Eine Meinungsverschiedenheit Maximilians I. und Herzog Philipp Ludwigs von Pfalz-Neuburg über eine Schmähschrift des Jesuiten Konrad Vetter gegen Person und Lehre Luthers gab 1599 Anlass für die Planungen zu einem Religionsgespräch zwischen bayerischen (katholischen) und Neuburger (protestantischen) Theologen. Das unterschiedliche Glaubensbekenntnis hielt beide Fürsten weder vor noch nach diesem Vorfall davon ab, in der Regel relativ gute nachbarschaftliche und verwandtschaftliche Beziehungen miteinander zu pflegen. Nachdem die Vorbereitungen für das Kolloquium zunächst ins Stocken geraten waren, brachte Maximilian im Frühjahr 1601 wieder Bewegung in diese Angelegenheit. Man einigte sich auf die Heilige Schrift als zentrales Thema und legte als Ort des Religionsgesprächs das Rathaus in Regensburg fest. Maximilian wäre allerdings der dortige Bischofssitz lieber gewesen, da er Zuhörer nach Möglichkeit ausschließen wollte aus Sorge, Papst und Kaiser würden eine öffentliche Disputation nicht dulden.

Herzog Philipp Ludwig verschickte Einladungen an andere protestantische Reichsfürsten und bat darin um eine Stellungnahme sowie um die Entsendung von Theologen nach Regensburg. Der Herzog von Württemberg schickte daraufhin zwei Delegierte, Kursachsen ebenfalls zwei, außerdem Kurbrandenburg, Pfalz-Sulzbach und Braunschweig-Wolfenbüttel. Philipp Ludwig bestimmte den Wittenberger Theologieprofessor Ägidius Hunnius und seinen Neuburger Hofprediger Jakob Hailbronner als Kolloquenten.[1] Maximilian ernannte die Ingolstädter Professoren Albert Hunger, der auch Vizekanzler der Universität sowie Kanonikus in Eichstätt und Passau war[2], und Jakob Gretser SJ zu Gesprächsteilnehmern.[3] Für den erkrankten Gretser sprang später sein junger Ordenskollege Adam Tanner SJ ein. Letzterer war ein Schüler des berühmten Gregor von Valencia und seinen Gesprächspartnern aufgrund seiner ausgezeichneten Ausbildung und seiner hervorragenden theologischen Kenntnisse überlegen.[4] Maximilian hatte im Gegensatz zu seinem Neuburger Nachbarn davon Abstand genommen, außerhalb Bayerns nach Kolloquenten zu suchen.

Am 26. November 1601 trafen die Fürstlichkeiten in Regensburg ein, um gemeinsam dem Kolloquium beizuwohnen, auf bayerischer Seite Maximilian und sein Bruder Albrecht, auf Neuburger Seite Philipp Ludwig und sein Sohn Wolfgang Wilhelm. Das Kolloquium umfasste insgesamt 14 Arbeitssitzungen. Wie Maximilian befürchtet hatte, waren auch viele Zuhörer anwesend. Der katholischen Partei kam allerdings zugute, dass die Gespräche lateinisch geführt wurden. Dies konnte gegen den Widerstand der protestantischen Theologen durchgesetzt werden, da die Jesuiten argwöhnten, dass ein Kolloquium in deutscher Sprache zu einer Propagandaveranstaltung für die gegnerische Partei ausarten könnte.[5]

Das Religionsgespräch scheiterte. Als Hauptgründe wurden Kommunikationsprobleme und die fehlende Bereitschaft, auf Polemik und Beschimpfungen zu verzichten, angeführt. Hunnius beklagte sich z. B. bei Maximilian, dass ihn die Katholiken wegen seiner angeblich undurchsichtigen Argumentation und Verletzung der Disputationsregeln als hinterlistigen Wechselbalg beschimpft hätten. Der bayerische Herzog entgegnete, dass es ein größeres Unrecht, ja sogar eine Beleidigung für die ganze Kirche sei, den Papst als Antichristen zu bezeichnen, wie es die protestantischen Prediger gewagt hätten. Wegen dieser unüberbrückbaren Schwierigkeiten brachen die Fürsten die Gespräche vorzeitig ab.[6]

Jede Partei versuchte nun, das Kolloquium für ihre Zwecke auszunutzen, stellte sich als Sieger und das gegnerische Lager als Unterlegenen dar. Die Fürsten hatten allerdings erkannt, dass es infolge der vielfältigen Probleme weder Sieger noch Verlierer geben konnte und der Ausgang des Streitgesprächs unentschieden war.

Immerhin waren im Anschluss an das Kolloquium 53 Konversionen von Protestanten sowie zahlreiche Beichten zu verzeichnen, eine Tatsache, die die Jesuiten nun ihrerseits propagandistisch verwerteten.[7] Eines allerdings konnte bis heute nicht abschließend beantwortet werden: Wurde durch das Religionsgespräch bereits der erste Grundstock für den zwölf Jahre später erfolgten Übertritt Wolfgang Wilhelms zur katholischen Kirche gelegt oder nicht?

Anmerkungen

1 Barbara Bauer, Das Regensburger Kolloquium 1601, in: Wittelsbach und Bayern II/1. Um Glauben und Reich. Kurfürst Maximilian I., hg. v. Hubert Glaser, München-Zürich 1980, S. 91.

2 Biographisches Lexikon der Ludwig-Maximilians-Universität München, Teil I: Ingolstadt-Landshut 1472-1826, Berlin 1998, S. 196.

3 Ebenda, S. 156 f.

4 Ebenda, S. 427 f.

5 Bauer, S. 91 f.

6 Ebenda, S. 93.

7 Ebenda, S. 95.

Edmund Hausfelder

Kriegerische Auseinandersetzungen: Salzburg und Jülich-Kleve

Maximilians Bruder Ferdinand war 1591 in Berchtesgaden von einem Teil des Stiftskapitels zum Koadjutor des Fürstpropstes Jakob II. Pütrich gewählt worden, sehr zum Missvergnügen des benachbarten Erzbischofs von Salzburg, des jungen Wolf Dietrich von Raitenau, der sowohl in München als auch am Kaiserhof und in Rom gegen die Wahl protestierte. Als der Papst die Wahl Ferdinands bestätigte, hatte die bayerische Partei gesiegt. Nachdem Fürstpropst Jakob im Dezember 1594 starb, konnte Ferdinand ungehindert seine Nachfolge übernehmen.[1] Es begann die bayerische Epoche der Fürstpropstei, die bis 1723 dauern sollte.

Der ehrgeizige und weltlichen Dingen sehr aufgeschlossene Erzbischof beobachtete die geschickte Politik Maximilians nicht ohne Argwohn. Auch neidete er ihm die Vormachtstellung im bayerischen Reichskreis, dem Wolf Dietrich ebenfalls angehörte. Das Direktorium des Kreises lag seit 1555 abwechselnd in den Händen Bayerns und Salzburgs. Hinzu kam, dass Maximilian die Erhebung Wolf Dietrichs in den Kardinalsrang verhindert hatte. Doch sind die Wurzeln der Skepsis des Erzbischofs gegenüber Bayern schon vor dem Regierungsantritt Maximilians zu suchen. Bereits im April 1589 hatte Wolf Dietrich den Austritt Salzburgs aus dem Landsberger Bund vollzogen und ihn dadurch nicht unerheblich geschwächt. Aus all diesen Gründen blieb er auch der neu errichteten Katholischen Liga trotz wiederholter Einladungen fern. Nicht einmal die Bemühungen der drei geistlichen Kurfürsten zwischen August 1609 und Juli 1610 konnten ihn umstimmen.[2] Der Kaiser ließ sich immerhin dazu bewegen, Wolf Dietrichs 15 uneheliche Kinder zu legitimieren.

Am Salz, dem wichtigsten Handelsgut Bayerns, Berchtesgadens, Österreichs und Salzburgs, entzündete sich ein bewaffneter Konflikt zwischen Maximilian und Wolf Dietrich von Raitenau. Zwischen beiden Ländern war 1594 ein Salzhandelsvertrag ausgehandelt worden, in dem sich Bayern verpflichtete, von Salzburg eine große Menge Salz abzunehmen

Abb 31 *Wolf Dietrich von Raitenau, Erzbischof von Salzburg (1587-1612). Ölgemälde*

und weiter zu veräußern. Da der böhmische Absatzmarkt aber allmählich an Österreich überging, blieb Bayern auf dem Salz sitzen, erreichte zwar eine Reduzierung der Menge, jedoch nur um den Preis von beträchtlichen Ablösesummen und Geldbußen. Im Herbst 1610 ließ Maximilian die Maut auf die Salzburger Lieferungen verdoppeln, wozu er durch ein kaiserliches Privileg berechtigt war. Wolf Dietrich sah sich durch diese Vorgehensweise provoziert und kündigte am 21. April 1611 alle Salzhandelsverträge mit Bayern. Diese Kündigung hatte eine Blockade des Halleiner Salzes durch Bayern zur Folge, die zu einem gravierenden Salzmangel im süddeutschen Raum führte und sich auf die wohlhabenden Halleiner Bürger äußerst schmerzlich auswirkte. Gleichzeitig wurde der Export von Berchtesgadener Salz nach Bayern gesteigert. Als Wolf Dietrich die einzige Straße von Berchtesgaden nach Reichenhall, die über Salzburger Gebiet führte, daraufhin sperren ließ, veranlasste Maximilian den Bau neuer Straßen trotz ungünstiger Geländeverhältnisse. Am 7. Oktober 1611 verlor Wolf Dietrich die Geduld, seine Truppen marschierten in Berchtesgaden ein und besetzten das Land. Maximilian seinerseits stellte dem Salzburger Erzbischof ein Ultimatum, in dem er ihn zum sofortigen Rückzug aufforderte. Gleichzeitig ließ er an der Grenze zu Salzburg bei Burghausen ein Heer von 10.000 Mann unter Tilly zusammen ziehen. Da er als Kreisoberst den Landfrieden in seinem Reichskreis zu wahren hatte, brauchte er für eine Exekution weder den Kaiser noch Reichskammergericht oder Reichshofrat. Dennoch sicherte er sich durch Gesandtschaften an den Kaiser und die gerade in Nürnberg tagenden Kurfürsten ab. Sehr gelegen kam ihm auch der Umstand, dass das Salzburger Domkapitel, das lange Zeit unter dem absolutistischen Regiment Wolf Dietrichs gelitten hatte, nun um bayerische Hilfe bat.[3] Am 22. Oktober eroberten Maximilians Truppen die salzburgische Festung Tittmoning, tags darauf floh der Erzbischof mit seiner Familie ins Hochgebirge. Ein bayerisches Vorauskommando gelangte nach Salzburg und forderte die Besetzung der Feste Hohensalzburg durch bayerische Truppen. Am Abend des 26. Oktober ritt Maximilian an der Spitze von 1200 Soldaten in Salzburg ein, wenige Stunden später wurde Wolf Dietrich von bayerischen Truppen südlich des Katschbergs aufgespürt und gefangen genommen. Inzwischen hatte das Domkapitel alle angeworbenen Truppen entlassen.[4]

Wolf Dietrich blieb zunächst in bayerischer Haft, zunächst auf Hohenwerfen, ab 23. November auf Hohensalzburg. Am 17. Dezember verpflichtete er sich gegenüber seinem Domkapitel zur Abdankung, sobald die päpstliche Erlaubnis hierzu eingetroffen sei. Maximilian gab sein Einverständnis, dass Wolf Dietrich am 23. Februar 1612 zum Gefangenen des Papstes erklärt wurde. Am 7. März resignierte der Erzbischof sein Amt in die Hände eines außerordentlichen päpstlichen Nuntius. Das Domkapitel hatte sich zunächst beim Papst und bei Maximilian für die Freilassung des Gefangenen verwendet, doch lehnte besonders der Bayer dieses Ansinnen ab. Vor allem aber war es Wolf Dietrichs Vetter und Nachfolger Marx Sittich von Hohenems, der von einer Freilassung nichts wissen wollte. Man befürchtete, dass von dem heißblütigen Wolf Dietrich zu viele Gefahren ausgehen könnten, ja dass er sich sogar mit den Protestanten verbünden und gefährliche Situationen heraufbeschwören würde. Deshalb blieb Wolf Dietrich bis zu seinem Tod am 16. Januar 1617 Gefangener auf der Festung Hohensalzburg.[5]

Einen anderen bewaffneten Konflikt konnte Maximilian weitgehend aus der Ferne verfolgen, den Jülich-Klevischen Erbfolgestreit. Am 25. März 1609 war mit dem geisteskranken Herzog Johann Wilhelm der letzte männliche Vertreter des Hauses Jülich-Kleve-Berg gestorben. Erbansprüche gingen nun von den drei Schwestern Johann Wilhelms aus, die mit protestantischen Herrschern verheiratet waren, mit dem Kurfürsten von Brandenburg, dem Kurfürsten von Sachsen und dem Herzog von Pfalz-Neuburg. Der Kaiser favorisierte Kursachsen in der Hoffnung, bei einem Tausch der Lausitz an Sachsen Jülich-Kleve für das Haus Habsburg gewinnen zu können. Bereits im Juni 1609 besetzten jedoch Brandenburg und Pfalz-Neuburg die Herzogtümer und errichteten eine gemeinsame Regierung.[6] Nachdem Kaiser Rudolf II. daraufhin eine kommissarische Regierung unter Erzherzog Leopold, der auch Bischof von Passau und Straßburg war, einsetzte, trat Brandenburg der im Jahr zuvor gegründeten Protestantischen Union bei. Kritisch wurde die Lage, als Erzherzog Leopold im Sommer 1609 die drei geistlichen Kurfürsten um Unterstützung bat. Als diese tatsächlich beträchtliche Geldmittel in Aussicht stellten, trat Maximilian auf den Plan. Nun war seines Erachtens eine Situation entstanden, die er vermeiden wollte: das Haus Habsburg spannte das neue katholische Bündnis für seine Interessen ein. Dem Kurfürsten von Mainz war sehr daran gelegen, die Jülicher Frage beim Würzburger Ligatag im Sinne der Habsburger zu behandeln, da es die geistlichen Staaten im Rheinland nicht hinnehmen könnten, wenn Jülich-Kleve unter die Herrschaft eines Protestanten gelangte. Maximilian vermochte allerdings diesen Punkt aus der Tagesordnung des Ligatags herauszuhalten.[7]

Abb 32 *Herzog Wolfgang Wilhelm von Pfalz-Neuburg (1614-1653). Ölgemälde*

Die gemeinsame Regierung Brandenburgs und Pfalz-Neuburgs funktionierte schlecht, da Brandenburg die Alleinherrschaft über Jülich-Kleve anstrebte und mit diesem Vorgehen Rückendeckung durch die Niederlande und England erhielt. Nun suchte auch Pfalz-Neuburg Verbündete und scheute sich nicht, dies im katholischen Lager zu tun. Spanien, Kurköln, wo mit Ernst bzw. Ferdinand von Bayern ebenfalls Wittelsbacher saßen, und Bayern selbst zählten zu den interessanten Mächten. Zwar hatten die bayerisch-neuburgischen Beziehungen durch Donauwörth einen Tiefststand erreicht, doch war es seit 1610 wieder zu einer vorsichtigen Annäherung gekommen, zumal zwischen den lutherischen Neuburgern und den reformierten Pfälzern ebenfalls Spannungen existierten. Bei einem Treffen in München Anfang März 1611 besprachen Maximilian und der Pfalz-Neuburgische Erbprinz Wolfgang Wilhelm in entspannter Atmosphäre reichspolitische Themen. Bei einem zweiten Besuch in München im November 1611 konnten alle wesentlichen Streitpunkte ausgeräumt werden. Kurfürst Johann Sigismund von Brandenburg versuchte zwar, Wolfgang Wilhelm durch eine Vermählung mit seiner Tochter an sich zu ziehen, doch schwenkte dieser nun vollends in das katholische Lager über und versuchte eine familiäre Bindung mit Bayern einzugehen. Bei seinem dritten Besuch in München im April 1612 bat Wolfgang Wilhelm Maximilian bereits um die Hand seiner Schwester Magdalena. Maximilian und sein Vater Wilhelm waren freilich nur unter der Bedingung einer Konversion zum katholischen Glauben mit dieser Heirat einverstanden. Maximilian selbst wollte seinen künftigen Schwager zu diesem Schritt bewegen und führte ab Mai 1612 mit ihm viele Gespräche, meist unter vier Augen. Im Frühjahr 1613 weihte Maximilian den Papst in das Geheimnis ein und am 19. Juli 1613 konvertierte Wolfgang Wilhelm in aller Heimlichkeit zum Katholizismus. Mit der Bekanntmachung dieses Schritts wartete man noch, bis man die Haltung Frankreichs und Spaniens im Jülich-Klevischen Erbfolgestreit sondiert hatte. Danach, am 25. Mai 1614 empfing Wolfgang Wilhelm in Düsseldorf in Anwesenheit Kurfürst Ferdinands von Köln in feierlicher Zeremonie Kommunion und Firmung. Einige Tage zuvor hatte Maximilian Herzog Philipp Ludwig von Pfalz-Neuburg vom Schritt seines Sohnes unterrichten lassen. Für den »Erzlutheraner« war dies ein furchtbarer Schlag. Er forderte seinen Sohn umgehend auf, die Gründe seiner abtrünnigen Haltung darzulegen und drohte ihm die Enterbung an. Doch bevor Wolfgang Wilhelms Antwort in Neuburg eintraf, starb sein Vater am 22. August 1614 möglicherweise an den Folgen der Aufregungen.[8]

An Weihnachten 1613 hatte auch Wolfgang Wilhelms Kontrahent Johann Sigismund von Brandenburg den Glauben gewechselt und war Kalvinist geworden, um sich dadurch den Niederlanden anzunähern. Im Frühjahr 1614 kam es zwischen Wolfgang Wilhelm und Johann Sigismund zu offenen Feindseligkeiten, in denen der Neuburger von den Spaniern und der Brandenburger von den Niederländern unterstützt wurde. Am

12. November 1614 konnte schließlich im Vertrag von Xanten ein Vergleich erzielt werden. Das Herzogtum wurde zwischen beiden Parteien aufgeteilt, Brandenburg erhielt Kleve, Mark und Ravensberg, Pfalz-Neuburg Jülich und Berg. Letzteres mit seiner Hauptstadt Düsseldorf blieb bis zum Jahr 1806 in wittelsbachischem Besitz. Maximilian und die Liga hatten in diesen Konflikt nicht eingegriffen, obwohl sie von Wolfgang Wilhelm wiederholt dazu aufgefordert worden waren. Maximilian hatte seinem Schwager lediglich eine einmalige Leistung von 50.000 Gulden zur besseren Verteidigung Düsseldorfs gewährt.[9] Neben der bayerischen Linie der Wittelsbacher hatte nun auch der Pfalz-Neuburger Zweig den Sprung an den Niederrhein geschafft.

Anmerkungen

1 Dieter Albrecht, Das konfessionelle Zeitalter II: Die Herzöge Wilhelm V. und Maximilian I., in: Handbuch der Bayerischen Geschichte II, hg. v. Andreas Kraus, München[2] 1988, S. 403; Erwin Gatz, Die Bischöfe des Heiligen Römischen Reiches 1648 bis 1803, Berlin 1990, S. 107.

2 Geschichte Salzburgs. Stadt und Land II/1, hg. v. Heinz Dopsch/Hans Spatzenegger, Salzburg 1988, S. 183 f.

3 Dieter Albrecht, Maximilian I. von Bayern 1573-1651, München-Wien 1998, S. 455-457.

4 Ebenda, S. 457 f.; Dopsch/Spatzenegger, S. 185.

5 Dopsch/Spatzenegger, S. 185; Albrecht, Maximilian I. von Bayern 1573-1651, S. 460.

6 Hans Schmidt, Pfalz-Neuburgs Sprung zum Niederrhein. Wolfgang Wilhelm von Pfalz-Neuburg und der Jülich-Klevische Erbfolgestreit, in: Wittelsbach und Bayern II/1. Um Glauben und Reich. Kurfürst Maximilian I., hg. v. Hubert Glaser, München-Zürich 1980, S. 85; Albrecht, Maximilian I. von Bayern 1573-1651, S. 416.

7 Albrecht, Maximilian I. von Bayern 1573-1651, S. 416 f.

8 Schmidt, S. 86 f.; Albrecht, Maximilian I. von Bayern 1573-1651, S. 465-469.

9 Schmidt, S. 87; Albrecht, Maximilian I. von Bayern 1573-1651, S. 468-470.

Edmund Hausfelder

Kaufbeuren und Donauwörth – Der Weg zu Union und Liga

Schon Herzog Wilhelm V. hatte nach Beendigung des Kölner Kriegs einen katholischen Bund ins Leben rufen wollen. Der so genannte Landsberger Bund, den sein Vater Albrecht V. im Jahr nach dem Augsburger Religionsfrieden zusammen mit Kaiser Ferdinand I. gegründet hatte und dem mit den Reichsstädten Augsburg, Nürnberg, Weißenburg und Windsheim auch protestantische Territorien angehörten, bestand zwar noch und hatte geraume Zeit eine unerwartet ausgleichende Funktion zwischen den konfessionell unterschiedlichen Mitgliedern ausgeübt. Die Bundeshauptmannschaft sollte ursprünglich zwischen Österreich und Bayern wechseln, doch blieb sie seit Sommer 1558 mit habsburgischem Einverständnis ganz bei Bayern. Während des Kölner Kriegs jedoch erklärten die protestantischen Mitglieder, allen voran die Reichsstadt Nürnberg, ihren Austritt. Wilhelm meinte nun, den rein katholisch gewordenen Bund weiter ausbauen und stärken zu müssen. Doch scheiterte dies bereits 1584 mit dem Austritt Erzherzog Ferdinands von Tirol. Daraufhin stellten auch die drei geistlichen Kurfürsten von Köln, Mainz und Trier ihre Mitarbeit ein. 1587 war Wilhelm sogar zur Wiederaufnahme protestantischer Mitglieder bereit. Da dies allerdings nur halbherzig betrieben wurde, hatte er damit keinen Erfolg. 1589 verließ der Erzbischof von Salzburg, 1590 auch der Bischof von Bamberg den Bund, der damit nur noch aus Bayern und den Hochstiften Würzburg und Augsburg bestand. 1598 schließlich löste Wilhelms Nachfolger Maximilian den Bund ganz auf, da er bedeutungslos geworden war.[1]

Beinahe drohte sich an konfessionellen Gegensätzen bereits in den Jahren 1602 und 1604 ein ernster Konflikt zu entzünden. In der protestantisch dominierten Reichsstadt Kaufbeuren hatte sich der protestantische Bevölkerungsanteil seit dem Augsburger Religionsfrieden sowohl nach Zahl als auch nach Einfluss immer mehr ausgeweitet. Um das Jahr 1600 standen etwa 700 protestantischen nur noch ca. 80 katholische Familien gegenüber. Bei den Streitigkeiten zwischen beiden Konfessionen ging es vornehmlich um die Pfarrkirche St. Martin, die allein von den Protestanten genutzt wurde, aber auch um die Einführung des neuen Gregorianischen Kalenders, der evangelischerseits als papistisch strikt abgelehnt wurde. Auf Wunsch der Kaufbeurer Katholiken war bereits 1588 Herzog Wilhelm V. mit einem kaiserlichen Auftrag betraut worden, der an den Verhältnissen allerdings kaum etwas ändern konnte. 1601 nun wurden Herzog Maximilian und der Augsburger Bischof Heinrich V. von Knöringen als kaiserliche Kommissäre für Kaufbeuren bestellt, um gleiche Rechte für beide Konfessionen herzustellen. Im Frühjahr 1602 wurde mit dem überwiegend protestantischen Rat ein Vergleich erzielt, wonach die Pfarrkirche als Simultankirche beiden Bekenntnissen dienen sollte. Als der Rat nicht allen im Vergleich zugestandenen Verpflichtungen nachkam, schritten Bayern und Augsburg im März 1604 zur Tat. Die Stadt wurde aufgefordert, sich dem kaiserlichen Befehl zu unterwerfen. Der Rat wagte nicht, sich dem zu widersetzen. Die Pfarrkirche wurde den Katholiken zurükkgegeben, die Einführung des Gregorianischen Kalenders allgemein akzeptiert. 1609 schließlich wurde festgelegt, dass der Rat künftig aus acht protestantischen und vier katholischen Mitgliedern bestehen sollte. Das Fernziel einer Rekatholisierung gelang in Kaufbeuren allerdings nicht.[2]

Nicht so glimpflich gingen die konfessionellen Gegensätze in der Reichsstadt Donauwörth ab. Dort waren die Verhältnisse ähnlich geartet wie in Kaufbeuren. Auch hier hatten die Protestanten die Mehrheit, sie besetzten die Mehrzahl der Ratsstellen und waren im Besitz der Stadtpfarrkirche. Die katholische Minderheit wurde vom Benediktinerkloster Hl. Kreuz versorgt. Gemäß den Bestimmungen des Augsburger Religionsfriedens besaßen die Katholiken das Recht ungehinderter Religionsausübung. Mit der Zeit versuchte die protestantische Mehrheit, die Alleinherrschaft durchzudrücken, der Magistrat wurde ausschließlich von ihnen besetzt, die Verleihung des Bürgerrechts wurde den Katholiken immer öfter verweigert. Um 1600 existierten gerade noch 16 katholische Haushaltsvorstände mit Bürgerrecht. Gegen diese Entwicklung wandten sich die Benediktiner von Hl. Kreuz, die gerne »Andachtsübungen« praktizierten, die sich von denen der Protestanten besonders unterschieden, so z. B. feierliche Prozessionen in die Umgebung der Stadt. Dabei mussten die vorangetragenen Kirchenfahnen beim Durchqueren des städtischen Gebiets eingerollt werden, auch durften nicht die Haupt- sondern nur die Seitenstraßen benutzt werden. Mit der Zeit nahm das immer kleiner werdende Häuflein der Katholiken eine zunehmende Protesthaltung ein, rollte ihre Fahnen nicht mehr ein und benutzte die Hauptstraßen.

Im Mai 1605 zwang der Magistrat eine Prozessionsgruppe zum Einrollen der Fahnen, woraufhin sich Heinrich von Knöringen als zuständiger Diözesanbischof beim Reichshofrat beschwerte. Der Reichshofrat lud Bürgermeister und Rat vor, ihnen wurde der Bruch des Religions- und Landfriedens zur Last gelegt. Ein kaiserliches Mandat forderte den Rat unter Androhung der Reichsacht auf, sich künftig aller Gewalttaten gegen Kloster und Katholiken zu enthalten. Als im April 1606 erneut eine katholische Prozession von protestantischen Bürgern massiv gestört wurde – der Vorfall wurde später als Donauwörther Fahnenschlacht bezeichnet – erneuerte der Kaiser sein Mandat. Nachdem der Rat als Entschuldigung nur vorbrachte, gegenüber dem Pöbel manchmal machtlos zu sein, erteilte der Kaiser am 17. März 1607 Herzog Maximilian den Auftrag, Katholiken und Mönche in Donauwörth bei der Ausübung ihrer Religion zu schützen. Die in die Reichsstadt entsandten bayerischen Delegierten forderten den Magistrat auf, sich schriftlich zu verpflichten, jede weitere Störung der Katholiken zu unterlassen, sowie in eine sofortige Abhaltung einer in ihrer Ausgestaltung und Wegewahl ungehinderten Prozession einzuwilligen. Der Rat war hierzu bereit, aber eine erregte Bürgerschar verhinderte erneut, noch dazu mit Waffengewalt eine Prozession am 24. April und zwang darüber hinaus die bayerischen Delegierten zum Abzug. Erbost über dieses Verhalten schrieb Maximilian zwei Tage später an den Kaiser und verlangte die tatsächliche Verhängung der angedrohten Reichsacht über Donauwörth.

Der Kaiser allerdings zögerte noch mit diesem Schritt, um die protestantischen Reichsstände nicht zu brüskieren. Nachdem Maximilian geraume Zeit nichts mehr gehört hatte, richtete er am 19. Juni »– ernst gemeint oder nicht –« erneut ein Schreiben an den Kaiser und bat, künftig mit der ganzen Angelegenheit verschont zu werden. Am 3. August 1607 schließlich raffte sich Rudolf II. doch auf und verhängte über Donauwörth die Reichsacht. Mit der Vollstreckung wurde erwartungsgemäß Maximilian beauftragt, obwohl er nicht dem schwäbischen Reichskreis angehörte. Der Kaiser forderte den bayerischen Herzog auf, vor der Exekution nochmals mit dem Donauwörther Rat zu verhandeln. Maximilian stimmte zu und suchte bei den folgenden Verhandlungen noch weitere Zugeständnisse für die Katholiken der Stadt herauszuholen, besonders einen gleichen Zugang zum Bürgerrecht, zum Rat und zu anderen städtischen Ämtern. Erneut wurde der kompromissbereite Magistrat allerdings vom Druck der Straße überrumpelt, so dass Maximilian am 10. November die Verhandlungen für gescheitert erklärte und die bayerischen Delegierten zwei Tage später die kaiserliche Achterklärung veröffentlichten. Noch einmal gab es für Donauwörth eine kurze Gnadenfrist, da Maximilian sich vom Kaiser einen ausdrücklichen Exekutionsbefehl erbat, der am 1. Dezember erteilt wurde. Am 8. Dezember erfolgte bei München die Musterung des Exekutionskorps, das 6000 Infanteristen und 500 Reiter umfasste, die zuvor in Oberschwaben, Tirol und Salzburg angeworben waren. Als die Streitmacht vor Donauwörth erschien, fand sich kein Widerstand, nicht einmal seitens des Herzogs von Pfalz-Neuburg, des »Erzlutheraners« Philipp Ludwig, der sich zuvor durch Drohungen besonders hervorgetan hatte und durch dessen Gebiet die Soldaten ein kurzes Stück ziehen mussten. Der Rat übergab die Stadt kampflos, die Häupter des Widerstands waren nach einem letzten Tumult zusammen mit den evangelischen Geistlichen geflohen. Am 17. Dezember rückten die bayerischen Truppen in Donauwörth ein und bayerische Kommissäre übernahmen die Verwaltung. Maximilian hielt sich bei der Rekatholisierung der Stadt zunächst sehr zurück, nur bei der Frage nach der Rückkehr der geflohenen evangelischen Prediger blieb er hart. Dem Kaiser empfahl er die Überweisung der Pfarrkirche an die Katholiken, was im März 1608 auch geschah. Am 3. Juni 1609 erhielt er Donauwörth zur Erstattung seiner Exekutionskosten vom Kaiser als Pfandbesitz zugewiesen. Da die Stadt eher als finanzschwach bezeichnet werden musste, kam dies allerdings einer Angliederung an Bayern gleich.[3]

Die Aufregung über Maximilians entschlossenes Vorgehen brachte die uneinigen protestantischen Reichsstände beim Regensburger Reichstag von 1608 wieder zusammen. Am 27. April ging der Reichstag zwar ohne Beschluss auseinander, aber am 14. Mai 1608 wurde in Auhausen bei Oettingen unter der Führung von Kurpfalz auf zehn Jahre die protestantische Union gegründet. Dem Bündnis gehörten zunächst Pfalz-Neuburg, Baden, Württemberg, Ansbach und Bayreuth an, bis 1610 konnte es sich um Brandenburg, Hessen-Kassel, Pfalz-Zweibrücken, Anhalt und 16 oberdeutsche Reichsstädte, darunter Nürnberg, Straßburg und Ulm erweitern.[4]

Maximilian, der schon 1607 im Zusammenhang mit den Donauwörther Ereignissen ein katholisches Bündnis angeregt hatte, worüber beim Regensburger Reichstag Beratungen zustande gekommen waren, trieb nun sein Bemühen voran. Am 10. Juli 1609 konnte er in München auf neun Jahre einen Bund oberdeutscher Reichsstände gründen, der aus Bayern, den Hochstiften Augsburg, Konstanz, Passau, Regensburg und Würzburg, der Fürstpropstei Ellwangen und der Fürstabtei Kempten bestand. Am 30. August erfolgte der Beitritt der drei Erzstifte Köln, Mainz und Trier. Bedingt durch einen Wechsel auf dem Bischofsstuhl fand sich wenig später auch das Hochstift Bamberg im Kreis der Mitglieder ein. Außerdem vergrößerte sich die Zahl um die Hochstifte Speyer, Straßburg und Worms, die Reichsabtei St. Emmeram und einige schwäbische Prälaten, Grafen und Herren. Im Februar 1610 fand in Würzburg der erste Ligatag statt.

Das Bündnis wurde unterteilt in ein oberländisches und ein rheinisches Direktorium unter der Führung Maximilians und des Erzbischofs von Mainz. Die militärische Führung lag für die gesamte Liga in Maximilians Händen als Bundesoberst, der in Johann Tserclaes von Tilly einen fähigen Feldherrn fand. Österreich wurde nicht zur Liga zugelassen, solange der habsburgische Familienzwist anhielt. Die Mitglieder der Liga verpflichteten sich, ein gemeinsames Heer von 19.000 Mann zu unterhalten. Die Liga war gemäß Bundesakte »allein zu Defension und Erhaltung der wahren catholischen Religion und zu Fortpflanzung gemeinen Friedens, Ruhe und Wohlfahrt, zu Abwendung besorgender Gefahr« gegründet worden.[5]

Am Jülich-Klevischen Erbfolgestreit konnte sich dank der defensiven Haltung beider Bündnisse keine bewaffnete Auseinandersetzung entzünden. Verhandlungen in München führten am 24. Oktober 1610 sogar zu einem Vergleich zwischen Liga und Union, in dem sich beide Parteien verpflichteten, unverzüglich ihre Truppen zu entlassen. Maximilian war offenbar entschlossen, bei einer bloßen Defensive, die auch erklärter Zweck der Liga war, zu verbleiben. Da die Mitglieder der Liga ihren finanziellen Verpflichtungen nur überaus unzureichend nachkamen, hatte Bayern von allem Anfang an die Hauptlast zu tragen.

Da der Reichstag, seitdem ihn die Pfälzer und ihr Anhang 1608 unter Protest verlassen hatten, zu völliger Handlungslosigkeit verurteilt war, suchten Kaiser Matthias und sein engster Berater, der Wiener Bischof Melchior Klesl, ihn in so genannten »Compositions-verhandlungen« mittels Zugeständnissen an die protestantische Union wieder funktionsfähig zu machen. Maximilian und die meisten anderen Ligafürsten wiesen jedoch Kompromisse auf Kosten des katholischen Lagers scharf zurück. Bedingt durch Bischofswechsel hatte sich die Liga 1613 sogar noch um das Hochstift Eichstätt und um das Erzstift Salzburg vergrößert. So endete der nächste Reichstag im Jahr 1613 wie der von 1608. Auch ähnliche Bemühungen Klesls in den folgenden Jahren waren durch die unbeugsame Haltung Maximilians immer wieder zum Scheitern verurteilt. Doch Klesl wusste sich an seinem einflussreichen Gegner zu rächen. Gemeinsam mit Kurmainz suchte er die Liga durch den Beitritt Kursachsens in einen konfessionell gemischten Bund umzuwandeln und durch den Beitritt von Mitgliedern des Hauses Habsburg kaiserlichem Einfluss zu unterwerfen. Österreich war bei Gründung der Liga wegen des habsburgischen Familienstreits nicht zum Bund zugelassen worden. Immerhin wurde aber den Erzherzögen Ferdinand für Innerösterreich, Maximilian für Tirol und Vorderösterreich und Albrecht als Regenten der spanischen Niederlande der Beitritt freigestellt.[6]

Nun erfolgte beim Ligatag in Regensburg, dem Maximilian nur zeitweise perönlich beiwohnte, am 23. Oktober 1613 die Verabschiedung einer völlig neuen Bundesakte. Neben Kurmainz und Bayern wurde nun ein drittes Direktorium für Erzherzog Maximilian geschaffen, dem der bisher dem bayerischen Direktorium zugehörige schwäbische Kreis zugeschlagen wurde. Immerhin stand es den schwäbischen Ständen, vornehmlich dem Hochstift Augsburg und der Fürstpropstei Ellwangen, frei, im bayerischen Direktorium zu verbleiben. An dieser Regelung entzündete sich eine Auseinandersetzung Maximilians mit seinem habsburgischen Namensvetter. Darüber hinaus wurde das bayerische Amt des Bundesobersten aufgehoben, da jeder Direktor künftig auch Oberster seines Bezirks war.

Beim Augsburger Konvent am 14. März 1614 wurde das bayerische Direktorium neu organisiert in Form eines engeren Bündnisses zwischen Bayern, den Hochstiften Bamberg, Eichstätt und Würzburg und der Fürstpropstei Ellwangen. Die Organisation des rheinischen Direktoriums erfolgte in sehr lockerer Form beim Binger Konvent im Juni 1614, die des österreichischen Direktoriums beim Überlinger Konvent erst im April 1615. Von einem engen Zusammenhalt dieser neu organisierten Liga konnte freilich keine Rede sein, erst recht nicht von einer militärischen Schlagkraft seiner Heere. Hinzu kam, dass Maximilian in folge andauernder heftiger Auseinandersetzungen mit seinem habsburgischen Namensvetter sein Bundesoberstenamt niederlegte und aus der Liga austrat. Damit war für die katholische Liga faktisch das Aus verbunden.

Auf Drängen der drei fränkischen Hochstifte und Ellwangens ließ sich Maximilian dazu bewegen, mit diesen am 27. Mai 1617 eine »nachbarliche Vereinigung« einzugehen. Es war eine neue, weitaus kleinere Liga, die nun auf vier Jahre zum Schutz des Friedens geschlossen wurde.[7]

Anmerkungen

1 Heinrich Lutz/Walter Ziegler, Das konfessionelle Zeitalter I: Die Herzöge Wilhelm IV. und Albrecht V., in: Handbuch der Bayerischen Geschichte II, hg. v. Andreas Kraus, München[2] 1988, S. 379 f., S. 400 f. und S. 415.

2 Dieter Albrecht, Maximilian I. von Bayern 1573-1651, München-Wien 1998, S. 393 f.

3 Ebenda, S. 394-403 und S. 417.

4 Dieter Albrecht, Das konfessionelle Zeitalter II: Die Herzöge Wilhelm V. und Maximilian I., in: Handbuch der Bayerischen Geschichte II, hg. v. Andreas Kraus, München[2] 1988, S. 416.

5 Ebenda, S. 417 f.

6 Ebenda, S. 417-419.

7 Ebenda, S. 420.

Edmund Hausfelder

Der Dreißigjährige Krieg und Bayerns Standeserhöhung

Ein kleiner Anlass am 23. Mai 1618 sollte in eine der größten Katastrophen der frühen Neuzeit münden. Der Prager Fenstersturz führte zu einem 30 Jahre dauernden Krieg. Dieses Ereignis eröffnete zunächst den Aufstand der protestantischen Stände gegen das katholische Habsburg. Der Aufruhr griff rasch nach Mähren und Oberösterreich über. Maximilian von Bayern verurteilte den Aufstand wohl mit der nötigen Schärfe, hielt sich aber sonst zurück und ließ sich erst nach langem Zögern dazu bewegen, als Vermittler zwischen Böhmen und dem Kaiser aufzutreten. Doch Kaiser Matthias' Tod am 20. März 1619 machte die Verhandlungen zunichte. Der bayerische Herzog hatte bereits seit Ende 1618 die Wiederherstellung der Katholischen Liga betrieben, aus der er sich wenige Jahre zuvor aus Protest gegen die habsburgische Politik zurückgezogen hatte. Auf seine Initiative hin riefen die drei geistlichen Kurfürsten und die Bischöfe von Speyer, Bamberg und Würzburg am 26. Januar 1619 in Oberwesel den rheinischen Teil der Liga wieder ins Leben, jedoch unter dem Vorbehalt, dass sich die oberdeutsche Gruppe mit ihnen zur alten Liga vereinige. Daraufhin berief Maximilian die Mitglieder dieser Gruppe – Bamberg, Eichstätt, Ellwangen und Würzburg – sowie Augsburg nach München und am 31. Mai 1619 erneuerte die oberländische Gruppe ihre Bundesurkunde auf weitere sechs Jahre. Einen gemeinsamen Bundesoberst gab es damit freilich noch nicht. Zwei Ereignisse führten schließlich doch noch zu einer raschen Wiederherstellung der Katholischen Liga, die Wahl des protestantischen Pfälzer Kurfürsten Friedrich V. zum König von Böhmen am 27. August und die Wahl Ferdinands II. zum Kaiser tags darauf.

Am 8. Oktober kam es zwischen dem neuen Kaiser und Herzog Maximilian zum Münchner Vertrag, wodurch der Kaiser die Hilfe Bayerns und der Liga erlangte. Maximilian sicherte zu, eine Armee aufzustellen, dafür erhielt er den Oberbefehl über das Ligaheer.

Beim Ligatag von Würzburg im Dezember 1619 wurde der neue Zusammenschluss katholischer Länder offiziell begründet. Man beschloss die Aufstellung eines Heeres von 25.000 Mann.[1]

Im Juni 1620 erschien Maximilian mit dem Ligaheer vor Ulm und schlug der dort zusammengetretenen Union einen Nichtangriffspakt vor. Tatsächlich wurde am 3. Juli zwischen Liga und Union der Vertrag von Ulm unterzeichnet, in dem sich beide Parteien zur Neutralität innerhalb des Reiches, nicht aber in Österreich und Böhmen, verpflichteten. Dadurch war für Maximilian und sein Ligaheer der Weg nach Böhmen frei. Am 24. Juli überschritt das Heer, das von dem fähigen Generalleutnant Johann Tserclaes von Tilly kommandiert wurde, die Grenze nach Oberösterreich. Am 20. August huldigten die oberösterreichischen Stände Maximilian in Linz, der daraufhin für das Land einen Statthalter einsetzte. Am 8. September vereinigte sich das Ligaheer mit den kaiserlichen Truppen und wandte sich Prag zu. Am 8. November kam es in der Nähe von Prag zur Schlacht am Weißen Berg. Das böhmisch-pfälzische Heer wurde besiegt, Prag besetzt und Friedrich, der sogenannte Winterkönig, zur Flucht gezwungen.[2]

Nach diesem Sieg pochte Maximilian dem Kaiser gegenüber auf die Einhaltung seiner Zusagen, vor allem aber auf die Übertragung der Pfälzer Kurwürde an Bayern, die ihm im Münchner Vertrag in Aussicht gestellt worden war.

Am 22. Januar 1621 wurde mit der Ächtung Friedrichs V. eine wesentliche Voraussetzung zu diesem Schritt geschaffen. Im Sommer 1621 wandten sich Maximilian und sein Feldherr Tilly in die Oberpfalz gegen die mit Friedrich verbündeten Truppen, die sich nach dem Verlust Böhmens dorthin zurückgezogen hatten, aber bereits im Oktober an den Rhein auswichen. Die preisgegebene Oberpfalz nahm Maximilian hierauf in die kaiserliche Pflicht und unterstellte sie der bayerischen Verwaltung. Tilly wurde mit dem Ligaheer in die Rheinpfalz geschickt, wo bereits seit August 1620 ein spanisches Heer einmarschiert war und große Gebiete besetzt hatte. Die Spanier hatten am 12. April 1621 mit der protestantischen Union einen Waffenstillstand geschlossen, der am 14. Mai die Auflösung der Union zur Folge hatte. Im Lauf des Jahres 1622 konnte Tilly die restliche Pfalz erobern, am 19. September wurde Heidelberg besetzt. Die rechtsrheinischen Pfälzer Gebiete kamen unter bayerische Verwaltung, die wertvolle Heidelberger Bibliothek schenkte Maximilian an Papst Gregor XV.[3]

Die Kurwürde und die Oberpfalz

Die Einlösung des kaiserlichen Versprechens ließ noch einige Zeit auf sich warten. Herzog Wolfgang Wilhelm von Pfalz-Neuburg, Maximilians Schwager, hatte als nächster katholischer Verwandter Friedrichs V. ebenfalls Forderungen nach der Pfälzer Kurwürde erhoben, Kursachsen und Kurbrandenburg lehnten eine Belehnung Maximilians ohnehin ab, da sie eine Stärkung des katholischen Lagers nicht hinnehmen wollten. Nicht einmal die beiden Kurfürsten von Mainz und Trier sprachen sich dafür aus, da ihnen der Reichsfrieden mehr am Herzen lag. Allein Ferdinand von Köln, Maximilians Bruder, befürwortete die Übertragung der Kurwürde an Bayern. Günstig für Maximilian wirkte sich aus, dass König Jakob I. von England seinen Schwiegersohn Friedrich V. kaum unterstützte und Frankreich und der Papst nachhaltig für eine Standeserhöhung des Bayern eintraten. Nach langem Zögern und nur unter größten Vorbehalten war der Kaiser schließlich bereit, Maximilian die Kurwürde zu übertragen. Am 22. September 1621 erfolgte seine geheime Belehnung mit der pfälzischen Kurwürde. Der öffentliche Akt sollte beim Regensburger Fürstentag zu Beginn des Jahres 1623 statt finden. Infolge des anhaltenden Widerstands Sachsens und Brandenburgs, zu denen sich als dritte Macht Spanien gesellt hatte, und der nicht müde werdenden Bemühungen Wolfgang Wilhelms erhielt Maximilian am 25. Februar 1623 in Regensburg die Kurwürde nur auf Lebenszeit und unter dem Vorbehalt weiterer Aussöhnungsverhandlungen mit Friedrich V. Allerdings hatte Ferdinand II. tags zuvor einen geheimen Vertrag unterzeichnet, der viele Einschränkungen wieder aufhob. Am 27. Juli 1624 erfolgte Maximilians Aufnahme in das Kurfürstenkolleg, nachdem Sachsen den Regensburger Beschlüssen nachträglich zugestimmt hatte.

Abb 33 *Generalleutnant Johann Tserclaes Graf von Tilly. Kupferstich*

Brandenburg sanktionierte die Kurübertragung an Bayern erst 1627. Die protestantische Partei im Kurverein war damit auf zwei Stimmen zusammengeschmolzen.[4]

Da der Kaiser die bayerischen Kriegskostenforderungen in Höhe von 12 Millionen Gulden nicht begleichen konnte, wurde durch einen Vertrag vom 28. April 1623 die Summe zur Hälfte auf Oberösterreich und die Oberpfalz versichert, die damit weiterhin in bayerischem Pfandbesitz und unter bayerischer Verwaltung blieben. In einem Tauschvertrag vom 22. Februar 1628 erhielt Maximilian für seine Kriegskosten in Höhe von nunmehr 13 Millionen Gulden die Oberpfalz ohne die Ämter Parksten, Pleystein und Weiden, die 1623 an Pfalz-Neuburg gegeben worden waren, und die rechtsrheinische Pfalz sowohl für sich als auch für seine Erben. Dafür hatte er Oberösterreich an den Kaiser zurückzugeben. Ebenso erklärte sich Ferdinand II. nun bereit, auch die Erben Maximilians mit der Pfälzer Kurwürde zu belehnen. Damit hatte der Bayer seine wichtigsten Ziele erreicht, um die sich bereits seine Vorväter lange Zeit vergeblich bemüht hatten.[5]

Der Krieg jedoch ging weiter. Bereits im Herbst 1622 hatte er sich nach Norddeutschland ausgeweitet. Die zunächst von Böhmen in die Oberpfalz ausgewichenen Söldnertruppen des Winterkönigs hatten sich später, wie schon erwähnt, an den Rhein abgesetzt und waren schließlich im Nordwesten des Reiches angelangt, immer verfolgt von den Truppen der Liga und Spaniens. Ein Teil der Söldner konnte im August 1623 von Tilly bei Stadtlohn in Westfalen vernichtend geschlagen werden. Der Rest zog sich nach Holland zurück. Der andere Teil der Söldner musste aus Geldmangel abgedankt werden. Dem Vorhaben Tillys, die geflüchteten Truppen nach Holland hinein zu verfolgen, stand Maximilian ablehnend gegenüber.[6]

Der Vormarsch des Ligaheeres nach Norddeutschland hatte die dortigen protestantischen Reichsstände mit Einquartierungen bedroht. Auch die Gefahr eines Angriffs auf die niederländischen Generalstaaten war noch nicht gebannt. Holland suchte gegen diese Bedrohung vornehmlich Dänemark und Schweden zu mobilisieren. Während jedoch letzteres ebenso wie Kurbrandenburg und Kursachsen noch abseits blieb, wurde im Sommer 1625 durch ein Bündnis Dänemarks, Ernst von Mansfelds, des wichtigsten Heerführers Friedrichs V., und einiger kleinerer protestantischer Reichsstände mit finanzieller Unterstützung der Generalstaaten der niedersächsisch-dänische Krieg vom Zaun gebrochen. Auf Drängen Maximilians ließ der Kaiser ein weiteres Heer durch Albrecht von Wallenstein aufstellen, das rasch an Bedeutung gewann. Während die Bevölkerung besetzter Gebiete für Tillys Ligaheer »nur« Quartier und Verpflegung aufbringen musste, verlangte Wallenstein von Gegnern und Verbündeten auch noch die volle Besoldung seiner Truppen. Tillys und Wallensteins Heere konnten in der Folgezeit eine Reihe von Schlachten gewinnen und ihre Gegner zurückdrängen. Nordwestdeutschland, Mecklenburg und Pommern wurden von kaiserlichen und ligistischen Truppen besetzt. Gleichzeitig war es kaiserlichen und bayerischen Armeen möglich, auch den oberösterreichischen Bauernaufstand im Sommer und Herbst 1626 niederzuwerfen.

Im Juni 1629 wurde Wallenstein mit Mecklenburg belehnt. Um einem möglichen Bündnis zwischen Dänemark und Schweden zuvorzukommen, das sich für den Besitz Mecklenburgs sehr nachteilig ausgewirkt hätte, betrieb Wallenstein Friedensverhandlungen mit Dänemark. Der Friede von Lübeck, der am 22. Mai 1629 geschlossen wurde, machte Dänemark sehr großzügige Zugeständnisse. König Christian IV. blieb im Besitz seiner Erblande und hatte keinerlei Kriegsentschädigung zu leisten. Ihm wurde lediglich die Verpflichtung abverlangt, auf weitere Einmischung in Reichsangelegenheiten zu verzichten.[7]

Im August 1630 billigte der Kaiser unter großem Druck der Kurfürsten schweren Herzens die Entlassung seines Feldherrn Albrecht von Wallenstein. Diesem Schritt war ein langer Machtkampf vorausgegangen. Bereits 1626 waren zwischen Wallenstein und Maximilian erste Reibereien entstanden. Durch Wallenstein besaßen der bayerische Kurfürst und die Liga beim Kaiser nicht mehr den Stellenwert wie zuvor. Dem Ligaheer wurden durch den Feldherrn des Kaisers ständig Quartiere entzogen, Wallensteins Heer belastete außerdem durch Einquartierungen und maßlos überzogene Geldforderungen in erster Linie die protestantischen, daneben aber auch die katholischen Reichsstände. Darüber hinaus beleidigte Wallenstein durch sehr fragwürdige Äußerungen die angestammten Fürstenhäuser des Reiches. Die Gegnerschaft Maximilians, der Liga und natürlich auch der protestantischen Kurstaaten gegen ihn und das kaiserliche Heer gipfelten schließlich in anhaltenden Beschwerden beim Kaiser.

Im Sommer 1629 war die Situation bereits recht kritisch geworden. Zwar versuchte Ferdinand II. stets beschwichtigend auf die gegnerische Partei einzuwirken, doch änderte dies an den unhaltbaren Zuständen nichts. Zuletzt forderte der neue Mainzer Kurfürst als Erzkanzler des Reiches offen Wallensteins Absetzung. Beim Regensburger Kurfürstentag, der vom 3. Juli bis 12. November 1630 dauerte, konnte die Affäre nicht mehr weiter hinausgezögert werden. Die katholischen Kurfürsten sicherten dem Kaiser zwar Waffenhilfe gegen die Schweden zu, doch bestanden sie – ebenso wie ihre protestantischen Kollegen – weiterhin auf einer Entlassung Wallensteins. Am 13. August 1630 hatten sie ihr Ziel erreicht, der Kaiser beugte sich ihrem Druck und entließ seinen Feldherrn.[8]

Unterdessen war Schweden in den Krieg eingetreten. Am 6. Juli 1630 war König Gustav II. Adolf auf der Insel Usedom gelandet. Er konnte mit seinem Heer rasch an Boden gewinnen, da die kaiserlichen Truppen sich zum Teil in Italien befanden und der Rest zu schwach war, um entscheidenden Widerstand zu leisten. Das Ligaheer war zwischenzeitig ganz abgezogen worden und hielt sich in Nordwest-, West- und Süddeutschland auf. Erst Ende 1630 kam Tilly, der nun beide Heere befehligte, zu seinen Truppen. Auf besondere Weisung Maximilians sollte er vor allem jeden Konflikt mit Kurbrandenburg und Kursachsen vermeiden, die sich ausdrücklich nicht mit Schweden verbündet hatten. Der zunehmende Druck Gustav Adolfs, der Brand von Magdeburg, der – wie man heute weiß – nicht Tilly angelastet werden kann, und der vom Kaiser befohlene, von Maximilian aber abgelehnte Einmarsch Tillys in Sachsen hatten dennoch im September 1631 den Anschluss Sachsens an Schweden zur Folge. Am 17. September kam es zu Tillys schwerer Niederlage gegen das vereinigte schwedisch-sächsische Heer bei Breitenfeld. Damit brach die beherrschende Stellung der katholischen Liga in Norddeutschland zusammen. Bald schlossen sich auch die protestantischen fränkischen Reichsstände Gustav Adolf an, der bereits am 18. Oktober Würzburg besetzte und anschließend bis nach Mainz gelangen konnte. Währenddessen bereitete eine andere protestantische Streitmacht unter Bernhard von Weimar der bayerischen Herrschaft in der rechtsrheinischen Pfalz ein Ende.

Die Schweden in Bayern

Im März 1632 begann Gustav Adolf seine Offensive gegen Franken, Schwaben und Bayern. Am 15. April überschritt er den Lech bei Rain, am 24. April besetzte er Augsburg.[9] Danach wandte er sich der bayerischen Festung Ingolstadt zu. Hierher hatte sich Maximilian mit den Resten seines Heeres zurückgezogen, hierher war auch der in der Schlacht bei Rain schwer verwundete Tilly gebracht worden. Im Süden der Stadt bezog Gustav Adolf mit seinem Heer Stellung. Als er bei einem Inspektionsritt am 30. April den Festungswällen zu nahe kam – der König war extrem kurzsichtig -, streckte ein wohlgezielter Schuss das Pferd des Königs zu Boden. Gustav Adolf kam mit dem Schrecken und kleineren Blessuren davon.

Am selben Tag beschloss Generalleutnant Graf von Tilly im Hause des Ingolstädter Universitätsprofessors Arnold Rath sein Leben. Er wurde Anfang Mai in der Krypta der Jesuitenkirche Hl. Kreuz beigesetzt.

Am 1. Mai verlor Gustav Adolf den 29jährigen Markgrafen Christoph von Baden-Durlach, dessen Vater zum engsten Stab des Königs gehörte. Der junge Fürst kam bei einem fehlgeschlagenen Versuch, die Schiffsbrücke über die Donau im Handstreich zu nehmen, ums Leben. Als der schwedische König feststellen musste, dass er gegen Ingolstadt nichts auszurichten vermochte, wandte er sich nach Süden der bayerischen Hauptstadt zu.[10] Am 16. Mai zogen seine Truppen in München ein, ohne auf nennenswerten Widerstand zu stoßen. Die Residenz, die Bibliothek und die Kunstkammer wurden geplündert, die Stadt konnte sich gegen Entrichtung von 300 000 Reichstalern vor einer Brandschatzung retten und musste darüber hinaus 42 Geiseln stellen.

Maximilian war, dem Rat seines sterbenden Feldherrn Tilly folgend, von Ingolstadt nach Regensburg gezogen, um von der Donau aus Verbindung mit Wallenstein zu halten, der in Böhmen ein neues Heer aufgestellt hatte. Dieser verjagte zunächst das sächsische Heer aus Böhmen und vereinigte sich Ende Juni in der Oberpfalz mit Maximilians Streitmacht. Im August konnte Wallenstein bei Zirndorf einen beachtlichen Erfolg gegen Gustav Adolf erzielen, ohne den Sieg allerdings – entgegen des Rats Maximilians – durch Verfolgung des Gegners komplett zu machen. Wallenstein zog es vor, sich nach Sachsen zu wenden, musste sich aber am 16. November bei Lützen den Schweden geschlagen geben. In der Schlacht fiel König Gustav Adolf, so dass die Schweden den Sieg nicht ausnutzen konnten. Im Dezember 1632 verließ Maximilian sein Heer und übersiedelte mit dem Hof nach Braunau. Erst im Mai 1635 kehrte er wieder nach München zurück.[11]

Der Krieg war mit dem Tod Gustav Adolfs nicht zu Ende. Sein Kanzler und Regent Axel Oxenstierna konnte die oberdeutschen Protestanten am 23. April 1633 im Heilbronner Bund als Verbündete gewinnen und darüber hinaus auch Brandenburg dazu bewegen, dem Bund beizutreten. Im Frühjahr drangen die beiden in Süddeutschland operierenden schwedischen Heere erneut bis in die Nähe Münchens vor. Das Ligaheer war auf die Unterstützung Wallensteins angewiesen. Dieser jedoch zog es vor, seine Zeit in Böhmen mit Friedens-

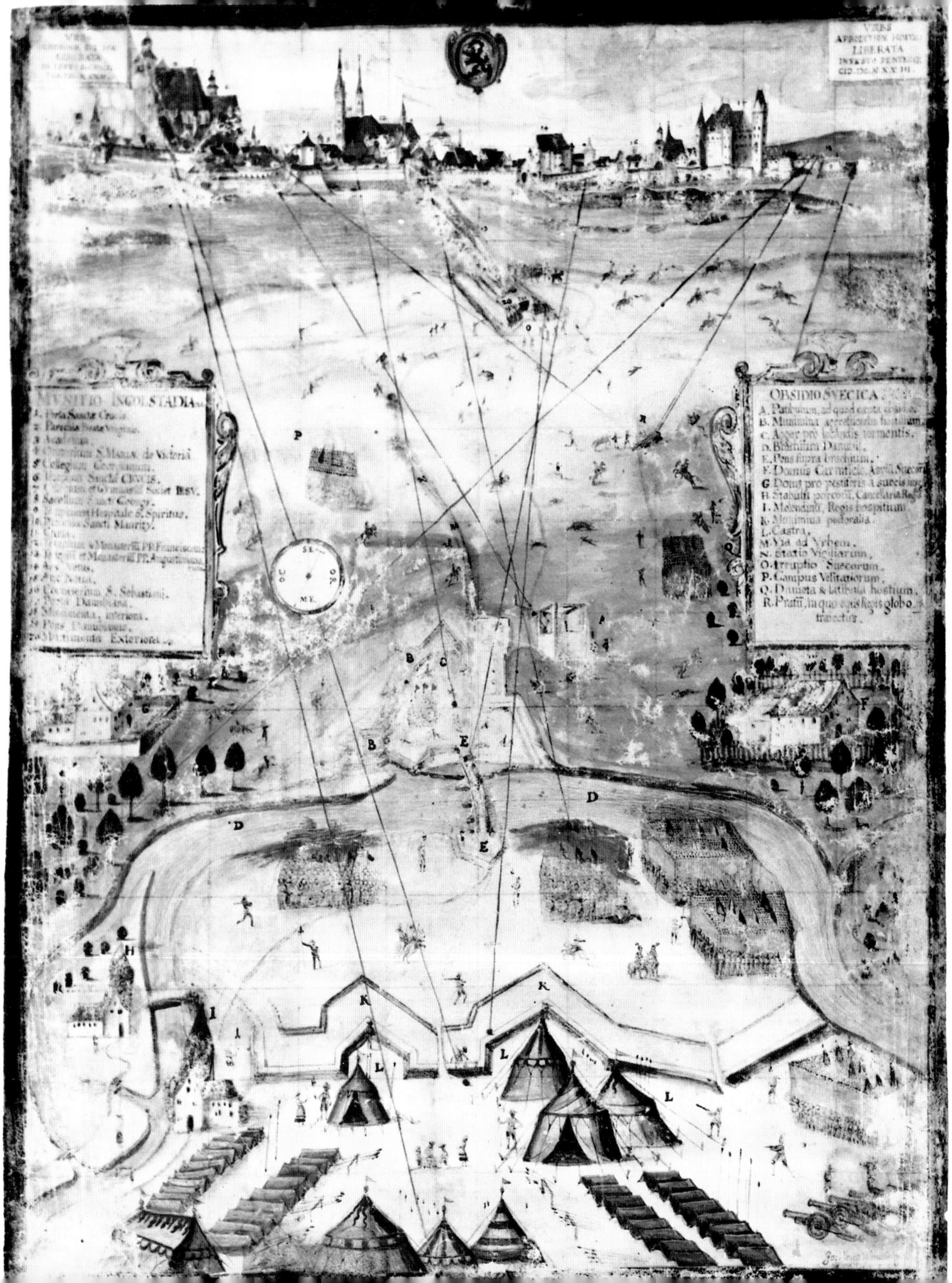

LIBERATA
OBSIDIO SVECICA.
B. Munimina
C. Agger pro
D. Brachium Danubii.
E. Pons supra brachium.
F. Domus
G. Domus pro pestiferis a Suecis
H. Stabulum porcorum, Cancellaria Regis
I. Molendinum, Regis hospitium.
K. Munimina pectoralia.
L. Castra.
M. Via ad Vrbem.
N. Statio Vigiliarum.
O. Irruptio Suecorum.
P. Campus Velitationum.
Q. Damna & latibula hostium.
R. Pratum, in quo equus Regis globo traiectus.

Abb 35 *König Gustav II. Adolf von Schweden (1611-1632). Kupferstich*

verhandlungen mit Sachsen und Schweden zu verbringen. Außerdem wies er seinen an die Liga ausgeliehenen Unterfeldherrn Johann von Aldringen an, sich defensiv zu verhalten. Als im Herbst 1633 Bernhard von Weimar wiederum nach Bayern vordrang und diesmal (am 14. November) sogar Regensburg eroberte, war Maximilian noch viel stärker als vorher auf

◀ **Abb 34** *Die Belagerung Ingolstadts durch die Schweden 1632. Aquarell von Ulrich Windberger*

Wallensteins Hilfe angewiesen. Aber auch jetzt machte dieser kaum Anstalten, Maximilian beizustehen.

Der Hauptgrund für diese Untätigkeit Wallensteins lag wohl daran, sich an Maximilian für seine Entlassung von 1630 zu rächen. Dieser arbeitete seit Ende 1633 erneut darauf hin, Wallenstein abzusetzen. Die Affäre fand schließlich mit der Ermordung Wallensteins, woran Bayerns Kurfürst jedoch keine Schuld trug, am 25. Februar 1634 in Eger ihr Ende.[12]

Damit waren die Hinderungsgründe für das Zusammenspiel der kaiserlichen und ligistischen Truppen beseitigt. Nun wurde der Hauptkriegsschauplatz nach Süddeutschland verlegt und es gelang, die Schweden allmählich zurückzudrängen und am 26. Juli 1634 Regensburg zurückzuerobern. Im September 1634 vereinigten sich das kaiserliche und das ligistische Heer mit einer spanischen Armee, die schon im Jahr zuvor in Süddeutschland erschienen war, um die Verbindung zwischen Mailand und den spanischen Niederlanden zu sichern. Am 6. September 1634 gelang es der vereinigten katholischen Streitmacht, den Schweden in der Schlacht bei Nördlingen eine vernichtende Niederlage zuzufügen. Im Anschluss daran konnte Süddeutschland vom Feind gesäubert werden. Der Heilbronner Bund löste sich auf. Diese Entwicklung beschleunigte auch die Friedensverhandlungen zwischen dem Kaiser und Kursachsen, die schließlich am 30. Mai 1635 zum Frieden von Prag führten. Im Vertrag wurde der Besitzstand Maximilians (Kurwürde, Ober- und rechtsrheinische Unterpfalz) gewahrt, Sachsen erhielt die Ober- und die Niederlausitz und das Erzstift Magdeburg. In den folgenden Monaten traten die meisten Reichsstände dem Friedensvertrag bei.[13]

Dieser Friedensvertrag rief jedoch Frankreich auf den Plan, das im Frühjahr 1635 in den Krieg gegen Habsburg eintrat. Die Folge waren beinahe ununterbrochene Truppenbewegungen, Feldzüge, Gefechte und Schlachten. Das bayerische Heer focht dabei meist gegen die Franzosen, wobei es bis 1645 in aller Regel erfolgreicher war als die kaiserlichen Truppen. Im Sommer 1636 wagte sich Johann von Werth mit seiner Reiterei weit nach Frankreich hinein, in den Schlachten bei Tuttlingen (November 1643), Freiburg (August 1644) und Mergentheim (Mai 1645) errang Franz von Mercy beachtliche Erfolge. Durch Niederlage und Tod Mercys bei Alerheim im Ries am 3. August 1645 wendete sich jedoch das Kriegsglück von Bayern ab. Im Herbst 1646 konnten die vereinigten schwedisch-französichen

Abb 36 *Kurfürst Maximilian um 1623. Kupferstich*

Heere wieder weit in bayerisches Territorium einfallen. Im Sommer 1648 drangen sie sogar bis zum Inn vor. Dabei kam es zu den schrecklichsten Drangsalen Bayerns während des gesamten Krieges.[14] Nach langwierigen mühsamen Verhandlungen konnte am 24. Oktober 1648 endlich der Westfälische Friede geschlossen werden.

Maximilian war es gelungen, seine wesentlichen Ziele durchzusetzen. So konnte er die Kurwürde und die Oberpfalz behalten, musste aber schließlich doch noch auf die rechtsrheinische Unterpfalz verzichten, die zusammen mit der neu eingerichteten achten Kurwürde Pfalzgraf Karl Ludwig, der Sohn des 1632 im Exil verstorbenen Friedrich V., erhielt.

Der Dreißigjährige Krieg hatte sowohl durch Kampfhandlungen als auch durch Seuchen unsägliches Leid über die Bevölkerung des gesamten Deutschen Reiches gebracht. Viele Gegenden waren zeitweilig völlig menschenleer geworden. Die Bevölkerungseinbußen betrugen wohl mindestens ein Drittel. Es dauerte geraume Zeit, bis sich das Land allmählich wieder von diesen Schrecken erholen konnte.[15]

Anmerkungen

1 Dieter Albrecht, Das konfessionelle Zeitalter II: Die Herzöge Wilhelm V. und Maximilian I., in: Handbuch der Bayerischen Geschichte II, hg. v. Andreas Kraus, München[2] 1988, S. 423-426.
2 Ebenda, S. 427 f.
3 Ebenda, S. 429 f.
4 Ebenda, S. 431 f.
5 Ebenda, S. 433.
6 Ebenda, S. 434 f.
7 Ebenda, S. 438 f.
8 Ebenda, S. 440-442.
9 Ebenda, S. 444-446.
10 Hanns Kuhn, Die Schweden vor Ingolstadt, in: Sammelblatt des Historischen Vereins Ingolstadt 50 (1931), S. 106-129.
11 Albrecht, Das konfessionelle Zeitalter II: Die Herzöge Wilhelm V. und Maximilian I., S. 446 f.
12 Ebenda, S. 448 f.
13 Ebenda, S. 449-451.
14 Ebenda, S. 452 f.
15 Ebenda, S. 455-457.

Genoveva Rausch

Wittelsbachisch-habsburgischer Dualismus – Ein spannungsreiches Bündnis

Das Verhältnis Herzog Maximilians I. von Bayern zum jeweils regierenden Kaiser ist in hohem Maße geprägt von den Beziehungen der beiden Häuser Bayern und Österreich zueinander. Deshalb ist es zunächst erforderlich die wechselvollen Kontakte beider Dynastien im allgemeinen zu charakterisieren und die historischen Grundlagen aufzuzeigen, bevor dann konkret auf die Situation zur Zeit Maximilians eingegangen wird.

Die Vorgeschichte: Beziehungen zwischen Wittelsbach und Habsburg

Die Beziehungen der bayerischen Wittelsbacher zu den österreichischen Habsburgern vor dem Dreißigjährigen Krieg sind gekennzeichnet durch einen Gegensatz, der so alt ist wie das Herzogtum Österreich selbst. Auch wenn zur Zeit der Gründung noch nicht die Habsburger die österreichischen Geschicke lenkten, sondern die Babenberger, liegen doch hier die Wurzeln des Gegensatzes Wittelsbach-Habsburg begründet. Das Herzogtum Österreich wurde nämlich auf Kosten Bayerns gegründet und erweitert. So trennte Kaiser Friedrich Barbarossa 1156 und 1180, dem Jahr des Herrschaftsantrittes der Wittelsbacher in Bayern, die Markgrafschaft Österreich und die Steiermark von Bayern ab und schuf daraus selbständige Herzogtümer.[1] Die territorialpolitischen Interessen, sprich die Rückgewinnung Österreichs oder zumindest von Teilen, standen in der Folgezeit für die bayerischen Herzöge im Vordergrund. Objekt der Begierde war das Land ob der Enns, welches »das große Exerzierfeld der habsburgisch-wittelsbachischen Auseinandersetzungen«[2]bildete. Auch zur Zeit Maximilians sollte sich dies nicht ändern. Sichtbares Zeichen für diese Rückgewinnungsbemühungen sind zahlreiche Fehden, die 1225 ihren Anfang nahmen, hier aber nicht näher erörtert werden können.[3]

Vertieft wurde dieser Dualismus unter Rudolf von Habsburg, der 1273 mit der Unterstützung Ludwigs II. zum König gewählt wurde.[4] Rudolf vereinnahmte das Herzogtum Österreich und begann seinen Herrschaftsbereich auszubauen, indem er außerdem die Steiermark, Krain, die windische Mark und formell auch Kärnten an sein Haus zog. Somit waren die Hoffnungen Bayerns nochmals im Osten Fuß zu fassen für den Augenblick außer Reichweite geraten. Zu diesem territorialen Verlust kam noch der schwerwiegende Verlust der Kurwürde, die Rudolf Böhmen zuerkannte.[5]

Ludwig dem Bayern gelang es schließlich die zersplitterten Kräfte der Wittelsbacher zu vereinigen und gegen die Habsburger einzusetzen. 1322 fiel in der Schlacht von Mühldorf die Entscheidung zugunsten Bayerns und der Wittelsbacher. Deren Machtbereich verlagerte sich daraufhin nach Brandenburg und den Niederlanden. Allerdings gingen diese gewonnenen Gebiete nach Ludwigs Tod rasch verloren. Von Bedeutung ist hier der Verlust Tirols, das in die Hand der Habsburger fiel, denen damit die Verbindung ihrer neuerworbenen Gebiete mit ihren Stammlanden und somit eine Umklammerung Bayerns gelungen war.[6]

Im 15. Jahrhundert wurde wohl durch die Kämpfe der Wittelsbacher untereinander der Wiederaufstieg der Habsburger begünstigt, die durch die Erheiratung Burgunds und Spaniens über das Reich hinauswuchsen und zur europäischen Großmacht aufstiegen.[7] Die vorerst letzte Chance, die sich durch die Verschuldung Herzog Sigmunds von Tirol bei den Herzögen von Bayern-Landshut ergab, für die Ersterer als Sicherheit unter anderem Tirol und das ganze vorderösterreichische Gebiet einsetzte, konnte nicht genutzt werden.[8]

Einen schlimmen Verlust an Territorium mußte Bayern durch den Landshuter Erbfolgekrieg hinnehmen. Kaiser Maximilian I., der zunächst Vermittlerfunktion übernahm, dann aber durch Parteinahme den Krieg zugunsten der Münchner Linie entschied, nahm sich das gesamte Unterinntal mit den Herrschaften Kufstein, Rattenberg, Kitzbühl, aufgrund ihres

Silberreichtums bedeutende Gebiete, dazu das Zillertal und andere Herrschaften.[9]

Wie man sieht haben die Habsburger im Laufe der Zeit ihren Herrschaftsbereich trotz Niederlagen beständig ausgeweitet und ihre Machtbasis verstärkt, während die Wittelsbacher nie über die Grenzen Bayerns herauskamen. Dies rief bei Letzteren natürlich Neid hervor, schließlich waren sie bereits Herzöge, als die Habsburger noch einfache Grafen waren.[10] Auf dieses Bewußtsein sind wohl auch die Bemühungen Maximilians zurückzuführen, den endgültigen Beweis über die Abstammung von den Karolingern zu finden. Diese Frage stellte für das Haus Wittelsbach nicht nur ein wissenschaftliches Problem dar. Die Abstammung vom ältesten und ehrwürdigsten Fürstengeschlecht hatte in der Zeit des beginnenden Absolutismus Propagandawert ebenso wie die Prunkentfaltung. Sie bedeutete Prestige und verdeutlichte den Anspruch auf Macht. So wird Maximilians Reaktion verständlich, als 1617 auch die Habsburger ihre Abstammung von Karl dem Großen hatten nachweisen lassen. Er wünschte sofort eine Widerlegung, da nicht beide fürstlichen Häuser von einem Stamm herkommen könnten.[11] Damit trat er in der Geschichtsschreibung, die als Teil der dynastischen Politik verstanden wurde[12], in Konkurrenz zu den Habsburgern.

Im 16. Jahrhundert tritt, bedingt durch die Reformation, langsam ein Wandel in den Beziehungen zum Hause Habsburg ein. Dennoch ist diese Epoche gekennzeichnet von einem ständigen Wechsel aus gegenseitiger Anziehung und Abstoßung. Steht zu Beginn der gemeinsamen selbständigen Regierung der Herzöge Wilhelm und Ludwig die Politik unter dem Programm der Zurückeroberung aller jemals an Österreich verlorenen Gebiete[13], so tendiert Bayern am Anfang der Regierungszeit Kaiser Karls V. näher zu Habsburg. Jedoch kam es 1525 zur Krise[14], als man Herzog Wilhelm anstelle des Habsburgers Ferdinand zum römischen König machen wollte. Auch das verlorene Ringen der Bayern um die böhmische Königskrone erschwerte das Verhältnis. Höhepunkt ist aber der Schmalkaldische Bund mit den protestantischen Reichsfürsten und das Bündnis von Scheyern mit Frankreich.[15] Erst die Entwicklung in Württemberg und die daraus sich ergebenden Belastungen des bayerisch-hessischen Verhältnisses führten Bayern zu Ausgleichsverhandlungen mit Habsburg. Ergebnis ist der Linzer Vertrag von 1534, mit dem die Periode der antihabsburgischen Fronde Bayerns beendet wurde und eine Annäherung an Habsburg folgte. Der Dualismus konnte allerdings auch jetzt nicht völlig überdeckt werden.[16]

Im Gegensatz zu den meisten anderen deutschen Fürsten blieb Bayern in der Reformationszeit katholisch. Dieses konsequente Festhalten am alten Glauben machte sie zum wichtigsten Verbündeten der Habsburger, die noch nicht imstande waren eine eindeutige Religionspolitik zu betreiben und die reformatorische Bewegung in ihren Erblanden zu bekämpfen. Dadurch entwickelte sich Bayern, besonders unter Albrecht V., zumindest kirchenpolitisch zur katholischen Vormacht innerhalb des Reiches. Albrecht V. leitete die erfolgreiche bayerische Kirchenpolitik ein, zu der die Voraussetzungen bereits mit der Primogeniturordnung 1506 gegeben waren. Als Höhepunkt kann hier der Gewinn des Kölner Erzstuhls 1583 gelten, der bis 1761 in wittelsbachischer Hand bleiben sollte und dem noch die Stühle von Hildesheim, Münster und Lüttich hinzugefügt wurden.

Auch in der Reichskirchenpolitik kam es zu Konfliktpunkten mit den Habsburgern, jedoch nicht in den norddeutschen Gebieten, sondern in den an der Grenze zwischen Bayern und Österreich gelegenen Stiften Passau und Salzburg. In deren Domkapitel dominierte der habsburgische Einfluß. Mit Ausnahme von Ernst, dem Bruder von Wilhelm IV. und Ludwig, gelang es sonst keinem Wittelsbacher einen dieser Bischofsstühle zu besteigen. 1517 war es Wilhelm IV. und Ludwig gelungen, Ernst eine Koadjutorie im Hochstift Passau zu verschaffen. Nach langwierigen Verhandlungen mit dem Wiener Hof wurde er sogar zum Erzbischof von Salzburg gewählt, mußte aber 1554 resignieren.[17]

Mit dem Hereinkommen des konfessionellen Aspekts kam es zu einer Veränderung der Beziehungen zwischen Wittelsbachern und Habsburgern. Bayern entwickelte sich immer mehr zum Verbündeten der Habsburger im Reich. Es ist in dieser Zeit, wie schon berichtet, eine Annäherung beider Häuser zu verzeichnen, was durch vermehrte wechselseitige Eheschlüsse verdeutlicht wird. Zu nennen sind hier vor allem vier Eheverbindungen. Den Anfang in dieser Reihe machte Albrecht V. von Bayern mit Anna, einer Tochter Kaiser Ferdinands I. Eine

Tochter aus dieser Verbindung, Maria, verehelichte sich mit Karl von Innerösterreich. Sie sind die Eltern des späteren Kaisers Ferdinand II. Dieser war mit einer Tochter Wilhelms V. von Bayern und somit einer Schwester Kurfürst Maximilians I. verheiratet. Letztlich wäre hier noch die Verbindung Maximilians mit Maria Anna, einer Tochter Kaiser Ferdinands II., in zweiter Ehe zu nennen.[18] Jedoch darf man sich nicht durch diese Heiraten täuschen lassen. Am Verhältnis zueinander haben sie nichts verbessert, vor allem da die angesprochenen Ehen hauptsächlich mit Habsburgern aus der Grazer Linie geschlossen wurden, mit denen sich die Wittelsbacher gut verstanden. Abgesehen davon waren es auch nicht die ersten ehelichen Verbindungen zwischen beiden Häusern. Bereits Töchter von König Rudolf I. waren mit Wittelsbacher Herzögen verheiratet oder umgekehrt Albrecht IV. von Bayern mit einer Habsburgerin.[19] In der Tat war das Haus Wittelsbach mit den deutschen Habsburgern am engsten verwandt.[20] So erscheint zum Beispiel Rudolf I. von Habsburg mindestens siebenmal in der Ahnenreihe Maximilians[21], aber es fällt auf, dass seit Albrecht V. diese wechselseitigen Beziehungen geballt auftreten. Gründe für diese Häufung sind nicht nur die räumliche Nachbarschaft beider Staaten und die daraus resultierenden häufigen gegenseitigen Besuche oder Vereinfachungen bei der Abwicklung derartiger Abkommen, sondern vielmehr auch der religiöse Aspekt. Durch das bestimmte Eintreten der Wittelsbacher für den katholischen Glauben und ihr Engagement in der Reichskirche hatten die bayerischen Heiratskandidaten die richtige religiöse Gesinnung vorzuweisen. Außerdem war durch die konfessionelle Spaltung, womit die politische eng verbunden war, die Auswahl an möglichen »Partien« etwas eingeschränkt.[22] Neben diesem wichtigen Punkt der konfessionellen Interessen dürfen aber auch hausmachtpolitische Gründe nicht vergessen werden. So beabsichtigte der bayerische Hof mit diesen Eheschlüssen, sich gegebenenfalls das Erbrecht auf die habsburgischen Lande zu sichern. Dies wird schon in den bayerisch-habsburgischen Ehepakten von 1546 anläßlich der Hochzeit Herzog Albrechts V. mit der Erzherzogin Anna ersichtlich. In Anknüpfung an einen Artikel des Linzer Vertrages von 1534 sagen diese Anna und ihren Nachkommen gewisse Aussichten auf habsburgische Erbländer im Falle des Erlöschens des habsburgischen Mannesstammes zu. Diese Ehepakte sollten die kommenden 200 Jahre Einfluß auf die bayerische Politik nehmen und im österreichischen Erbfolgekrieg gipfeln.[23] Wie man daran sieht, haben die Wittelsbacher auch nahezu 400 Jahre nach dem Verlust der Ostmark ihre Bestrebungen, diese Gebiete wieder unter ihre Herrschaft zu bringen, nicht ganz aufgegeben. Die territorialpolitischen Interessen blieben neben den konfessionellen bestehen und dies sollte sich auch unter Kurfürst Maximilian I. von Bayern nicht ändern.

Die Beziehungen unter Kurfürst Maximilian I.

Äußerungen Maximilians in Fürstenspiegeln und politischen Testamenten

In den 1639 für seinen Sohn Ferdinand Maria verfaßten »Monita paterna« rät Maximilian »*gegen denne Dir anverwandten Fürssten – doch uf gewisse Mas und Weis und nach gestalt der nachen Verwandtschafft – lasse zimmente guetwilligkeit uf (und?) freundschafft verspieren.*«[24] Diese Worte beziehen sich auch auf die Habsburger, selbst wenn er sie nicht namentlich nennt, sie gelten aber natürlich nicht nur für diese. Der Kurfürst äußert sich in diesem Fürstenspiegel ziemlich allgemein. Von besonderen Beziehungen zu den Habsburgern kann noch keine Rede sein. Ebensowenig werden Verhaltensmaßregeln gegenüber dem Kaiser ausgesprochen. Wesentlich interessanter ist das Testament, das Maximilian am 16. Februar 1641 eigenhändig bei Anwesenheit seiner wichtigsten Räte, die als Zeugen fungierten, unterzeichnete und den Notar anwies, ein »Instrumentum publicum« über diesen Vorgang zu verfassen.[25] Im Gegensatz zu dem vorher genannten Fürstenspiegel an Ferdinand Maria drückt sich Maximilian in diesem politischen Testament sehr genau aus. So rät er seinem Sohn gute Freundschaft und Korrespondenz zu den geistlichen und weltlichen Obrigkeiten und anderen Potentaten zu halten. Dabei hebt er den Papst und den Römischen Kaiser besonders hervor, erwähnt auch die anderen Kurfürsten, Fürsten und Stände und fährt dann fort »*vornemblich aber mit dem loblichen Haus Österreich sowoll umb der nahen BluetVerwandtnus als auch umb beeder hochloblichen Häuser Bayrn unnd Österreich von einander undter sich selbsten reciproce unnd zugleich der Religion unnd deß algemainen Wesens dependirenden Hail unnd Conservation willen, aufrechte, guette, bestendige Freundt- und Nachberschafft steif und vestigelich erhalt – und vortpflanze, und alles das ienige, w(as) zu Trenung derselben Ursach unnd Anlass geben khan, verhüett unnd meide.*«[26] Desweiteren rät er seinem Nachfolger sich in »*wichtigen Zuestendten und widerwerttigen Begebnussen*«[27] an den Kaiser zu wenden, wobei er in diesem aber nicht nur das Oberhaupt sehen soll sondern den Vetter, von dem er sich gleich einem Vater Rat und Hilfe erbitten soll. Maximilian spricht hier direkt vom Haus Österreich, also von den Habsburgern und betont die enge Verwandtschaft, die zwischen beiden Häusern besteht. Von Dualismus ist bei diesem Punkt nichts zu spüren, eher drängt sich einem der Eindruck einer »Familienidylle« auf, wenn er seinem Erben ans Herz legt im Kaiser weniger den Herrn als seinen Vetter zu sehen. Ganz neu ist der Gedanke dem Papst Gehorsam zu leisten und sich den Habsburgern enger anzuschließen allerdings nicht. Bereits Wilhelm V. hat 1597 in seinem Testament einen solchen Artikel angeführt.[28]

In dem 1650 entstandenen »*Treuherzige(n) vätterliche(n) lehrstuckh*« betitelten »Quasi-Fürstenspiegel«[29] kommt ein neuer Ton hinzu. Traditionell wird auch hier ermahnt gute Freundschaft und Korrespondenz zu bewahren.[30] Im nächsten Punkt wird auf das Verhältnis zum Hause Habsburg direkt eingegangen, die Tonlage ist dabei aber nicht mehr so euphorisch wie neun Jahre zuvor. So steht hier zu lesen: »*Wo es aber etwann die occasion geben unnd notturfft erfordert hat, wegen des Hauß von Österreich warnung unnd erinnerung zuthuen, ist nit wider die Herrn selbs als unnsers Hauß negste Bluetsverwandte, zu welchen wir ein besseres vertrauen sezen, sonder vilmehr wider die widerige, Paßionierte unnd ybl affectionierte Ministros unnd Rhät, welche zwischen beeden heusern allerhandt misßverstandt und zwietracht zustifften unnd Jre Herrschafft ungleich zuberichten unnd zubereden beflissen sein, gemaint.*«[31] Maximilian nennt die Habsburger immer noch nächste Blutsverwandte in die man Vetrauen setzen muß, spricht aber auch Warnungen an, die in der Vergangenheit gegenüber dem Haus Österreich gegeben wurden. Selbst wenn er die Schuld an Mißverständnissen und Zwietracht, die zwischen den beiden Häusern oder speziell wohl auch zwischen ihm und dem Kaiser entstanden sind, den Ministern und Räten gibt und betont, dass nicht die Herren gemeint seien, zielen diese Worte doch genau auf jene ab.[32]

Ligapolitik und Pläne einer Kaiserkandidatur Maximilians

Zum politischen Erbe Maximilians gehörte die Verteidigung und der Ausbau der bayerischen Interessen auf territorialem Gebiet, die Verteidigung des katholischen Prinzipes und des bestehenden verfassungsmäßigen Zustandes im Reich. Aber auch die Idee der Zusammenfassung der katholischen Stände unter Führung Bayerns gehörte dazu. Darauf arbeiteten bereits seine Vorgänger, Albrecht V. und besonders Wilhelm V., hin. Sie wurden jedoch durch die Habsburger als Inhaber der Kaiserwürde gehindert, die natürlich ein vom Kaiser unabhängiges Sonderbündnis nicht dulden konnten.[33] Gerade so ein Bündnis, ohne die Beteiligung Österreichs[34], haben wir seit 1609 mit der katholischen Liga. Dass dieses Bündnis zu Konflikten mit Habsburg führen mußte ist eindeutig. Durch eine Umgestaltung der Liga sollte diese dem kaiserlichen Einfluß unterworfen werden. Bischof Melchior Klesl von Wien, der Direktor des Österreichischen Geheimen Rates, hoffte, indem er für die Aufnahme Sachsens eintrat, eine Entschärfung des Bündnisses herbeizuführen und somit seinem Ziel näher zu kommen.[35] Tatsächlich wurde 1613 eine neue Bundesakte erarbeitet, die die Schaffung eines dritten Direktoriums für Erzherzog Maximilian, neben Bayern und Kurmainz, festlegte. Anstelle eines allgemeinen Bundesoberstenamtes, wie es Herzog Maximilian bisher innehatte, sollten alle drei Direktoren in ihrem Bezirk Kriegsoberst sein. Ferner forderte man die Unterrichtung des Kaisers über alle Kriegsunternehmungen im voraus. Maximilians Führungsposition wurde durch diese Akte also erheblich beschnitten. Trotz seiner Bedenken wurden diese Festlegungen, zwar mit Ausnahmen, realisiert. Die Folge jedoch war, dass der Bayer aufgrund schwerer Auseinandersetzungen mit Erzherzog Maximilian schließlich 1616 sein Bundesoberstenamt niederlegte und aus der Liga austrat, was die protestantische Union veranlaßte, aus Angst vor der Wahl des gegenreformatorischen Erzherzogs Ferdinand von Innerösterreich, Maximilian für eine Kandidatur um das Kaiseramt zu bewegen.[36] Bereits 1590 war ersichtlich geworden, dass Wilhelm V. für seinen ältesten Sohn in fernerer Zukunft die Kaiserkrone erstrebte. Weitere Bemühungen Wilhelms in den Jahren 1603 bis 1605 scheiterten an der Meinung seines Bruders, Kurfürst Ernsts von Köln, der Bayern für zu schwach hielt um eine Kandidatur durchzusetzen und zudem vor einer Todfeindschaft mit Österreich warnte.[37]

1617 wurde nun durch den Führer der protestantischen Union, Friedrich V. von der Pfalz, ein direkter Vorschlag in Sachen einer Kaiserkandidatur an Maximilian herangetragen. Der bayerische Herzog lehnte jedoch, wie schon 1603, 1612[38] und auch später[39], dieses Angebot entschieden ab, da er eine bayerische Kandidatur für dieses Amt als nicht aussichtsreich einstufte. Zudem fürchtete er, sollte er wider Erwarten die notwendigen Stimmen erhalten, in Ausseinandersetzungen mit dem Haus Österreich zu geraten, was zu einer Schwächung der katholischen Seite führen konnte. Zum anderen hegte er die Befürchtung in eine völlige Abhängigkeit von der protestantischen Partei zu gelangen und in der Folge von dieser zu religionspolitischen Zugeständnissen gezwungen zu werden.

Dennoch versäumte Maximilian nicht, Gewinn aus dieser Absage zu schlagen. Erzherzog Ferdinand hatte als neugewählter König von Böhmen von dem Angebot erfahren und war aufgrund der eigenen Kandidatur an einer eindeutigen Entscheidung seines Vetters interessiert. Durch seinen Abgeordneten Donnersberg ließ Maximilian in Graz versichern, dass er keinerlei Ambitionen auf das Kaiseramt habe und Ferdinand deshalb für seine Pläne auch keine Steine in den Weg legen werde. Allerdings waren mit diesem Verzicht Maximilians auch einige Forderungen an Ferdinand verbunden. Dieser sollte im Falle seiner Wahl unter anderem für die Beseitigung der Behinderungen beim Verschleiß des Halleiner Salzes eintreten. Außerdem wurde die Aufhebung der Beschränkungen des bayerischen Privilegiums de non appellando verlangt. Neben diesen politischen Themen kamen auch eher persönliche Angelegenheiten zur Sprache. Maximilian wollte schon nach der Wahl Ferdinands zum böhmischen König die von Jugend an gebräuliche Praxis des Duzens und die damit verbundene Anrede als »Bruder« aufgeben, was von Ferdinand nicht angenommen wurde. Mit einer Kaiserwahl des Habsburgers sollte diese Vertraulichkeit endgültig beendet sein. Als Gegenleistung für diese Respektsbezeugung erbat Maximilian für sich und die Mitglieder des Hauses Wittelsbach die Titulatur »Durchlaucht«.[40] Ferdinand ging auf die Wünsche des Bayern ein und hat nach erfolgter Wahl tatsächlich die Forderungen erfüllt.[41]

Im Mai 1619 wurde von Seiten der Pfalz noch einmal der Versuch unternommen Maximilian zu einer Kandidatur zu überreden, die Verhandlungen blieben allerdings ergebnislos. Bei der Ende August stattfindenden Wahl stimmten die pfälzischen Gesandten zunächst für den Wittelsbacher um eine Erblichkeit der Kaiserwürde zu verhindern, schlossen sich aber schließlich doch der Entscheidung der Mehrheit an. Immerhin hat die Person Maximilians eine gewisse Auszeichnung gefunden, indem Kurtrier, Kurbrandenburg und Kurmainz den Bayerns als einen der Kaiserkrone würdigen Fürsten hervorhoben und ihn somit auf eine Ebene mit Kurfürsten und Erzherzögen stellten.[42]

Vom böhmischen Aufstand zum Münchner Vertrag

Wenden wir uns nun dem beginnenden Krieg zu. Der Aufstand der protestantischen böhmischen Stände gegen das katholische habsburgische Landesfürstentum brachte Herzog Maximilian nicht sofort auf die Seite des Kaisers. Er verurteilte diesen Aufstand zwar, wich aber, da er über die Ligapolitik der letzten Jahre noch verstimmt war, den Bitten Kaiser Matthias und des Königs Ferdinand um Geld- und Truppenhilfen aus. Als Ferdinand kurz nach dem Tod von Kaiser Matthias Maximilian erneut um ein Darlehen von 200 000 Gulden bat, war dieser nur gegen die Verpfändung Kufsteins bereit, was Ferdinand nicht annehmen konnte.[43] Erst die Wahl Friedrichs V. von der Pfalz zum König von Böhmen und die Wahl Ferdinands von Innerösterreich zum Kaiser haben zur Wiederherstellung der Gesamtliga und dem Eingreifen Bayerns in der böhmischen Frage geführt. Allerdings ließ sich Maximilian vorher vom Kaiser seine Hilfe entsprechend honorieren, ehe er zur Hilfeleistung bereit war. Maßgeblich für seinen Kriegseintritt war der Münchner Vertrag vom 8. Oktober 1619, der in der Literatur oft als Diktat bezeichnet wird.[44] Maximilian verspricht darin zusammen mit den Ligaständen eine Armee aufzustellen, wofür ihm Ferdinand den absoluten Oberbefehl und die vollkommene Freiheit bezüglich der Verwendung dieses Heeres zusagt. Ferner wird der Ersatz aller Kriegskosten vereinbart, bis zu deren endgültiger Zahlung Maximilian territoriale Pfänder, vor allem in Österreich eroberte Gebiete erhalten sollte. Für eventuelle bayerische Gebietsverluste war Ersatz aus der österreichischen Ländermasse vorgesehen. Daneben wird von beiden festgelegt, keine einseitigen Friedensschlüsse einzugehen.[45] Zu diesen schriftlichen Festlegungen verspricht der Kaiser, für den Fall der Ächtung Friedrichs V., dem Hause Bayern die pfälzische Kurwürde zu übertragen.[46] Interessant

Abb 37 *Kaiser Ferdinand II. (1619-1637), Kupferstich*

sind in diesem Zusammenhang auch die Vorverhandlungen zu diesem Vertrag. Hier stellt nämlich Maximilian seine Forderungen für den Abschluß eines Militärbündnisses mit dem Kaiser auf. So fordert er das bayerische Direktorium über die Truppen der katholischen Stände, Friedensverhandlungen in Böhmen nur mit bayerischer Zustimmung und Entschädigung Bayerns. Dazu verlangt er die kaiserliche Garantie, dass Gebiete, die mit Hilfe der katholischen Truppen erobert würden bei Bayern verbleiben, die Zusammenarbeit mit den kaiserlichen Truppen sowie das Recht auf Werbung, Durchmarsch und Proviantierung in den kaiserlichen Erblanden.[47] Vergleicht man diese Forderungen mit den letztendlich zustandegekommenen Bestimmungen des Vertrages, so stellt man fest, dass die Bedingungen weitestgehend anerkannt wurden. Lediglich die unter sieben angeführten Punkte erscheinen nicht im endgültigen Vertrag. Der Kaiser, der schon vorher Maximilian um Hilfe gebeten hatte, war sich natürlich seiner Abhängigkeit vom bayerischen Herzog bewußt. Der Verpfändung seiner Länder bis zum Kostenersatz hätte er ansonsten kaum zugestimmt, ebenso wie dem Ersatz von Landverlust aus der eigenen Ländermasse, vor allem da bei den kaiserlichen Räten große Bedenken bestanden, dass das Land ob der Enns nur schwer wieder abgelöst werden könne und somit die Gefahr bestehe es für immer an Bayern zu verlieren.[48] Maximilian dagegen, der die Zwangslage seines Schwagers kannte, versuchte verständlicherweise daraus seinen Nutzen zu ziehen und wollte an die alten, nie vergessenen Ansprüche anknüpfen. Durch diesen Vertrag hatte er die Möglichkeit sein Territorium wieder um Gebiete zu vergrößern, die bei der Gründung des Herzogtums Österreich für Bayern verlorengegangen waren. So besetzte das Ligaheer 1620 Oberösterreich, das damit gemäß diesem Vertag in seinen Pfandbesitz überging und das er erst 1628 dem Kaiser zurückgab, nachdem er die Oberpfalz und die rechtsrheinische Pfalz für sich und seine Erben erhalten hatte. Außerdem spekulierte er auf die Übertragung der Kurwürde, die Bayern bereits im Schmalkaldischen Krieg in Aussicht gestellt worden war, auch wenn diese Forderung nur ganz knapp unter Punkt sieben erwähnt wird und im Münchner Vertrag überhaupt keine Rede davon ist, zumindest nicht in schriftlicher Form. Aber Maximilian hat sicher den auf Habsburg zurückgehenden Verlust nicht vergessen. Zudem lag es auch in seinem Interesse die katholische Mehrheit im Kurkolleg zu wahren. Maximilian ließ sich seine Hilfe teuer bezahlen, ebenso wie es Kaiser Maximilian I. im Landshuter Erbfolgekrieg getan hatte. In einer Biographie Ferdinands II. wird dem Herzog Maßlosigkeit in seinen Forderungen vorgeworfen.[49] Davon kann aber ebensowenig die Rede sein wie von einem Diktat. Maximilian verlangte nämlich nichts Unmögliches, sondern war nur darauf bedacht für seine Hilfeleistung keinen Nachteil zu erleiden. Es ist verständlich, dass er sich absichern wollte. Auch Andreas Kraus betont, dass der Vertrag wie jeder andere zustandegekommen sei. Außerdem hat Maximilian die Notsituation des Kaisers nicht vollends ausgenützt. Jetzt, da die Habsburger am Tiefpunkt ihrer Macht angekommen waren – Böhmen war verloren und Ungarn bedroht – versuchte er nicht sie völlig zu zerstören, um endlich sein Haus an die Stelle der Habsburger zu manövrieren, vielmehr eilte er, wenn auch zögerlich, dem Kaiser zu Hilfe.[50] Die Bedeutung des Münchner Vertrages liegt darin, dass er Maximilian auf die Seite des Kaisers gebracht hat, auf der dieser im Verlauf des Krieges auch im großen und ganzen bleiben sollte, was aber nicht bedeutete, dass der alte Gegensatz aus der Welt geschafft war. Interessant ist hierzu ein Schriftstück, das Maximilian eigenhändig »Bilanza« betitelt hat, und in dem die Haltung der Wittelsbacher gegenüber den Habsburgern in 15 Punkten dargelegt ist. Die Quelle, von der Maximilian selbst Kenntnis hatte, denn es sind eigenhändige Korrekturen von ihm enthalten, stammt aus dem Jahre 1608. In diesem Schreiben wirft der Regent Bayerns dem Haus Österreich unter anderem vor in jeder Notlage von Bayern Hilfe erhalten zu haben, letzteres aber in der ganzen Zeit nur gute Worte und Vertröstungen. Ferner beschwert er sich über die Bistumspolitik der Habsburger und beschuldigt sie, ausländische, ihnen nicht einmal verwandte Fürsten mit höheren Titeln zu ehren als Bayern. Schließlich beklagt er sich noch, dass weniger gehorsame Stände beim Kaiser mehr ausrichten als seine Gesandten oder er mit seiner Treue.[51] Maximilian stellt sich als dem Kaiserhaus und damit den Habsburgern treu ergeben dar, betont aber gleichzeitig dafür bisher nur Undank erhalten zu haben. Ein gewisser Dualismus wird hier erneut deutlich.

Das Verhältnis Bayern – Spanien – Kaiser

Die Beziehungen Bayerns zu Spanien, wo ebenfalls Habsburger an der Macht waren, gestalteten sich abwechslungsreich. Beide Staaten galten als entschiedenste Verfechter des Katholizismus, was zu guter Zusammenarbeit und engen kulturellen Beziehungen führte, auf die Maximilian bereits aufbauen konnte. So ist es auch zu verstehen, dass dem Statthalter der spanischen Niederlande, im Gegensatz zum Kaiser, der Beitritt zur Liga freigestellt wurde. Dieser kam nie zustande, aber Spanien unterstützte die Liga finanziell. Als indes auch Spanien versuchte die Liga unter kaiserlichen Einfluß zu bringen, kühlten die Beziehungen etwas ab. Spanien mußte beim böhmischen Aufstand selbst die Initiative ergreifen um die Intervention Bayerns zu erlangen.[52] Maximilian seinerseits machte seine Kriegsbereitschaft von spanischer Hilfe, die von Graf Onate auch während der Münchner Verhandlungen versprochen wurde, abhängig, Diese Hilfe, die aus der Entsendung eines Heeres aus den spanischen Niederlanden in die Unterpfalz und der Stellung von 1000 Reitern für die Liga bestehen sollte, wurde jedoch erst im März 1620 nach langen Verhandlungen bestätigt.[53] Waren hier noch Anklänge an eine Zusammenarbeit mit Spanien zu erkennen, wird in den folgenden Ausführungen ein Gegensatz deutlich. Spanien versuchte Bayern ab 1624 für die sogenannte Habsburger Liga zu gewinnen, das heißt einem Bündnis zwischen Spanien, dem Kaiser, der Katholischen Liga und gegebenenfalls noch weiteren Teilnehmern, mit dem sich Spanien militärische Hilfe gegen die Niederlande und England sichern wollte. Maximilian wies in einer Stellungnahme vom November 1624 darauf hin, dass er zu einem derart wichtigen Projekt die Zustimmung der Ligastände benötige. Diese Anmerkung wurde zu einer stereotypen Formel, mit welcher der Bayer diesen Plänen konsequent auswich, da er von Anfang an beabsichtigte, nicht in den Krieg mit den Generalständen involviert zu werden.[54] Er war nur zu einer defensiven Sicherung der Reichsgrenzen bereit. Eine weitergehende Unterstützung Spaniens hatte er nicht im Sinn, da er ihnen ihre Haltung in der Kurfrage nachtrug. Um Bayern für die Hilfe gegen Böhmen zu gewinnen, hatte Onate dem Kaiser zur Übertragung der pfälzischen Kurwürde auf Bayern geraten, änderte aber seine Meinung wieder als sich in der spanischen Politik neue Gesichtspunkte ergaben. Außerdem verdächtigte der Bayer Spanien einen Ausgleich in der pfälzischen Frage auf seine Kosten zu betreiben. Er mißtraute hier den seit 1623/24 existierenden Ausgleichsplänen, welche die Errichtung einer achten Kur für Bayern, nicht für die Pfalz, beabsichtigten.[55]

Der Vorschlag zu diesem Bündnis wurde Maximilian nicht von Spanien direkt unterbreitet. Vielmehr übernahm es der Kaiser, auf Wunsch Olivares, dessen Meinung einzuholen. Trotzdem war dem Bayern klar, dass nicht der Kaiser sondern Spanien der Urheber dieser Pläne war. Obwohl Maximilian die Habsburgerliga für unnötig hielt und diesem Unternehmen schon deshalb nicht zustimmen konnte, da diese neue Liga die Bedeutung der Katholischen Liga im Reich vermindert hätte, beschickte er doch im Mai 1626 die Brüsseler Konferenz, bei der auch über die Habsburgerliga verhandelt wurde, mit seinen Gesandten. Letztendlich waren diese Verhandlungen zum Scheitern verurteilt, nicht allein deshalb, da die von Spanien vorgelegten Bündnisentwürfe Forderungen enthielten, die Maximilian und die Katholische Liga unmöglich annehmen konnten und selbst beim Kaiser Bedenken hervorriefen. So sollte die Katholische Liga aufgelöst und das Ligaheer unter den Oberbefehl des Kaisers gestellt werden. Nach dem Scheitern der Konferenz wurde das Vorhaben vorerst ad acta gelegt.[56]

Maximilians Haltung gegenüber dem kaiserlichen General Wallenstein

Ein weiterer Konfliktpunkt mit dem Kaiser entstand 1625 als Wallenstein an die Spitze des habsburgischen Heeres trat. Obwohl beide, Maximilian und Wallenstein, auf derselben Seite kämpften, nämlich für den Kaiser und die katholische Kirche, waren die Unterschiede zwischen ihnen doch zu groß. Charakterliche Gegensätze, aber hauptsächlich die Verfolgung unterschiedlicher Ziele mußte sie auseinanderbringen. So strebte Wallenstein mit seinem Heer danach, die kaiserliche Macht im Reich wieder herzustellen, war aber nicht bereit sich dem Ligaheer Maximilians auf irgendeine Weise unterzuordnen.[57] Außerdem wurde durch Wallensteins Heer der Bestand der Liga gefährdet, da es dem Ligaheer die Quartiere und Verpflegungsmöglichkeiten außerhalb der Ligalande entzog. Eine Auflösung des Ligaheeres aber hätte die Machtposition Maximilians empfindlich geschwächt.[58] Sicherlich spielte auch der Neid eine gewisse Rolle, wenn der Bayer sah, wie leicht sich der Emporkömmling Wallenstein tat den Krieg zu finanzieren, während er die Ligagenossen ständig anbetteln mußte. Auch die wachsende Rivalität zwischen Wallenstein und Tilly verdeutlichte die Gegensätze.[59] Entscheidend für die Ablehnung Wallensteins waren aber die Befürchtungen Maximilians und einiger Ligafürsten, dass Wallenstein weitreichende Pläne zur Unterdrückung der reichsfürstlichen Libertät und somit die Ausweitung der kaiserlichen Machtposition verfolge. Der Höhepunkt der Opposition gegen Wallenstein und die habsburgische Politik überhaupt wurde mit dem Regensburger Kurfürstentag 1630 erreicht. Hier mußte der Kaiser eine Niederlage hinnehmen. So wurde er zum Beispiel vom Kurkolleg in der Mantuanischen Erbfolgefrage zu Friedensverhandlungen mit Frankreich gezwungen. Er mußte dort in die Entlassung Wallensteins einwilligen, aber auch eine geplante Auflösung der Liga und die Eingliederung von deren Heer in

Abb 38 *Der kaiserliche Generalissimus Albrecht von Wallenstein. Ölgemälde, um 1630*

die kaiserliche Armee erreichte er nicht, vielmehr mußte er seine eigene reduzieren und ihre Finanzierung an den Willen der Reichsstände binden. Sein einziger Trost konnte nur sein die Nachfolge Maximilians im Generalat und die damit verbundene Machterweiterung verhindert zu haben.[60] Wallenstein kam noch einmal in seine Stellung zurück und nützte die Gelegenheit um an Maximilian Rache zu üben, indem er seine Hilfegesuche mit lächerlichen Gründen ablehnte. Seit 1633 aber drängte Maximilian verstärkt auf seine Absetzung.[61] Mit dem Entschluß des Kaisers über die Absetzung Wallensteins, notfalls auch dessen Tötung, hatte er allerdings so gut wie nichts zu tun. Mit dem Tod Wallensteins stand einer

Zusammenarbeit der kaiserlichen Armee und dem Ligaheer nichts mehr im Wege, so dass es möglich wurde in der Schlacht bei Nördlingen einen glänzenden Sieg zu erringen, wodurch Süddeutschland bis zum Rhein vom Feind befreit werden konnte.[62]

Bewertung des Verhältnisses Maximilians zum Kaiser

Wie in der Vorgeschichte aufgezeigt wurde, waren die Beziehungen zwischen den Wittelsbachern und den, die Kaiserwürde innehabenden, Habsburgern, durch einen, über Jahrhunderte sich erstreckenden Dualismus geprägt, der hauptsächlich auf territorialpolitischen Interessen basierte. Mit der Reformation trat dann eine Veränderung in den Beziehungen ein. Durch die gemeinsamen konfessionellen Ziele, der Wahrung und der Sicherung des katholischen Glaubens, wurde eine Annäherung möglich.

Parallel zu dieser Entwicklung ist auch das Verhältnis Maximilians zum Kaiser zu sehen. Vor dem Hintergrund konfessioneller Interessen hat Maximilian erheblich zur Sicherung des Kaisertums beigetragen und dabei eigene dynastische Bestrebungen zum Teil zurückgestellt, indem er das Angebot einer Kaiserkandidatur ablehnte. Auch die Notsituation Ferdinands II. nach dem böhmischen Aufstand hat er nicht vollends zum Vorteil seiner Familie ausgenutzt. Seine Absicht war nicht, die am Tiefpunkt ihrer Macht angekommenen Habsburger zu zerstören und nun selbst zur höchsten Würde im Reich aufzusteigen. Durch den Münchner Vertrag wurde er vielmehr zum Retter des bedrängten Kaisers, auf dessen Seite er im Verlauf des Krieges auch im großen und ganzen bleiben sollte. Dass diese Zeit, obwohl Maximilian auf der Seite des Kaisers stand, nicht frei von Konflikten war zeigt unter anderem die Wallenstein-Frage. Ursachen für Auseinandersetzungen zwischen Kaiser und Maximilian waren Befürchtungen des Bayern seine mühsam erworbene Machtposition verlieren zu können. Maximilian wachte eifersüchtig darüber, dass seine reichsfürstliche Libertät nicht zugunsten eines kaiserlichen Machtanstiegs begrenzt wurde, wobei natürlich auch das Bewußtsein einer älteren dynastischen Tradition eine Rolle gespielt haben dürfte.

Auffallend ist, dass Maximilians Hilfe für den Kaiser bzw. schon für den zukünftigen Kaiser Ferdinand II. nie ganz uneigennützig geschah. Sowohl der Verzicht auf die Kaiserkandidatur, als auch der Münchner Vertrag waren jeweils mit Forderungen des Herzogs verknüpft, die dessen territorialpolitischen und dynastischen Zielen, gemeint ist hier vor allem die Rückgewinnung ehemals bayerischer Gebiete und der Kurwürde, dienen sollten.

Das persönliche Verhältnis Maximilians zu Kaiser Ferdinand II. dürfte als freundschaftlich-distanziert zu beschreiben sein. Beide kannten sich bereits seit Jugendtagen, immerhin haben sie ein Jahr zusammen in Ingolstadt verbracht, Maximilian als Student an der Landesuniversität, der steirische Prinz – unter der Obhut seines Onkels, Herzog Wilhelms V. von Bayern – als Schüler am Gymnasium. Der in diesem Zusammenhang oft zitierte Streit bezüglich des Vorrangs im Kirchenstuhl und eine angeblich lebenslänglich sich daraus ergebende Animosität des Bayern gegen den Habsburger, kann wohl als überinterpretiert angesehen werden, wie zahlreiche Quellen, die von einem weiteren freundschaftlichen Nebeneinander der beiden Prinzen in Ingolstadt sprechen, belegen.[63] Im Laufe der Jahre haben sich die Familienbande zwischen den beiden Vettern durch die Heirat von Maximilians Schwester Maria Anna mit Ferdinand sowie durch Maximilians Verehelichung mit der Tochter, die dieser Ehe entstammte, intensiviert. Der Kaiser war also nicht nur Maximilians Vetter, sondern gleichzeitig sein Schwager und Schwiegervater. Der Nachfolger Kaiser Ferdinand III. war mit dem bayerischen Kurfürst als Neffe und Schwager verwandtschaftlich verbunden. Ihr Verhältnis scheint einen weit kälteren und realistischeren Zug an sich gehabt zu haben, hauptsächlich deshalb, da Ferdinand III. wesentlich unbefangener mit dem Bayern umgehen konnte als sein Vater, der noch das Trauma von 1619 vor Augen hatte.[64] Grundsätzlich darf den überaus engen Verflechtungen Bayerns mit dem Kaiserhaus keine allzu große Bedeutung beigemessen werden, denn das Bewußtsein der Konkurrenz zwischen den Wittelsbachern und den Habsburgern war trotz aller Zusammenarbeit bei Maximilian stets präsent.

Anmerkungen

1 Manfred Weitlauff, Die Reichskirchenpolitik des Hauses Bayern im Zeichen gegenreformatorischen Engagements und österreichisch-bayerischen Gegensatzes, in: Wittelsbach und Bayern II/1. Um Glauben und Reich. Kurfürst Maximilian I., hg. v. Hubert Glaser, München-Zürich 1980, S. 48.

2 Hans Sturmberger, Bayern und das Land ob der Enns. Versuch einer Übersicht, in: Archivalische Zeitschrift 73 (1977), S. 1.

3 Dirk Götschmann, Bruderzwiste – Militärische Auseinandersetzungen zwischen Bayern und Österreich vom 13. bis ins 18. Jahrhundert, in: Brüder – Feinde – Nachbarn. Österreich – Bayern, hg. v. Herbert W. Wurster, Passau 1991, S. 116.

4 Ebenda, S. 119.

5 Weitlauff, Die Reichskirchenpolitik des Hauses Bayern, S. 48.

6 Götschmann, Bruderzwiste, S. 120-122.

7 Weitlauff, Die Reichskirchenpolitik des Hauses Bayern, S. 48 f.

8 Götschmann, Bruderzwiste, S. 122.

9 Ebenda, S. 122 f.

10 Weitlauff, Die Reichskirchenpolitik des Hauses Bayern, S. 49.

11 Andreas Kraus, Tassilo und Karl der Große in der bayerischen Geschichtsschreibung des 17. Jahrhunderts, in: Ders., Bayerische Geschichtswissenschaft in drei Jahrhunderten. Gesammelte Aufsätze, München 1979, S. 51 f.

12 Alois Schmid, Geschichtsschreibung am Hofe Kurfürst Maximilians I. von Bayern, in: Wittelsbach und Bayern II/1. Um Glauben und Reich. Kurfürst Maximilian I., hg. v. Hubert Glaser, München-Zürich 1980, S. 333.

13 Walther Peter Fuchs, Baiern und Habsburg 1534-36, in: Archiv für Reformationsgeschichte 41 (1948), S. 2.

14 Heinrich Lutz/Walter Ziegler, Das konfessionelle Zeitalter I: Die Herzöge Wilhelm IV. und Albrecht V., in: Handbuch der Bayerischen Geschichte II, hg. v. Andreas Kraus, München^2 1988, S. 334-337.

15 Ebenda, S. 353-356.

16 Ebenda, S. 358-360.

17 Genaue Schilderung Weitlauff, Die Reichskirchenpolitik des Hauses Bayern, S. 50-59.

18 Ottokar Lorenz, Genealogisches Handbuch der europäischen Staatengeschichte, bearb. v. Ernst Devrient, Stuttgart-Berlin^3 1908, Tafel 39. Vgl. dazu Katalogbeitrag zu den Frauen Maximilians.

19 Frühere Ehen zwischen Wittelsbachern und Habsburgern: Mathilde + Ludwig II. von Bayern, Katharina + Otto III. von Bayern (beides Töchter König Rudolfs I.) vgl. Die Habsburger. Eine europäische Familiengeschichte, hg. v. Brigitte Vacha, Graz-Wien-Köln 1992, S. 498 f.; Albrecht IV. von Bayern + Kunigunde vgl. Lorenz, Genealogisches Handbuch, Tafel 39.

20 Genaue Schilderung Andreas Kraus, Das Haus Wittelsbach und Europa: Ergebnisse und Ausblick, in: ZBLG 44 (1981), S. 427-429.

21 Andreas Kraus, Maximilian I., Bayerns großer Kurfürst, Graz-Wien-Köln 1990, S. 22.

22 Karl Vocelka, Habsburgische Hochzeiten 1550-1600. Kulturgeschichtliche Studien zum manieristischen Repräsentationsfest (Veröffentlichungen der Kommission für Neuere Geschichte Österreichs 65), Wien-Köln-Graz 1976, S. 17.

23 Lutz/Ziegler, Das konfessionelle Zeitalter I: Die Herzöge Wilhelm IV. und Albrecht V., S. 365.

24 »Vätterliche Ermahnung« (Monita paterna) Kurfürst Maximilians I. (1597/1623 bis 1651), in: Politische Testamente und andere Quellen zum Fürstenethos der frühen Neuzeit hg. v. Heinz Duchhardt, Darmstadt 1987, S. 122, Punkt 20.

25 Dieter Albrecht, Die Testamente Kurfürst Maximilians I. von Bayern, in: ZBLG 58/1 (1995), S. 248.

26 Politisches Testament Kurfürst Maximilians I. (1597/1623-1651), in: Politische Testamente und andere Quellen zum Fürstenethos der frühen Neuzeit, hg. v. Heinz Duchhardt, Darmstadt 1987, S. 149.

27 Ebenda.

28 »Zum andern ist auch vnnser gethreuer Vätterlicher Rath, das alle vnnsere Geist- vnd Weltliche Söhn die Päbst. Heyl., so yetz sein vnnd ins khonnfftig ordenlicher weis darzue erwöhlt werden, als vnnsers lieben herrn vnnd Seeligmachers JESV Christi vnnd seiner wahren, hochheiligen, Catholischen, Apostolischen, Römischen Kirchen Statthalter vnd vnser Geystliche hoche Oberkhait vor vnnd vber alle anndere Potentaten auf diser Welt lieben, ehren, volgen vnnd gehorsamen vnnd dann auch in gleichem der Röm. Kay. May., vnnserm Allergnedigisten lieben herrn vnnd Vettern als vnnserer Weltlichen hochen Obrigkheit nit weniger, vnd wie die Reichs-Lechenpflicht vnnd verwanndtnussen mit sich bringen, gethrew, gewertig vnnd gehorsam sein sollen«. Walter Ziegler, Das Testament Herzog Albrechts V. von Bayern (1578), in: Aus Bayerns Geschichte. Forschungen als Festgabe zum 70. Geburtstag von Andreas Kraus, hg. v. Egon Johannes Greipl/Alois Schmid/Walter Ziegler, St. Ottilien 1992, S. 268.

29 Rainer A. Müller, Die deutschen Fürstenspiegel des 17. Jahrhunderts. Regierungslehren und politische Pädagogik, in: HZ 240 (1985), S. 584.

30 Die Treuherzigen väterlichen Lehrstücke, in: Dokumente zur Geschichte von Staat und Gesellschaft in Bayern Bd. I, 3, bearb. v. Walter Ziegler, München 1993, Nr. 357, S. 1287-1288, Punkt 13.

31 Ebenda, S. 1288, Punkt 14.

32 Andreas Kraus, Das katholische Herrscherbild im Reich, dargestellt am Beispiel Kaiser Ferdinands II. und Kurfürst Maximilians I. von Bayern, in: Das Herrscherbild im 17. Jahrhundert, hg. von Konrad Repgen (Schriftenreihe der Vereinigung zur Erforschung der Neueren Geschichte 19), Münster 1991, S. 24.

33 Dieter Albrecht, Die auswärtige Politik Maximilians von Bayern 1618-1635 (Schriftenreihe der Historischen Kommission bei der Bayerischen Akademie der Wissenschaften 6), Göttingen 1962, S. 30.

34 Solange der habsburgische Familienstreit andauerte wurde Österreich der Beitritt zur Liga untersagt. Lediglich den Erzherzögen Ferdinand (für Innerösterreich), Maximilian (für Tirol und Vorderösterreich) und Albrecht (als Regent der spanischen Niederlande) wurde der Beitritt freigestellt. Dieter Albrecht, Das konfessionelle Zeitalter II: Die Herzöge Wilhelm V. und Maximilian I., in: Handbuch der Bayerischen Geschichte II, hg. v. Andreas Kraus, München^2 1988, S. 417.

35 Kraus, Maximilian I., Bayerns großer Kurfürst, S. 85.

36 Albrecht, Das konfessionelle Zeitalter II: Die Herzöge Wilhelm V. und Maximilian I., S. 420-422.

37 Dieter Albrecht, Maximilian I. von Bayern 1573-1651, München-Wien 1998, S. 480.

38 Ebenda, S. 89.

39 Albrecht, Das konfessionelle Zeitalter II: Die Herzöge Wilhelm V. und Maximilian I., S. 422.

40 Wilhelm V. hatte diesen Titel, der bisher nur Erzherzögen vorbehalten war, 1591 angenommen, um den Anspruch der Präzedenz des Hauses Bayern vor Österreich und den ersten Platz auf der Reichsfürstenbank zu betonen. Der Aufforderung Maximilians auf dem Reichstag 1594 nach Anerkennung dieses Titels war nur die Grazer Linie, der Ferdinand angehörte, nachgekommen. Albrecht, Maximilian I. von Bayern, S. 482.

41 Ebenda, S. 480-485.

42 Ebenda, S. 499-501.

43 Sigmund von Riezler, Geschichte Bayerns V, Gotha 1903, ND Aalen 1964, S. 134 f.

44 Arno Duch, in : Briefe und Akten zur Geschichte des Dreißigjährigen Krieges. Die Politik Maximilians I. von Bayern und seiner Verbündeten 1618-1651, NF I/1, bearb. v. Georg Franz, München-Wien 1966, S. 254.

45 Münchner Vertrag zwischen Hg. Maximilian I. von Bayern und Ks. Ferdinand II., in: Quellen zur Vorgeschichte und zu den Anfängen des Dreißigjährigen Krieges (Freiherr vom Stein-Gedächtnisausgabe XIX), hg. v. Gottfried Lorenz, Darmstadt 1991, S. 398-407.

46 Kraus, Maximilian I., Bayerns großer Kurfürst, S. 103.

47 Forderungen Hg. Maximilians I. von Bayern für den Abschluß eines Militärbündnisses mit dem Kaiser, in: Quellen zur Vorgeschichte und zu den Anfängen des Dreißigjährigen Krieges (Freiherr vom Stein-Gedächtnisausgabe XIX), hg. v. Gottfried Lorenz, Darmstadt 1991, S. 391-393.

48 Sturmberger, Bayern und das Land ob der Enns, S. 1.

49 Johann Franzl, Ferdinand II., Kaiser im Zwiespalt der Zeit, Graz-Wien-Köln 1978, S. 211.

50 Kraus, Maximilian I., Bayerns großer Kurfürst, S. 102-104.

51 »Des haus Bairn gegen I. Mt. geleiste merita und praetensiones, alles nach gelegenheit des fürbringens und der umbstend in acht zu nemmen.«, in: Briefe und Akten zur Geschichte des Dreißigjährigen Krieges in den Zeiten des vorwaltenden Einflusses der Wittelsbacher VI, Vom Reichstag 1608 bis zur Gründung der Liga, hg. v. Felix Stieve, München 1895, S. 294-296 (»Bilanza«).

52 Gerhard Immler, Bayerisch-spanische Beziehungen während des Dreißigjährigen Krieges, insbesondere in den Jahren 1643-1645, in: Aus Bayerns Geschichte. Forschungen als Festgabe zum 70. Geburtstag von Andreas Kraus, hg. v. Egon Johannes Greipl/Alois Schmid/Walter Ziegler, St. Ottilien 1992, S. 311 f.

53 Albrecht, Das konfessionelle Zeitalter II: Die Herzöge Wilhelm V. und Maximilian I., S. 426.

54 Albrecht, Maximilian I. von Bayern, S. 651.

55 Albrecht, Das konfessionelle Zeitalter II: Die Herzöge Wilhelm V. und Maximilian I., S. 435.

56 Albrecht, Maximilian I. von Bayern, S. 651-656.

57 Walter Goetz, Wallenstein und Kurfürst Maximilian von Bayern, in: ZBLG 11 (1938), S. 111-114.

58 Albrecht, Das konfessionelle Zeitalter II: Die Herzöge Wilhelm V. und Maximilian I., S. 440.

59 Goetz, Wallenstein und Kurfürst Maximilian von Bayern, S. 114 f.

60 Albrecht, Das konfessionelle Zeitalter II: Die Herzöge Wilhelm V. und Maximilian I., S. 441 f.

61 Goetz, Wallenstein und Kurfürst Maximilian von Bayern, S. 117 f.

62 Albrecht, Das konfessionelle Zeitalter II: Die Herzöge Wilhelm V. und Maximilian I., S. 449 f.

63 Helmut Dotterweich, Der junge Maximilian. Biographie eines bayerischen Prinzen. Jugend und Erziehung des bayerischen Herzogs und späteren Kurfürsten Maximilian I. von 1573 bis 1593, München[2] 1980, S. 95-97.

64 Albrecht, Maximilian I. von Bayern, S. 960 f.

Genoveva Rausch

Bayerns Annäherung an Frankreich

Maximilian war auf der einen Seite kaiser- und reichstreu, unterhielt andererseits aber auch rege Beziehungen zu Frankreich, von dem er sich die Sicherung der Kurwürde und der Oberpfalz sowie die Aufrechterhaltung der reichsständischen Rechte und Freiheiten gegen absolutistische Tendenzen des Kaisers erhoffte. Diese Praktik einer Annäherung an Frankreich war nichts Neues. Bereits 1532 war Bayern mit diesem in Scheyern einen Vetrag eingegangen.

Bis 1621 spielte Bayern in der französischen Politik keine entscheidende Rolle. Zum einen da Bayern territorial gesehen relativ klein und unbedeutend war und nur durch die Ligaaktivitäten seines Herzogs zu einer wichtigen Größe innerhalb des Heiligen Römischen Reiches aufgestiegen war. Zum anderen, weil Frankreich ausreichend mit eigenen inneren Problemen beschäftigt war. Dies hatte zur Folge, dass Frankreichs außenpolitisches Handeln erheblich eingeschränkt war. Vorrangiges Ziel der französischen Außenpolitik bildete deshalb das Bestreben ein Gleichgewicht zwischen den konfessionellen Parteien im Reich und ihren jeweiligen Verbündeten zu bewahren. Sichtbares Zeichen dafür war 1620 die Vermittlung Frankreichs zwischen Truppen der protestantischen Union und der katholischen Liga bei Günzburg.

Ab 1621 wurde Bayern für Frankreich interessant. Ausschlaggebend für die Umorientierung der französischen Außenpolitik war die veränderte politische Konstellation im Reich nach dem Sieg des Kaisers und der katholischen Partei in der Schlacht am Weißen Berg vor Prag im Jahre 1620. Frankreich beabsichtigte nun den habsburgischen Einfluß im Reich zu brechen und diesen für sich selbst zu gewinnen. Nach alter Tradition versuchte es sich dazu mit Feinden des Kaisers zu verbünden, die es in den Protestanten fand, wollte aber gleichzeitig die katholische Kirche in Europa und Deutschland nicht schädigen. So rückte Bayern in das Gesichtsfeld Frankreichs, welches hoffte, mit den Wittelsbachern ein Gegengewicht zu den Habsburgern schaffen zu können. Obwohl Bayern damals der engste Verbündete des Kaisers war, begünstigten die Franzosen die Übertragung der Kur, immer mit dem Ziel Maximilian vom Kaiser zu trennen. Es kam in den Jahren 1621 bis 1627 immer wieder zu Bündnisverhandlungen zwischen beiden Ländern, allerdings ohne zu verbindlichen schriftlichen Abmachungen zu gelangen. Auch zu einer Kaiserkandidatur konnte Maximilian nicht bewegt werden, denn er beabsichtigte nicht sich vom Kaiser zu trennen, ebenso wie Frankreich es ablehnte sich von den protestantischen Mächten zu distanzieren. Keiner der beiden Verhandlungspartner war also zu Zugeständnissen bereit. Erst 1629 kam es zu einer erneuten französisch-bayerischen Annäherung. Ein Grund für Frankreich waren die zunehmenden Erfolge Ferdinands II. und der daraus resultierende Anstieg seiner Macht. Maximilian dagegen misstraute Wallenstein, dem er Tendenzen zur Unterdrückung der fürstlichen Libertät vorwarf. Außerdem stellte er sich in der Mantuanischen Erfolgefrage[1] gegen die habsburgisch-spanische Politik und half durch seine Vermittlung, dass 1630 Frankreich mit dem Kaiser Frieden schließen konnte.[2] 1629 wurden erneut Verhandlungen aufgenommen, die größtenteils hinter dem Rücken des Kaisers ausgetragen wurden. Maximilian berichtete ihm zwar von Gesprächen mit dem französischen Gesandten Charnacé, verschwieg ihm dabei aber die wichtigsten Punkte, darunter die bayerisch-französischen Allianzpläne.[3] Während dieser ganzen Unterredungen waren für den Bayern zwei Fragen entscheidend. Erstens mußte er sich darüber klar werden, inwieweit eine Verbindung mit Frankreich überhaupt notwendig ist. Zum Zweiten mußte er sich fragen, ob es erlaubt ist mit Potentaten außerhalb des Reichs Vertragsverhältnisse einzugehen. Letzterer Punkt konnte mit dem Verweis auf Natur- und Völkerrecht, die Goldene Bulle oder den Reichslandfrieden von 1495 bejaht werden, vorausgesetzt, die Bündnisse waren nicht gegen den Kaiser gerichtet. Der Rechtsvorbehalt gegenüber Kaiser und Reich blieb deshalb die bestimmende Leitlinie Maximilians während der gesamten Beratungen. Bezüglich der Frage der Notwendigkeit eines Bündnisses mit Frankreich spielten drei Motive eine Rolle, die den Kurfürsten zu einer Fortsetzung der Verhandlungen veranlaßten. So hoffte er, Frankreich aus dem Kreis der gegnerischen Protestanten lösen zu können und des weiteren französische Unterstützung und Rückhalt in der Kur-, wie in der Wallensteinfrage zu gewinnen. Zunächst verliefen die Bündnisabsprachen für Maximilian jedoch recht enttäuschend, da Richelieu nicht bereit war die Abmachungen bezüglich der Kurwürde und der Oberpfalz in den Vertragstext aufzunehmen. Darüber hinaus wollte er den Vorbehalt des Bayern gegenüber Kaiser und Reich nicht akzeptieren. Letztlich stellte der Franzose Forderungen, die Maximilian unmöglich annehmen konnte. Während der französische Verhandlungsführer Bagno entschieden auf eine Resolution drängte, beschloß Maximilian erst den Regensburger Kurfürstentag von 1630 abzuwarten. Tatsächlich gelang es ihm, die Verhandlungen mit Frankreich solange hinauszuzögern, bis in Regensburg die wichtigsten Entscheidungen – Entlassung Wallensteins und Mantuanischer Friedensvertrag – gefallen waren.

Erst die, durch die Landung eines schwedischen Heeres unter Gustav Adolf, veränderte politische Situation, veranlasste Maximilian zu weiteren konkreten Absprachen mit den Franzosen, die ihrerseits ihre Bereitschaft zu Zugeständnissen signalisierten. Im Gegensatz zu einem ersten Vertragsentwurf vom März 1630, waren sie nun im November bereit die erbliche Kurwürde Maximilians anzuerkennen und zu verteidigen. Zudem garantierte der französische König dem Bayern, dessen Verpflichtungen gegenüber Kaiser und Reich zu respektieren.[4]

Schließlich kam es am 30. Mai 1631 zum Vertrag von Fontainebleau, ohne den Kaiser davon unterrichtet zu haben, vielmehr verabredeten beide Partner den Vertrag geheimzuhalten.[5] Bei diesem Bündnis handelte es sich um einen auf acht Jahre abgeschlossenen Nichtangriffs- und Beistandspakt, in dem sich die Partner zusagten, sich nicht gegenseitig anzugreifen bzw. sich bei Angriffen durch Dritte mit Truppen und Subsidien zu unterstützen. Frankreich versprach die Anerkennung und Verteidigung der Kur, während sich Maximilian Verpflichtungen gegenüber Kaiser und Reich vorbehielt. Hier wird deutlich, dass Maximilian nicht die Absicht hatte sich von Richelieu in eine Frontstellung gegen den Kaiser hineindrängen zu lassen, sondern er war bemüht sich eine politische Bewegungsfreiheit zu bewahren.[6] Allerdings entwickelte sich dieses Bündnis bereits im Sommer des selben Jahres zu einer schweren Belastungsprobe für die Beziehungen Maximilians zu Kaiser Ferdinand II. Der spanischen Diplomatie war es nämlich gelungen die Verhandlungen aufzudecken und die wichtigsten Stücke der Korrespondenz sowie die Vertragsentwürfe bis März 1630 in ihren Besitz zu bringen. So bekam auch der Kaiser davon Kenntnis, was für Maximilian äußerst kompromittierend war, weniger aus reichsrechtlichen Gründen, sondern vor allem, da die geheimen Bündnisverhandlungen dem Münchner Vertrag von 1619 widersprachen. Zudem war in dem letzten Vertragsentwurf, den die Spanier in Händen hatten, der Rechtsvorbehalt bezüglich Kaiser und Reich noch nicht enthalten, so dass sich der Kaiser mit Recht von Bayern hintergangen fühlte.[7]

Der Vertrag hatte aber noch einen weiteren Haken. Frankreich hatte nämlich schon vorher mit Schweden den Vertrag von Bärwalde abgeschlossen, der mit dem in Fontainebleau mit Bayern verabschiedeten Traktat unvereinbar war. Ein direkter Konflikt zwischen Schweden und Bayern hätte Richelieu in arge Bedrängnis gebracht. Da er aber weder auf Schweden noch auf Bayern als Partner verzichten konnte, versuchte er einen Neutralitätsvertrag zwischen Schweden und Bayern einzufädeln. Dieses Vorhaben scheiterte jedoch aufgrund überhöhter Forderungen Schwedens, die Maximilian nicht annehmen konnte und so ließ Frankreich in der Folge Bayern fallen.[8]

Ein neues Kapitel in den bayerisch-französischen Beziehungen wurde 1635 mit dem Kriegseintritt Frankreichs aufgeschlagen. Auslöser für diesen Schritt waren der Sieg des Kaisers und der Liga bei Nördlingen über die Schweden und der daraus resultierende Frieden von Prag[9], durch den das Kaisertum wieder stark zu werden drohte. Frankreich und Bayern standen sich nun als direkte Kriegsgegner gegenüber. Trotzdem kamen die indirekten Kontakte nicht vollständig zum Erliegen. So versuchte Frankreich Bayern immer wieder mit dem Argument unter Druck zu setzen, dass ohne seine Unterstützung weder die Kur noch die Oberpfalz für Bayern gesichert wären. Auf Vermittlung der Kurie kam es schließlich 1639 erneut zu direkten Kontakten, die ein Jahr später in einer Konferenz in Einsiedeln mündeten, bei der von französischer Seite ein zehn- bis zwölfjähriger Waffenstillstand vorgeschlagen werden sollte.

Die Konferenz ging ergebnislos zu Ende, da Bayern wegen zu erwartender negativer Auswirkungen dieses Vorschlags für das Reich, nicht darauf einging.

Fünf Jahre später kam es im Zuge der in Münster begonnenen Friedensverhandlungen erneut zu intensiven diplomatischen Verbindungen zwischen Bayern und Frankreich. Da der Kaiser sich gegen die französischen Forderungen stellte – Frankreich erhob vor allem Ansprüche auf die drei lothringischen Bistümer Metz, Toul und Verdun[10] sowie auf Ober- und Niederelsaß – waren die Verhandlungen blockiert. Für Bayern war darüber hinaus die Tatsache unerfreulich, dass die französischen Botschafter die Rückgabe der Kurwürde und der pfälzischen Territorien an die pfälzischen Wittelsbacher befürworteten. Vor diesem Hintergrund muss der bayerische Kontaktversuch gesehen werden. Nachdem Maximilian von einer positiven Haltung Mazarins erfahren hatte[11], schickte er, Warnungen aus Wien ignorierend, seinen Beichtvater, Pater Johannes Vervaux SJ, zu Geheimabsprachen nach Paris.[12] Gemäß der kurfürstlichen Instruktion sollte dieser dort um Unterstützung zur Sicherung der Kurwürde und der Oberpfalz für Bayern ansuchen. Des weiteren hoffte Maximilian durch Vervaux Klarheit über die französischen Absichten bei den Münsterischen Friedensgesprächen zu erlangen. Zudem sollte über den sofortigen Abschluß eines Waffenstillstands verhandelt werden.[13] Obwohl diese Mission als gescheitert gelten muss, da Mazarin den bayerischen Abgesandten nur zu zwei Audienzen empfangen und dabei keine konkreten Zusagen getroffen hat, waren diese Verhandlungen für die weiteren französisch-bayerischen Beziehungen doch von Bedeutung. Sie legten nämlich den Grundstein für das Zusammenspiel beider Mächte bei den Friedensverhandlungen in Münster. Während Maximilian sich fortan für die französische Satisfaktion stark machte, setzte Frankreich sich für Bayerns Ziele bezüglich der Kurwürde und der Oberpfalz ein.

Auf militärischem Gebiet stellte das Heer Maximilians für die Franzosen zunächst einen durchaus nicht zu unterschätzenden Faktor dar. Erst die bayerische Niederlage in der Schlacht von Alerheim am 3. August 1645 brachte die militärische Wende. Zugleich erhielt Maximilian aber die Möglichkeit zu einer neuen Kontaktaufnahme mit Frankreich, indem er den in der Schlacht gefangen genommenen Marschall Gramont mit dem Angebot an die Franzosen entließ, er werde sich bei Kaiser und Reich für die Erfüllung der französischen Forderungen einsetzen. Im Gegenzug erwartete er die Anerkennung seiner Ziele.

Nachdem Mazarin im Frühjahr 1645 noch einen separaten Waffenstillstand mit Bayern abgelehnt hatte, wurde im November des selben Jahres diese Idee wieder aufgegriffen. Frankreich beurteilte die Chancen separater Waffenstillstände – zum einen mit Bayern, zum anderen mit Schweden – nun höher als einen allgemeinen Waffenstillstand im Reich. Eng verbunden war damit die alte Hoffnung Bayern und die katholischen Reichsfürsten vom Kaiser trennen und gleichzeitig ein Gegengewicht zu Schweden aufrichten zu können.[14] Umgesetzt wurde dieses Projekt eines Separatfriedens jedoch erst im März 1647 in Form des Ulmer Waffenstillstandes, mit dem sich Maximilian zum ersten Mal im Dreißigjährigen Krieg vom Kaiser getrennt hat. Veranlaßt zu diesem Schritt sah sich der Bayer durch den katastrophalen Feldzug von 1646 sowie durch die Erkenntnis, dass dem Kaiser Erbansprüche und der eigene Territorialbestand wichtiger waren als der Frieden. Als Begründung für seine Politik nannte er die finanzielle Lage, die jedoch nicht so prekär war, wie er vorgab.[15] Da Kaiser Ferdinand III. sich 1647 weigerte einen allgemeinen Waffenstillstand zu schließen, vereinbarte Maximilian, dessen Land von den Feinden verwüstet worden war, diesen Waffenstillstand mit Frankreich. Weitere Vertagspartner waren Schweden, Hessen-Kassel und der Kurfürst von Köln.[16] Bayern lehnte sich also, wie schon 1631, erneut an Frankreich an. Von einem Systemwechsel kann man trotzdem nicht sprechen, denn die reichsrechtlichen Bindungen an den Kaiser blieben auch weiterhin anerkannt. Bayern wollte anscheinend eine dritte Partei im Reich schaffen, die als Vermittler zwischen Paris und Wien fungieren sollte. Dieses Unternehmen war jedoch zum Scheitern verurteilt, da Ferdinand nicht bereit war seine Bindung an Spanien fallen zu lassen. Frankreich dagegen strebte nicht die Versöhnung mit Österreich an, sondern hoffte noch immer die Bildung einer antihabsburgischen Partei im Reich unter Bayerns Führung zu erreichen.[17] Somit kam kein Reichswaffenstillstand zustande und Bayern sah sich gezwungen einen separaten abzuschließen.[18]

Diese Trennung vom Kaiser währte allerdings nicht lange. Bereits im Vertrag von Passau, ein halbes Jahr später (7. September 1647), kam Bayern, da inzwischen die pfälzische Frage zu seinen Gunsten geregelt worden war, wieder auf die Seite des Habsburgers zurück. Für Maximilian bedeutete dieser Schritt keinen Gesichtsverlust, denn der Kaiser mußte nun die Unabhängigkeit der bayerischen Armee anerkennen, was einen enormen Sieg der landesherrlichen über die kaiserliche Militärhoheit darstellte.[19]

Maximilian war in Zukunft bestrebt, den Krieg nicht gegen Frankreich, sondern allein gegen Schweden zu führen, während die Franzosen, um gegenüber Schweden ihre Glaubwürdigkeit zu behalten, Bayern erneut den Krieg erklärten.

Abschließend sei noch auf den für Bayern äußerst positiven Ausgang der Beziehungen zu Frankreich hingewiesen. Nicht zuletzt aufgrund der französischen Hilfe konnte Maximilian als einziger Fürst seine Ziele weitestgehend durchsetzen.[20]

Anmerkungen

1 Mantuanische Erbfolgefrage: 1627 war der Herzog von Mantua und Montferrat gestorben. Als Nachfolger traten Herzog Karl von Nevers (von Frankreich unterstützt) und der Herzog von Guastalla (von Spanien unterstützt) auf. In der Folge kommt es zu der Frontenbildung Spanien und der Kaiser auf der einen, Frankreich und die Kurie auf der anderen Seite. Dieter Albrecht, Die auswärtige Politik Maximilians von Bayern 1618-1635, (Schriftenreihe der Historischen Kommission bei der Bayerischen Akademie der Wissenschaften 6), Göttingen 1962, S. 204-207.

2 Peter Claus Hartmann, Bayern als Faktor der französischen Politik während des Dreißigjährigen Krieges, in: Wittelsbach und Bayern II/1. Um Glauben und Reich. Kurfürst Maximilian I., hg. v. Hubert Glaser, München-Zürich 1980, S. 448-451.

3 Albrecht, Die auswärtige Politik Maximilians von Bayern, S. 220 f.

4 Dieter Albrecht, Maximilian I. von Bayern 1573-1651, München-Wien 1998, S.722-727.

5 Bayerisch-französischer Vertrag von Fontainebleau, in: Albrecht, Die auswärtige Politik Maximilians von Bayern, S. 378, Nr. I, Punkt 6.

6 Dieter Albrecht, Das konfessionelle Zeitalter II: Die Herzöge Wilhelm V. und Maximilian I., in: Handbuch der Bayerischen Geschichte II, hg v. Andreas Kraus, München² 1988, S. 443.

7 Albrecht, Maximilian I. von Bayern, S. 729.

8 Hartmann, Bayern als Faktor der französischen Politik, S. 451.

9 Prager Frieden vom 30. Mai 1635: Der Frieden fixierte den Besitzstand der Konfessionen im Stand von November 1627 auf die Dauer von 40 Jahren. Dadurch wurden auch die bisherigen Gewinne Maximilians, also die Kurwürde und die Pfalzen gesichert. Von Bedeutung war darüber hinaus, dass dem Kaiser der Oberbefehl über eine zu errichtende Reichsarmee zugestanden wurde, welche die Reichsstände finanzieren mußten. Gleichzeitig mußten sie auf ihr »ius armorum et foederis« verzichten, was die Auflösung der Liga bewirkte. Dies stellte zweifellos einen grandiosen Sieg des Kaisers dar. Inwieweit die Auflösung der Liga einen Machtverlust Maximilians bedeutete ist noch nicht geklärt. Die Situation des Bayern scheint sich jedenfalls nicht gravierend verschlechtert zu haben, denn aufgrund einer kaiserlichen Entschließung konnte Maximilian das bisherige Ligaheer als ein besonderes Korps der Reichsarmee führen, das sich zu einem »bayerischen« Heer entwickelte, über welches Maximilian uneingeschränkt gebieten konnte. Albrecht, Das konfessionelle Zeitalter II: Die Herzöge Wilhelm V. und Maximilian I., S. 450 f.

10 Andreas Kraus, Kurfürst Maximilian I. von Bayern und die französische Satisfaktion (1644-1646). Neue Quellen zu einem alten Problem, in: Land und Reich. Stamm und Nation. Probleme und Perspektiven Bayerischer Geschichte. Festgabe für Max Spindler zum 90. Geburtstag Bd. 2., München 1984, S. 29.

11 Hartmann, Bayern als Faktor der französischen Politik, S. 452 f.

12 Kraus, Kurfürst Maximilian I. von Bayern und die französische Satisfaktion, S. 28.

13 Andreas Kraus, Maximilian I., Bayerns großer Kurfürst, Graz-Wien-Köln 1990, S. 269.

14 Hartmann, Bayern als Faktor der französischen Politik, S. 452 f.

15 Gerhard Immler, Kurfürst Maximilian I. und der Westfälische Friedenskongreß. Die bayerische auswärtige Politik von 1644 bis zum Ulmer Waffenstillstand (Schriftenreihe der Vereinigung zur Erforschung der Neueren Geschichte 20), Münster 1992, S. 473-475.

16 Albrecht, Das konfessionelle Zeitalter II: Die Herzöge Wilhelm V. und Maximilian I., S. 455.

17 Frankreich hielt die Zeit für gekommen, alte Bestrebungen wieder aufzugreifen die bayerischen Wittelsbacher langsam als Gegenkandidaten für das Kaisertum aufzubauen. Sie räumten den bayerischen Herrschern als einzigen die Chance ein, die Habsburger bei einer Kaiserwahl schlagen zu können. Maximilian spielte in diesen Überlegungen allerdings keine Rolle mehr. Die französischen Hoffnungen ruhten hier auf einem möglicherweise weniger vorsichtigen Nachfolger des Kurfürsten. Immler, Kurfürst Maximilian I. und der Westfälische Friedenskongreß, S. 483 f.

18 Ebenda, S. 482-486.

19 Albrecht, Das konfessionelle Zeitalter II: Die Herzöge Wilhelm V. und Maximilian I., S. 455.

20 Hartmann, Bayern als Faktor der französischen Politik, S. 451.

Genoveva Rausch

Maximilian als »Finanzgenie«

»... *Ich siche haltt, das sowol bej geistlichen alß weltlichen nur auf die ragion di stato gesechen wirdt vnd das der respectiert wirdt, der vil land oder vil gelt hatt, vnd dieweil wir deren khainß, so wer[d]en wir sowol bej den Welschen alß andern nimmermehr khein authoritet haben, biß wir doch in geltsachen vnß beßer schwingen, vnd wirdt gewiß daran alleß gelegen sein, wie mich dann gedunkht, eß soll diß werkh vnß vrsach geben, auf dise geltsachen eußerist acht zu geben* ....«[1] Diese Worte entstammen einem Brief Maximilians an seinen Vater, Herzog Wilhelm V., den er unmittelbar nach der erlittenen Niederlage bei der Besetzung des Passauer Bischofsstuhls im Juni 1598 geschrieben hat. Knapp ein halbes Jahr zuvor hatte der junge Herzog erst die Alleinherrschaft in Bayern übernommen, nachdem Wilhelm V. primär aufgrund seiner Schuldenlast zur Abdankung veranlaßt worden war.[2] Schon 1591 hatte Wilhelm bei der ersten großen Finanzkrise seinen Sohn nach München beordert, damit sich dieser in die Verwaltungsaufgaben einarbeiten konnte.[3] 1594 erfolgte die Huldigung der Landstände, ein Jahr später übernahm Maximilian die Administration Bayerns unter der Oberaufsicht des Vaters. Auf die finanzielle Situation wirkte sich diese Doppelregierung negativ aus und nachdem im Sommer 1597 die Schulden erneut auf 800 000 Gulden angewachsen waren, sah sich Wilhelm im November des selben Jahres dazu genötigt abzudanken. Mit der Vereidigung der Beamten, Lehensleute und Untertanen auf die Person Maximilians übernahm dieser am 4. Februar 1598 die alleinige Regierung in Bayern.[4] Vor diesem Hintergrund müssen die oben zitierten Zeilen gesehen werden, wenn Maximilian andeutet, dass kein Geld vorhanden ist. Das Schreiben des neuen Herzogs ist aber hauptsächlich auch deshalb von Bedeutung, da es die hohe Stellung verdeutlicht, die Maximilian einem geordneten Finanzwesen beimißt. Dabei stand für ihn nicht nur die Wiederherstellung der unter seinem Vorgänger in Unordnung geratenen Staatsfinanzen im Vordergrund, vielmehr sah der Herzog darin ein wichtiges Mittel für eine künftige Großmachtpolitik Bayerns. Seinen eigenen Worten zufolge waren entweder großer territorialer Besitz oder viel Geld erforderlich, um von den anderen Mächten respektiert zu werden und sich somit im zwischenstaatlichen Kräftespiel durchsetzen zu können. Da die territorialen Grundlagen Bayerns begrenzt waren und eine Ausweitung des Herrschaftsgebiets nicht zu erwarten stand, mußte Maximilian sich auf die zweite Machtkomponente, nämlich auf die Verbesserung der Finanzlage, konzentrieren. Er bediente sich dazu nicht der einfachen Methode einer Steuererhöhung sondern setzte auf eine tiefgreifende Finanzreform, die auf einer Steigerung der Einnahmen bei einer gleichzeitigen Verringerung der Ausgaben unter strenger ständiger Kontrolle des Fürsten fußte.[5] Maximilian selbst hebt in der 1651 für seine Gemahlin und den Erbprinzen verfaßten Information, die in hohem Maße seine finanzpolitischen Erfahrungen widerspiegelt, Vermehrung der Einnahmen und Reduzierung der Ausgaben als die beiden Hauptsäulen für das »Wohlhausen« eines Staates hervor. Weil vor allem der erste Punkt nicht immer so leicht zu verwirklichen ist, ist man gezwungen sich dem Sparen zu widmen.[6] Bereits in den »Monita paterna« hat der Kurfürst die Sparsamkeit als die »gerechtiste weis reich zuwerden« bezeichnet.[7] Tatsächlich ist Maximilians Finanzpolitik von beiden Maßnahmen geprägt, wobei der Schwerpunkt eindeutig bei der Hebung der vorhandenen und Erschließung neuer Finanzquellen lag.

Bei der Verminderung der Ausgaben spielte sicherlich die Sparsamkeit keine geringe Rolle, allerdings kam es hier weniger auf Schrumpfung, als auf bewußte und planvolle Verwendung der Geldmittel an.[8] So war man im Bereich der persönlichen Hofhaltung durchaus auf Sparsamkeit bedacht.[9] Als Beispiel sei nur auf den Hofprediger Jeremias Drexel verwiesen, der berichtet, dass unter Maximilian und seiner ersten Ehefrau Tafelmusik allein bei Anwesenheit fremder Gäste erlaubt war.[10] Gleichzeitig wurde auf die höfische Repräsentation keineswegs verzichtet, wie die Ausgaben für den Hofstaat zeigen. Betrugen diese unter Wilhelm V. rund 80-90 000 Gulden, waren sie bis 1615 auf 134 000 Gulden angeschwollen.[11] In diesem Zusammenhang ist auch die enorme Erhöhung der Besoldungskosten der weiblichen Bediensteten des Hofstaats von Kurfürstin Maria Anna zu sehen, die landesherrliche Repräsentation mit landesherrlicher Macht gleichsetzte.[12]

Bei den Maßnahmen zur Steigerung der Effizienz der vorhandenen Finanzquellen konzentrierten sich Maximilians Bemühungen im wesentlichen auf vier Bereiche. Gleichsam als Grundvoraussetzung für eine erfolgreiche Finanzverwaltung mußte eine Reorganisation des bayerischen Beamtentums vorgenommen werden. Von einer erneuerten Beamtenschaft erwartete man sich zum einen eine leistungsstärkere, zum anderen auch eine kostengünstigere Arbeitsweise.[13] Weitere Bemühungen richteten sich auf die fürstlichen Regalien und Kammergüter sowie auf die Steigerung der Steuererträge. Letztlich wurde das Programm durch Maßnahmen zur Hebung von Handel und Gewerbe abgerundet.[14]

Unter den genannten Punkten nahm der Bereich der Regalien und Kammergüter eine wichtige Position ein. Hier war der Herzog von den Landständen unabhängig. Einnahmenssteigerungen aus diesen Quellen konnten zu einer Lockerung der sonstigen finanziellen Abhängigkeit von den Ständen beitragen.

Wichtigste Einnahmequelle bei den Regalien war das Salzwesen. Noch zur Regierungszeit Wilhelms V. war 1594 das Handelsmonopol für das Salzburger Salz, insofern dieses auf dem Wasserweg transportiert wurde, an Bayern übergegangen. Bayern konnte sich daraufhin zum bedeutendsten Salzhändler und Salzproduzenten im süddeutschen Raum entwickeln. 1605 wurde die Verwaltung des Salzwesens sogar einer eigenen Salzdeputation unterstellt. Mit Hilfe neuer Absatzstrategien, Abnahmeverträgen mit Großabnehmern oder Erschließung neuer Märkte, wurde der Salzverbrauch angekurbelt. Zwar konnte in den ersten beiden Regierungsjahrzehnten Maximilians nur ein leichter Anstieg der Einnahmen verzeichnet werden, doch bewegten sich diese grundsätzlich auf einem hohen Niveau.

Ebenfalls sehr ertragreich war das Brauwesen. Schon die Vorgänger Maximilians hatten durch die Gründung des herzoglichen Hofbräuhauses sowie mittels der Aufschläge Gewinne auf diesem Gebiet erzielen können. Unter Maximilian erschloß sich hier bedingt durch den Anfall der Besitzungen der Herren

Abb 39 *»Salinae«. Personifikation des Salzwesens aus dem Wappengang der Residenz (zerstört)*

von Degenberg im Bayerischen Wald eine neue Einnahmequelle, denn diese besaßen das Weißbierbraumonopol, welches nun zusammen mit dem übrigen Besitz an den Herzog überging. Maximilian verstaatlichte in der Folge das Weißbiermonopol, alle sonstigen Weißbierbrauereien wurden verboten, einige aufgekauft oder neue gegründet. Ferner war man bestrebt – auf Kosten der Braunbierproduktion der Städte – durch diverse Maßnahmen den Weißbierkonsum der Bevölkerung zu steigern.

Weit weniger erfolgreich als das Salz- und Brauwesen, durch deren Erträge der Geheime Vorrat selbst in den Kriegsjahren 1635 bis 1645 um 1,3 Millionen Gulden vergrößert werden konnte, erwiesen sich die Bemühungen beim Bergbauwesen, der Goldwäscherei sowie der Perlenfischerei.

Einen weiteren Einnahmeposten im Bereich der Regalien stellten die Zölle dar. Bei der Regierungsübernahme Maximilians existierten in Bayern 73 Zollstätten ganz unterschiedlicher Größe. Obwohl das Zollwesen ziemlich rückständig organisiert war und den Anforderungen eines modernen Staates nicht entsprach, begnügte sich der Landesherr mit einigen wenigen Maßnahmen wie Verschärfung der Kontrollen, Beschränkung der Zollfreiheiten oder der Neufassung von Zollordnungen. Eine Steigerung der Zolleinnahmen versuchte man dadurch zu erreichen, dass man Warentransporten die Benützung bestimmter Straßen vorschrieb, die zu den Zollstätten führten und von denen nicht abgewichen werden durfte. Außerdem bemühte

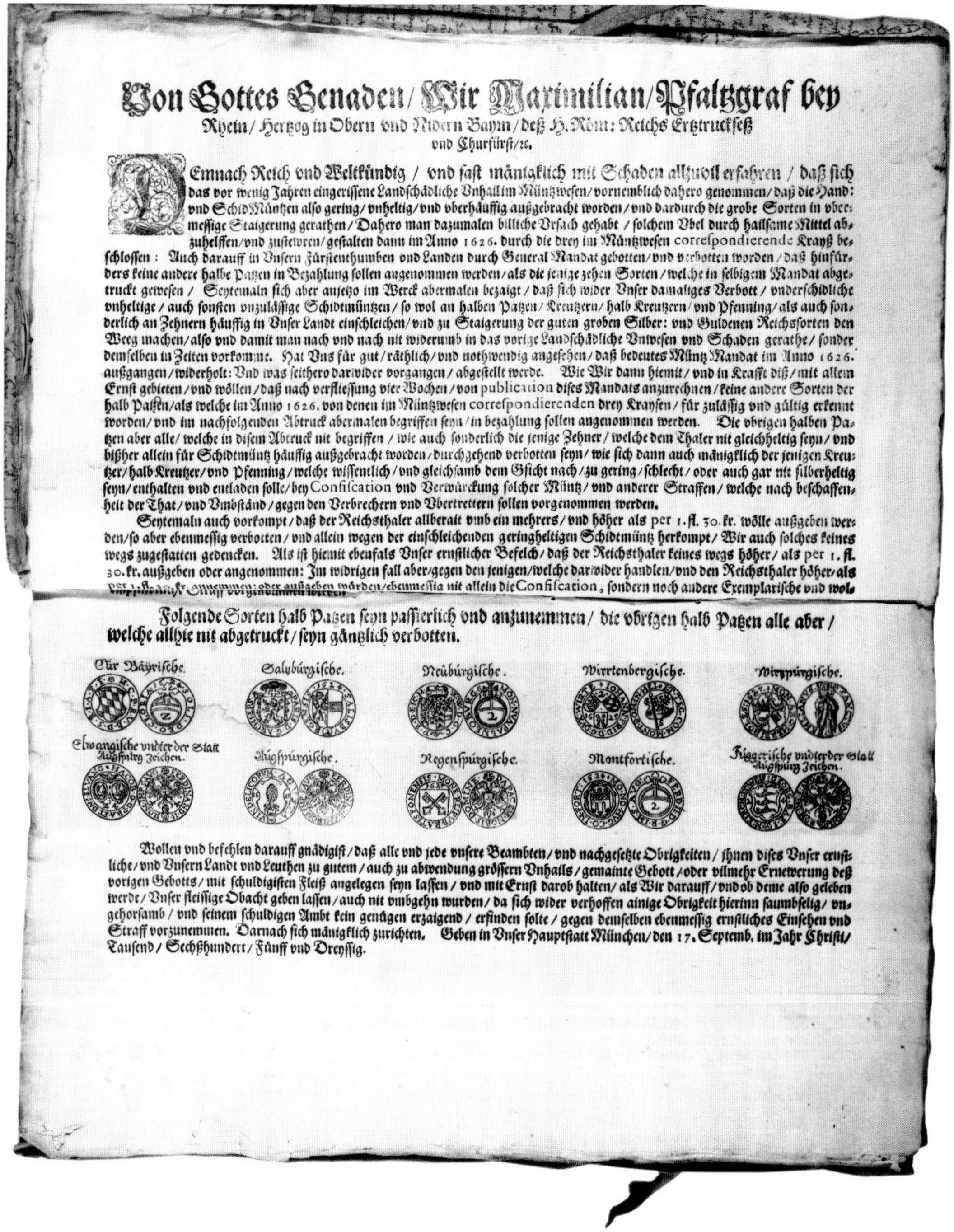

Von Gottes Genaden/ Wir Maximilian/ Pfaltzgraf bey Rhein/ Hertzog in Obern vnd Nidern Bayrn/ deß H. Röm: Reichs Ertztruckseß vnd Churfürst/ ꝛc.

DEmnach Reich vnd Weltkündig / vnd fast mänigklich mit Schaden allzuvil erfahren / daß sich das vor wenig Jahren eingerissene Landschädliche Vnhail im Müntzwesen/ vornemblich dahero genommen/ daß die Hand: vnd SchidMüntzen also gering/ vnheltig/ vnd vberhäuffig außgebracht worden/ vnd dardurch die grobe Sorten in vbermessige Staigerung gerathen/ Dahero man dazumalen billiche Vrsach gehabt / solchem Vbel durch hailsame Mittel abzuhelffen/ vnd zusteuren/ gestalten dann im Anno 1626. durch die drey im Müntzwesen correspondierende Krayß beschlossen : Auch darauff in Vnsern Fürstenthumben vnd Landen durch General Mandat gebotten/ vnd verbotten worden / daß hinfürders keine andere halbe Patzen in Bezahlung sollen angenommen werden/ als die jenige zehen Sorten / welche in selbigem Mandat abgetruckt gewesen / Seytemaln sich aber anjetzo im Werck abermalen bezaigt / daß sich wider Vnser damaliges Verbott / vnderschidliche vnheltige / auch sonsten vnzulässige Schidtmüntzen / so wol an halben Patzen / Kreutzern / halb Kreutzern / vnd Pfenning / als auch sonderlich an Zehnern häuffig in Vnser Landt einschleichen/ vnd zu Staigerung der guten groben Silber: vnd Guldenen Reichssorten den Weeg machen/ also vnd damit man nach vnd nach nit widerumb in das vorige Landschädliche Vnwesen vnd Schaden gerathe/ sonder demselben in Zeiten vorkomme. Hat Vns für gut/ räthlich/ vnd nothwendig angesehen/ daß bedeutes Müntz Mandat im Anno 1626. außgangen/ widerholt: Vnd was seithero darwider vorgangen/ abgestellt werde. Wie Wir dann hiemit/ vnd in Krafft diß/ mit allem Ernst gebieten / vnd wöllen / daß nach verfliessung vier Wochen / von publication dises Mandats anzurechnen / keine andere Sorten der halb Patzen/ als welche im Anno 1626. von denen im Müntzwesen correspondierenden drey Kraysen / für zulässig vnd gültig erkennt worden/ vnd im nachfolgenden Abtruck abermalen begriffen seyn / in bezahlung sollen angenommen werden. Die vbrigen halben Patzen aber alle/ welche in disem Abtruck nit begriffen / wie auch sonderlich die jenige Zehner / welche dem Thaler nit gleichheltig seyn / vnd bißher allein für Schidtmüntz häuffig außgebracht worden/ durchgehend verbotten seyn/ wie sich dann auch mänigklich der jenigen Kreutzer/ halb Kreutzer/ vnd Pfenning / welche wissentlich / vnd gleichsamb dem Gsicht nach / zu gering / schlecht / oder auch gar nit silberheltig seyn/ enthalten vnd entladen solle/ bey Confiscation vnd Verwürckung solcher Müntz/ vnd anderer Straffen/ welche nach beschaffenheit der That / vnd Vmbständ / gegen den Verbrechern vnd Vbertrettern sollen vorgenommen werden.

Seytemaln auch vorkompt / daß der Reichsthaler allberait vmb ein mehrers / vnd höher als per 1. fl. 30. kr. wölle außgeben werden/ so aber ebenmessig verbotten / vnd allein wegen der einschleichenden geringheltigen Schidtmüntz herkompt/ Wir auch solches keines wegs zugestatten gedencken. Als ist hiemit ebenfals Vnser ernstlicher Befelch/ daß der Reichsthaler keines wegs höher / als per 1. fl. 30. kr. außgeben oder angenommen: Im widrigen fall aber/ gegen den jenigen/ welche darwider handlen/ vnd den Reichsthaler höher/ als per 1. fl. 30. kr. annemmen: oder außgeben würden/ ebenmessig nit allein die Confiscation, sondern noch andere Exemplarische vnd wol- [illegible] Straff vorgenommen werden.

Folgende Sorten halb Patzen seyn passierlich vnd anzunemmen/ die vbrigen halb Patzen alle aber / welche allhie nit abgetruckt / seyn gäntzlich verbotten.

Chur Bäyrische. Saltzbürgische. Neubürgische. Wirrtenbergische. Wirtzpürgische.

Elwangische vndter der Statt Augspurg Zeichen. Augspürgische. Regenspürgische. Montfortische. Fuggerische vndter der Statt Augspurg Zeichen.

Wollen vnd befehlen darauff gnädigist / daß alle vnd jede vnsere Beambten / vnd nachgesetzte Obrigkeiten / jhnen dises Vnser ernstliche / vnd Vnsern Landt vnd Leuthen zu gutem / auch zu abwendung grössern Vnhails / gemainte Gebott / oder vilmehr Erneuerung deß vorigen Gebotts / mit schuldigisten Fleiß angelegen seyn lassen / vnd mit Ernst darob halten/ als Wir darauff / vnd ob deme also gelebt werde / Vnser fleissige Obacht geben lassen / auch nit vmbgehn wurden / da sich wider verhoffen ainige Obrigkeit hierinn saumbselig / vngehorsamb / vnd seinem schuldigen Ambt kein genügen erzaigend / erfinden solte / gegen denselben ebenmessig ernstliches Einsehen vnd Straff vorzunemmen. Darnach sich mänigklich zurichten. Geben in Vnser Hauptstatt München/ den 17. Septemb. im Jahr Christi/ Tausend / Sechßhundert / Fünff vnd Dreyssig.

sich Maximilian beim Kaiser eine Zollduplierung zu erlangen. Tatsächlich erhielt der Herzog 1609 eine auf 16 Jahre begrenzte Verdoppelung der Zölle und Mauten, 1628 erfolgte eine Verlängerung um weitere 30 Jahre. 1610 brachte dieses Duplum 60-70 000 Gulden ein, im Vergleich dazu lag das Implum bei 40 000 Gulden.

Neben den Regalien sollte auch das fürstliche Kammergut zu einer Vermehrung der Einnahmen beitragen, das heißt die fürstlichen Wälder, Gewässer, Domänen und die Ländereien, welche an herzogliche Urbarsbauern vergeben waren, sollten intensiver genutzt und erschlossen werden. Zu den beachtlichen Geld- und Getreideeinnahmen auf diesem Gebiet kamen noch Erträge aus Strafgeldern, Kanzleitaxen, Lehensgefällen oder ähnlichem hinzu. Diese verloren allerdings aufgrund ihrer geringen Höhe zunehmend an Bedeutung.

Eine weitaus ergiebigere Einnahmequelle stellten dagegen die indirekten Steuern dar. Von besonderer Bedeutung waren in diesem Zusammenhang die Aufschläge. 1542/43 erstmals von den Landständen in Form eines Weinaufschlags bewilligt, mußten die Aufschläge bis 1634 nur für alkoholische Getränke entrichtet werden. Im allgemeinen ist das Aufschlagswesen durch drei Tendenzen gekennzeichnet. Mittels höherer Tarife, unbegrenzter Bewilligungsdauer und Einbeziehung neuer Warengruppen wurde versucht, vom Bewilligungsrecht der Landstände möglichst unabhängig, regelmäßige Erträge zu erzielen. Vor allem im Bezug auf die Dauer der Aufschlagsbewilligung konnte Maximilian einen Erfolg verbuchen. Hatten die Landstände 1605 zwar einer Erhöhung der Getränkesteuer und einer Verlängerung derselben auf sechs Jahre zugestimmt, erreichte der Herzog beim Landtag von 1612 eine Verlängerung ohne zeitliche Beschränkung. Mit knapp 420 000 Gulden Bruttoeinnahmen lagen zur selben Zeit die Aufschläge an der Spitze der Staatseinnahmen.[15]

Insgesamt wurde für die Jahre 1607/09 bis 1618 eine Summe von 1 278 000 Gulden als durchschnittliche jährliche Staatseinnahmen in Bayern errechnet. 484 000 Gulden davon stammten aus Regalien und Kammergut, der restliche Teil von 794 000 Gulden wurde aus Steuern und Anlagen eingebracht.[16]

◄ **Abb 40** *Mandat Kurfürst Maximilians vom 17. September 1635 zum Münzwesen. Das Mandat regelt den Umlauf der in Bayern zulässigen Sorten von Halbbatzen*

Weitere Maßnahmen Maximilians zur Steigerung der Einnahmen konzentrierten sich auf die Hebung von Handel und Gewerbe. Obwohl sich der Herzog stets um die Revitalisierung des bayerischen Handels und Gewerbes bemühte, Schwachstellen erkannte und einzelne Neuerungen einführte, blieb ihm hier ein durchschlagender Erfolg verwehrt, ja zum Teil wurde die Entfaltung in diesem Bereich sogar durch staatliche Finanzinteressen beeinträchtigt. In diesem Kontext sei nur auf die vielen Zölle, die Zollduplierung oder die Monopole bezüglich des Weißbiers und des Salzhandels verwiesen. Tatsächlich fehlte Maximilian bei seinen wirtschaftspolitischen Aktionen der Weitblick, der ihn sonst bei seinen politischen Aktivitäten auszeichnete. Zudem fehlte ihm hier die nötige Risikobereitschaft. An interessanten Reformvorschlägen hätte es nicht gefehlt, jedoch war Maximilian offenbar nicht bereit kurzfristige Einbußen zugunsten langfristiger ökonomischer Reformen hinzunehmen. Nicht zuletzt deshalb war die Arbeit des speziell für gewerbliche Belange eingesetzten Kommerzienrates 1631 zum Scheitern verurteilt.[17]

Als dritte Säule von Maximilians Finanzpolitik kann der Umgang mit Schulden genannt werden. In den »Monita paterna« legt er seinem Nachfolger sehr eindringlich ans Herz: »*Enthalte Dich, sovil Du Kanst, von schulden machen, und wans ie die höchste noth erfordert, seye dahin bedacht, uf das Du solche bey zeiten widerumb haimbzallest oder aufs wenigist in abfiehrung deren zünsungen nit saumbig oder glaubenlos gehalten werdest.*«[18] Darüber hinaus warnt er seinen Sohn ausdrücklich eine Schuldenlast auf die Nachkommen abzuwälzen.[19] Maximilian spielt damit auf eigene bittere Erfahrungen im Zuge seiner Regierungsübernahme an.[20] Er selbst war seit seinem Amtsantritt stetig bestrebt die Gläubiger aus der Regierungszeit seines Vaters zu befriedigen, damit er keinen Kredit verlor. Gegen entsprechende Gewährung von Darlehen zu dieser Schuldentilgung war der Herzog sogar bereit den Städten, Märkten und Beamten mit Neuerteilung von Privilegien entgegenzukommen. In der Tat stellte gerade die Beamtenschaft in den zehn Jahren zwischen 1595 und 1605 eine Summe von 806 753 Gulden zur Verfügung, von der die drängendsten Gläubiger saturiert werden konnten. Andererseits scheute Maximilian keine Mühen alte Schuldforderungen gegenüber Bayern einzutreiben. Wenn nötig, ließ er diese sogar durch Archivforschungen weit in frühere Jahrhunderte zurückverfolgen.

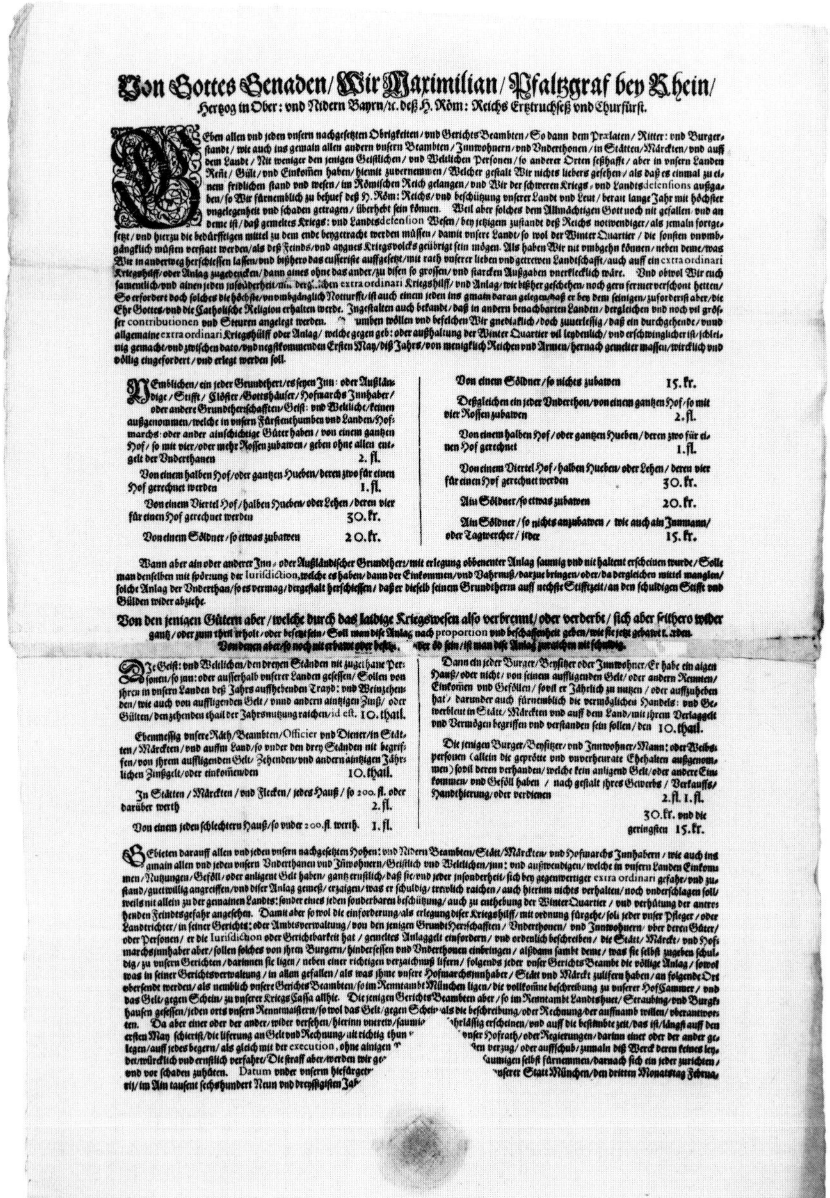
Von Gottes Genaden/ Wir Maximilian/ Pfaltzgraf bey Rhein/
Hertzog in Ober: und Nidern Bayrn/ rc. deß H. Röm: Reichs Ertztruchseß und Churfürst.

Abb 41 *Mandat Kurfürst Maximilians I. vom 3. Februar1639 mit dem die Erlegung einer »extraordinari Kriegshülff oder Anlag« eingefordert wird*

Maximilian gab sich aber nicht mit dem Abbau des Schuldenberges und der finanziellen »Saturiertheit des Gemeinwesens zur Bewältigung der anstehenden Aufgaben«[21] zufrieden, vielmehr verfolgte er konsequent die Ansammlung eines »ergibigen gelt vorrath[s]«[22] für alle Notfälle. Einnahmen aus den Halleiner Salzgefällen, aus den Herrschaften Mattighofen, Winzer, später auch Mindelheim, der Degenbergischen Güter oder des Weißbiermonopols waren ausschließlich zur Vermehrung dieses Vorrats bestimmt. So ist es nicht verwunderlich, dass Maximilian, obgleich seine Finanzen durch enorme Geldausgaben – zum Beispiel für den Türkenkrieg, die Gründung der Liga, für den Residenzenbau oder zur Sammlung von Kunstwerken – belastet war, den Staatsschatz wieder auf die Höhe, die er unter Albrecht V. gehabt hatte, bringen konnte.[23] Selbst nach dem Dreißigjährigen Krieg war noch ein Vorrat von 1,6 Millionen Gulden vorhanden, wobei nachweislich keine Liga-Beiträge zur Steigerung dieses Schatzes eingeflossen sind. Bayern hat vielmehr im Gegensatz zu den übrigen Mitgliedern unverhältnismäßig viele Geldmittel für dieses Bündnis bereitgestellt.[24]

Bereits 1611 hatten sich die finanzpolitischen Erfolge Maximilians an den Höfen Europas herumgesprochen, wie die Bitte Königin Margaretes von Spanien, einer Cousine des Herzogs, beweist. Diese hatte mittels ihres Beichtvaters gebeten, Maximilian möge ihr die einschlägigsten Maßnahmen mitteilen, durch die er sein Finanzwesen in einen derart guten Zustand gebracht habe. Nachdem er zunächst eine ausweichende Antwort ausarbeiten ließ, entschloß sich der Herzog schließlich doch in einem kurzen eigenhändigen Schreiben, sein »Erfolgsrezept« preiszugeben: »*Mich hat mörkhlich geholffen ein steiffes propositum, alle vnnotwendikheiten abzustellen, item dass ich selbs zu meinen sachen gesehen, die rechnungen selbs gelesen, vnd was ich für mengl dabei gefunden, geandet, bericht genommen, der sachen remediert, auch den mittlen, das einkhommen debito modo zu uerbössern, selbst nahgedacht; vnd ist in hac materia das sprichwort ganz wahr: oculus domini saginat equum: Ess wird das maiste an i. mt. resolution selbs gelegen sein, dass sie gedenkhen, dass die rehte reputation vnd grandezza nit in dem spendiern, sonder in dem wolspendiern vnd gespärikheit stett; dann vil khlaine machen ein gross vnd von vilen hunderten entspringen vil tausent vnd auss den tausenten wer-*

den die milliones, vnd ein fürst, so nit bei diser itzigen bösen welt reich ist, der het khein authoritet noch reputation, vnd wo dise zwey nit sein, da muss das publicum bruchen leyden ...«[25] Maximilian faßt hier in kurzer prägnanter Form das Programm seiner Finanzreform zusammen. An erster Stelle steht für ihn strenge Kontrolle der einzelnen Vorgänge und Rechnungen durch den Fürsten selbst und die damit verbundene Abstellung und Ahndung von Mängeln. Seinen Erfolg führt er zudem auf die Tatsache zurück, dass er selbst sich mit den Maßnahmen zur Verbesserung der Einkommensstrukturen beschäftigt hat. Als oberstes Prinzip hebt er darüber hinaus die Sparsamkeit hervor. Letztendlich macht er das Gelingen derartiger Reformen in hohem Maße vom Verhalten und der Einstellung des Fürsten selbst abhängig.

Unzweifelhaft war die Finanzreform Maximilians eine hervorragende innenpolitische Leistung, selbst wenn nicht alle Maßnahmen stets im einzelnen zum allgemeinen Nutzen des Landes beigetragen haben und manche Reformen aus mangelnder Risikobereitschaft nicht zur Ausführung kamen. Immerhin gelang ihm im Zeitraum von 20 Jahren die Sanierung des bei seinem Regierungsantritt hoch verschuldeten Staatshaushalts sowie die Anhäufung eines Staatsschatzes[26], »der seinesgleichen im Reich nicht gefunden hat.«[27]

Anmerkungen

1 Zitiert nach: Heinz Dollinger, Studien zur Finanzreform Maximilians I. von Bayern in den Jahren 1598-1618. Ein Beitrag zur Geschichte des Frühabsolutismus (Schriftenreihe der Historischen Kommission bei der Bayerischen Akademie der Wissenschaften 8), Göttingen 1968, S. 10 f.

2 Dieter Albrecht, Das konfessionelle Zeitalter II: Die Herzöge Wilhelm V. und Maximilian I., in: Handbuch der Bayerischen Geschichte II, hg. v. Andreas Kraus, München[2] 1988, S. 405.

3 Andreas Kraus, Maximilian I., Bayerns großer Kurfürst, Graz-Wien-Köln 1990, S. 18.

4 Albrecht, Das konfessionelle Zeitalter II: Die Herzöge Wilhelm V. und Maximilian I., S. 405 f.

5 Dieter Albrecht, Maximilian I. von Bayern 1573-1651, München-Wien 1998, S. 185 f.

6 Die Notwendige treuherzige Information, in: Dokumente zur Geschichte von Staat und Gesellschaft in Bayern Bd. I, 3, bearb. v. Walter Ziegler, München 1993, Nr. 358, S. 1289, Punkt 4.

7 »Vätterliche Ermahnung« (Monita paterna) Kurfürst Maximilians I. (1597/1623 bis 1651), in: Politische Testamente und andere Quellen zum Fürstenethos der frühen Neuzeit hg. v. Heinz Duchhardt, Darmstadt 1987, S. 129, Punkt 25.

8 Albrecht, Maximilian I. von Bayern 1573-1651, S. 187 f.

9 Kurt Pfister, Kurfürst Maximilian I. von Bayern, München[2] 1980, S. 53.

10 Albrecht, Maximilian I. von Bayern 1573-1651, S. 131.

11 Pfister, Kurfürst Maximilian I. von Bayern, S. 53.

12 Margit Ksoll, Der Hofstaat der Kurfürstin von Bayern zur Zeit Maximilians I., in: Zeitschrift für bayerische Landesgeschichte 52 (1989), S. 68 siehe dazu auch Katalogbeitrag zu den Frauen.

13 Siehe dazu auch Katalogbeitrag zur Verwaltung.

14 Albrecht, Maximilian I. von Bayern 1573-1651, S. 188.

15 Ebenda, S. 197-204.

16 Ebenda, S. 206.

17 Ebenda, S.213-216.

18 »Vätterliche Ermahnung« (Monita paterna) Kurfürst Maximilians I. (1597/1623 bis 1651), S. 129, Punkt 26.

19 Ebenda, S. 129, Punkt 27.

20 Dollinger, Studien zur Finanzreform Maximilians I. von Bayern in den Jahren 1598-1618, S. 12.

21 Albrecht, Maximilian I. von Bayern 1573-1651, S. 205

22 Die Notwendige treuherzige Information, S. 1290, Punkt 9.

23 Albrecht, Maximilian I. von Bayern 1573-1651, S. 205 f.

24 Kraus, Maximilian I., Bayerns großer Kurfürst, S. 55.

25 Zitiert nach: Dollinger, Studien zur Finanzreform Maximilians I. von Bayern in den Jahren 1598-1618, S. 11.

26 Ebenda, S. 9 und S. 280

27 Kraus, Maximilian I., Bayerns großer Kurfürst, S. 55.

Genoveva Rausch

Die Verwaltungsreformen in Bayern unter Kurfürst Maximilian

Infolge einer erhöhten Inanspruchnahme der Zentralbehörden durch die Bevölkerung bildeten sich in Bayern, wie in den meisten deutschen Territorien, an der Wende vom 15. zum 16. Jahrhundert neue Strukturen innerhalb der Verwaltungsorganisation heraus. Maximilian konnte auf dieses neu entstandene System aufbauen und dieses gleichzeitig zu einem effizienten Führungsinstrument fortentwickeln.[1]

Aufbau der Verwaltung

An der Spitze der bayerischen Verwaltung stand der Geheime Rat. Bereits unter Herzog Albrecht V. sind geheime Räte nachweisbar, aber erst unter seinem Nachfolger Wilhelm V. wurde der Geheime Rat zu einem regelmäßig tagenden Kollegium umgestaltet. Spätestens seit Oktober 1581 wurden unter der Leitung des Obersthofmeisters die Sitzungen abgehalten. Weitere Mitglieder waren der Oberstkanzler sowie die Präsidenten des Hofrats und der Hofkammer.

Unter Maximilian nahm der Geheime Rat eine wichtige Position als Gutachter- und Beratungsgremium in allen Landessachen ein, die wichtigsten Informationen dazu sollten die Zentralbehörden, also der Hofrat und die Hofkammer, liefern. Deren Behördenchefs hatten, um den Geschäftsgang nicht unnötig zu verlängern, mündlich Bericht zu erstatten. Eigene Entscheidungsbefugnisse besaß der Geheime Rat nicht, da sich diese der Landesherr selbst vorbehielt. In den ersten Jahren seiner Regierung besuchte Maximilian die Sitzungen dieses Kollegiums regelmäßig, später war seine Anwesenheit auf wichtige Angelegenheiten beschränkt. Eine bedeutende Funktion übte der Geheime Rat zudem als Kontrollinstanz über die Zentralbehörden aus, die sich in zahlreichen Visitationen manifestierte. Den Geschäftsgang regelten Instruktionen und Eildekrete an den Oberstkanzler, eine feste Ratsordnung gab es nicht.

Das Gremium war überwiegend mit bürgerlichen gelehrten Räten besetzt, wobei ein hoher Ausländeranteil festzustellen ist.[2]

Den Schriftverkehr des Geheimen Rates wickelte die Geheime Kanzlei ab. Vorläuferin dieser Einrichtung war die unter Herzog Wilhelm V. sehr bedeutende Antecamera-Kanzlei, die auf Initiative Maximilians hin zu einer echten Geheimen Kanzlei umgestaltet wurde. Sie sollte als zentrale Einlaufstelle über den Kanzleien der Zentralbehörden stehen, doch war dieses Konzept letzten Endes nicht durchsetzbar.[3] Insgesamt hat die Geheime Kanzlei im Vergleich zu ihrer Vorgängerin unter Maximilian ihren Einfluß auf die fürstliche Meinungsbildung erheblich eingebüßt.[4]

Bereits seit dem 15. Jahrhundert existierte der Hofrat als zentrale Kollegialbehörde mit einer festen Organisation. Gemäß dem Vorbild des Reichskammergerichts bestand er seit dem 16. Jahrhundert aus einer Gelehrtenbank, auf der promovierte Juristen saßen sowie einer Ritterbank, die mit den Vertretern des Adels und der Ritterschaft besetzt war. 1573 wurde die Leitung dieses Gremiums einem Hofratspräsidenten übertragen.

Der Hofrat bildete das oberste Organ der Rechtsprechung und Rechtspflege. Als Hofgericht urteilte er in erster Instanz über Klagen gegen privilegierte Stände. Gleichzeitig fungierte er als Appellationsinstanz über Berufungen, die von den Untergerichten an das Hofgericht weitergeleitet wurden.[5] Bis zur Erlangung des »Privilegium de non appellando illimitatum« im Jahre 1620 unterlagen Urteile des Hofrats im ordentlichen Prozeß der Revision durch das Reichskammergericht.[6] Danach wurde 1625 als nunmehr notwendige oberste Berufungsinstanz in Bayern ein Revisorium eingerichtet, das als »eines der ersten reinen Zivilgerichte in den deutschen Territorien«[7] gelten kann. Das Revisorium war in Personalunion mit dem Geheimen Rat verbunden. Seit 1645 bestand ein vom Geheimen Rat unabhängiger Revisionsrat, der sich hauptsächlich aus Mitgliedern des Hofrats rekrutierte.[8] Ein weiterer Aufgabenbereich des Hofrats lag in der Verwaltung, hier oblag ihm die Exekution der Polizei- und Landgebote sowie die Polizeigesetzgebung, die in einer Vielzahl von Mandaten zum Ausdruck kam.[9] Neben diesen zentralbehördlichen Tätigkeiten für das ganze Herzogtum, bildete der Hofrat zugleich die Oberbehörde für das Rentamt München. Hofratsordnungen von 1598 und 1624 schrieben die Zuständigkeiten und den Geschäftsgang dieses Kollegiums fest.

Dem Hofrat gehörten zunächst 17 Räte an, bis 1630 verringerte sich ihre Zahl jedoch auf 15. Aufgrund des Tätigkeitsspektrums des Hofrates mußten auch die adeligen Hofräte juristische Kenntnisse aufweisen können, da diese aber oft zusätzlich Funktionen im Hofdienst ausübten, entfiel die Hauptlast der Arbeiten auf die gelehrten Räte.[10] Wie schon beim Geheimen Rat beobachtet, ist auch hier der Anteil an ausländischen Räten sehr hoch. Sie stammen meist aus den benachbarten katholischen Territorien, bevorzugt aus dem Schwäbischen Reichskreis.[11] Wichtigstes Mitglied im Hofrat war nicht, wie man annehmen könnte der Hofratspräsident, sondern der Kanzler als Leiter der Hofratskanzlei. Beim Regierungsantritt Maximilians war die Hofratskanzlei die größte der insgesamt drei bestehenden Kanzleien. Ihre Aufgaben wurden durch eine eigene Kanzleiordnung aus dem Jahre 1600 geregelt.[12]

Die Finanzangelegenheiten Bayerns wurden von der Hofkammer verwaltet. Gegründet 1550, war sie bis 1572 in Personalunion mit dem Hofrat verknüpft. Mit ihrer Verselbständigung erhielt sie ebenso wie der Hofrat 1573 einen eigenen Präsidenten. Zeitgleich mit der Hofkammer wurde 1550 zudem das Hofzahlamt als zentrale Kasse für das gesamte Herzogtum eingerichtet.

Unter Maximilian stieg die Hofkammer zur größten Behörde des Landes auf und ist somit ein Zeichen dafür, welche Bedeutung der Herzog den Finanzen beimaß. Innerhalb von drei Jahrzehnten erhöhte sich die Zahl der Hofkammerräte von 9 auf 16 Stück. Die selbe Tendenz ist bei der Hofkammerkanzlei festzustellen. Diese war 1606 räumlich und personell vollständig von der Kanzlei des Hofrats abgetrennt worden und hatte eine eigene Ordnung erhalten. Umfaßte das Personal der Kammerkanzlei 1601 16 Personen, konnte es sich in den folgenden 30 Jahren auf etwa 40 Bedienstete nahezu verdreifachen. Die Hofratskanzlei, die ursprünglich die größte der drei Kanzleien war, hatte zu diesem Zeitpunkt nur 32 Mitglieder.

Den Geschäftsbereich der Hofkammer beschrieben Hofkammerordnungen von 1608, 1617 und 1640, wobei die erstgenannte weitgehend auf eine bereits seit 1591 geltende Kammerordnung aufbauen konnte. Änderungen ergaben sich allerdings bezüglich der landesherrlichen Verfügungsgewalt in Finanz- und Wirtschaftssachen. Die in der Ordnung von 1591 verankerten Beschränkungen wurden aufgehoben, annähernd jede Ausgabe war von jetzt an von der Zustimmung Maximilians abhängig.[13] Letztendlich wurde die Hofkammer dadurch zu einem bloßen Verwaltungs- und Vollzugsorgan herabgesetzt.[14]

Ebenso wie der Hofrat kollegial organisiert, unterschied sich die Hofkammer von diesem ersteren Gremium durch seine Referatseinteilung. Jeder Kammerrat war für ein spezielles Referat verantwortlich, in dem er die Inspektion der jeweils untergeordneten Ämter durchzuführen hatte. Auftretende Mängel hatten die zuständigen Referenten vor dem Herzog zu verantworten.

Zu den Hauptaufgaben des Finanzkollegiums zählten neben der ständigen Kontrolle der laufenden Einnahmen und Ausgaben bis zur mittleren Verwaltungsebene, vor allem die Steigerung der Einnahmen. Große Bedeutung erlangte hier das Salzwesen, für dessen ordnungsgemäße Verwaltung Maximilian eine eigene Salzdeputation errichten ließ. Als äußerst effektiv erwies sich zudem die Monopolisierung des Weißbierbrauens. Wenig Erfolg war dem Herzog dagegen bei der Ausschöpfung der ihm zustehenden Regalien beschieden. Daran änderte auch die 1603 ins Leben gerufene Bergwerksdeputation nichts.[15] Trotzdem konnte bei den Staatseinnahmen über die Jahre hinweg eine Steigerung von 0,6 auf 1,8 Millionen Gulden erzielt werden.[16]

In den Aufgabenbereich der Hofkammer gehörte zugleich das Münzwesen, welches seit 1620 von einem Münzdirektorium verwaltet wurde.[17] 1623 wurde die Verwaltung der pfälzischen und oberösterreichischen Gebiete einem ebenfalls aus Kammerräten gebildeten Direktorium übertragen. Bezahlt wurden diese Räte wie auch die zugehörigen Kanzlisten und Sekretäre aus den pfälzischen und oberösterreichischen Einnahmen. Nachdem 1628 Oberösterreich wieder an den Kaiser zurückgegangen war, verlor dieses Direktorium einen seiner

Aufgabenschwerpunkte. Das Direktorium für pfälzische Sachen arbeitete noch bis 1639 unter der Oberaufsicht des Kammerpräsidenten weiter, dann wurde es aufgelöst und die verbliebenen Kompetenzen an die Hofkammer übergeben.[18]

Neben der Steigerung der Einnahmen sollte die Hofkammer überdies auf eine Beschränkung der Ausgaben hinarbeiten. Zu diesem Zweck mußten die Amtsrechnungen einer genauen Kontrolle unterzogen werden. Da bei Maximilians Regierungsübernahme die Aufarbeitung der an das Hofzahlamt zu liefernden Rechnungen seitens der Hofkammer in ziemlichen Rückstand geraten war, beauftragte dieser 1601 die eigens dafür geschaffene Rechnungsdeputation mit dieser Aufgabe. Außerdem versuchte er als erster bayerischer Herrscher sich anhand einer Haushaltsrechnung eine Gesamtübersicht über Einnahmen und Ausgaben zu verschaffen.[19]

Während der Adel im Hofrat und den Hofämtern dominierte, war das Finanzkollegium fast ausschließlich mit hochqualifizierten Beamten bürgerlicher Herkunft und ohne akademischer Graduierung besetzt, denen hervorragende Aufstiegsmöglichkeiten offen standen. Höhere Vermögenszuwendungen und die Möglichkeit einer Nobilitierung sollten die Motivation der Kammerräte steigern und diese gleichzeitig stärker an den Landesherrn binden. Ein deutliches Zeichen für die Aufwertung der Hofkammer unter Maximilian wurde durch die gesellschaftliche Gleichstellung der Kammerräte mit den Hofräten gesetzt. Das Personal der Hofkammer stammte zumeist aus Bayern selbst, da Maximilian für die Durchführung seiner Wirtschafts- und Finanzpolitik auf Praktiker angewiesen war, die die Zustände im Herzogtum genau kannten.[20]

Als dritte große Zentralbehörde wurde 1570 der Geistliche Rat gegründet. Eine als »Religions- und geistlicher Lehenrat« betitelte Institution hatte zuvor nur knapp drei Jahre Bestand gehabt. 1606 wurde dieses Gremium einer Reorganisation unterzogen, die mit der Geistlichen Ratsordnung 1608 ihren Abschluß fand. Diese behielt bis zum Erlaß einer neuen Ordnung im Jahre 1629 ihre Gültigkeit.

Die Mitglieder des Geistlichen Rates setzten sich aus geistlichen und weltlichen Räten zusammen, dabei wurde die geistliche Seite durch den Propst und den Dechanten des Kollegiatstifts zu Unserer Lieben Frau in München, den Dechanten von St. Peter, ebenfalls zu München, sowie anderen geeigneten Stiftskanonikern repräsentiert. Zu weltlichen Räten wurden

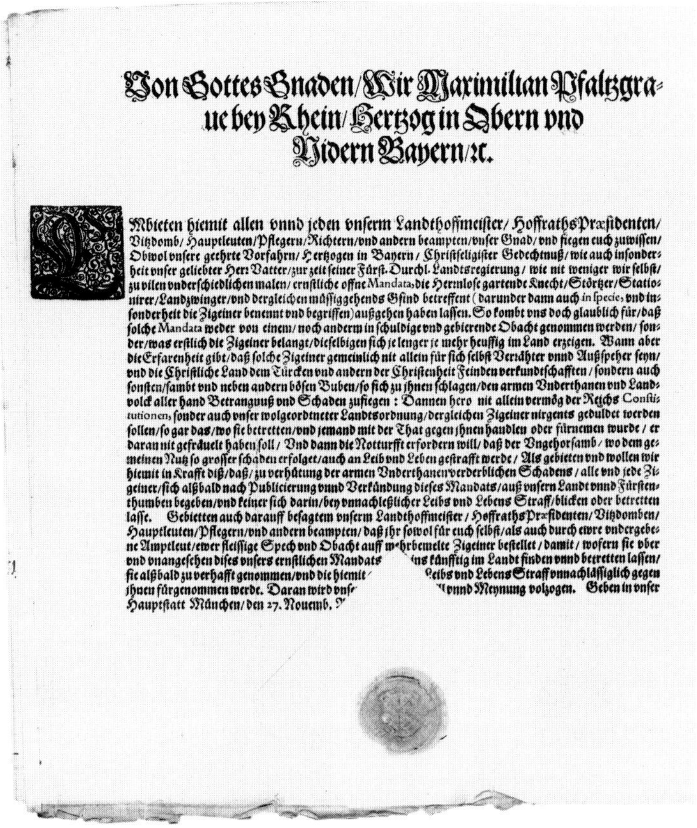

Von Gottes Gnaden/ Wir Maximilian Pfaltzgraue bey Rhein/ Hertzog in Obern vnd Nidern Bayern/ ꝛc.

EMbieten hiemit allen vnnd jeden vnserm Landthoffmeister/ Hoffraths Præsidenten/ Vitzdomb/ Hauptleuten/Pflegern/Richtern/vnd andern beampten/vnser Gnad/ vnd fiegen euch zuwissen/ Obwol vnsere geehrte Vorfahrn/ Hertzogen in Bayern/ Christseligister Gedechtnuß/ wie auch insonderheit vnser geliebter Herr Vatter/zur zeit seiner Fürst. Durchl. Landtsregierung/ wie nit weniger wir selbst/ zu vilen vnderschiedlichen malen/ ernstliche offne Mandata, die Herrnlose gartende Knecht/Störtzer/Stationirer/Landzwinger/vnd dergleichen müssiggehends Gsind betreffent (darunder dann auch in specie, vnd insonderheit die Zigeiner benennt vnd begriffen) außgehen haben lassen. So kombt vns doch glaublich für/daß solche Mandata weder von einem/ noch anderm in schuldige vnd gebierende Obacht genommen werden/ sonder/was erstlich die Zigeiner belangt/dieselbigen sich je lenger je mehr heuffig im Land erzeigen. Wann aber die Erfarenheit gibt/daß solche Zigeiner gemeinlich nit allein für sich selbst Verrähter vnnd Außspeher seyn/ vnd die Christliche Land dem Türcken vnd andern der Christenheit Feinden verkundtschafften/ sondern auch sonsten/sambt vnd neben andern bösen Buben/so sich zu jhnen schlagen/den armen Vnderthanen vnd Landvolck allerhand Betrangnuß vnd Schaden zufiegen: Dannen hero nit allein vermög der Reichs Constitutionen, sonder auch vnser wolgeordtneter Landtsordnung/dergleichen Zigeiner nirgents geduldet werden sollen/so gar das/wo sie betretten/vnd jemand mit der That gegen jhnen handlen oder fürnemen wurde/ er daran nit gefräuelt haben soll/ Vnd dann die Notturfft erfordern will/ daß der Vngehorsamb/ wo dem gemeinen Nutz so grosser schaden erfolget/auch an Leib vnd Leben gestrafft werde/ Als gebietten vnd wollen wir hiemit in Krafft diß/daß/ zu verhütung der armen Vnderthanen verderblichen Schadens/ alle vnd jede Zigeiner/sich alßbald nach Publicierung vnnd Verkündung dieses Mandats/auß vnsern Landt vnnd Fürstenthumben begeben/vnd keiner sich darin/bey vnnachleßlicher Leibs vnd Lebens Straff/blicken oder betretten lasse. Gebietten auch darauff besagtem vnserm Landthoffmeister/ Hoffraths Præsidenten/ Vitzdomben/ Hauptleuten/Pflegern/vnd andern beampten/ daß jhr sowol für euch selbst/als auch durch ewre vndergebene Amptleut/ewer fleissige Spech vnd Obacht auff mehrbemelte Zigeiner bestellet/ damit/ wofern sie vber vnd vnangesehen dises vnsers ernstlichen Mandats [illegible] ins künfftig im Landt finden vnnd betretten lassen/ sie alßbald zu verhafft genommen/vnd die hiemit [illegible] Leibs vnd Lebens Straff vnnachlässiglich gegen jhnen fürgenommen werde. Daran wird vns [illegible] vnnd Meynung volzogen. Geben in vnser Hauptstatt München/ den 27. Nouemb. [illegible]

Abb 42 *Mandat Kurfürst Maximilians vom 27. November 1606 an seine Beamtenschaft, die Verhaftung von gartenden Knechten, Störtzern, Stationierern, Landzwingern »und dergleichen müssiggehends Gsind« betreffend*

bestimmte Hofräte und der Hofkanzler bestimmt. Die Position des Präsidenten hatte seit 1608 der Propst zu Unserer Lieben Frau in München inne. 1607 visitierte der Geheime Rat die neu angenommenen Mitglieder, weitere Visitationen folgten in den Jahren 1614 und 1626.

Das zweimal wöchentlich tagende Kollegium entwickelte sich zu einem wirksamen Instrument bei der Umsetzung der landesherrlichen Kirchenpolitik.[21] In den Aufgabenbereich des Geistlichen Rates fiel die Ausübung und Überwachung der staatlichen Kirchenhoheitsrechte.[22] Darüber hinaus war er an der Zensur »sektischer« Bücher und Schriften beteiligt.

Im Gegensatz zu den beiden bereits behandelten Zentralbehörden hatte der Geistliche Rat keine eigene Kanzlei sondern war lediglich durch einen Geistlichen Ratssekretär in der Hofratskanzlei vertreten.[23]

Aus Anlaß des kölnischen Krieges war 1583 ein Kriegsrat geschaffen worden, der allerdings bei der Regierungsübernahme Maximilians nicht mehr regelmäßig tagte, bis der an den österreichischen Grenzen erneut aufflammende Türkenkrieg in den 1590er Jahren eine Neuorganisation der Militärangelegenheiten Bayerns notwendig erscheinen ließ. So wurden 1599 Musterung, Bewaffnung und Ausbildung der Untertanen einem aus landesherrlichen Räten und Landschaftsverordneten bestehenden Defensionsrat übertragen, der eng mit Hofrat und Hofkammer zusammenarbeitete. Seit 1606 stand dieser Behörde ein eigener Direktor vor. 1620 wurde aufgrund des Dreißigjährigen Krieges eine weitere Neuorganisation nötig. Der jetzt unter der Leitung des Hofkammerpräsidenten stehende Kriegsrat war für alle früher von der Hofkammer verwalteten Kriegsangelegenheiten zuständig. Hierzu zählte hauptsächlich die Aufsicht über die Bundes-, Kreis- und Landesdefensionskasse. Weitere Aufgaben des Kriegsrates waren die Leitung der Musterung, Truppenausrüstung oder auch die Aufsicht über die Festungsanlagen. 1623 wurden die personellen Bindungen zwischen Kriegsrat und Hofkammer beseitigt. Dem Kriegsrat, der zugleich einen eigenen Direktor erhielt, gehörten nun vor allem ehemalige Kammerräte an, die ihre Besoldung aus der Bundeskasse der Liga bezogen. Mit einer Instruktion von 1628 wurde die Bezeichnung in »Hofkriegsrat« umgeändert.

1620/23 hat der Kriegsrat vorübergehend eine eigene Kriegskanzlei erhalten, zuvor wurde der Schriftwechsel von einem Kriegssekretär in der Hofratskanzlei erledigt. Zwei Jahre nach dem Westfälischen Frieden wurde der Kriegsrat als regelmäßig tagendes Kollegium aufgehoben.[24]

Als eher kurzlebige Behörden sind der 1603 entstandene Polizeirat und der zehn Jahre später gegründete Kommerzienrat zu bezeichnen. Bereits 1599 hatte Herzog Maximilian Gutachten bezüglich einer Reformierung der Polizeiordnung beim Hofrat und den Regierungen angefordert. Das dabei zusammengekommene Material sollte nun der vom Hofkanzler geleitete und aus sechs deputierten Räten bestehende Polizeirat bearbeiten. Trotz einer Neuformierung des Gremiums im Jahre 1606 gerieten die Beratungen ins Stocken. Auf herzoglichen Befehl hin hatte deshalb der Polizeirat mindestens dreimal pro Woche sich zu Sitzungen zusammenzufinden. 1616 konnte schließlich die endgültige Fassung der neuen Polizeiordnung vorgelegt werden. Dagegen konnte der Polizeirat die Erwartungen Maximilians in Bezug auf Wirtschaft- und Gewerbeförderung nicht befriedigen, so dass der Herzog sich 1613 veranlaßt sah, zu diesem Zweck eine eigene Deputation zu errichten. Dem somit entstandenen Kommerzienrat gehörten Münchner Bürger an, die Erfahrungen in Handel und Gewerbe vorzuweisen hatten. Aber auch die Arbeit dieses Rates zeigte, trotz Neuorganisationen in den Jahren 1616 und 1626 keinen Erfolg. Nachdem das 1626 neu entstandene Kollegium, bestehend aus je zwei Hof- und Kammerräten sowie vier Stadträten aus München, in Gegensatz zur Hofkammer geraten war, mußte dieses 1631 endgültig seine Arbeit beenden.[25]

Die mittlere Verwaltungsebene füllten die Rentämter aus. Seit der endgültigen Vereinigung Ober- und Niederbayerns war das Herzogtum in die vier Rentämter München, Landshut, Straubing und Burghausen gegliedert. Als Stellvertreter des Fürsten stand diesen ein Viztum vor. Seit Beginn des 15. Jahrhunderts hat neben ihm der aus der Finanzverwaltung kommende Rentmeister zunehmend an Bedeutung gewonnen. Zeitgleich mit der Einteilung in die obengenannten Ämter erhielten diese Mittelbehörden eine kollegiale Verfassung. Viztum und Rentmeister bekamen einige Räte an die Seite gestellt und bildeten mit diesen zusammen die Regierung. Für das Rentamt München übernahm der Hofrat die Funktion der Regierung. Bedingt durch den Anfall der Oberpfalz an Bayern 1623/28 wurde in Amberg eine fünfte Regierung eingerichtet.[26]

Die Rentämter wurden durch Maximilian zu einem effektiven Kontrollorgan aller Lebensbereiche im Herzogtum ausgebaut. Bei den seit 1601 wieder aufgenommenen Rentmeisterumritten, mußte der Rentmeister Amtsführung und Amtsrechnungen der untergeordneten staatlichen und kommunalen Behörden kontrollieren. Ausgenommen davon waren einzig die sogenannten Hauptstädte Burghausen, Landshut, München und Straubing, dazu noch Braunau und Ingolstadt. Diese genannten Städte besaßen einen besonderen Status, indem sie nicht in die Zuständigkeit der äußeren Landesbehörden fielen, sondern direkt dem Landesherrn unterstellt waren.[27] Bei den jährlich stattfindenden Umritten hatte der Rentmeister auf das

Funktionieren der Rechtspflege, die wirtschaftlichen Zustände sowie das religiöse und moralische Verhalten der Bevölkerung zu achten.[28] Außerdem hatte er die Durchführung und Einhaltung der landesherrlichen Mandate zu beaufsichtigen, hierfür war er mit weitgehender Strafgewalt ausgestattet. Die anläßlich der Umritte verfertigten Protokolle mußten samt den Kopien der Rechnungen bei der Hofkammer vorgelegt werden.

Bis zum Jahre 1625 war der Rentmeister ein Mitglied des Hofrates, danach wurde er auf die Hofkammer vereidigt. Seine Zuständigkeiten wurden mittels Rentmeisterinstruktionen geregelt[29], aber auch in den Hofkammerinstruktionen von 1591, 1608 und 1640 sind in zunehmendem Maße Anweisungen an die Rentmeister zu finden.[30]

Die unterste Stufe der Verwaltung nahmen die 77 Land- und Pfleggerichte ein. Sämtliche staatliche Hoheitsrechte, also Gerichts-, Polizei-, Finanz-, Kirchen- oder Militärhoheit, waren hier in der Hand des Landrichters bzw. Pflegers vereinigt.[31] Bei den Pflegern handelte es sich meistens um landesherrliche Beamte. Bis ins 16. Jahrhundert hinein waren diese Pflegerstellen fast ausschließlich mit einheimischen, adeligen Kräften besetzt, danach treten auch bürgerliche Amtsinhaber auf. Zum Teil sind darunter gelehrte Räte zu finden, die das Pflegamt als Belohnung für geleistete Dienste übertragen bekamen. In ausgesprochen großen oder in Grenznähe gelegenen Ämtern war den Pflegern für die Rechtspflege ein Landrichter beigeordnet.[32]

Reform des Beamtentums

Maximilian stellte hohe Ansprüche bezüglich der fachlichen Eignung an seine Beamtenschaft. Ein Indiz für diese hohen Anforderungen sind zum einen die Instruktionen, zum anderen werden sie durch Äußerungen der Beamten selbst oder mittels Randbemerkungen des Herzogs belegt.[33] Zur gleichen Zeit hob er wiederholt die Bedeutung eines funktionierenden Beamtentums für das Wohl des Staates hervor. Bereits in den »Monita paterna« von 1639 legt er seinem Nachfolger ans Herz, wie die geheimen Präsidenten, Hof- und Geheimen Räte[34] oder auch die Kammerbediensteten beschaffen sein sollen.[35] Auch in den testamentarischen Verfügungen aus dem letzten Lebensjahr Maximilians finden sich Anweisungen an den Erbprinzen und an Kurfürstin Maria Anna, mit denen diesen beiden empfohlen wird, sich fleißiger und erfahrener Räte zu bedienen. Zudem sollen die Ämter, vor allem aber das Kammerwesen mit geeigneten Personen besetzt werden.[36] Eine besondere Betonung legt der Herzog auch auf die Aufsicht über die Beamten und Bediensteten.[37] Sowohl seiner Gemahlin als auch seinem Sohn Ferdinand Maria riet er 1651 die Einhaltung der Instruktionen und Ordnungen zu überwachen, die Räte möglichst oft selbst zu besuchen und sich über das Verhalten der Räte und Beamten informieren zu lassen.[38]

Maximilian selbst hat in seiner Regierungszeit ein umfangreiches System der Überwachung und der Kontrollen aufgebaut, um die Leistungskraft seines Beamtenapparates messen zu können. Wirkungsvolles Instrument hierzu waren die spätestens seit 1598 eingeführten Visitationen. Ungeachtet der Widerstände der Beamtenschaft hat der Herzog die Visitationen der Zentralbehörden und der Regierungen zu einer dauerhaften Einrichtung gemacht. Während der Geheime Rat die Amtsführung der Zentralbehörden zu visitieren hatte, kontrollierten diese wiederum die ihnen untergeordneten Behörden. So nahm die Hofkammer die Inspektion bei den Ämtern vor, die landesherrliche Einnahmen verwalteten, dem Hofrat war dagegen die Überprüfung der mit den Polizeimandaten beschäftigten Beamten übertragen. Zur Hand gingen ihm dabei ernannte »Kundschafter«, die Informationen über die Arbeit der Beamten und über mögliche Zuwiderhandlungen liefern sollten.[39] Konkret untersucht sind die Visitationen bis dato nur für den Hofrat, der in den Jahren zwischen 1598 und 1624 sieben Mal einer Kontrolle unterzogen wurde, eine weitere ist bis 1643 bekannt. Bei diesen Überprüfungen hatte jeder der Hofräte anhand eines umfangreichen Fragenkatalogs Auskünfte über seine eigenen Tätigkeiten wie auch über die seiner Kollegen zu geben. Insgesamt zielten die Visitationen auf eine Steigerung der Effizienz der Verwaltung. Unfähige Beamte sollten ausgemustert und durch taugliche Kräfte ersetzt, Mängel sollten erkannt und abgestellt werden. Einsparungen standen dabei nicht primär im Vordergrund.[40] Dass Maximilian die Ergebnisse dieser Untersuchungen ernst nahm, verdeutlicht die Tatsache, dass diese zu Verbesserungen der Ordnungen für die einzelnen Gremien führten. So sind zum Beispiel die Hofratsordnung von 1598 oder die Kammerordnung aus dem Jahre 1608 nach durchgeführten Visitationen erlassen worden.[41]

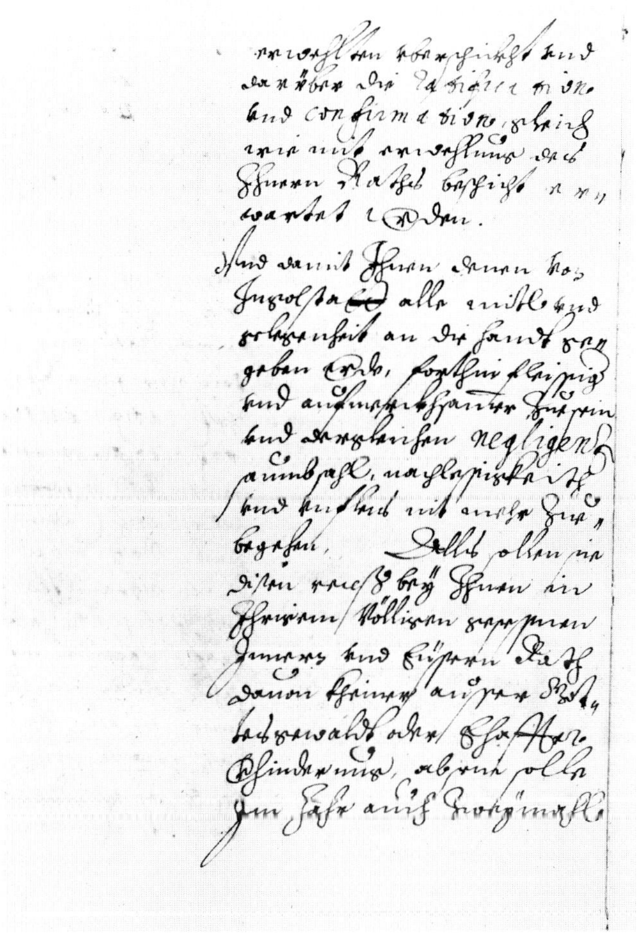

Abb 43 *Seite aus dem Visitationsprotokoll vom 7. Januar 1631, in dem die Kritikpunkte an der Stadtverwaltung aufgelistet werden*

Auch Ingolstadt wurde von derartigen Kontrollen nicht verschont. Wie bereits erwähnt, unterlag die Stadt an der Donau nicht der Aufsicht des Rentmeisters sondern unterstand unmittelbar dem Landesherrn. Dieser ließ 1612 und noch einmal 1631 Visitationen in der Stadt durchführen. Von der letzten hat sich ein 59 Seiten zählendes Heft erhalten[42], in dem die Kritikpunkte an der Stadtverwaltung aufgelistet sind. Als besonders negativ wird darin vermerkt, dass der anläßlich der Visitation im Jahre 1612 entstandene Rezeß knapp zwei Jahrzehnte später den Stadträten nicht mehr bekannt war. Die eigentliche Aufzählung der Verfehlungen beginnt im Anschluß daran mit Religionssachen. Einzelne Kritikpunkte beziehen sich auf den Besuch von Gottesdiensten, die Teilnahme an Prozessionen, die Kinderlehre, das Fleischessen in der Fastenzeit, verbotene Bücher oder die Aufnahme der Kirchenrechnungen.[43] Anschließend werden die Mängel in Verwaltung und Finanzwesen beleuchtet. Hier wird zum Beispiel auf die Notwendigkeit einer ordentlichen Registraturführung hingewiesen.[44] Den herzoglichen Unwillen erregte in diesem Zusammenhang aber vor allem das Steuer- und Kammerwesen, bei dem es »bis hero über die massen hailos, vnd vnrichtig zugangen«[45] ist. In der Folge werden Befehle erteilt, wie in diesem Bereich im Einzelnen zu verfahren ist, so werden etwa Anweisungen über die Verrechnung bestimmter Rechnungsposten gegeben.[46] Heftig kritisiert wird auch das Vorgehen des Stadtrats, der zur Deckung der städtischen Ausgaben mehrere tausend Gulden Geldanleihen aufgenommen hat. Diese Schulden sollen nach und nach abgeleistet werden, zugleich wird unter Androhung schwerster Strafen, die Aufnahme weiterer Geldsummen ohne Wissen und Zustimmung des Kurfürsten verboten.[47] Andere Bestimmungen betreffen das Verwaltungspersonal. So soll die Besoldung der städtischen Beamten, die 1624 aufgrund der damaligen Teuerung aufgebessert worden war, nun wieder schrittweise gesenkt werden. Zudem sollen Diener und Arbeiter, für die momentan kein Bedarf vorhanden ist, entlassen werden. Ferner wird zur Zusammenlegung bestimmter Dienste geraten, damit zumindest ein Teil des Solds eingespart werden könne.[48] Letztlich wurde bei der Visitation ein Niedergang von Handel und Gewerbe festgestellt. Da diese Entwicklung infolge der günstigen geographischen Lage der Stadt an der Donau nicht erklärbar ist, wird die unbefriedigende wirtschaftliche Situation auf einen liederlichen Lebenswandel der Bevölkerung zurückgeführt.[49] Maximilian reagierte auf diese Untersuchung der städtischen Verhältnisse mit einer massiven Rechtseinschränkung. Konnte der Innere Rat der Stadt bisher frei und ohne Mitsprache des Kurfürsten die Mitglieder des Äußeren Rates wählen, so mußten nun die Namen der Erwählten Maximilian übermittelt und dessen Ratifikation und Konfirmation erwartet werden. Daneben verfügte er, dass die beiden Rezesse – der erneuerte von 1612 sowie der jetzt neu erlassene – jeweils zweimal im Jahr, nämlich zu Weihnachten und

Pfingsten bzw. Georgi und Michaeli verlesen werden sollten, damit die Ingolstädter Bürger künftig ihren Pflichten besser nachkommen könnten. Außerdem soll bei diesem Anlaß geprüft werden, inwieweit manche Mängel bereits abgeschafft worden seien.[50]

Eine weitere intensiv benutzte Kontrollmöglichkeit war die Berichtspflicht, die vorwiegend die Beamten der höheren Verwaltungsebene betraf. Einmal im Monat waren die Leiter der einzelnen Zentralbehörden dazu angehalten, einen Bericht über die gehaltenen oder noch ausstehenden Gutachtertätigkeiten zu erstatten. Zudem sollten sie alle drei Monate über den Ratsbesuch Mitteilung machen. Maximilian hat diese Berichte persönlich auf das Genaueste geprüft und mit einem entsprechenden Dekret beantwortet.[51] Verstöße der Beamten wurden von Maximilian ohne Nachsicht geahndet. Bestechung war während seiner Regierungszeit in Bayern kaum verbreitet, da der Herzog konsequent alle Verehrungen oder Schenkungen an Beamte untersagte. Ebenso streng ging er gegen Nebentätigkeiten seiner Bediensteten für Dritte vor.[52] Zum einen aus Gründen der Geheimhaltung, zum anderen weil er die von ihm bezahlten Beamten auf den alleinigen Dienst bei sich festlegen wollte, unterband Maximilian die damals durchaus übliche Praxis mancher Beamten gleichzeitig bei einem anderen, auswärtigen Fürsten in Diensten zu stehen.[53]

Neben diesen strikten Kontrollmaßnahmen versuchte Maximilian aber auch die Lebenssituation der Beamten zu verbessern und somit ebenfalls eine Leistungssteigerung zu erlangen. Von Bedeutung war in diesem Zusammenhang eine in ausreichender Höhe und pünktlich ausbezahlte Besoldung.[54] Bisher gängige Besoldungsverfahren wie Naturalienlieferungen und die Verpflegung bei Hofe wurden abgeschafft. Teil-

Abb 44 *Urkunde Maximilians I. vom 13. Juni 1641. Der Kurfürst bewilligt darin Bürgermeister und Rat der Stadt Ingolstadt die Aufnahme von 550 Gulden zur Abzahlung einer bestehenden Schuld*

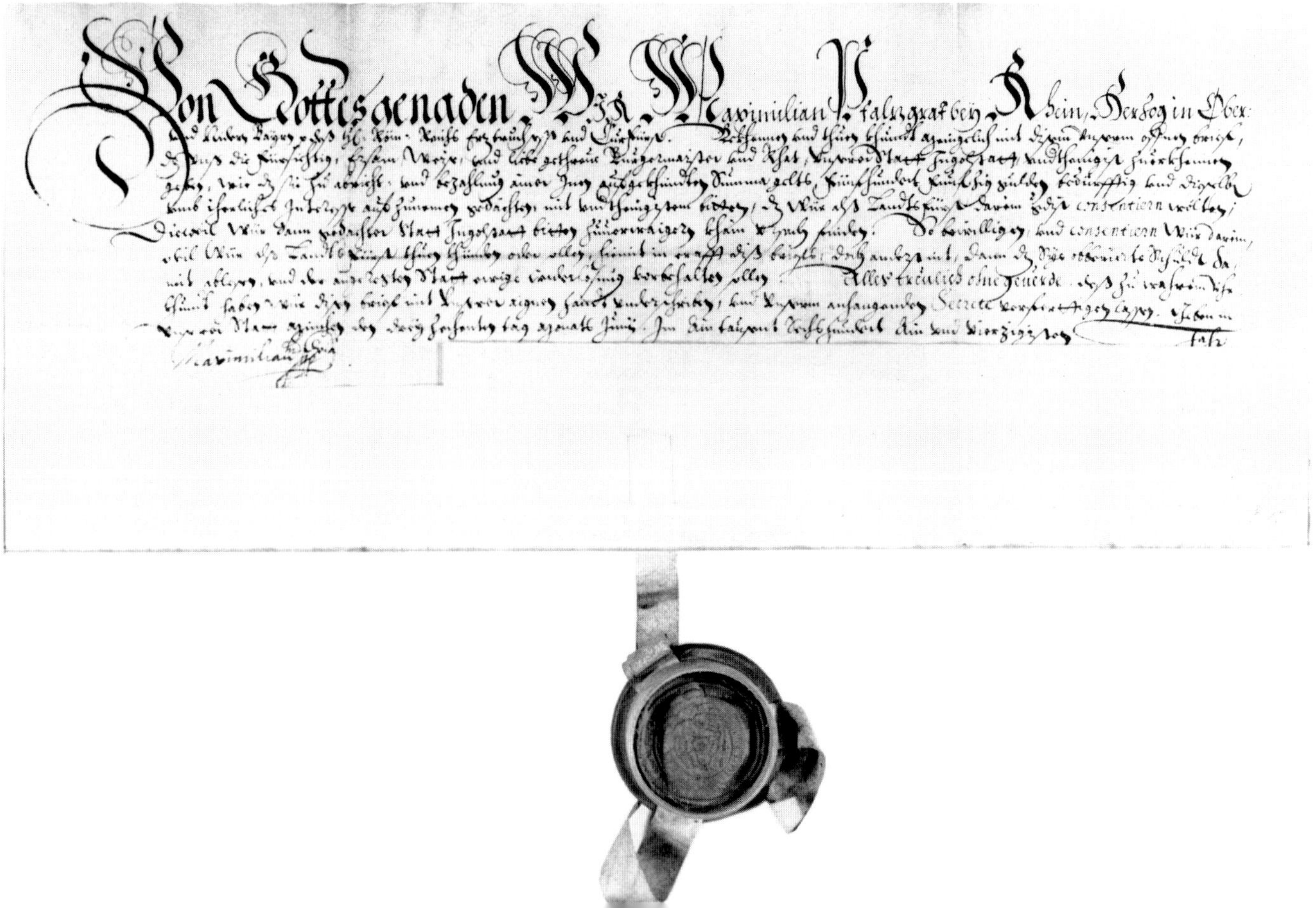

weise erhielten die Beamten zu den vergleichsweise niedrigen Regelbesoldungen zusätzlich Geld- oder Naturalienzuwendungen. Diese waren jeweils nach Verdienst und Leistung gestaffelt.[55] Verdienten Beamten wurden vor allem beim Ausscheiden aus dem Dienstverhältnis Gnadengelder gewährt. Ferner wurde die Versorgung von Witwen und Waisen garantiert. Einen weiteren Ansporn zu guten Leistungen wurde tüchtigen bürgerlichen Beamten durch die Möglichkeit der Nobilitierung geboten.

Maximilian war also bestrebt einerseits durch überaus strenge Kontrolle, andererseits durch Rationalisierung die Effizienz seines Beamtentums zu steigern. Wirksamste Kontrollinstanz war dabei der Herzog selbst. Die wichtigsten Vorgänge wurden von ihm durch intensives Aktenstudium genau verfolgt, Rechnungen wurden persönlich von ihm einer Prüfung unterzogen, wobei nicht die kleinste Ungenauigkeit gestattet wurde. Versäumnisse zogen harte Strafen nach sich. Diese hatten zur Folge, dass der »Schlendrian« in der bayerischen Verwaltung fast völlig beseitigt wurde, zumindest sind kaum mehr Klagen zu finden.[56] Überdies wird aus den Visitationsberichten ersichtlich, dass die herzoglichen Bestimmungen weitgehend durchgesetzt wurden.[57]

Maximilian hat sicherlich Maßstäbe für den Aufbau einer leistungsfähigen bayerischen Staatsverwaltung gesetzt. Weniger durch umwälzende Neuorganisationen, als durch gezielte, ins Detail gehende Reformmaßnahmen ist es ihm gelungen ein leistungsstarkes Beamtentum zu schaffen, das zu dieser Zeit im deutschen Reich wohl einzigartig war. Manche seiner Anregungen haben bis in die Umbruchsphase der napoleonischen Zeit gewirkt.[58]

Anmerkungen

1 Andreas Kraus, Maximilian I., Bayerns großer Kurfürst, Graz-Wien-Köln 1990, S.55 f.
2 Reinhard Heydenreuter, Die Behördenreform Maximilians I., in: Wittelsbach und Bayern II/1. Um Glauben und Reich. Kurfürst Maximilian I., hg. v. Hubert Glaser, München-Zürich 1980, S. 238 und S. 249.
3 Ebenda, S. 245 f.
4 Maximilian Lanzinner, Fürst, Räte und Landstände. Die Entstehung der Zentralbehörden in Bayern 1511-1598 (Veröffentlichungen des Max-Planck-Instituts für Geschichte 61), Göttingen 1980, S. 93.
5 Heydenreuter, Die Behördenreform Maximilians I., S. 237 f.
6 Kraus, Maximilian I., Bayerns großer Kurfürst, S. 56.
7 Heydenreuter, Die Behördenreform Maximilians I., S. 239.
8 Ebenda.
9 Kraus, Maximilian I., Bayerns großer Kurfürst, S. 56.
10 Heydenreuter, Die Behördenreform Maximilians I., S. 237 und S. 239 f.
11 Ebenda, S. 249.
12 Ebenda, S. 237 und S. 246.
13 Ebenda, S. 237, S. 240 und S. 246.
14 Heinz Dollinger, Studien zur Finanzreform Maximilians I. von Bayern in den Jahren 1598-1618. Ein Beitrag zur Geschichte des Frühabsolutismus (Schriftenreihe der Historischen Kommission bei der Bayerischen Akademie der Wissenschaften 8), Göttingen 1968, S. 285.
15 Heydenreuter, Die Behördenreform Maximilians I., S. 240 f.
16 Kraus, Maximilian I., Bayerns großer Kurfürst, S. 56.
17 Heydenreuter, Die Behördenreform Maximilians I., S. 241.
18 Ebenda, S. 243 f.
19 Ebenda, S. 241.
20 Ebenda, S. 243 und S. 249.
21 Ebenda, S. 238 und S. 245.
22 Dieter Albrecht, Staat und Gesellschaft. Zweiter Teil: 1500-1745. Die Behördenorganisation, in: Handbuch der Bayerischen Geschichte II, hg. v. Andreas Kraus, München[2] 1988, S. 653.
23 Heydenreuter, Die Behördenreform Maximilians I., S. 245 f.
24 Ebenda, S. 238, S. 244-246.
25 Ebenda, S. 242.
26 Albrecht, Staat und Gesellschaft. Zweiter Teil: 1500-1745. Die Behördenorganisation, S. 651 f.
27 Dieter Albrecht, Maximilian I. von Bayern 1573-1651, München-Wien 1998, S. 193 sowie Karl-Ludwig Ay, Land und Fürst im alten Bayern. 16.-18. Jahrhundert, Regensburg 1988, S. 132.
28 Albrecht, Maximilian I. von Bayern 1573-1651, S. 193.
29 Heydenreuter, Die Behördenreform Maximilians I., S. 241 und S. 243.
30 Helmut Rankl, Der bayerische Rentmeister in der frühen Neuzeit. Generalkontrolleur der Finanzen und Justiz, Mittler zwischen Fürst und Bevölkerung, Promotor der »baierischen Libertät«, in: Zeitschrift für bayerische Landesgeschichte 60 (1997), S. 629.
31 Albrecht, Staat und Gesellschaft. Zweiter Teil: 1500-1745. Die Behördenorganisation, S. 651.
32 Heydenreuter, Die Behördenreform Maximilians I., S. 246.
33 Heydenreuter, Die Behördenreform Maximilians I., S. 247.
34 »Vätterliche Ermahnung« (Monita paterna) Kurfürst Maximilians I. (1597/1623 bis 1651), in: Politische Testamente und andere Quellen zum Fürstenethos der frühen Neuzeit hg. v. Heinz Duchhardt, Darmstadt 1987, S. 132, Punkt 38 f.
35 Ebenda, S. 134, Punkt 48.
36 Die Notwendige treuherzige Information, in: Dokumente zur Geschichte von Staat und Gesellschaft in Bayern Bd. I, 3, bearb. v. Walter Ziegler, München 1993, Nr. 358, S. 1289, Punkt 2.
37 Die Treuherzigen väterlichen Lehrstücke, in: Dokumente zur Geschichte von Staat und Gesellschaft in Bayern Bd. I, 3, bearb. v. Walter Ziegler, München 1993, Nr. 357, S.1286, Punkt 7.

38 Die Notwendige treuherzige Information, S. 1289, Punkt 3.
39 Heydenreuter, Die Behördenreform Maximilians I., S. 247 f.
40 Albrecht, Maximilian I. von Bayern 1573-1651, S. 190.
41 Heydenreuter, Die Behördenreform Maximilians I., S. 247.
42 Stadtarchiv Ingolstadt, B 38.
43 Ebenda, S. 2-12.
44 Ebenda, S. 13 f.
45 Ebenda, S. 21.
46 Ebenda, S. 21-25.
47 Ebenda, S. 35 f.
48 Ebenda, S. 31-33.
49 Ebenda, S. 53-55.
50 Ebenda, S. 50 und S. 55-57. Zu der gesamten Visitation vgl. auch Siegfried Hofmann, Ingolstadt in der Zeit des Dreißigjährigen Krieges, in: Ingolstadt. Die Herzogsstadt · Die Universitätsstadt · Die Festung, Bd. 2, hg. von Theodor Müller und Wilhelm Reissmüller in Zusammenarbeit mit Siegfried Hofmann, Ingolstadt 1974, S. 207 f.
51 Albrecht, Maximilian I. von Bayern 1573-1651, S. 194 und Heydenreuter, Die Behördenreform Maximilians I., S. 248.
52 Heydenreuter, Die Behördenreform Maximilians I., S. 248.
53 Albrecht, Maximilian I. von Bayern 1573-1651, S. 192.
54 Als Beispiele seien die jährlichen Besoldungen einiger Beamter von den 1590er Jahren bis in das erste Regierungsjahrzehnt Maximilians genannt: Oberstkanzler und Hofratspräsident je 1500 fl., Geheimer Rat, Hofkanzler und Kammerpräsident je 1000 fl.; Lanzinner, Fürst, Räte und Landstände, S. 134 f.
55 Heydenreuter, Die Behördenreform Maximilians I., S. 248.
56 Kraus, Maximilian I., Bayerns großer Kurfürst, S. 57 f.
57 Albrecht, Maximilian I. von Bayern 1573-1651, S. 192.
58 Heydenreuter, Die Behördenreform Maximilians I., S. 249 und Kraus, Maximilian I., Bayerns großer Kurfürst, S. 55.

Edmund Hausfelder

Hexenprozesse in Ingolstadt

In Bayern reichen die Hexenprozesse bis ins letzte Jahr der Regierung Herzog Albrechts V. zurück. 1578 wurde »ein Unhuldt« namens Barbara Beyerl in der Münchener Schergenstube gefangen gehalten.[1] Über ihr weiteres Schicksal liegen keine gesicherten Erkenntnisse vor. Im selben Jahr wurde eine Margaretha Schilher aus Bozen, die unter der Folter gestanden hatte, eine Hexe zu sein, auf dem Scheiterhaufen verbrannt.[2] Der in der älteren Literatur manchmal erwähnte Fall des Bürgers Wolf Breymüller von Aufkirchen bei Wolfratshausen, der etwa 1583 hingerichtet wurde, dürfte andere Hintergründe gehabt haben (Giftmischerei und Mord).[3] 1584 wurde in Ingolstadt eine Predigt über die Erledigung einer von 12.652 Teufeln besessenen Jungfrau gehalten und sogar gedruckt.[4] Schon zehn Jahre zuvor hatte der Ingolstädter Pfarrer Hektor Wegmann an der Universität 95 theologische Thesen über Zauberei verteidigt.[5] 1587 wurde in Schongau eine Bäuerin namens Geiger festgenommen, die laut Gutachten eines Wasenmeisters mehrere Pferde verhext haben sollte. Der Propst des Stiftes Steingaden wollte das Verfahren eingestellt haben, der zuständige Stadtrichter aber sandte die Untersuchungsakten an den Hofrat nach München. Auf dessen Urteil befahl Herzog Ferdinand, der Bruder Wilhelms V., in dessen Besitz sich Schongau damals befand, die Angeklagte mit Daumenschrauben foltern zu lassen. Die Frau war jedoch stark genug, die Folter ohne Geständnis zu überstehen und musste danach entlassen werden. Der Fall endete für die Angeklagte zwar verhältnismäßig günstig, doch nistete sich gleichzeitig in den Köpfen der Menschen der Hexenglaube immer stärker ein. Ab 1589 wurde Schongau und seine Umgebung ein Zentrum der Hexenverfolgung.[6]

Die erste Hexenepidemie 1589 – 1592

Im selben Jahr begannen auch in Ingolstadt die ersten Verhöre einiger der Hexerei verdächtiger Personen. Barbara Müller und Margaretha Lüdl, beide aus Eichstätt, waren die ersten Frauen, von denen eine Urgicht vorhanden ist. Warum diese armen Geschöpfe zum Verhör nach Ingolstadt gebracht wurden, kann nur vermutet werden. Merkwürdigerweise wurden sie zur Exekution wieder nach Eichstätt zurückgeschafft. Aus dem Jahr 1590 haben sich vier weitere Urgichten erhalten, diesmal von den Ingolstädterinnen Margaretha Rem, Barbara Kräl, Barbara Kreus und Ursula Steffani.[7] Eine Urgicht war das Geständnis der Delinquentin. Diese Urgicht gab es in jedem Fall, denn wer konnte schon einer dreistufigen Folter mit ihren furchtbaren Qualen widerstehen? Auch diese vier verurteilten Frauen wurden zur Hinrichtung nach Eichstätt geführt.

Ebenfalls aus dem Jahr 1590 existieren weitere Urgichten von drei Manchingerinnen, von Barbara Wolffart, der sogenannten »Pfeif-Ullin«, von Apollonia Sauerbeck und von Margaretha Stimpfl, vulgo »Geiß-Henslin.« Sie wurden am 21. August 1590 zuständigkeitshalber in Reichertshofen stranguliert und danach verbrannt.[8]

Nun noch einmal zurück zu den auffallend vielen Verhören in Ingolstadt. Warum wurden Personen aus Eichstätt und Manching zur peinlichen Befragung hierher gebracht? Sowohl Eichstätt als auch Manching galten nach der damaligen Auffassung als Ausland. Eichstätt war nicht nur Diözese sondern auch Hochstift mit landesherrlichen Aufgaben für den Bischof. Manching gehörte zum Pfleggericht Reichertshofen und damit zum Herzogtum Pfalz Neuburg. Waren etwa Ingolstadts Folterknechte besonders erfolgreich bei der Erpressung von Geständnissen, also auch besonders grausam? Man könnte umgekehrt fragen, ob Ingolstadts Scharfrichter ein Stümper war, nachdem Ingolstädterinnen in Eichstätt hingerichtet wurden. Wollte man nicht vielmehr gerade in dieser Frühzeit der Hexenprozesse gegen etwaige juristische Anfechtungen gewappnet sein und verlegte deshalb die Verhöre an den Sitz der bayerischen Landesuniversität, die auch eine juristische Fakultät besaß? Vermutlich ist der Grund darin zu suchen, da während dieser ersten Prozesse die Professoren der Fakultät durch den Landesherrn selbst, bei Fortdauer der Verhöre jedoch immer öfter auch von den städtischen Amtsträgern um Rat angegangen wurden.

Im Frühjahr 1590 wurde in Ingolstadt eine Frau ergriffen, die im Verdacht stand, eine Hexe zu sein, und eingekerkert. Am 11. Mai wurde dieser Fall erstmals im Rat behandelt. Das Besondere war, dass dieser Sitzung sogar der junge Herzog Maximilian, der seinerzeit an der Universität studierte, beiwohnte. Deshalb fand die Sitzung auch nicht, wie sonst üblich, im Rathaus statt sondern im Neuen Schloss. Ein Bub namens Melcher, der Sohn der Angeklagten, behauptete von ihr: »Es komme ein Mendle in einem grünen Röckl zu ihr, dantz mit ihr, lege sich alsdann zu ihr ...« usw. Wegen dieser Anschuldigungen kam man überein, die Frau und den Buben zu verhören, jedoch getrennt »um zu erfahren, obs ein Unhold sey.«[9]

In einer der folgenden Ratssitzungen am 23. Mai wurde offenkundig, dass noch weitere Frauen wegen der unseligen Anschuldigung festgehalten wurden, eine Hexe zu sein: »Des Andres auf dem Strigelsturm (Gefängnis) Weib sagt, sie, die Abentheurerin, die Höring Einspennigin und noch ein Weib, haben von der ... Böckhin gehört, ihr Mann hab einen Wahrsager lassen holen ...« usw.[10] Am 13. Juli wurde berichtet: »... hat ... ausgesagt, wie die Marthi Einspennigin ihren Mann aus Österreich gebracht ....«[11]

In der Sitzung am 9. August 1590 war auch Maximilian wieder anwesend. Dabei stellte sich heraus, dass der Strigltum als Gefängnis für die Hexen nicht ausreichte. Dort waren die sogenannte Franz-Schäfflerin Walburga Dieboldt, ihre Tochter und Rosina Dintzl inhaftiert. Im Neuen Schloss aber lagen die »Zimmermannin« und die schon mehrfach erwähnte »Einspennigin«.[12] Seine Eindrücke schilderte Maximilian in regelmäßigen Briefen an seinen Vater nach München. Schon am 1. März 1590 schrieb er, dass gestern ein Weib gefangen genommen wurde, das nach dem Urteil vieler für eine Hexe gehalten wird. Ob dieser Verdacht begründet ist, wird morgen vielleicht die Erfahrung zeigen, da sie durch die Folter gezwungen wird, die Wahrheit zu sagen.

Am 14. Mai meldete er, dass man bisher weder in Güte noch mit Tortur aus ihr ein Wort herausbringen konnte. Der Vorgang gewinnt nunmehr völlig makabre Züge, da Maximilian sogar bei der Folter des armen Geschöpfs anwesend war. Er berichtete, dass sie zweimal aufgezogen und einmal gebrannt wurde. Ferner geht aus seinem Brief hervor, dass man am »letzten Freitag« wieder eine andere Frau eingekerkert habe. »Ihr Sohn ... hat viele erbare schöne Bossen von seiner Mutter gesagt« (sicher der oben erwähnte Fall mit dem Buben Melcher). Weiter führte er an, dass man »bald die Tortur für die Hand nehmen« werde, wiewohl der hiesige Rat »nit viel Lust dazu hat.« In einem Schreiben am 12. August stellte er lapidar fest: »Mit den leidigen Unhulden fährt man flugs fort und ... sind schon fünf zum Feuer bereit.«[13]

Die ersten drei dieser Frauen führte man am 5. September 1590 zum Scheiterhaufen: Walburga Dieboldt, eine Schäfflersfrau, ihre Tochter Margaretha und Rosina Dintzl.[14] Die nächste, die den Feuertod erlitt, war Margaretha Bemel, Frau des Boten Hans Bemel, am 11. Februar 1591.[15] Es folgten am 9. September 1591 Anna Berl vulgo Einspennigin, Frau des Marthe Berl, und Katharina Herz, Frau des Zimmermanns und Quardiknechts Lorenz Herz[16], am 16. Dezember 1591 die so genannte Kue-Matheissin Barbara Mantler und Anna Hueber vulgo Grollin[17] sowie am 31. Januar 1592 Ursula Sibenburger, Frau des Schäfflers Mathes Sibenburger.[18] Dies waren innerhalb relativ kurzer Zeit neun unschuldige Menschen, die auf tragische Weise ihr Leben lassen mussten. Hinzu kamen noch die vier Frauen, die in Eichstätt hingerichtet wurden.

Die weitesten Kreise zog zweifellos der Fall der unglücklichen Anna Berl. Bereits im April 1590 (nicht 1591) verhaftet, hatte sie nach Anlegung der Daumenschrauben auch andere Frauen der Hexerei bezichtigt, danach aber alles widerrufen. Eine der von ihr Denunzierten war Magdalena Lichtenauer, eine Frau von tadellosem Ruf, die außerdem sehr fromm und über jeden Verdacht erhaben war. In ihrem Bericht an den Herzog schilderten die Räte am 9. Juni 1591, einige von der Berlin verübte Teufelskünste seien für wahr befunden worden. Diese habe erklärt, auf der Folter als Märtyrerin sterben zu wollen. In Anbetracht dessen werde die erneute Anwendung der Tortur »etwas gefährlich sein.« Aus München erging am 6. Juli der Befehl, die Richter sollten gegen die Delinquentin »mit der strengen Frage« vorgehen, die von ihr Beschuldigten zunächst aber nur einer sorgfältigen Beobachtung unterziehen.[19]

Danach ebbte der Hexenwahn allmählich ab. In der Sitzung am 3. September 1593 wurde gar ein herzoglicher Befehl verlesen, wonach die Gefangennahme von Hexen vorübergehend einzustellen sei.[20] Am 5. Dezember 1594 allerdings präsentierte Dr. Veit Schober einen Befehl Herzog Wilhelms V., aufgrund dessen acht Hexen aus Vohburg in den Taschenturm gesperrt und »darinnen examinirt werden« sollten. Die Ingolstädter Räte waren zwar einverstanden, das Gefängnis für den Vohburger Landrichter zur Verfügung zu stellen, mit den entstehenden Kosten jedoch wollten sie nichts zu tun haben. Der Landrichter musste für die Unkosten selbst aufkommen. Die Hexen waren mindestens bis 3. Juli 1595 hier inhaftiert, ehe sie wieder nach Vohburg abgeführt wurden. Ob die Frauen anschließend freigelassen wurden oder doch noch ihr Leben lassen mussten, ist nicht sicher.[21]

Am 2. April 1590 forderte Wilhelm V. von seinem Hofrat und von der theologischen und der juristischen Fakultät der Universität Ingolstadt Gutachten über die Ausrottung der Hexerei. Wohl nicht zuletzt unter dem Einfluss der Jesuiten fiel das Gutachten ganz im Sinne der Hexenverfolger aus. Die umfangreiche Stellungnahme vom 28. April wurde unterzeichnet von den Professoren Albert Hunger, Matthias Mayrhofer SJ, Gregor von Valencia SJ und Peter Stevart, Moritzpfarrer (Theologen) und Veit Schober, Kaspar Lagus, Andreas Fachineus und Leonhard Zindecker (Juristen). An diesen acht Namen verdeutlichen sich die verschiedenen Tendenzen im Bereich der Hexenverfolgung. Gregor von Valencia ist wohl einer der eifrigsten Befürworter der Verfolgungen, Kaspar Lagus einer der entschiedensten Gegner. Dennoch fällt das Gutachten, wie schon erwähnt, zugunsten der Verfolgungen aus. Allerdings scheint dieses Verhalten nicht die Regel zu sein. Oft genug lässt sich bereits im 16., erst recht aber im beginnenden 17. Jahrhundert feststellen, dass die Juristen der Ingolstädter Universität deutlich gegen die Hexenprozesse Stellung bezogen oder doch wenigstens gegen ihre Ausbreitung Front machten. »Von wenigen Einzelfällen abgesehen« lässt sich nachweisen, dass die Professoren »dem Hexenwahn Einhalt geboten haben.« In Ihrem Gutachten vom 28. April 1590 sprachen sich die Professoren dafür aus, dass sich unter den Richtern auch ein Doktor der Hl. Schrift befinden solle. Der Besitz verdächtiger Gegenstände oder die Denunzierung durch eine bereits angeklagte Person reiche für die Einleitung eines Verfahrens aus. Stellt sich heraus, dass eine Angeklagte unschuldig sei, müsse sie rehabilitiert werden. Hat sie einen Vermögensschaden erlitten, so müsse ihr dieser ersetzt werden.

Abb 45 *Herzog Maximilian als Mitregent im Jahre 1595. Kupferstich*

Schließlich wurde darauf hingewiesen, dass den Angeklagten das Recht auf Verteidigung zustehe und die Advokaten angehört werden müssten.[22]

In einem Gutachten vom 2. April 1601 kommt die Juristenfakultät zu dem Ergebnis, dass Denunzierungen anderer Hexen ein ausreichendes Indiz seien, bei unbescholtenen Personen sogar die Folter anzuwenden. Doch schon in einem neuen Gutachten vom 25. September 1601 weicht man von dieser Ansicht wieder ab und gibt zu bedenken, dass Aussagen von Hexen mit Vorsicht zu gebrauchen seien, denn die meisten seien durch die Qualen der Folter abgestumpft und sagten kaum die Wahrheit. Einige könnten sich sogar dem Glauben hingeben, dass sie durch viele Denunzierungen eher freigelassen würden. Dennoch ließ die Fakultät in diesem Gutachten die Folter an fünf Frauen zu, weil sie schon seit vielen Jahren als Hexen verschrien waren.[23]

Betrachten wir einige Mitglieder der Ingolstädter Juristenfakultät, so fällt zunächst ein Professor als besonderer Hexenverfolger auf, Georg Everhard. Er entstammte der bedeutenden Ingolstädter Juristenfamilie, starb aber bereits im November 1585, noch vor Ausbruch der großen Hexenverfolgungen. In seiner zweibändigen Sammlung von Gutachten, die erst 1618 von seinem Neffen Nikolaus in Augsburg herausgegeben wurde, heißt es z. B., dass kein Zweifel daran bestehe, wer der schwarze Hahn gewesen sei, der vor dem Hexengefängnis hin und her geflattert sei.[24]

Zu den eifrigen Verfolgern zählte auch Wolfgang Kolb. Dieser war allerdings kein Mitglied der Juristenfakultät, sondern tat sich bei Hexenprozessen in Ingolstadt und in Wemding besonders hervor. Schließlich trat er in die Dienste des Grafen von Öttingen-Wallerstein. Kolb galt als sehr eifrig; es heißt, dass er nicht weniger als 274 Hexen examiniert habe, »welche äußerlichen Scheins nach wohl gestorben seien.« Kein Wunder also, wenn die Richter in Ingolstadt nicht gut auf ihn zu sprechen waren.[25] In Eichstätt glaubte man gar, die Ursache für die Zurückhaltung der Ingolstädter Doktoren gefunden zu haben, nämlich die Furcht vor ihren Ehefrauen. Bevor dieser interessanten Behauptung näher nachgegangen werden kann, noch ein Blick auf drei Vertreter der Gegner von Hexenprozessen, Kaspar Lagus, seinen Schwiegersohn Joachim Denich und seinen Enkel Kaspar Denich.

Lagus hatte 1590 das Gutachten der Fakultät mitunterzeichnet. Da seine Meinung über Hexenprozesse hinreichend bekannt war, hatte er sich doch kritisch und sogar warnend dazu geäußert, war er hier wohl von seinen Kollegen überstimmt worden. Da er zeitweise auch als Mitglied des Hofrats fungierte und in einem Schongauer Fall einen »Generalpardon« vorgeschlagen hatte, musste er sich auch hier der Mehrheit fügen. Lagus hatte sogar die Befürchtung gehegt, dass sich die Hexenprozesse »ins Unendliche« ausdehnen könnten.[26]

Joachim Denich verfasste 1601 zusammen mit seinem Kollegen Kaspar Hell das bereits zitierte Grundsatzgutachten zu den Prozessen. Hell, ein brillanter Jurist, kann als Wortführer der Ingolstädter Hexenprozessgegner bezeichnet werden. Leider verhinderte sein fragwürdiger Lebenswandel eine bemerkenswerte Karriere.[27] Denich trat den Ansichten der Hexenverfolger besonders in der Frage der Denunzierung entschieden entgegen.[28]

Sein Sohn Kaspar schließlich äußerte sich stets sehr freimütig und vertrat konsequent seine Meinung. Er besaß für die damalige Zeit ein erstaunlich klares Urteil. Von ihm heißt es sogar, dass wegen seiner »frechen Rede ... (d.h. mutigen Rede) jedermann erschrocken« sei. Einmal sprang er während einer Sitzung auf und erklärte, er halte »auf die 25 Denunziationen durchaus nichts.« Denich hatte die furchtbaren Folgen dieser Denunzierungen in der eigenen Familie erfahren müssen, war doch seine Schwiegermutter selbst unter dem Verdacht der Hexerei gefangen genommen worden. Glücklicherweise war ihr aber die Flucht nach Österreich gelungen, wo sie vor den Nachstellungen der Verfolger sicher sein konnte.[29]

Allmählich begann auch der Ingolstädter Rat, auf die Linie der Juristenfakultät einzuschwenken. Wenn dennoch immer wieder Hexen gefangen und vor Gericht gestellt wurden, so nur, weil der Pöbel auf neue Sensationen drängte. Oft konnte das Ratskollegium nicht umhin, denunzierte Personen einzukerkern, da sonst auf die Mitglieder selbst ein Verdacht fiel. In einer Hetzschrift aus dem Jahr 1629, einem wahrhaft üblen Pamphlet, konnte man tatsächlich lesen, dass alle in den letzten zwölf Jahren gefangenen »Unholden« nur deshalb festgenommen wurden, weil die Richter nicht mehr anders konnten. Die Unholden seien samt und sonders wieder auf freiem Fuß, einige Waisenkinder sogar nach Österreich geschickt worden. Selbst der Stadtoberrichter (Sebald Müllner von Zweiraden) sei befangen, weil seine Frau vor etwa 16 Jahren öffentlich als Unholdin bezeichnet worden war. Darüber hinaus sei auch Professor Ferdinand Waizenegger den Verführungen seiner Frau erlegen, die mit der Gattin des Oberrichters befreundet sei. Katharina Waizenegger war ebenfalls in der Vergangenheit als Hexe denunziert worden, doch nahm ihr Mann in dieser Frage eine undefinierbare Haltung ein. Infolge dieser Umstände glaubten die fürstlichen Räte in Eichstätt, ihre Ingolstädter Kollegen würden »sich vor ihren Weibern fürchten.«[30]

Die Ingolstädter Juristen hatten im Schriftwechsel mit ihrem Landesherrn immer wieder vorgegeben, mit anderen Arbeiten derart beansprucht zu sein, so dass sie keine Zeit für Hexenprozesse mehr fänden, ein gewagtes Unterfangen. In den Briefen des Rats kam stets zum Ausdruck, dass diejenigen Mitglieder, die zu einem Prozess »am tauglichsten und qualifiziertesten« wären, schon sehr überlastet seien und sich deshalb nicht genügend damit befassen könnten. Der Stadtschreiber (Johann Bauhoff) sei zwar Doktor Juris, aber ganz und gar unerfahren in solchen Dingen. Interessanterweise stieg dieser »unerfahrene Mann« wenige Jahre später zum Stadtoberrichter auf. Für die Hexenprozesse könne man doch eigene Richter bestimmen. Dies geschah tatsächlich, doch zeigte sich einer von ihnen, Dr. Georg Fasold, alles andere als begeistert. Er habe gehofft, berichtete er am 10. Oktober 1629 an Kurfürst Maximilian, wegen seines fortgeschrittenen Alters von solch gefährlichen und schwierigen Aufgaben verschont zu bleiben. Wenn er denn zustimmen würde, könne er aber unmöglich vor Martini in seinem neuen Aufgabengebiet tätig werden. Möglicherweise trugen die geschilderten Umstände auch mit dazu bei, dass bei Maximilian ab etwa 1630 eine leichte Milderung im Bereich der Hexenverfolgungen festzustellen ist.[31]

Es ist fast eine Ironie der Geschichte, dass Bayerns bedeutendster Herrscher mit seinem erstaunlichen politischen Weitblick, seinen hervorragenden Verwaltungsreformen, seiner eisernen Sparpolitik und seinem unbeugsamen Willen auf diesem Gebiet wie im finstersten Mittelalter handelte.

Gewiss, seine Erziehung musste bereits diesen Weg erahnen lassen. Der Vater, Herzog Wilhelm V., stand dem Hexenwahn völlig ohne Argwohn gegenüber, ja unterstützte ihn nach Kräften. Sein wichtigster Mentor, Johann Baptist Fickler, der in seinem früheren Wirkungsort Salzburg wohl eine große Mitschuld an zahlreichen Prozessen trug, konnte sich von dieser Einstellung auch später nicht lösen. Wegen der anhaltenden Kinderlosigkeit seiner ersten Frau ließ Maximilian sogar an ihr 1604 die Hexenprobe vornehmen.[32]

1612 und 1619 dienten der Ingolstädter Taschenturm bzw. das Stockhaus nochmals als Gefängnis für auswärtige Übeltäter. Im November 1612 wurde der Schneider Hanns Thonhauser von Mailing wegen verübter »Sortilegien, Zaubereien unnd Schazgrabens« in den Taschenturm verbracht. Seine beiden Komplizen, der Schulmeister Jakob Pfisterer und der Mesner Lienhard Scherhauff, die aus Großmehring stammten, wurden im Bereich des Landgerichts Vohburg verwahrt. Während letztere noch im April 1613 inhaftiert waren, scheint Thonhauser bereits vorher aus dem Gefängnis entlassen worden zu sein.

Im Juni 1619 wurde das Mädchen Richilla Triller aus Neustadt zusammen mit ihrer Großmutter Anna Frech wegen Hexerei im Stockhaus gefangen gesetzt und verhört. Bereits zwei Monate zuvor waren sie in Neustadt verhaftet und dort verhört worden. Als Richilla nun gestand, es sei alles nur Angeberei gewesen, beschloss man im August sie wegen ihres »verstockhten Lebens ... mit Ruetten woll zichtigen« zu lassen, sie ernstlich zu ermahnen, einen besseren Lebenswandel zu führen und danach auf freien Fuß zu setzen. Auch ihre Großmutter sollte freigelassen werden.[33]

Die zweite Periode des Hexenwahns 1618 – 1624

Im März 1618 brandete das unselige Hexenwesen in Ingolstadt erneut auf. Durch die Denunziation dreier Kinder waren zwei der Hexerei verdächtige Frauen festgenommen, verhört und schließlich gefoltert worden. Am 19. November berichtete Statthalter Marquard Freiherr von Königseck nach München, dass dieser Fall eigentlich nicht für die Folter ausreiche, nachdem die Denunzierung durch Kinder erfolgt sei.[34] Am 10. Dezember kam man innerhalb des Rats überein, den Knaben Philipp Maurer in den Taschenturm zu stecken, die Geschwister Alexander und Helena Lorenz jedoch im Blatternhaus unterzubringen. Bei einer Freilassung der Kinder müsse man befürchten, dass noch mehr Personen denunziert würden.[35]

Im Frühjahr 1619 wurde ein Bub namens Hans Kneiffel aus (Groß-)Mehring aufgegriffen, der noch keine 10 Jahre zählte und mehrere Personen der Hexerei bezichtigte. Er wurde sogar gefoltert und wiederholte dabei seine Anschuldigungen. Danach widerrief er jedoch und behauptete, den Leuten Unrecht getan zu haben. Dies wurde am 8. April offenkundig. In dieser Ratssitzung kam die Sprache auch auf die gefangene und der Hexerei angeklagte Gertraud Aichlinger, die nachts im Zimmer eines Soldaten festgenommen worden war und von fünf Zeugen beschuldigt wurde. Die Folter brachte kein Ergebnis zutage sondern nur die fast resignierende Feststellung »als wan sie nit bei irem Verstand were und gar khein memoriam hette.«[36]

Der Fall des knapp 10jährigen Hans Kneiffel war an Dr. Denich verwiesen worden, da sich Stadtoberrichter Sebald

Müllner von Zweiraden über den Buben geärgert hatte, der »nichts als lauter Schelmerey« von sich gegeben habe. Dr. Denich hatte geraten, den Buben nochmals peinlich zu befragen und danach mit dem Versprechen freizulassen »hinfüran von dergleichen Reden zu schweigen.«[37]

Im Mai verweigerte der Ingolstädter Mautner dem Rat die Mittel, um den verhafteten Personen die Verpflegung geben zu können. Daraufhin erging eine Beschwerde an den Kurfürsten.[38] Erst im Sommer geht aus den Protokollen hervor, welche Personen schon geraume Zeit wegen des Verdachts der Hexerei im Gefängnis lagen, es waren die 72jährige Margaretha Schwarz, genannt »die schartet Matthesin«, der bereits erwähnte Knabe Philipp Maurer, Anna Niklas, die Frau des Quardi-Soldaten Lorenz Niklas, und ihre ebenfalls schon genannten Stiefkinder Alexander und Helena Lorenz. Am 24. Juli berieten sich die Ratsherren, wie man weiter mit ihnen verfahren solle. Die Akten wurden dem Stadtoberrichter zugestellt »und anderen zu dergleichen Sachen verordneten Herren.« Danach wurde es still um die armen Geschöpfe. Man versuchte im Rat Zeit zu gewinnen.[39] Am 3. Januar 1620, nach fast einem halben Jahr, sollte der von Dr. Denich verfasste Bericht an den Kurfürsten weitergeleitet werden.[40]

Am 2. März kam der Befehl aus München, besonders die gefangene Margaretha Schwarz zu foltern.[41] Am 5. März wurde aber nicht sie sondern ihre Mitgefangene Anna Lorenz bzw. Niklas der Folter unterworfen. Diese überstand den ersten und auch den zweiten Grad der peinlichen Befragung, ohne etwas zu gestehen. Beim dritten und grausamsten Grad allerdings – hierbei wurde die Delinquentin mit auf dem Rücken gefesselten Armen hochgezogen, wobei an ihren Füßen ein schwerer Stein befestigt war – gab sie zu, eine Hexe zu sein. Nach Beendigung der Folter widerrief sie ihr Geständnis. »Weil die Lorenzin also variiere«, sollte erneut Dr. Denich um Rat gefragt werden.[42] Wenige Tage später musste Anna dieselbe grausame Prozedur wieder über sich ergehen lassen, diesmal auf den Rat Denichs hin. Erneut gestand sie unter der Folter, erneut widerrief sie im Anschluss daran. Kurze Zeit darauf ein ähnlich schreckliches Schauspiel. Diesmal wurde Anna mit Ruten geschlagen, auf die Streckbank gebunden und auseinandergezogen. Wieder bekannte sie sich als Hexe. Diesmal hatten ihre Richter das Gefühl, dass »sie ires Verstands beraubt« sei. Vermutlich war sie infolge der ungeheuren Schmerzen dem Wahnsinn verfallen. Schon wieder sollte nunmehr Dr. Denich um seine Meinung angegangen werden.[43] Nachdem sich dieser jedoch in Schweigen hüllte, berichtete der Stadtoberrichter am 17. Mai dem Rat, dass der Bericht an Denich zugestellt worden sei.[44] Offenbar unternahm Denich in dieser Angelegenheit keine weiteren Schritte, da am 20. Juli ein Befehl aus München verlesen wurde, wonach Anna Lorenz bzw. Niklas weiterhin im Gefängnis verbleiben solle und sorgfältiger Beobachtung zu unterziehen sei. Darüber hinaus solle man solche Personen zu ihr schicken, die ihr durch Zureden womöglich doch noch ein Geständnis entlocken könnten. Sofern alle Bemühungen keinen Erfolg hätten, sollte sie zu lebenslänglichem Kerker verurteilt werden. Margaretha Schwarz sollte auf freien Fuß gesetzt werden, ebenso die Kinder, die »an unterschidliche ... örter ausgeteilt ..., zu Gottesforcht auferzogen«, dabei aber auch stets sorgsam überwacht werden sollten.[45]

Am 3. August kam man schließlich überein, Margaretha Schwarz sofort aus dem Gefängnis zu entlassen und Anna Niklas noch bis Ende September in Haft zu behalten. Man hatte die Hoffnung immer noch nicht aufgegeben, dass sie sich vielleicht bei Gesprächen mit vertrauten Personen »etwa mit Reden verschnappete.«

Bei Philipp Maurer wurde überlegt, ob er nicht dem Amtsknecht Georg Bader »in die Zucht gegeben werden« könne. Wegen der Geschwister Alexander und Helena Lorenz sollte der Statthalter gebeten werden, den Vater anzuhalten, »ob er ... seine Kinder selbst wölle ... in die Zucht nehmen.«[46]

Ende August traf aus München der herzogliche Befehl ein, die beiden Kinder »solang aus Mitleid im Spital ... zu unterhalten«, bis sie erwachsen seien und »ihr Brot selbst suechen« könnten.[47]

Am 4. September wurde beschlossen, dem Rat Dr. Denichs zu folgen und die 12jährige Helena Lorenz der Spitalküche zur Arbeit zu zuteilen. Die Köchin musste das Kind nachts bei sich in der Kammer haben und sie auch sonst sorgfältig beobachten. Alexander Lorenz bzw. sein Vater sollte gefragt werden, zu welchem Beruf er Lust habe. Bei unschlüssigem Verhalten sollte er »zu einem Schneider oder anderm geringen Handwerk« gebracht werden. Zwei Wochen später war der richtige Lehrmeister gefunden. Alexander sollte bei Schneidermeister Leonhard Weiher verdingt und das Lehrgeld aus der Kasse des Reichen Almosens bezahlt werden.[48]

Am 22. Januar 1621 erging ein Bericht an den Herzog wegen der künftigen Verpflegungskosten für Anna Niklas, die nun bereits länger als zwei Jahre inhaftiert war.[49] Im März 1621 schließlich sollte sich das Schicksal der beiden Frauen entscheiden. Die sogenannte »schartet Matthesin« erhielt pro Jahr 30 fl. bewilligt, damit sie weiterhin im Spital unterhalten werden konnte. Auch Anna Niklas sollte ursprünglich aus dem Gefängnis ins Spital verlegt werden. Einem herzoglichen Befehl zufolge sollte sie ebenfalls 30 fl. erhalten, um verköstigt werden zu können. Außerdem stand noch ein Betrag von 33 fl. 36 kr. 1 hl. für bereits erfolgte Verpflegung offen. Am 16. April 1621 wurde beschlossen, Anna Niklas aus dem Gefängnis in das Spitalketterl zu überführen. Allem Anschein nach war sie also tatsächlich dem Wahnsinn verfallen.[50]

Danach schweigen die Quellen wieder für zwei Jahre. Man darf annehmen, dass dem Hexenunwesen in dieser Zeit Einhalt geboten war. Am 10. Juli 1623 hatte sich der Rat aber erneut mit dem Thema auseinanderzusetzten, »dass der böse Feindt in dem Waisenhaus regieren ... soll.«[51] Drei Mitglieder des Gremiums wurden beauftragt, dort nach dem Rechten zu sehen. Zwei Tage später bereits erstatteten die Herren Bericht. Drei Kinder namens Walburga Schwarz, Maria Hitner und Simon Ettmiller hatten erklärt, »vom bösen Feindt ... angefochten« worden zu sein. Aus dem Protokoll geht hervor, dass Walburga Schwarz eine Enkelin der vor Jahren der Hexerei verdächtigen so genannten »schartet Matthesin« war. Die Angelegenheit wurde dem unbestrittenen Fachmann in Hexenfragen, Dr. Denich, übergeben.[52] Der Fall weitete sich in den folgenden Monaten aus.

Am 6. September wurde bekannt, dass drei Waisenkinder im Taschenturm gefangengesetzt waren, während drei weitere sich noch im Waisenhaus befanden. Der Bub Simon Ettmiller hatte bei einem Verhör immer wieder erklärt, dass das »Katherlin, so zuvor auch im Waisenhaus gewesen«, ihm geschildert habe, wie sie die Tochter des Amtsknechts während der Mittagspredigt »bei den Mönchen« angeblasen habe. Als das Mädchen heimkam, sei es ganz blau im Gesicht gewesen, als ob es geschlagen worden wäre. Man kam überein, dieses »Katherlin«, das mit Familiennamen Prandtl hieß, einzuvernehmen. Die drei im Taschentum liegenden Kinder hatten ein weiteres Mädchen denunziert, Eva Glück mit Namen. Dieses Mädchen, das zuvor ebenfalls im Waisenhaus gewesen war, anschließend einige Zeit bei »der vorigen Waisenmuetter« verbracht hatte und jetzt bei einem Soldaten im Dienst stand, wurde sogar von ihrem leiblichen Bruder, dem 10jährigen Martin Glück, der Hexerei bezichtigt. Eva widersprach diesen Anschuldigungen energisch. Die im Taschenturm inhaftierten Kinder belasteten sie nicht mit Ausnahme der Walburga Schwarz, die anfänglich Eva Glück ebenfalls als Hexe denunzierte, danach jedoch widerrief und gestand, dies nur »aus Neid« angegeben zu haben, da sie sich im Waisenhaus früher einmal geschlagen hatten.

Allmählich stellte sich heraus, dass die Redereien der Kinder nur eines zum Ziel haben sollten, nämlich »die jetzige ziemlich suspecte Waisenmuetter« zum Rücktritt zu bewegen. Deshalb sollten die drei Buben aus dem Waisenhaus für drei bis vier Wochen an »unverdechtige Örter« gebracht werden, z. B. zu den Schergen, wo sie unter ständiger Aufsicht stünden. Die anderen drei Kinder sollten vorerst im Taschenturm bleiben.[53]

Im Dezember beklagte sich der Amtsknecht, dass er kein Holz für die Waisenkinder bekomme und man ihm auch kein Geld geben wolle. Er bat um beschleunigte Entscheidung in dieser Angelegenheit, damit die Kinder nicht erfrieren oder verhungern müssten.[54] Vermutlich wurde dieser Tagesordnungspunkt zur Zufriedenheit des Amtsknechts erledigt, zumindest was das Holz betraf, da die Kinder im Januar 1624 immer noch inhaftiert waren. Die Kinder wurden erneut verhört und sagten aus, dass sie mit einigen von ihnen mit Namen genannten Frauen »ausfahren«, besonders in den Losnachten. Schließlich hatten sie alles widerrufen und zugegeben, dass alles nur »aus Forcht geschechen sei.« Wieder wurde der Rat Dr. Denichs eingeholt.[55] Dieser gab den Fall offenbar an die Juristenfakultät der Universität Ingolstadt weiter, die am 11. April zu dem Ergebnis gelangte, dass die Kinder »der Hexerei halber nit allerdings unschuldig« seien. Gleichzeitig musste man jedoch zugeben, dass sich die Kinder fast in allen Punkten widersprochen und geradezu unmögliche Sachen von sich gegeben hätten. Man müsse das Alter der Kinder berücksichtigen, von denen das älteste elf, das jüngste aber noch nicht einmal vier Jahre zähle. Man kam zu dem Schluss, dass die Kinder freizulassen seien und »unverdächtigen Personen« übergeben werden müssten, die sie zur Gottesfurcht und zur Arbeit anhalten sollten.[56] Der Rat schloss sich am 12. April dem Gutachten der Professoren an, wollte aber wegen einer Aussage von

Simon Ettmiller unverzüglich den Amtsknecht und seine Tochter verhören.[57]

Am 7. Juni wurden dem Waisenhaus anstatt der üblichen zwölf Klafter nur sechs Klafter Holz bewilligt, »da keine Kinder darin.« Demnach waren die Kinder tatsächlich freigelassen worden.[58] Dass die Knaben an bestimmte Erwachsene zur Erziehung gegeben wurden, geht aus dem Protokoll vom 19. Juli hervor. Die beiden Richtersknechte namens Georg und Thomas sowie der Zwack namens Markus erhielten bis auf weiteres von Almosenverwalter Hofmann Geld zum Unterhalt der Kinder. Maria Hitner, die bisher noch im Strigllturm inhaftiert war, wurde im August in die Obhut der »alten Stadtpöttin« Barbara Bauer gegeben.[59] Ende August bot sich der Kürschner Michael Bayr an, dem Waisenkind Martin Glück vier Jahre lang das Kürschnerhandwerk zu vermitteln, und verlangte dafür 10 fl., wovon der Rat 8 fl. bewilligte.[60] Damit scheint Meister Bayr nicht einverstanden gewesen zu sein, denn aus dem Ratsprotokoll vom 2. Oktober 1624 ist zu ersehen, dass Michael Glück schließlich bei Meister Michael Piler unterkam, bei dem er auf drei Jahre das Schusterhandwerk erlernte. Piler forderte sogar 12 fl. für sich und einen weiteren Gulden für seine Frau, die ihm aber anstandslos ausbezahlt wurden. Die Kosten sollten aus der Almosenkasse entrichtet werden. Verwalter Hofmann wurde angewiesen, die Hälfte des Betrags sofort und die andere Hälfte nach Beendigung der Lehre an Michael Piler auszuzahlen.[61]

Danach scheint in der Stadt wieder Ruhe eingekehrt zu sein. Auch ein kurfürstlicher Befehl vom 16. April 1625 über »die Hexerey und andere abergläubische Sachen« fand allem Anschein nach in Ingolstadt zunächst wenig Beachtung.[62]

Die dritte und letzte Ära der Hexenverfolgungen 1628-1630

Weite Kreise zog allerdings einige Jahre später ein anderer Fall. Nachdem Maximilian zu Ohren gekommen war, dass einige im Hochstift Eichstätt als Hexen hingerichtete Frauen auch bayerische Untertanen beschuldigt hätten, bat er Bischof Johann Christoph von Westerstetten am 18. Oktober 1628, ihm deren Aussagen zukommen zu lassen, »da er solches heilloses Gesindel in seinen Landen keineswegs gestatten könne.« Der Stadtrichter und die Räte von Eichstätt übermittelten daraufhin die einschlägigen Protokolle, aus denen hervorging, dass auch eine Katharina Nickl (Niggl), die man als »alte Hofschneiderin von Eichstätt« bezeichnete, als Hexe bezichtigt worden war. Sie war aus Furcht vor einer Verfolgung aus Eichstätt geflohen und hatte bei ihrem Schwiegersohn, dem Buchdrucker Wilhelm Eder, in Ingolstadt Unterschlupf gefunden. Hier erfolgte nun ihre Verhaftung. Das Hochstift Eichstätt wurde während der Regierungszeit Bischof Johann Christophs von Westerstetten, der zuvor Fürstpropst von Ellwangen war, ab 1612 zu einem Zentrum der Hexenverfolgungen. So war z. B. auch eine Vorgängerin von Katharina Nickl, die Hofschneiderin Anna Schatz, am 15. Dezember 1622 als Hexe hingerichtet worden. Damals war ein beschuldigter Bürger, der Bäcker »Dolln Liendl«, von Eichstätt nach Gerolfing geflohen.[63]

Katharina Nickl wurde zunächst im Stockhaus und später im Taschenturm eingekerkert, mehrmals gütlich und peinlich verhört und schließlich zum Tode verurteilt. In seiner Sitzung am 7. März 1629 hatte sich der Ingolstädter Rat erstmals näher mit dem Fall Nickl zu befassen. Man kam überein, die Gefangene umgehend in den Taschenturm zu verlegen, weil »das Stockhaus gar zu klein« sei.[64] In einem kurfürstlichen Schreiben vom 6. Juli findet sich bereits die Ankündigung, dass es nunmehr an der Zeit sei, Katharina Nickl hinzurichten. Gleichzeitig beauftragte Maximilian Bürgermeister und Rat, die notwendigen Schritte einzuleiten, und ordnete an, vom Statthalter und der kurfürstlichen Kommission die Akten einzufordern, sich zu informieren und »ein peinliches Urthel darauß zu schöpffen.« Sofern die Delinquentin nicht genügend Mittel hinterlasse, solle das Todesurteil auf Kosten der Hofkammer vollstreckt werden.[65] In einem Brief vom 26. Juli wies auch Statthalter Werner Graf von Tilly den Rat noch einmal auf das Schreiben des Kurfürsten vom 6. Juli hin. In ihrer Sitzung gelangten Bürgermeister und Räte am selben Tag zu dem Ergebnis, den Fall an die Juristenfakultät zu übergeben mit der Bitte um ihr Gutachten, welche Strafe bei der alten Hofschneiderin zur Anwendung kommen solle. Vermutlich wollte man nicht die alleinige Verantwortung für das Urteil übernehmen. Am nächsten Tag wandten sich die Räte schriftlich mit der Frage an die Fakultät, »mit was Peen unnd Straff« die Nicklin zu belegen sei, da »in so hochwichtigen Sachen, sonderlich dem verborgnen Laster der Hexerey ohne Rath der Rechtsge-

Abb 46 *Der Taschenturm in Ingolstadt, das ehemalige Gefängnis. Gouache*

lerten fir unnß selbst etwaß zeschliessen, zue schwer unnd bedenkhlich fallen will.« Somit hatten sich wieder die selben Personen mit dieser Angelegenheit auseinanderzusetzen, allein mit dem Unterschied, dass die Herren in der beauftragten Kommission als kurfürstliche Räte urteilten und in der Juristenfakultät in ihrer Eigenschaft als Professoren ihre Einstellung zum Hexenunwesen offenbarten.[66]

Schon am 30. Juli legte die Fakultät in ihrem Gutachten dar, dass Katharina Nickl wegen ihres »mit dem beßen Feindt getroffenen Pundts und fleischlicher unnatürlicher Vermischung, Absagung unnd Verlaignuß Gottes des Allmechtigen, vieler den Leuthen unnd Vich zugefiegter Schäden unnd verbrachten Umbringens, auch großer Unehrung der Heyligisten Hostia unnd anderer ... einkhommener Übelthaten halber ... auf dem Scheitterhauffen an ein Saul gebundten, daran mit dem Strang vom Leben zum Todt gebracht, alsdan ihr todter Cörpor vom Feur zum Aschen verbrennt werden« solle.[67] In der Sitzung am 3. August wurde Meister Jakob, der Scharfrichter, vom Rat angewiesen, beim herzoglichen Kastner um Holz, Stroh und Läden nachzusuchen, weil die Exekution »auf nechstkhonfftigen Montag« vorgenommen werde. Tags darauf erstatteten der Ober- und der Unterrichter den versammelten Räten Bericht, wie sich Katharina Nickl »auf getane Vorhaltung ihrer güet- unnd peinlichen Aussag« verhalten habe.[68]

Am 6. August 1629 schließlich verlas der Stadtoberrichter vor dem fast vollzählig versammelten Rat die Urgicht der Katharina Nickl, ferner das eingeholte Urteil der Juristenfakultät und den Wortlaut von Artikel 109 der peinlichen Halsgerichtsordnung. Abwesend waren lediglich die beiden Räte Georg Demel und Johann Bayer. Demel musste wegen der Teilnahme am Seelengottesdienst für seinen verstorbenen Schwager fernbleiben, Bayer blieb als Schwager von Katharina Nickl ausgeschlossen. Danach übergab der Oberrichter die beiden verurteilten Frauen – neben Katharina auch die wegen Ermordung ihres Kindes verurteilte Helena Balauff von Lenting – dem Scharfrichter zur Vollstreckung des Todesurteils. Als man Katharina Nickl die Kleider vom Leibe riss, ihr stattdessen ein grobes Leinengewand anlegte und ihr die Haare vom Kopf schnitt, kam es zu einem unvorhergesehenen Zwischenfall. Das umstehende Volk begann plötzlich zu murren, »dass man so mit alten Leuten umgehe.« Somit war nicht nur in den gebildeten Bevölkerungsschichten sondern auch beim einfachen Volk durchaus ein Widerstand gegen die Hexenprozesse erkennbar.[69] Dies sollte der letzte Ingolstadter Prozess gewesen sein, der einen tragischen Ausgang nahm.

Um die Jahreswende 1629/30 wurde die 60jährige Taglöhnersfrau Anna Mayr aus Unterstall, die sogenannte Wurst-Anna, verhaftet und am 5. Januar in Ingolstadt verhört. Ihr wurde Wahrsagerei zur Last gelegt. Anna Mayr, die sich mit dem Sammeln von Kräutern ein geringes Zubrot verdiente, gab an, über 100 verschiedene Arten zu kennen und von ihrer

Heilkraft zu wissen. Nach etlichen Zeugenaussagen wurde sie am 12. Januar erneut examiniert. Weitere Verhöre folgten am 26. Februar, am 7. März und am 16. März. Die letzte Befragung erfolgte durch eigens mit der Führung von Hexenprozessen beauftragte »Commissarien« im Taschenturm.[70]

Am 25. März jedoch gelang der beherzten Frau die Flucht aus dem Gefängnis. Sie konnte sich bis nach Niederösterreich durchschlagen und fand im nördlich von St. Pölten gelegenen Markt Herzogenburg bei ihrem dort lebenden Sohn Unterschlupf. Wie sich später herausstellte, hatte Anna Mayr aufgrund der Unachtsamkeit des Amtsknechts Hans Schueler, seiner Frau und des Wächters Georg Schlaginhauffen aus dem Taschenturm entweichen können. Dies stellte man in einer Untersuchung am 23. April fest. Am 6. Mai wurde Schlaginhauffen wegen seiner »sonderbaren Nachlessigkeit« aus Bayern verwiesen, Schueler mit Ungnaden aus dem Dienst entlassen und aus seiner Dienstwohnung entfernt.[71]

Am 15. Mai erging seitens des Kurfürsten eine Aufforderung an Bürgermeister und Rat der Stadt, einen Boten mit einem Brief nach Österreich zu schicken, um der Angelegenheit nachzugehen. Am 10. Juni wurde ein Schreiben verfasst, in dem man die Kollegen in Herzogenburg um Amtshilfe bat. Eine Woche später antwortete der Marktrichter Paulus Rechberger von Herzogenburg, dass Anna Mayr heute früh verhaftet worden sei, aber nur höchstens drei Tage hierbehalten werden könne und danach in das zuständige Landgericht gebracht werden müsse. Diesem Brief folgte am 20. Juni ein Schreiben des Pflegverwalters von Walpersdorf, Nikolaus Klainer. Darin teilte dieser mit, dass die Verhaftete gestern an das hiesige Herrschaftsgericht überstellt worden sei. Er könne derzeit zum Fall selbst nichts sagen, da sich sein Herr als Hauptmann beim Kaiser im Feldlager befinde. Nach seiner Auffassung würde die Angelegenheit ohnehin von der niederösterreichischen Regierung oder vom Kaiser selbst entschieden. Ausgeschlossen sei, dass Anna Mayr nach Ingolstadt zurückgebracht werde.

Am 28. Juni baten Bürgermeister und Räte von Ingolstadt den Pflegsverwalter, die Mayrin im sicheren Gewahrsam zu belassen. Die entstehenden Kosten würde die Stadt übernehmen. Am 5. Juli versprach Klainer, die Gefangene in der Haft zu behalten. Am 4. Oktober jedoch berichtete man aus Ingolstadt nach Österreich, dass man soeben ein Schreiben des Kurfürsten erhalten habe, in Walpersdorf solle man mit der Gefangenen verfahren, wie man es für richtig halte. Man nehme deshalb auch von einer Überstellung nach Ingolstadt Abstand.

Am 4. November wurde Anna Mayr in Walpersdorf verhört. Auf die Frage, warum sie aus Ingolstadt geflohen sei, antwortete sie, dass sie befürchtet habe, mit ihr werde man »auch so unchristlich« umgehen wie mit dem Wirt von Gerolfing, der wegen Zauberei »unmenschlich seye torquirt und doch unschuldig erfunden worden.« Am 10. Januar 1631 wurde ein Schreiben aus Walpersdorf nach Ingolstadt abgeschickt, in dem man um Aufschluss bat, was künftig zu tun sei, nachdem sich die Räte nochmals melden wollten, was bisher aber nicht geschehen war. Man fügte auch eine Aufstellung der Kosten bei, die bis jetzt im Zusammenhang mit der Verhaftung der Anna Mayr entstanden waren, und bat, das Versprechen einzulösen und die Rechnung zu begleichen. Die Kosten beliefen sich auf insgesamt etwas mehr als 262 Gulden. Doch Bürgermeister und Rat von Ingolstadt reagierten darauf nicht.[72]

Erst am 1. September 1636 kam Theodorus Hartmann von Clarstein, kaiserlicher Rat, Oberhofküchenmeister und Inhaber der Herrschaft Walpersdorf, in einem Schreiben wieder auf diesen Fall zurück. Er bedauerte, dass der Rat von Ingolstadt auf die seinerzeitigen Briefe keine Raktion gezeigt habe. Nachdem zwischenzeitlich zwar »der gemaine Ruin« das Reich heimgesucht habe, nun aber wieder ruhigere Zeiten angebrochen seien, bat er die Herren erneut um Begleichung der entstandenen Unkosten. Am 19. September schrieb Hartmann aus Regensburg, dass er sich in der bewussten Angelegenheit nunmehr beim Kaiser beschwert habe, da er seine Aufwendungen »nicht verloren haben« wolle. Dem Brief war ein Schreiben des Kurfürsten beigefügt, der die Stadt aufforderte, dem Hartmann die Kosten unverzüglich zu erstatten oder, sofern »rechtmessige Einreden und Bedenkhen« dagegen bestünden, diese innerhalb von drei Wochen dem Hofrat mitzuteilen. Hartmann ließ den Rat außerdem wissen, dass Anna Mayr lange Zeit im Gefängnis festgehalten worden war, darüber »erkhrumpt unnd aller ungesundt worden« sei. Da man jedoch in Walpersdorf keine Veranlassung gesehen habe, sie zum Tod zu verurteilen, sei sie schließlich auf freien Fuß gesetzt worden. Sie halte sich noch heute hier auf und gebe zu keinerlei Klage Anlass.

Am 30. September versuchten sich Bürgermeister und Rat in ihrem Antwortschreiben zu rechtfertigen, dass einige Briefe aus Österreich nie in Ingolstadt angekommen und darüber hinaus die damals mit dem Fall betrauten Personen, Dr. Georg Fasold, Dr. Wolfgang Kolb und Stadtoberrichter Sebald Müllner von Zweiraden, inzwischen gestorben seien und deshalb die Angelegenheit in Vergessenheit geraten sei. Man machte sich aber verbindlich, die Unkosten zu begleichen. Am 21. Oktober forderte der Kurfürst den Ingolstädter Rat auf, sich mit Hartmann wegen der entstandenen Kosten zu vergleichen und sie ihm anteilig bis 4. Oktober 1630 zu erstatten. Nachdem seitens des Walpersdorfer Pflegsverwalters ursprünglich die Aufwendungen vom 18. Juni 1630 bis 18. Januar 1631 in Rechnung gestellt worden waren, zielte dieser Vorschlag auf eine Halbierung der Kosten ab.[73] Wie man sich schließlich geeinigt hat, geht aus den Akten nicht hervor. Der Fall der letzten in Ingolstadt als Hexe angeklagten Frau ging jedenfalls für die betroffene Anna Mayr glücklicherweise glimpflich zu Ende. Bayerns Kurfürst schwenkte ohnehin seit der zweiten Jahreshälfte 1630 bei den Hexenprozessen auf eine gemäßigte Linie ein, als er während des Regensburger Kurfürstentags gemeinsam mit dem Kaiser sogar auf ein Verbot des Treibens vor allem der fränkischen Hexenverfolger hinwirkte.[74]

Anmerkungen

1 Sigmund von Riezler, Geschichte der Hexenprozesse in Bayern. Im Lichte der allgemeinen Entwicklung dargestellt, Stuttgart o. J., S. 164.
2 Ebenda.
3 Ebenda, S. 164 f.
4 Ebenda, S. 159.
5 Ebenda, S. 140.
6 Ebenda, S. 165 f.
7 Stadtarchiv Ingolstadt (StadtA IN), A IV 1a.
8 Ebenda.
9 StadtA IN, RB 1590, fol. 45 r.-v. Eine gute und lesenswerte Darstellung Ingolstädter Hexenprozesse seit 1590 bietet Henriette Geyer, Hexen und ihre Verurteilung in den Beschlüssen des Ingolstädter Rates zu Ende des 16. und Anfang des 17. Jahrhunderts, Zulassungsarbeit, München 1964. Leider endet die Darstellung mit dem Jahr 1624. Mit derselben Thematik wird sich demnächst auch Siegfried Hofmann auseinandersetzen. Seine Abhandlung wird im Rahmen des Ingolstädter Frauenhandbuchs voraussichtlich im Frühjahr 2002 im Druck erscheinen. Wer sich einen Gesamtüberblick zum Thema verschaffen möchte, sei hingewiesen auf Wolfgang Behringer, Hexenverfolgung in Bayern. Volksmagie, Glaubenseifer und Staatsräson in der Frühen Neuzeit, München[3] 1997.
10 StadtA IN, RB 1590, fol. 50 v.-51 r.
11 Ebenda, fol. 65 r.
12 Ebenda, fol. 73 r.-v.
13 Riezler, S. 195 f.
14 StadtA IN, RB 1590, fol. 81 v.-82 r.
15 StadtA IN, RB 1591, fol. 16 r.
16 Ebenda, fol. 70 r.
17 Ebenda, fol. 89 v.
18 StadtA IN, RB 1592, fol. 9 r.
19 Riezler, S. 192 f.
20 StadtA IN, RB 1593, fol. 50 r.
21 StadtA IN, RB 1594, fol. 81 v.; StadtA IN, RB 1595, fol. 46 v.
22 Riezler, S. 187 f.; Joseph Schrittenloher, Aus der Gutachter- und Urteilstätigkeit der Ingolstädter Juristenfakultät im Zeitalter der Hexenverfolgungen, in: Jahrbuch für Fränkische Landesforschung 23 (1963), S. 333-335.
23 Schrittenloher, S. 329.
24 Riezler, S. 168; Biographisches Lexikon der Ludwig-Maximilians-Universität München, Teil I: Ingolstadt-Landshut 1472-1826, Berlin 1998, S. 103 f.
25 Schrittenloher, S. 345 f.
26 Riezler, S. 167 und S. 188; Schrittenloher, S. 341-343; Biographisches Lexikon, S. 231.
27 Biographisches Lexikon, S. 174 f.
28 Ebenda, S. 82 f.
29 Schrittenloher, S. 343-345.
30 Riezler, S. 236 f.; Biographisches Lexikon, S. 463 f.
31 Schrittenloher, S. 339 f.
32 Riezler, S. 187, S. 194 und S. 196.
33 BayHStA, Staatsverwaltung 2243, fol. 127 r.-v.; für diese Hinweise bin ich Herrn Dr. Siegfried Hofmann sehr zu Dank verpflichtet.
34 BayHStA, Staatsverwaltung 2243; Schrittenloher, S. 336.
35 StadtA IN, RB 1618, fol. 565 v.-566 v.
36 StadtA IN, RB 1619, fol. 209 v.-210 v.
37 Ebenda, fol. 301 v.-302 r.
38 Ebenda, fol. 306 v.
39 Ebenda, fol. 347 v.
40 StadtA IN, RB 1620, fol. 2 r.
41 Ebenda, fol. 56 r.
42 Ebenda, fol. 60 v.-61r.
43 Ebenda, fol. 70r.-71 v.
44 Ebenda, fol. 146 r.
45 Ebenda, fol. 172 r.-v.
46 Ebenda, fol. 185 r.-v.
47 Ebenda, fol. 216 r. und 227 v.-228 r.
48 Ebenda, fol. 248 v.-249 r. und 254 v.
49 StadtA IN, RB 1621, fol. 24 r.
50 Ebenda, fol. 107 v.-108 r., fol. 111 r., fol. 114 v. und fol. 130v.
51 StadtA IN, RB 1623, fol. 169 r.
52 Ebenda, fol. 170 v.-171 r.
53 Ebenda, fol. 205 r.-v., fol. 252 v.-253r., fol. 262 v.-263 v.
54 Ebenda, fol. 305 r.-v.
55 StadtA IN, RB 1624, fol. 19 v.-20 r.

56 Schrittenloher, S. 330-332.
57 StadtA IN, RB 1624, fol. 90 v.
58 Ebenda, fol. 127 r.
59 Ebenda, fol. 159 r.-v. und fol. 179 r.
60 Ebenda, fol. 186 r.
61 Ebenda, fol. 210 r.
62 StadtA IN, 1625, fol. 54 v.
63 Riezler, S. 227 f.; Schrittenloher, S. 336.
64 StadtA IN, RB 1629, fol. 48 v.-49 r.
65 StadtA IN, A IV 1c; Schrittenloher, S. 337.
66 StadtA IN, A IV 1c.; StadtA IN, RB 1629, fol. 149r.-v.; Schrittenloher, S. 337.
67 StadtA IN, A IV 1c.
68 StadtA IN, RB 1629, fol. 153 v. und fol. 158 r.-v.
69 Ebenda, fol. 159 r.-v.; Riezler, S. 227; Schrittenloher, S. 338 f.; Helena Balauff war nicht der Hexerei verdächtig und stammte auch nicht aus Wemding, wie in der Literatur manchmal zu finden ist. Ihr Prozess fand lediglich zeitgleich mit dem der Katharina Nickl statt.
70 StadtA IN, A IV 1d.
71 Ebenda.
72 Ebenda.
73 Ebenda.
74 Wolfgang Buchta, Die Urgichten im Urfehdebuch des Stadtgerichts Eichstätt. Zur Geschichte der Hexenverfolgung im südlichen Franken, in: Jahrbuch für Fränkische Landesforschung 58 (1998), S. 224.

Edmund Hausfelder

Zeittafel

1573	17. April, Maximilian wird als drittes von zehn Kindern des Erbprinzen Wilhelm von Bayern und seiner Frau Renata von Lothringen in München geboren
1579	24. Oktober, Herzog Albrecht V. von Bayern, Maximilians Großvater, stirbt 51jährig in München, sein Sohn Wilhelm V. übernimmt die Regierung
1580	16. November, Herzogin Jakobäa von Bayern, geb. Markgräfin von Baden, Maximilians Urgroßmutter, stirbt 73jährig in München
1583	23. Mai, Beginn der Wittelsbacher Sekundogenitur in Köln
1586	5. Februar, Maximilian wird zusammen mit seinen Brüdern Philipp Wilhelm und Ferdinand an der bayerischen Landesuniversität Ingolstadt immatrikuliert
1589	18. Oktober, Philipp Wilhelm von Bayern übernimmt als 13jähriger das Rektorenamt der Universität
	29. Oktober, Einweihung der Hl. Kreuzkirche in Ingolstadt (Kirche des Jesuitenkollegs)
1590	24. April, Philipp Wilhelm verzichtet auf das Rektorenamt
	16./17. Oktober, Herzogin Anna von Bayern, geb. Erzherzogin von Österreich, Maximilians Großmutter, stirbt 62jährig in München
1591	April, Maximilian verlässt die Universität Ingolstadt
1592/93	den Winter verbringt Maximilian mit seinen Brüdern Philipp Wilhelm und Ferdinand in Rom als Gast Papst Klemens' VIII.
1594	11. Januar, die Landstände huldigen Maximilian
	Oktober, Maximilian weilt in Ingolstadt zur Musterung der Bürgerschaft
1595	1. Januar, Maximilian wird Mitregent seines Vaters Wilhelm
	6. Februar, Maximilan heiratet in Nancy Elisabeth Renata von Lothringen, Tochter Herzog Karls II. und seiner Frau Claudia von Frankreich
	Maximilian und seine Frau besuchen Ingolstadt
1597	15. Oktober, Herzog Wilhelm V. unterzeichnet seine Abdankungsurkunde zugunsten seines Sohnes Maximilian
1598	4. Februar, Regierungsantritt Maximilians I. als Herzog von Bayern
1599	24. August, Maximilian weilt mit seiner Frau in Ingolstadt zur Erbhuldigung
1600	23. April, Maximilians Schwester Maria Anna heiratet in Graz Erzherzog Ferdinand von Österreich, den späteren Kaiser Ferdinand II.
1601	26. November, Beginn des Regensburger Religionsgesprächs zwischen katholischen und protestantischen Theologen
1602	22. Mai, Herzogin Renata von Bayern, geb. Prinzessin von Lothringen, Maximilians Mutter, stirbt 58jährig in München
1607	3. August, Verhängung der Reichsacht über die Reichsstadt Donauwörth
	17. Dezember, Vollstreckung der Reichsacht durch Maximilian
1608	14. Mai, Gründung der Protestantischen Union
1609	Juni, Besetzung des Herzogtums Jülich-Kleve-Berg durch Brandenburg und Pfalz-Neuburg
	10. Juli, Gründung der Katholischen Liga
1611	7. Oktober, Einmarsch Salzburger Truppen in die Fürstpropstei Berchtesgaden
	26. Oktober, Besetzung Salzburgs durch Bayern
1613	19. Juli, Wolfgang Wilhelm von Pfalz-Neuburg tritt heimlich zum katholischen Glauben über
	11. Nov., Maximilians Schwester Magdalena heiratet in München Wolfgang Wilhelm von Pfalz-Neuburg

1614 25. Mai, Wolfgang Wilhelms Konversion wird öffentlich bekannt gegeben
10. Juli, Ligatag in Ingolstadt
12. November, Abschluss des Vertrags von Xanten, Beendigung des Jülich-Klevischen Erfolgestreits, Wolfgang Wilhelm erhält Jülich und Berg
1616 Kodifizierung des öffentlichen und privaten Rechts in Bayern im „Codex Maximilianeus"
1618 23. Mai, Beginn des Dreißigjährigen Krieges
1619 27. August, Wahl Kurfürst Friedrichs V. von der Pfalz zum König von Böhmen (Winterkönig)
28. August, Wahl von Maximilians Schwager Ferdinand II. zum Kaiser
1620 3. April, Maximilian weilt in Ingolstadt zur Besichtigung von Truppen
16. Mai, Bayern erlangt das sogenannte „Privilegium de non appellando illimitatum"
Anfang Juli, Maximilian zieht mit seinen Truppen durch Ingolstadt
8. November, Schlacht am Weißen Berg bei Prag, Sieg über Friedrich V.
1621 22. Januar, Verhängung der Reichsacht über Friedrich V.
22. September, Maximilian wird insgeheim mit der Pfälzer Kurwürde belehnt
1623 28. Januar, Verleihung der kaiserlichen Hofpfalzgrafenwürde an die Universität Ingolstadt
25. Februar, Maximilian erlangt auf Lebenszeit vom Kaiser die Pfälzer Kurwürde und das Erztruchsessenamt
1625 17. April, Gründung des Revisoriums als oberstes bayerisches Gericht
1626 7. Februar, Herzog Wilhelm V. von Bayern, Maximilians Vater, stirbt 77jährig in Schleißheim
26. Juni, Erlass einer Kleiderordnung durch Maximilian
1628 22. Februar, Maximilian erhält die Oberpfalz und die erbliche Kurwürde
1630 6. Juli, Landung König Gustav Adolfs von Schweden auf Usedom
1631 17. September, Niederlage Tillys gegen die Schweden in der Schlacht bei Breitenfeld
1632 15. April, Übergang der Schweden über den Lech nach Bayern, schwere Verwundung Tillys
30. April, Tod Tillys in Ingolstadt
April/Mai, vergebliche Belagerung Ingolstadts durch die Schweden, Maximilian leitet die Verteidigung der Festung
16. Mai, schwedische Truppen besetzen München
16. November, Tod König Gustav Adolfs in der Schlacht bei Lützen
29. November, Tod Friedrichs V. von der Pfalz in Mainz
1634 6. September, Sieg über die Schweden in der Schlacht bei Nördlingen
1635 4. Januar, Herzogin Elisabeth Renata von Bayern, Maximilians Frau, stirbt 60jährig in Ranshofen bei Braunau
15. Juli, Maximilian heiratet in Wien seine Nichte Erzherzogin Maria Anna von Österreich
1636 31. Oktober, Geburt von Maximilians Sohn Ferdinand Maria in München
1637 15. Februar, Tod Kaiser Ferdinands II. in Wien
1638 30. September, Geburt von Maximilians Sohn Maximilian Philipp in München
1648 24. Oktober, im Westfälischen Frieden kann Maximilian seine Ämter und Würden behalten, für die Pfalz wird eine neue, achte, Kurwürde und das Erzschatzmeisteramt geschaffen
1650 28. Juni, Maximilian weilt mit seinem Sohn Ferdinand Maria in Ingolstadt
1651 17. September, Maximilian unternimmt mit seiner Frau und seinen beiden Söhnen eine Reise nach Ingolstadt und von hier eine Wallfahrt nach Bettbrunn
27. September, Maximilian stirbt im Neuen Schloss zu Ingolstadt im Alter von 78 Jahren.

Genealogie des Hauses Wittelsbach

Wilhelm IV.
* 13.11.1493 † 7.3.1550
∞ 5.10.1522
Jakobäa v. Baden
* 25.6.1507 † 16.11.1580

Albrecht V.
* 29.2.1528 † 24.10.1579
∞ 4.7.1546
Anna v. Österreich
* 7.7.1528 † 16./17.10.1590

Wilhelm V.
* 29.9.1548 † 7.2.1626
∞ 22.2.1568
Renata v. Lothringen
* 20.4.1544 † 22.5.1602

Ferdinand
* 20.1.1550 † 30.1.1608
∞ 26.9.1588
Maria Pettenbeck
* 5.2.1573 † 5.12.1619

Maria
* 21.3.1551 † 29.4.1608
∞ 26.8.1571
Karl v. Österreich
* 3.7.1540 † 10.7.1590

Maximiliana
* 4.7.1552 † 11.7.1614

Ernst
* 17.12.1554 † 17.2.1612

Christine
* 23.9.1571
† 27.4.1580

Maximilian I.
* 17.4.1573
† 27.9.1651
∞ 6.2.1595
Elisabeth Renata
v. Lothringen
9.10.1574
† 4.1.1635
∞ 15.7.1635
Maria Anna
v. Österreich
* 13.1.1610
† 25.9.1665

Maria Anna
* 8.12.1574
† 8.3.1616
∞ 23.4.1600
Ferdinand II.
v. Österreich
* 9.7.1578
† 15.2.1637
(∞ 4.2.1622
Eleonore Gonzaga
* 23.9.1598
† 27.6.1655)

Philipp Wilhelm
* 22.9.1576
† 18.5.1598

Ferdinand
* 6.10.1577
† 13.9.1650

Karl
* 30.5.1580
† 27.10.1587

Albrecht (VI.)
* 13.4.1584
† 5.7.1666
∞ 26.2.1612
Mechthild
v. Leuchten-
berg
* 24.10.1588
† 1.6.1634

Magdalena
* 4.7.1587 † 25.9.1628
∞ 11.11.1613
Wolfgang-Wilhelm
v. Pfalz-Neuburg
* 4.11.1578 † 20.3.1653
(∞ 11.11.1631
Katharina v. Pfalz-
Zweibrücken
* 11.1.1615 † 21.3.1651
∞ 9.5.1651
Maria Franziska
v. Fürstenberg
* 18.5.1633 † 7.3.1702)

Ferdinand Maria
* 31.10.1636
† 26.5.1679
∞ 25.6.1652
Henriette Adelheid
v. Savoyen
* 6.11.1636
† 18.3.1676

Maximilian Philipp
* 30.9.1638
† 20.3.1705
∞ 24.5.1668
Mauritia Febronia
de Latour d'Auvergne
* 12.4.1652
† 20.6.1706

Maria Renata
* 3.8.1616
† 1.3.1630

Karl Johann
* 10.11.1618
† 19.5.1640

Ferdinand Wilhelm
* 25.8.1620
† 23.10.1629

Maximilian Heinrich
* 8.10.1621
† 3.6.1688

Albrecht Sigmund
* 5.8.1623
† 4.11.1685

Die Nebenlinie Wartenberg

Ferdinand
* 20.1.1550 † 30.1.1608
∞ 26.9.1588
Maria Pettenbeck
* 5.2.1573 † 5.12.1619

Maria Maximiliana
* 1.10.1589
† 14.1.1638

Maria Magdalena
* 7.11.1590
† 16.11.1620

Franz Wilhelm
* 1.3.1593
† 6.5.1661

Maria Anna
* 19.4.1594
† 9.3.1629

Maria Renata
* 22.4.1600
† 7.9.1642

Albert
* 3.5.1601
† 6.12.1620

Maximilian
* 5.6.1602
† 30.9.1679

Ernst Benno
* 13.2.1604
† 8.3.1666
∞ 1628/29
Sibylla Euphrosine v. Hohenzollern-Sigmar.
* 15.6.1607
† 27.7.1636

Ferdinand Lorenz
* 9.8.1606
† 18.3.1666
∞ 6.1.1645
Anna Juliana v. Hartlieb-Dachsberg
* ? 1611
† 8.7.1650
∞ 8.10.1650
Maria Claudia v. Oettingen-Spielberg
* 26.5.1632
† 27.7.1663

Maria Klara
* 10.3.1608
† nach 1635

Children of Ernst Benno:

Ferdinand Ernst
* 20.5.1630
† 1.9.1675

Franz Ernst
* ?
† ?

Albrecht Ernst
* 22.7.1635
† 9.10.1715
Weihbischof v. Regensburg

Children of Ferdinand Lorenz:

Franz Ferdinand
* 25.10.1652
† 30.10.1674

Maria Anna
* ? 1653
† 6.10.1699

Literaturverzeichnis

Auf eine ausführliche Bibliographie wurde verzichtet. Auf die bibliographischen Angaben bei den einzelnen Beiträgen sei verwiesen.

Johann Adlzreiter [Johann Vervaux SJ], Boicae Gentis Annalium Pars III: Idea boni principatus ex vita, rebus gestis et virtutibus Maximiliani, utriusque Bavariae et Palatinatus Superioris ducis, S. R. I. archidapiferi et electoris, comitis Palatini Rheni, Leuchtenbergiae landgravii etc., München 1662.

Dieter Albrecht, Maximilian I. von Bayern 1573-1651, München 1998.

Romuald Bauerreis, Kirchengeschichte Bayerns, Bd. VI, Augsburg 1965.

Ders., Kirchengeschichte Bayerns, Bd. VII, St. Ottilien 1977.

Reinhold Baumstark, (Hrsg.), Rom in Bayern, München 1997 (Ausstellungskatalog)

Wolfgang Behringer, Hexenverfolgung in Bayern. Volksmagie, Glaubenseifer und Staatsräson in der Frühen Neuzeit, München[3] 1997.

Laetitia Boehm u. a., (Hrsg.), Biographisches Lexikon der Ludwig-Maximilians-Universität München, Teil I: Ingolstadt-Landshut 1472-1826, Berlin 1998.

Joseph Braun, Die Kirchenbauten der deutschen Jesuiten, ein Beitrag zur Kultur- und Kunstgeschichte des 17. und 18. Jahrhunderts, Bd. 2, Freiburg 1910.

Wolfgang Braunfels, Die Kunst im Heiligen Römischen Reich, Bd. I, Die weltlichen Fürstentümer, München 1979.

Dokumente zur Geschichte von Staat und Gesellschaft in Bayern, Abt. I, Bd. 3, 1 und 3, 2: Altbayern von 1550-1651, hrsg. von der Kommission für bayerische Landesgeschichte, bearbeitet von Walter Ziegler, München 1992.

Heinz Dollinger, Studien zur Finanzreform Maximilians I. von Bayern in den Jahren 1598-1618. Ein Beitrag zur Geschichte des Frühabsolutismus, Göttingen 1968 (Schriftenreihe der Historischen Kommission bei der Bayerischen Akademie der Wissenschaften 8).

Heinz Dopsch und Hans Spatzenegger, (Hrsg.), Geschichte Salzburgs. Stadt und Land II/1, Salzburg 1988.

Helmut Dotterweich, Der junge Maximilian. Jugend und Erziehung des bayerischen Herzogs und späteren Kurfürsten Maximilian I., München 1962.

Heinz Duchhardt, (Hrsg.), Politische Testamente und andere Quellen zum Fürstenethos der frühen Neuzeit, Darmstadt 1987.

Bernhard Duhr, Geschichte der Jesuiten in den Ländern deutscher Zunge im XVI. Jahrhundert, Freiburg 1907.

Ders., Geschichte der Jesuiten in den Ländern deutscher Zunge in der ersten Hälfte des XVII. Jahrhunderts, 2 Bände, Freiburg 1913

Erwin Gatz, (Hrsg.), Die Bischöfe des Heiligen Römischen Reiches 1448-1648, Berlin 1996.

Ders., Die Bischöfe des Heiligen Römischen Reiches 1648-1803, Berlin 1990.

Henriette Geyer, Hexen und ihre Verurteilung in den Beschlüssen des Ingolstädter Rates zu Ende des 16. und Anfang des 17. Jahrhunderts, München 1964 (Zulassungsarbeit).

Hubert Glaser, (Hrsg.), Um Glauben und Reich. Kurfürst Maximilian I., München, Zürich 1980 (Ausstellungskatalog Wittelsbach und Bayern, Bd. II/1 und II/2).

Ders., Quellen und Studien zur Kunstpolitik der Wittelsbacher vom 16. bis zum 18. Jahrhundert, München 1980.

Dirk Götschmann, Bruderzwiste – Militärische Auseinandersetzungen zwischen Bayern und Österreich vom 13. bis ins 18. Jahrhundert, in: Brüder – Feinde – Nachbarn. Österreich – Bayern, hrsg. von Herbert W. Wurster, Passau 1991.

Carl Max Haas, Das Theater der Jesuiten in Ingolstadt, Emsdetten 1958.

Reinhard Heydenreuter, Der landesherrliche Hofrat unter Herzog und Kurfürst Maximilian I. von Bayern (1598-1651), München 1981 (Schriftenreihe zur bayerischen Landesgeschichte 72).

Siegfried Hofmann, Ingolstadt in der Zeit des Dreißigjährigen Krieges, in: Theodor Müller und Wilhelm Reissmüller, (Hrsg.), Ingolstadt. Die Herzogsstadt. Die Universitätsstadt. Die Festung, Bd. II, Ingolstadt 1974.

Benno Hubensteiner, Vom Geist des Barock. Kultur und Frömmigkeit im alten Bayern, München 1967.

Gerhard Immler, Kurfürst Maximilian I. und der Westfälische Friedenskongreß. Die bayerische auswärtige Politik von 1644 bis zum Ulmer Waffenstillstand, Münster 1992 (Schriftenreihe der Vereinigung zur Erforschung der Neueren Geschichte 20).

Die Jesuiten in Bayern 1549-1773, Weißenhorn 1991 (Ausstellungskatalog).

Die Jesuiten in Ingolstadt 1549-1773, Ingolstadt 1991 (Ausstellungskatalog).

Ludwig Koch, Jesuiten-Lexikon. Die Gesellschaft Jesu einst und jetzt, Paderborn 1934.

Andreas Kraus, (Hrsg.), Handbuch der Bayerischen Geschichte, Bd. II, München 1988.

Ders., (Hrsg.), Handbuch der Bayerischen Geschichte, Bd. III/3, München 1995.

Ders., Maximilian I. Bayerns großer Kurfürst, Regensburg 1990.

Hanns Kuhn, Die Schweden vor Ingolstadt, in: Sammelblatt des Historischen Vereins Ingolstadt 50 (1931), S. 79-142.

Maximilian Lanzinner, Fürst, Räte und Landstände. Die Entstehung der Zentralbehörden in Bayern 1511-1598, Göttingen 1980 (Veröffentlichungen des Max-Planck-Instituts für Geschichte 61).

Hans und Marga Rall, Die Wittelsbacher in Lebensbildern, Graz, Wien, Köln 1986.

Sigmund von Riezler, Geschichte der Hexenprozesse in Bayern. Im Lichte der allgemeinen Entwicklung dargestellt, Stuttgart, o. J.

Friedrich Schmidt, Geschichte der Erziehung der Bayerischen Wittelsbacher von den frühesten Zeiten bis 1750, Berlin 1892.

Verzeichnis der Leihgeber

Eichstätt, Diözesanarchiv
Eichstätt, Universitätsbibliothek – Handschriftenabteilung

Ingolstadt, Bürger-Kongregation Maria vom Sieg
Ingolstadt, Deutsches Medizinhistorisches Museum
Ingolstadt, Münsterpfarramt
Ingolstadt, Pfarramt St. Moritz

München, Archivum Monacense SJ
München, Bayerisches Hauptstaatsarchiv
München, Bayerisches Hauptstaatsarchiv – Geheimes Hausarchiv
München, Bayerische Staatsbibliothek
München, Bayerische Staatsgemäldesammlungen
München, Jesuitenkirche St. Michael
München, Ludwig-Maximilians-Universität – Universitätsarchiv
München, Staatliche Graphische Sammlung
München, Staatliche Münzsammlung
München, Stadtmuseum
München, Wittelsbacher Ausgleichsfonds – Inventarverwaltung

Neuburg, Historischer Verein
Neuburg, Studienseminar

Nürnberg, Germanisches Nationalmuseum

Regensburg, Bischöfliches Zentralarchiv

Scheyern, Benediktinerabtei

Bildnachweis

Bayerisches Hauptstaatsarchiv: S. 15, 23, 30, 31
Bayerische Schlösserverwaltung: S. 11, 57
Bayerische Staatsgemäldesammlungen: S. 21, 34, 42, 44, 49, 88, 90
Historischer Verein Neuburg/Donau: S. 58
Münchner Stadtmuseum: S. 61, 141
Münsterpfarrei Ingolstadt: S. 76, 77
Musée Unterlinden, Colmar: S. 96
Museum Carolina Augusteum, Salzburg: S. 94
Museum der Stadt Regensburg: S. 92
Residenz München: S. 20, 125
Stadtarchiv, Wiss. Stadtbibliothek, Stadtmuseum Ingolstadt:
S. 10, 25, 27, 29, 52, 65, 68, 74, 89, 103, 106, 107, 108, 114, 126, 128,132, 135, 136, 147
Uffizien, Florenz: S. 116